169 F

LE PRIX DE L'EXCELLENCE

TOM PETERS • ROBERT WATERMAN

LE PRIX DE L'EXCELLENCE

Préface de Jean-Pierre Détrie

DUNOD

L'édition originale de cet ouvrage a été publiée aux États-Unis par Harper & Row, Publishers, Inc., New York, sous le titre *In Search of Excellence*. © 1982 by Thomas J. Peters et Robert H. Waterman, Jr.

Autres livres de Tom Peters :

The Circle of innovation, Vintage Books, 1997. Traduction en langue française : *L'Innovation, un cercle vertueux*, Village mondial, Paris, 1998.

The Pursuit of Wow !, Vintage Books, 1995.

The Tom Peters Seminar, Vintage Books, 1994.

Liberation Management, Ballantine Books, 1992. Traduction en langue française : *L'Entreprise libérée*, Dunod, Paris, 1993.

Thriving on Chaos, HarperCollins, 1987. Traduction en langue française : *Le Chaos Management*, InterÉditions, Paris, 1988.

A *Passion for excellence* (with Nancy Austin), Warner Books, 1985. Traduction en langue française : *La Passion de l'excellence*, InterÉditions, Paris, 1985.

Autres livres de Robert Waterman

The Frontiers of Excellence, Nicholas Brealey, London, 1994.

The Renewal Factor, Les Champions du renouveau, InterÉditions, Paris, 1990.

Adhocracy, WW Norton & Company, 1993.

ISBN 2 10 004425 7

A Gene Webb et Lew Young qui sont à l'origine de cet ouvrage. Et à Judy, Robb et Kendall qui sont une source d'inspiration constante.

Sommaire

Préface à la réédition

Le Prix de l'excellence a été publié en 1982 par Thomas Peters et Robert Waterman. Tous deux consultants, ils menaient alors une carrière chez McKinsey, leader mondial du conseil en stratégie. La destinée phénoménale de ce livre les a fait rentrer dans l'histoire du management et leur a ouvert d'autres perspectives professionnelles.

Cet ouvrage est le fruit de plusieurs années d'études (leur travail a commencé en 1977). À l'époque (souvenons-nous de la fin des années 70, des deux chocs pétroliers), le monde occidental est en crise : inflation, faillites d'entreprises et chômage font les titres des journaux. Les chercheurs du monde académique et les consultants sont alors confrontés à quelques questions fondamentales : un monde nouveau est-il en train d'émerger ? Le management occidental est-il en faillite ? Faut-il changer le mode de fonctionnement de nos entreprises ? Comme le management est une science expérimentale, c'est sur le terrain qu'il convient d'observer les entreprises qui réussissent, de rechercher d'éventuelles règles d'excellence (le titre original de l'ouvrage est *In Search of Excellence*).

Le résultat de cette enquête est résumé en huit principes fondamentaux : privilégier l'action, rester à l'écoute du client, favoriser l'autonomie et l'innovation, asseoir la productivité sur la motivation du personnel, se mobiliser autour de valeurs-clés, préserver une structure simple, allier souplesse et rigueur, s'en tenir à ce que l'on sait faire.

L'échantillon comporte 62 entreprises américaines de différents secteurs à l'exception des services financiers. Les performances des entreprises étudiées ont été supérieures à la moyenne de leur secteur pendant près de 20 ans. C'est l'analyse de ces performances qui constitue l'objet de cet ouvrage.

Certes les facteurs explicatifs de ces réussites sont multiples, mais les auteurs ont eu l'immense talent de ne pas s'y perdre et de les agréger en huit principes fondamentaux, qui peuvent sembler d'affreuses banalités, mais n'en demeurent pas moins pertinents et actuels. De notre point de vue, un principe ne ressort pas suffisamment de cette présentation synthétique : le rôle du dirigeant dans cette performance.

Pour les auteurs, la présentation de cette étude est l'occasion d'échafauder une nouvelle théorie du management. À cette occasion, ils se livrent à un procès en règle du management rationnel et fustigent l'approche analytique : «*La composante numérative et analytique présente un parti pris conservateur. La réduction devient la première priorité, tandis que l'augmentation des revenus est reléguée au dernier plan*».

Ils prêchent ensuite pour le retour en force de l'homme dans l'entreprise, la prise en compte de son caractère définitivement irrationnel, son besoin de sens et de valeurs. Ces quelques pages préfigurent les ouvrages ultérieurs que signera Tom Peters tout au long des années 80.

Si l'on ne devait retenir que quelques pages de cet ouvrage, ce sont certainement les 25 pages de la deuxième partie qui permettent au lecteur de passer en revue les différentes écoles de management avec leurs points forts et leurs limites. Certes, l'approche est partisane, mais n'est-ce pas la caractéristique de toute théorie? Comme pour s'en excuser, les auteurs avertissent d'ailleurs le lecteur dès le début de l'ouvrage : «*Les chapitres 3 et 4 peuvent paraître rébarbatifs au premier abord, parce qu'ils sont, en grande partie, consacrés à la théorie. Le lecteur peut les laisser de côté (ou y revenir par la suite), mais nous lui suggérons de les parcourir et de ne pas les négliger complètement*». Dix sept ans plus tard, ce sont ces chapitres qui font la valeur de l'ouvrage.

La troisième partie est aujourd'hui devenue plus classique. Elle reprend chacun des huit principes de l'excellence et les développe en citant de nombreux exemples. Si les principes énoncés restent toujours valables, les exemples sont datés et leur valeur est avant tout historique pour ceux qui s'intéresseraient aux pratiques des grandes firmes américaines à la fin des années 70. Depuis lors, de nombreux ouvrages ont repris ces thèmes avec des exemples plus récents.

Si ce livre a connu un tel succès lors de sa parution, c'est qu'il répondait à un besoin manifeste. Certes des travaux de même nature avaient déjà été publiés par des chercheurs académiques, mais leur style ne les destinait pas au grand public et leur diffusion s'était souvent limitée au monde universitaire.

À cette époque, les entreprises japonaises envahissaient le marché américain et les chefs d'entreprises étaient abasourdis de se trouver face à des concurrents plus efficaces, qui apparemment utilisaient d'autres règles de management. C'est sur cette vague de remise en cause que Peters et Waterman ont « surfé ». C'est avant tout aux entreprises américaines que s'adresse ce livre. C'est vraisemblablement la raison pour laquelle les entreprises européennes en sont absentes.

En France bien que des ouvrages de même nature aient existé, l'écho du succès américain a suffi à porter *Le Prix de l'excellence* en tête du hit parade. Depuis, d'autres ont suivi : les magazines de management se sont considérablement développés et la télévision leur a emboîté le pas.

Peters et Waterman ont ouvert au grand public les portes des entreprises américaines performantes. Leur approche a été analysée, disséquée, comparée, critiquée, jalousée, imitée. Il est enfin possible de lire ou relire cet ouvrage avec sérénité et recul. On y trouve beaucoup de bon grain à moudre pour les dirigeants et les futurs entrepreneurs.

Car, près de vingt plus tard, l'Homme, collaborateur, actionnaire ou client, est-il réellement revenu au centre des organisations?

Jean-Pierre DÉTRIE
Groupe HEC
Février 1999

Avertissement

Quelques observations peuvent aider le lecteur à aborder le présent ouvrage. Nous avons extrait huit conclusions fondamentales des données qui sont à la base de ce livre. Certains diront que ces conclusions sont des lieux communs, mais il n'en est rien. Si elles paraissent banales (par exemple, rester à l'écoute du client, asseoir la productivité sur la motivation du personnel), l'intensité avec laquelle les meilleures entreprises les appliquent — surtout si on compare leur attitude à celle de leurs concurrents — sort, elle, de l'ordinaire.

Les chapitres 3 et 4 peuvent paraître rébarbatifs au premier abord parce qu'ils sont, en grande partie, consacrés à la théorie. Le lecteur peut les laisser de côté (ou y revenir par la suite), mais nous lui suggérons de les parcourir et de ne pas les négliger complètement. En effet, si les huit principes fondamentaux évoqués marchent, ce n'est pas le fruit du hasard. Ils sont logiques. Les meilleures entreprises « exploitent » les besoins profonds de centaines de milliers d'individus, et leur réussite est le reflet — sans qu'elles en soient elles-mêmes conscientes parfois — d'une assise théorique solide. En outre, nous pensons que le lecteur sera agréablement surpris de voir à quel point la théorie peut être intéressante. Elle n'est pas nouvelle, la plupart des huit principes ont résisté à l'épreuve du temps. Ils ont simplement été négligés par les chefs d'entreprise et les spécialistes du management.

Enfin, nous aimerions préciser que la majorité des entreprises exemplaires ne sont pas des clients de McKinsey. McKinsey a financé cette enquête, mais n'a pas influencé notre choix.

Introduction

Nous avions décidé, après le dîner, de passer une seconde nuit à Washington. Nos rendez-vous d'affaires, plus longs que prévu, nous avaient fait rater le dernier vol pratique du soir. Nous n'avions pas réservé de chambres, mais nous n'étions pas loin du Four Seasons. Nous avions déjà dormi une fois dans ce nouvel hôtel et nous l'avions apprécié. Alors que nous traversions le hall tout en cherchant la meilleure façon de plaider notre cause, nous nous préparions à affronter l'accueil glacial généralement réservé aux retardataires. A notre grand étonnement, la réceptionniste leva les yeux, sourit, nous appela par nos noms et nous demanda comment nous allions. Elle se souvenait de nos noms ! Nous comprîmes sur-le-champ pourquoi, en moins d'un an, le Four Seasons était devenu l'endroit où il « fallait descendre » à Washington, et pourquoi aussi il comptait parmi les rares hôtels à avoir obtenu dès sa première année d'existence les quatre étoiles, cette distinction si prisée.

Tant mieux pour eux, penserez-vous, mais pourquoi en faire tout un plat ? Eh bien, cet épisode nous frappa beaucoup parce que, depuis plusieurs années, nous menions une enquête en vue de découvrir les secrets des meilleures entreprises. Pour nous, des incidents de ce genre, révélateurs d'efforts inhabituels de la part d'employés apparemment ordinaires, sont devenus l'un des principaux indices de la supériorité d'une entreprise, de son « excellence ». Lorsque nous étions confrontés non pas à une, mais à toute une série d'aventures de ce style, nous étions absolument certains d'être sur la piste d'une situation d'exception. En outre, nous étions pratiquement sûrs de découvrir des résultats confirmés sur le plan financier d'un caractère aussi exceptionnel que la performance des employés.

D'autres exemples nous viennent à l'esprit. Nous nous trouvions dans l'État de Washington cette fois, en train de parler de notre enquête à un groupe de cadres de Boeing. Nous insistions sur le fait que les meilleures entreprises semblaient déployer toute leur énergie pour engendrer et choyer ce que nous appelons les « champions du produit » : ces battants qui ont une telle foi en leurs idées qu'ils prennent sur eux de bousculer la bureaucratie pour mener leurs projets à terme malgré les lourdeurs du système et arriver enfin au client. Quelqu'un laissa échapper : « Ces battants ! Nous ne pouvons pas les tuer, c'est bien notre problème. » Alors Bob Withington*, qui était présent, raconta comment Boeing avait *vraiment* décroché le contrat du B-47 à voilure en flèche qui devait devenir plus tard le premier avion à réaction commercial, le 707, avec le succès que l'on sait. Il nous raconta aussi comment Boeing avait *vraiment* décroché le contrat du B-52 qui, au départ, était censé être à turbopropulseurs jusqu'à ce que Boeing soit en mesure de démontrer les avantages du B-52 muni de turboréacteurs.

Nous étions fascinés par la saga de ce petit groupe d'ingénieurs de chez Boeing qui se plongea dans les fichiers allemands le jour où les laboratoires nazis furent occupés par les forces alliées. Cela leur permit de vérifier que la voilure en flèche présentait d'énormes avantages. Puis, il y eut cette course folle à l'autre bout du monde, à Seattle, pour faire passer à la voilure en flèche l'épreuve du tunnel aérodynamique... Ils découvrirent ainsi, à leur grande surprise, que, si l'on ne pouvait pas placer les réacteurs sous la carlingue, c'était mieux de les monter sous la voilure à l'avant. Une autre anecdote nous fascina : au cours d'un long week-end sans sommeil dans un hôtel de Dayton, une petite équipe d'ingénieurs redessina complètement le B-52, écrivit et produisit un rapport broché de trente-trois pages, et le soumit à l'US Air Force soixante-douze heures plus tard, le lundi suivant. (De plus, cette minuscule équipe de battants présenta son projet accompagné d'une maquette qu'elle avait fabriquée, pendant le week-end, avec du balsa et d'autres matériaux achetés pour la somme de quinze dollars au magasin de jouets local.) Voilà deux histoires de petites équipes de gens qui se surpassent pour obtenir des résultats au profit d'une entreprise qui sort vraiment du commun. Et pourtant, des firmes aussi disparates que 3M et IBM suivirent les traces de Boeing.

Citons un autre exemple. L'autre jour, nous sommes entrés dans un petit magasin d'électronique pour acheter une calculatrice programmable. La connaissance du produit qu'avait le vendeur, son enthousiasme et l'intérêt qu'il nous porta étaient stupéfiants et nous

* Vice-président de Boeing.

rendirent tout naturellement curieux. En réalité, il n'était pas employé du magasin, mais l'un des responsables du développement des produits chez Hewlett-Packard. Agé de vingt-huit ans, il était en train d'acquérir une première expérience de la réaction des utilisateurs vis-à-vis de la gamme de produits de son entreprise. Nous avions entendu dire que Hewlett-Packard se targuait d'être proche de la clientèle et qu'elle avait coutume d'affecter ses jeunes recrues diplômées de gestion ou ingénieurs électroniciens à des postes qui les mettent en contact direct avec les aspects pratiques du lancement d'un produit sur le marché. Et grand Dieu ! On voyait là un ingénieur de chez Hewlett-Packard qui avait l'enthousiasme que l'on aimerait trouver chez tous les vendeurs.

Partout où nous sommes allés dans le monde, de l'Australie à l'Europe en passant par le Japon, nous avons été impressionnés par la grande propreté et la qualité constante que l'on rencontre dans les établissements McDonald's. Tout le monde n'apprécie pas le produit, ni l'assimilation de McDonald's à une vitrine mondiale de la culture américaine, mais il n'en reste pas moins extraordinaire de découvrir ce genre de « qualité assurée » que McDonald's a réussi à implanter à l'échelle mondiale dans une entreprise de services. (Le contrôle de la qualité dans ce genre d'entreprises est pourtant un problème particulièrement épineux. Alors que dans une entreprise industrielle, on peut tester le produit en fin de chaîne de montage et rejeter les « ratés », dans une entreprise de services, au contraire, production et consommation sont des processus simultanés dans un même lieu. On doit s'assurer que des dizaines de milliers d'individus dans l'ensemble de l'entreprise adhèrent en gros aux mêmes standards élevés, et qu'ils comprennent tous la conception de la qualité de l'entreprise et l'authentique intérêt que celle-ci porte au produit.)

Évoquons encore une conversation qui eut lieu un jour de printemps, à Genève, des années avant le début de notre enquête. L'un d'entre nous enseignait à l'IMEDE, grande école de gestion de Lausanne, et rendait visite à un vieux collègue. Obligé de se déplacer constamment pour ses affaires, ce qui peinait sa femme, ce dernier avait créé une chaîne de McDonald's en Suisse. Il put ainsi ne plus bouger de chez lui, mais cela mit sa femme, qui était genevoise, en état de choc xénophobe. (Elle le surmonta dès que les Suisses devinrent des adeptes de McDonald's.) Évoquant ses premières impressions à propos de cette entreprise, il nous confia : « Vous savez, ce qui m'a le plus frappé chez eux, c'est qu'ils mettent l'accent sur le personnel. En sept ans d'activité McKinsey, je n'ai jamais rencontré un seul client qui semble porter autant d'intérêt à son personnel. »

Un autre ami nous raconta pourquoi il s'était adressé à IBM, à l'occasion de l'acquisition d'un équipement informatique pour un hôpital. « Beaucoup de leurs concurrents surpassaient IBM sur le plan technologique, et offraient un logiciel nettement plus facile à manier. Mais seul IBM se préoccupa de bien nous connaître. Ils enquêtèrent partout, dans tous les services. Ils parlaient notre langue et ne jargonnaient pas à propos des composants de l'ordinateur. Ils étaient facilement vingt-cinq pour cent plus chers que les autres, mais ils offraient des garanties de sécurité et de service sans pareilles. Ils sont allés jusqu'à s'assurer le concours d'une entreprise sidérurgique locale pour le cas où notre installation tomberait en panne. Leurs exposés répondaient à notre demande. Ils respiraient la confiance et la réussite. Malgré un budget très serré, notre décision ne fut pas difficile à prendre.

Nous entendons constamment parler des entreprises japonaises, de leur culture singulière, de leur propension à se réunir pour chanter des hymnes d'entreprise et psalmodier les litanies de la firme. On pense généralement que ce genre de choses est inconcevable aux États-Unis. Qui parmi nous peut en effet imaginer une attitude aussi tribale dans une entreprise américaine ? Mais il existe pourtant des exemples américains. Pour ceux qui ne l'ont pas vu, il est difficile d'imaginer l'animation et la surexcitation qui président à ces réunions hebdomadaires du lundi soir où l'on vend des boîtes en plastique : les Tupperware. Des agissements similaires ont cours chez Mary Kay, entreprise de cosmétiques. On pourrait arguer que ces exemples sont propres à certains produits. Pourtant, chez Hewlett-Packard, le « pot » qui réunit régulièrement tout le monde est une pratique courante de toutes les divisions dans leur volonté de garder le contact avec les gens. L'un de nous deux a participé à un stage de formation à la vente chez IBM, au début de sa carrière; il chantait tous les matins avec autant d'enthousiasme (enfin presque) que les ouvriers d'une firme japonaise.

Dans les séances de travaux pratiques destinés à nos clients ou à des étudiants, nous nous servons souvent d'un exemple emprunté au style de management propre à Delta Airlines. Comme nous voyageons beaucoup, nous avons toujours en réserve une anecdote ou deux à propos de l'aide matérielle que les employés de Delta nous ont apportée alors que nous nous démenions pour attraper une correspondance. La dernière fois que nous en avons parlé, un cadre leva la main et nous interpella : « Je vais vous dire comment cela se passe vraiment chez Delta. » Alors que nous nous préparions à ce qu'il remette notre thèse en question, cet homme nous cita un exemple du service exceptionnel de Delta qui rendait nos anecdotes bien pâles en comparaison. Sa femme avait, sans y prendre garde, laissé passer l'occasion d'utiliser un billet économique et, à cause d'un détail technique, le prix du billet n'était plus valide. Elle appela la compagnie pour faire une réclamation. Le président de Delta intervint personnellement et, comme il était à l'aéroport ce jour-là, il lui remit lui-même son nouveau billet au guichet.

Tous ceux qui ont été chefs de produit chez Procter & Gamble pensent sincèrement que cette entreprise doit sa réussite davantage à sa façon extraordinaire de veiller à la qualité du produit qu'à ses exploits légendaires en matière de marketing. Une de nos images préférées est celle de ce cadre de Procter & Gamble qui, le visage tout empourpré, affirme vigoureusement à un amphi, pendant un stage d'été de formation des cadres à Stanford, que Procter & Gamble « fabrique aussi le meilleur papier hygiénique du marché, et même si le produit n'est que du papier hygiénique, ce pourrait tout aussi bien être du savon d'ailleurs, cela ne l'empêche pas de le faire infiniment plus beau que ses concurrents. » (Comme dans la plupart des entreprises exemplaires, ces valeurs fondamentales vont très loin. Une fois, Procter & Gamble refusa d'utiliser un composant de qualité inférieure pour fabriquer son savon, au risque de ne pas satisfaire les besoins pressants de l'armée pendant la guerre civile !)

Enfin, chez Frito-Lay, une filiale de PepsiCo, on nous a raconté des anecdotes, peut-être apocryphes, probablement pas — quelle importance — de gens qui se déplacent par tous les temps, dans le vent glacial, la grêle, la neige et la pluie. Ils ne distribuent pas le courrier. Ce sont des vendeurs de chips qui maintiennent les 99,5 pour cent de service* dont s'enorgueillit tellement la maison Frito, et qui est à l'origine de son incomparable réussite.

Cela ne s'arrête pas là. Ce qui nous fascina vraiment dans notre enquête sur les meilleures entreprises, c'est que plus nous creusions, plus nous nous apercevions que ces sociétés ont en réserve des quantités astronomiques d'anecdotes de ce genre.

Nous commencions à comprendre que ces entreprises avaient des traditions aussi solides que n'importe quelle organisation japonaise. Et il nous paraissait facile de repérer les attributs de l'excellence, indépendamment du secteur considéré. Quelle que soit leur activité,

* Chez Frito, que ce soit une petite boutique familiale de Missoula dans le Montana ou leur porte-drapeau, le *Safeway* à Oakland en Californie, ils ont tous 99,5 pour cent de chances de recevoir la visite quotidienne du représentant de Frito.

en gros, les entreprises avaient recours aux mêmes trucs, quelquefois un peu désuets, toujours utilisés avec ferveur, toujours répétés pour s'assurer que tous leurs employés adhéraient à leur système de valeurs, leur « culture » ou s'en allaient.

En outre, nous fûmes d'abord surpris de découvrir que cette culture se limitait invariablement à une poignée de thèmes. Qu'elles martèlent du fer-blanc, qu'elles fassent griller des hamburgers ou qu'elles fournissent des chambres, pratiquement toutes ces firmes s'étaient définies, *de facto,* comme des entreprises de services. Le client est roi. On ne lui offre pas une technologie qui n'ait pas fait ses preuves ou une dorure superflue. Le client est le récipiendaire de produits durables et le service est rapide.

La qualité et le service étaient des traits qui ne variaient pas. Obtenir ce résultat, bien entendu, requiert la coopération de chacun, et pas seulement celle des deux cents cadres. Les meilleures entreprises demandent et exigent une extraordinaire performance de l'homme moyen. (L'ex-président de Dana, René McPherson, déclare d'ailleurs que ce ne sont ni les quelques funestes traînards, ni la poignée de brillants exécutants qui sont la clé de voûte de l'entreprise. Il attire, par contre, vivement l'attention sur le fait qu'il faut prendre soin, choyer et libérer l'homme moyen de ses entraves.) Nous avons appelé cela la « productivité par le personnel ». Toutes les sociétés en parlent beaucoup, mais peu l'appliquent.

Finalement, il nous parut soudain évident que ce n'était pas la peine d'aller jusqu'au Japon pour trouver des modèles qui permettent de s'attaquer à ce malaise de l'entreprise qui nous enserre comme un étau. Une foule de grosse firmes américaines s'en tirent très bien du point de vue des différentes parties en jeu — clients, actionnaires, employés ou grand public — et cela depuis des années. Simplement, nous n'avons pas prêté attention à l'exemple qu'elles donnent. Nous n'avons pas non plus tenté d'analyser dans quelle mesure ce qu'elles font instinctivement correspond à une théorie cohérente.

Les discussions autour de l'aspect psychologique du management se sont longtemps concentrées sur la théorie X ou la théorie Y, la valeur de l'enrichissement des tâches, et maintenant les cercles de qualité. Cela n'explique pas vraiment le côté magique de la motivation de la main-d'œuvre japonaise ou du personnel des meilleures entreprises américaines, mais il existe cependant une théorie utile. Le psychologue Ernest Becker, par exemple, a formulé une thèse primordiale, largement méconnue des analystes du management. Son argument est que l'homme est mené par une

« dualité » essentielle : l'humain a simultanément un besoin d'appartenance et de singularisation. Il a besoin d'être englobé dans une équipe de gagneurs et d'être une vedette à part entière.

A propos de l'équipe de gagneurs, Becker fait la remarque suivante : « La société... est un véhicule d'héroïsme terre à terre... L'homme transcende la mort en trouvant un sens à sa vie... C'est ce désir fou qu'a l'être humain de compter... Ce que l'homme redoute le plus, ce n'est pas de disparaître, mais de disparaître sans panache... C'est le rituel qui donne un sens à la vie... Son sens de sa propre valeur relève de la symbolique, son narcissisme bien-aimé se nourrit de symboles, d'une idée abstraite de sa propre valeur. L'aspiration naturelle de l'homme peut se nourrir indéfiniment dans le domaine des symboles. » Et il ajoute : « L'homme se fabrique des chaînes dans le but de se perpétuer lui-même. » En d'autres termes, les hommes se soumettent de bon cœur aux huit heures pour ce qu'ils considèrent une grande cause.

Cependant, nous avons tous besoin de nous singulariser — même, ou peut-être justement, dans une institution de gagneurs. Nous avons ainsi pu observer, maintes et maintes fois, l'extraordinaire énergie que le salarié (l'ouvrier, le vendeur, l'employé de bureau) est capable de déployer bien au-delà de ce que le devoir exige, quand on lui accorde ne serait-ce qu'un semblant de contrôle sur son propre destin. Un test psychologique qui rejoint cet important champ d'investigations souligne ce point. On avait donné à des sujets adultes quelques problèmes complexes à résoudre et une pile d'épreuves à corriger. Il y avait un bruit de fond très fort qui revenait à intervalles irréguliers, et qui, de ce fait, était très perturbant. Pour être précis, c'était une « combinaison de deux personnes parlant l'une l'espagnol, l'autre l'arménien, une ronéo en marche, une calculatrice de bureau, une machine à écrire et des bruits de rue, ce qui donnait un brouhaha hétéroclite ». Les sujets étaient répartis en deux groupes. Dans le premier groupe, on se contenta de dire aux sujets de se mettre au travail. Dans le second groupe, on leur donna un bouton qu'il fallait pousser pour couper le bruit, « une version moderne du contrôle — l'interrupteur ». Le groupe doté de l'interrupteur résolut cinq fois plus de problèmes que l'autre équipe, et ne fit qu'un petit nombre d'erreurs dans la correction d'épreuves. Or, le comble c'est que : « ... Aucun des membres du groupe doté de l'interrupteur ne s'en servit. Le seul fait de savoir qu'ils disposaient d'un moyen de contrôle fit toute la différence. »

Les entreprises les mieux dirigées, et quelques autres, appliquent ces théories. Par exemple, le directeur d'une succursale des ventes de cent employés loua pour une soirée un stade dans le New Jersey. Après le travail, ses employés pénétrèrent à petites foulées sur la pelouse. Dès que l'un d'entre eux apparaissait, son nom s'affichait sur le tableau électronique et la foule — composée des cadres de la société mère, du personnel d'autres succursales, de la famille et des amis — applaudissait bruyamment.

C'est IBM l'entreprise en question. En un seul acte (que la plupart des sociétés rejetteraient sous le prétexte que c'est trop somptueux, trop vieux jeu, ou les deux), IBM réaffirma simultanément sa dimension héroïque (en satisfaisant le besoin de l'individu de faire partie de quelque chose de grandiose) et sa préoccupation de l'expression individuelle (le besoin de se singulariser). IBM relie deux éléments apparemment paradoxaux. S'il existe un trait typique des meilleures entreprises, c'est cette capacité à manier l'ambiguïté et le paradoxe. Ce qui ne devrait pas être possible aux yeux de nos amis rationalistes fait partie de la routine dans les meilleures entreprises.

Les chips de Frito et les machines à laver de Maytag doivent être considérées comme des marchandises; les 99,5 pour cent de service dans les boutiques familiales, c'est ridicule — jusqu'à ce qu'on jette un regard sur les marges, et la part de marché. Notre problème aux États-Unis, c'est que notre fascination pour les outils de gestion éclipse notre apparente ignorance de l'art. Nos instruments sont faits pour mesurer et analyser. Nous pouvons mesurer les coûts. Mais avec la seule aide de ces instruments, nous ne pouvons pas vraiment étudier la valeur d'une main-d'œuvre motivée de Maytag ou Caterpillar qui fabrique des produits de qualité ou celle d'un vendeur de Frito-Lay qui fait ce kilomètre de plus pour aller voir le client ordinaire.

Pire encore, nos instruments nous poussent à avoir un point de vue rationnel qui considère avec méfiance les sources mêmes de l'innovation dans les meilleures entreprises : les champions du produit irrationnels chez 3M, la prolifération et la duplication des lignes de produits chez Digital Equipment Corporation, l'intense compétition interne qui règne entre les chefs de produits chez Procter & Gamble. Alfred Sloan introduisit le chevauchement avec succès chez General Motors dans les années vingt. Cela fait presque aussi longtemps qu'existe dans les lignes de produits des divisions de IBM un chevauchement étendu, fait délibérément pour activer la compétition interne. Mais peu de rationalistes semblent preneurs, même de nos jours. Ils n'aiment pas le chevauchement, ils aiment l'ordre. Ils n'aiment pas les erreurs, ils adorent les planifications méticuleuses. Ils n'aiment pas ne pas savoir ce que font les gens, ils adorent le contrôle. Ils réunissent de grandes équipes. Pendant ce temps-là, Wang Labs ou 3M ou Bloomingdale's ont des mois d'avance sur eux et ont dix produits de plus sur le marché.

Aussi récusons-nous en partie la théorie traditionnelle, principalement parce que nos données sur la façon de travailler des êtres humains nous poussent à réviser plusieurs principes économiques importants concernant la taille (les économies d'échelle), la précision (les limites de l'analyse) et la capacité d'obtenir des résultats extraordinaires (en particulier la qualité) avec des gens très ordinaires.

Les conclusions que l'on tire de l'étude des meilleures entreprises sont porteuses d'un message réconfortant en provenance des États-Unis. La pratique du bon management n'est pas le privilège des Japonais. Mais surtout, il est stimulant de constater que l'on traite les gens décemment et qu'on leur demande de briller, et aussi que l'on produit des choses qui marchent. Les rendements d'échelle laissent la place à de petites unités de gens motivés. Les efforts très planifiés de la recherche et du développement pour fabriquer des produits fracassants sont remplacés par des armées de battants dévoués. Cette manie sclérosante de se concentrer sur les coûts cède la place à une polarisation sur la qualité. La hiérarchie et les complets trois pièces cèdent la place aux prénoms, aux manches de chemise, à l'enthousiasme et à une souplesse fondée sur une organisation articulée autour de projets. Le travail, selon les préceptes consignés dans d'énormes règlements, est remplacé par la contribution de chacun.

Même diriger devient plus drôle. Au lieu de se livrer à des jeux de l'esprit stériles dans des tours d'ivoire, on élabore des valeurs et on les met en pratique en recourant à l'initiation.

Ce livre étudiera plus en profondeur ce que nous nous sommes contentés de décrire ici. Il définira ce que nous entendons par excellence. Il tentera de tirer des généralisations à partir de ce que font les meilleures entreprises et que ne font pas les autres, et étayera nos observations d'une théorie économique et sociale cohérente. Enfin, il se référera à des données prises sur le terrain qui sont trop souvent négligées dans les livres consacrés au management — c'est-à-dire des exemples spécifiques et concrets qui viennent des entreprises elles-mêmes.

1

De la réussite de certaines entreprises

Lorsque le surréaliste belge René Magritte peignit une série de pipes, il l'intitula *Ceci n'est pas une pipe.* Ainsi, la représentation de l'objet n'est pas l'objet. De même, un organigramme n'est pas une société, pas plus qu'une nouvelle stratégie ne constitue nécessairement le remède à un mal de l'entreprise. Nous savons tous cela. Pourtant, dès qu'un problème surgit, voilà que nous réclamons une nouvelle stragérie, voire une réorganisation. Et lorsque nous réorganisons l'entreprise, nous nous contentons généralement de déplacer les postes sur l'organigramme. Le plus souvent, pas grand chose ne changera. Ce sera le chaos, peut-être utile pour un temps, mais bientôt les vieilles habitudes, qui ont la vie dure, reprendront le dessus.

En notre for intérieur, nous savons tous que ce n'est ni dans les rapports annuels, ni dans l'élaboration de stratégies, ni dans les plans d'action, ni dans les budgets, ni même dans les organigrammes que se trouve la solution qui permettra de préserver la vitalité et la souplesse d'une grande entreprise. Mais, trop souvent, nous nous comportons comme si nous l'ignorions. Quand nous souhaitons un changement, nous jouons avec les stratégies. Ou bien nous changeons de structure. L'heure est sans doute venue de changer nos façons d'agir.

Début 1977, préoccupés par les problèmes d'efficacité de l'entreprise, et, plus précisément, par les rapports entre la stratégie, la structure et l'efficacité de la direction, nous décidâmes chez McKinsey de former deux groupes de travail internes. L'un avait pour mission de revoir notre conception de la stratégie, et l'autre de repenser la question de l'efficacité de l'organisation. C'était, si l'on veut, la version McKinsey de la recherche appliquée. Nous, les auteurs de ce livre, animions les travaux du second groupe.

Dans une première étape, nous entreprîmes de faire le tour de la question avec des chefs d'entreprise du monde entier, connus pour leur compétence, leur expérience et leur sagesse en matière d'organisation. Nous avons découvert qu'eux aussi partageaient notre réticence à l'égard de l'approche traditionnelle. Les limites des solutions classiques aux problèmes de structure et, en particulier, la dernière aberration en date, à savoir la structure en matrice, ne les satisfaisaient pas. Néanmoins, ils doutaient de la capacité de tous les moyens connus à revigorer et réorienter des géants qui font un milliard de dollars de chiffre d'affaires.

En fait, les idées les plus intéressantes émanaient des provenances les plus inattendues. En 1962, l'historien des affaires Alfred Chandler proclamait dans son livre *Stratégies et Structures* l'idée choc que la structure suit la stratégie. Et, en 1977, quand nous avons entrepris cette réflexion, l'affirmation de Chandler passait pour avoir tout de la vérité universelle. Mettez le plan stratégique noir sur blanc, et l'organisation adaptée apparaîtra avec aisance, grâce et beauté. L'idée de Chandler *était* importante, aucun doute là-dessus, mais lorsque celui-ci la formula, tout le monde diversifiait à tour de bras, et ce qu'il a le plus clairement compris c'est qu'une politique de diversification étendue exige une structure décentralisée. La forme suit la fonction. De l'après-guerre à 1970 environ, le conseil de Chandler suffit à provoquer (ou à entretenir) une révolution dans les pratiques du management, dont l'orientation était juste.

Mais en explorant le sujet plus avant, nous avons découvert qu'il était rare qu'une stratégie impose des solutions structurelles uniques. En outre, les difficultés cruciales résidaient le plus souvent dans l'exécution et l'ajustement continu de la stratégie : la mettre en œuvre et rester souple. Et cela signifiait, en grande partie, qu'il fallait dépasser la stratégie et aborder les autres aspects de l'organisation, tels que la structure ou le personnel. Tant et si bien que le problème de l'efficacité du management menaçait de devenir un cercle vicieux. La pénurie d'apports pratiques aux vieux modes de pensée se faisait douloureusement sentir. Cela n'a jamais été plus net qu'en 1980, lorsque les managers américains, assaillis par des problèmes évidents de stagnation, se jetèrent à corps perdu sur les pratiques de management japonaises, faisant fi des différences de culture plus énormes encore que l'immensité du Pacifique.

La deuxième étape de notre travail consista à rechercher de l'aide ailleurs qu'auprès des praticiens. Ainsi, nous visitâmes en 1977 une douzaine d'écoles de gestion aux États-Unis et en Europe (il n'en existe pas au Japon). Les théoriciens universitaires, avons-nous découvert, étaient en proie aux mêmes préoccupations. Nous avions choisi la bonne période. La théorie couvait une phase de bouleversement tonifiant tout en se dirigeant vers un nouveau consensus; quelques rares chercheurs traitent encore des problèmes de structure, et notamment de la variante la plus récente et la plus cotée, la matrice. Mais le ferment se situe surtout autour d'un autre courant de réflexion. Celui-ci résulte d'idées chocs à propos des capacités limitées des « décideurs » à manier l'information et à prendre des décisions que nous qualifions habituellement de « rationnelles », et de la probabilité, encore plus faible, de voir les grandes collectivités (c'est-à-dire les organisations) mettre automatiquement en œuvre les conceptions stratégiques complexes des rationalistes.

Ce sujet de prédilection des chercheurs actuels ne date pas d'hier. L'idée fut lancée à la fin des années trente par Elton Mayo et Chester Barnard. De bien des manières, ces deux professeurs d'Harvard remettaient en question les idées avancées par Max Weber, qui définit la forme bureaucratique de l'organisation, et par Frederick Taylor, qui soutenait que le management pouvait devenir une science exacte. Weber avait négligé l'autorité charismatique et s'était passionné pour la bureaucratie, sa forme impersonnelle, régie par la règle, qui était, selon lui, la seule chance de survivre à long terme. Taylor est, comme chacun le sait, le père de l'approche temps et mouvement de la productivité : si vous réussissez à décomposer le travail en unités indépendantes et complètement programmées, puis à assembler toutes ces unités d'une façon réellement optimale, vous obtenez alors un travail des plus performants.

Mayo, qui avait d'abord pleinement adhéré au courant rationaliste, finit par remettre en cause, de fait, bien des points soutenus par cette école. Dans les ateliers de l'usine de Hawthorne de la Western Electric, il tenta de démontrer qu'une meilleure hygiène sur le lieu de travail aurait un effet direct et positif sur le rendement des ouvriers. Alors il améliora l'éclairage. Le rendement augmenta, comme prévu. Puis, comme il s'apprêtait à concentrer son attention sur un autre facteur, il baissa machinalement l'éclairage. Le rendement augmenta encore ! Pour nous, il faut retenir de ces expériences, et ce thème reviendra constamment dans notre livre, que c'est *l'attention portée au personnel* et non les conditions de travail proprement dites qui a le plus d'impact sur le rendement. (Un grand nombre de nos entreprises exemplaires, comme nous le faisait observer un ami, semblent réduire la fonction du management à la création d'un « flux ininterrompu d'effets Hawthorne ».) Ce n'est pas dans la ligne rationaliste.

Chester Barnard, qui se plaçait dans l'optique du chef d'entreprise (il avait été directeur général de New Jersey Bell), prétendait que le rôle d'un chef est de canaliser les forces vives de l'organisation, de forger et de guider les valeurs. Pour lui, les bons managers étaient des façonneurs de valeurs, soucieux de la spécificité sociale sous-jacente de l'entreprise. Il les opposait à ceux qui se contentaient de manipuler les récompenses officielles et les systèmes conventionnels et qui ne s'attachaient qu'au concept étroit du rendement à court terme.

Si les conceptions de Barnard ont rapidement été reprises par Herbert Simon (dont un prix Nobel couronna les efforts), elles n'en sont pas moins restées dans l'ombre pendant trente ans au cours desquels les principaux conflits de management avaient trait au choix de la structure propre à servir la croissance d'après-guerre, grand problème de l'époque.

Mais lorsqu'il s'avéra que la première vague de structure décentralisée n'avait rien de la panacée universelle, et que celle qui lui succéda, la matrice, eut des ennuis continuels du fait de sa complexité même, les idées de Barnard et de Simon donnèrent naissance à un nouveau courant de pensée. Les modèles en étaient Karl Weick de Cornell, et James March de Stanford qui s'attaquèrent au modèle rationnel.

Weick prétend que les entreprises apprennent et s'adaptent très, très lentement. Elles portent une attention excessive aux indices internes habituels, longtemps après la disparition de leur intérêt pratique. Les postulats stratégiques importants (par exemple : prudence ou prise de risques) sont noyés dans les petits détails des systèmes de management et autres routines dont les origines se perdent dans la nuit des temps. Notre exemple préféré pour illustrer ce point nous a été fourni par un ami qui, au début de sa carrière, reçut une formation d'employé de guichet dans une banque. L'une des opérations consistait à trier manuellement des cartes perforées de quatre-vingts colonnes, et son instructrice y parvenait en l'espace d'une seconde. A peine les cartes étaient-elles dans ses mains qu'elles étaient triées et empilées bien proprement. Notre ami était très maladroit.

— Depuis combien de temps faites-vous cela ? lui demanda-t-il.

— Environ dix ans.

— Et pourquoi, dit-il, avide de savoir, trie-t-on ces cartes ?

— A dire vrai, répondit-elle tandis qu'un autre paquet s'empilait sur la table, je l'ignore complètement.

Weick suppose que ce manque de souplesse provient des clichés que nous avons en tête en matière d'organisation. Il dit, par exemple : « L'utilisation chronique de métaphores militaires incite à écarter toute possibilité d'un type d'organisation différent, dans lequel on attacherait plus de prix à l'improvisation qu'à la prévision, on insisterait davantage sur les possibilités que sur les obstacles, on découvrirait des plans d'action nouveaux plutôt que de défendre les anciens, on prônerait plus le débat que la sérénité, et enfin on encouragerait le doute et la contradiction plutôt que la confiance. » March va encore plus loin que Weick. C'est lui qui, plaisantant à moitié, a lancé la métaphore organisationnelle du « dépotoir ». Il dépeint la manière dont les entreprises prennent les décisions importantes comme l'interférence quasi fortuite d'une cascade de problèmes, de solutions, de participants et d'options. Ses observations à propos des grandes organisations rappellent les propos sarcastiques du président Truman prévoyant les déceptions qui guettaient son successeur, tels que les a rapportés Richard E. Neustadt. « Il sera assis, ici, » disait Truman en tapotant sur son bureau, « et il dira, "Faites ceci ! Faites cela„. Et rien ne se passera. Pauvre Ike, ce ne sera pas du tout comme dans l'armée. Il va trouver cela très frustrant. »

D'autres chercheurs ont récemment commencé à réunir des faits qui corroborent ces points de vue originaux. Henry Mintzberg, chercheur à l'université canadienne de McGill, est l'auteur d'une des rares études sérieuses sur la façon dont les managers efficaces utilisent leur temps. En général, ils ne s'octroient pas de longues périodes de temps pour planifier, organiser, motiver et contrôler comme la plupart des autorités compétentes le leur suggèrent. Au contraire, leur temps est fragmenté et ils consacrent en moyenne *neuf minutes* à chaque sujet. Andrew Pettigrew, chercheur britannique, a étudié les processus de prise de décisions stratégiques et a été fasciné par la force d'inertie des entreprises. Il a démontré que des sociétés s'accrochent souvent pendant des années (parfois dix) à des conceptions complètement erronées du monde qui les entoure, malgré l'existence de preuves accablantes qui montrent que ce monde-là a changé et qu'elles devaient peut-être en faire autant. (Les industries américaines qui sont actuellement victimes de dysfonctionnements — compagnies aériennes, entreprises de transport, caisses d'épargne, banques ou télécommunications — fourmillent d'exemples récents appuyant la thèse de Pettigrew.)

Parmi nos premiers contacts, se trouvaient des dirigeants de sociétés connues depuis longtemps pour leurs performances exceptionnelles comme IBM, 3M, Procter & Gamble, Delta Airlines. Alors que nous réfléchissions à la portée de ce nouveau courant de pensée, il nous parut soudain évident que les éléments « intangibles » dont parlaient ces managers étaient plus dans la lignée de

Weick et March que dans celle de Taylor ou de Chandler. Nous entendions parler de cultures de l'organisation, du sens de l'appartenance à une grande famille, du credo « plus on est petit, mieux on se porte », de la simplicité plutôt que de la complexité, et de l'engouement pour la qualité. En résumé, nous avions découvert, ce qui est une évidence, que l'être humain compte encore : construire des organisations qui admettent ses limites (par exemple : son aptitude à traiter des données) et ses forces (cette puissance engendrée par l'enthousiasme et l'engagement) était le B.A.-Ba.

Les attributs de la réussite

Les deux premières années, nous avons surtout cherché à développer notre diagnostic et les remèdes que nous proposions, afin qu'ils dépassent les instruments traditionnellement utilisés pour résoudre les problèmes de gestion qui se fondaient alors exclusivement sur les approches stratégique et structurelle.

En vérité, de nombreux amis extérieurs à notre groupe de travail pensaient que nous aurions dû nous contenter de porter un regard neuf sur la question structurelle en matière d'organisation. Comme la décentralisation avait été la structure des années cinquante et soixante, et la fameuse matrice, très prisée et de toute évidence complètement inefficace, avait été celle des années soixante-dix, quelle serait donc la forme structurelle des années quatre-vingts, interrogeaient-ils. Nous choisîmes de prendre un autre chemin. Nous en vînmes rapidement à la conclusion que les problèmes de structure, quelle que soit leur ampleur, ne sont qu'une infime partie de la question de l'efficacité d'une entreprise. Le mot « organiser » en soi, par exemple, appelle tout de suite une question, « organiser dans quel but ? ». Pour les grandes entreprises qui nous intéressaient, la réponse à cette interrogation était presque toujours le développement d'une nouvelle aptitude de l'entreprise — à savoir, devenir plus innovatrice, être de meilleurs lanceurs de produits, améliorer constamment les relations sociales, ou acquérir une compétence jusqu'alors inexistante dans l'entreprise.

McDonald's constitue un excellent exemple. Malgré le succès que connaissait cette entreprise aux États-Unis, une implantation réussie à l'étranger ne supposait pas de se contenter de créer une division internationale. Pour McDonald's, cela signifiait, entre autres choses, apprendre au public allemand ce qu'est un hamburger. Pour être moins dépendant des achats du gouvernement,

Boeing dut apprendre à vendre ses produits dans le circuit commercial, tour de force que n'ont jamais réussi la plupart de ses concurrents. Développer de nouvelles aptitudes, injecter un sang neuf, secouer les vieilles habitudes, devenir vraiment performant dans un domaine nouveau, n'est pas chose facile. Cela n'est manifestement plus affaire de structure.

Aussi nous fallait-il plus que des nouvelles idées de structure. La remarque de Fletcher Byrom, PDG de Koppers* traduit bien ce que nous cherchions : « Je pense qu'un organigramme rigide qui tient pour acquis qu'un individu à un certain poste agira de la même façon que son prédécesseur, est ridicule. Il ne le fera pas. Donc, l'organisation doit bouger, s'ajuster et s'adapter au fait qu'un nouvel individu occupe ce poste. » Il n'y a rien de mieux qu'une bonne réponse structurelle, toutes considérations humaines mises à part, et vice versa. Nous allâmes plus loin. Notre recherche nous apprit que toute approche sensée de l'organisation devait inclure et traiter comme étant interdépendantes, au moins sept variables : la structure, la stratégie, le personnel, le style de management, les systèmes et les procédures, les concepts directeurs et les valeurs partagées (la culture) et les forces ou aptitudes actuelles et souhaitées de l'entreprise. Nous avons donné une définition plus précise de cette idée et nous avons élaboré ce qui fut connu comme le modèle McKinsey des 7 clés de l'organisation (voir figure page 32). Une expérience de quatre ans dans le monde entier n'a fait que confirmer notre pressentiment que le modèle serait une aide incommensurable pour faire comprendre non seulement l'« ossature » — stratégie et structure — mais aussi la « moelle » de l'organisation — le style, les systèmes, le personnel, le savoir-faire et les valeurs partagées (à savoir, la « culture »). Le modèle, que certains de nos collègues facétieux ont baptisé l'atome du bonheur, semble avoir acquis une certaine popularité dans le monde entier comme une manière pratique de réfléchir aux problèmes d'organisation**. Richard Pascale et Anthony Athos qui nous ont aidés à

* Matériaux de construction et produits chimiques.

** Nous n'étions sûrement pas les premiers à inventer un schéma à variables multiples. Le « Leavitt's Diamond » de Harold Levitt, par exemple (tâches, structure, personnel, information et contrôle, environnement) a influencé des générations de managers. Nous avons eu la chance de tomber à un bon moment. Les managers aux prises avec des problèmes apparemment insolubles, et après des années de frustrations dues à des changements de stratégie et de structure, étaient enfin prêts à accepter une nouvelle façon de voir en 1980. En outre, le cachet McKinsey donnait un poids accru au modèle.

Modèle McKinsey © des 7 clés de l'organisation

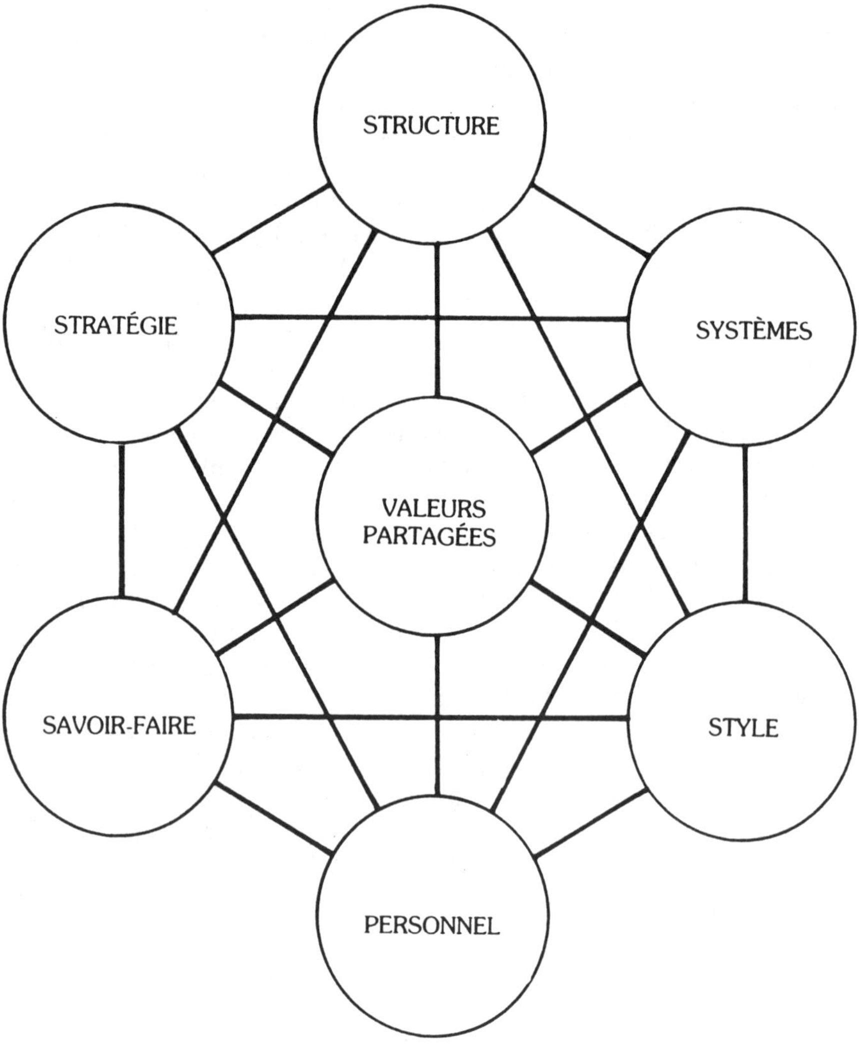

developper notre concept, l'ont utilisé comme pierre angulaire de leur ouvrage *The art of japanese management*. Notre ami Harvey Wagner, de l'université de Caroline du Nord, savant éminent dans le domaine coriace des sciences de la décision, se sert de ce modèle dans son cours de politique générale de l'entreprise. Il nous a récemment déclaré : « Vous deux, vous avez supprimé tout le mystère dans mon cours. Les étudiants utilisent le modèle et tous les problèmes sont résolus ».

Rétrospectivement, ce que le modèle a vraiment réussi, c'est de rappeler au monde des managers professionnels que « ossature et moelle ne font qu'un ». Cela nous a permis de dire, « toute cette organisation que vous rejetez depuis si longtemps comme irréductible, irrationnelle, intuitive et informelle *peut* être gérée. Manifestement, tout autant ou même davantage que les structures et les stratégies formelles, elle est responsable du fonctionnement — ou du dysfonctionnement de vos entreprises. Non seulement vous êtes insensés d'ignorer tout cela, mais c'est ainsi que vous devriez envisager les choses pour gérer votre organisation. C'est vraiment la seule manière de développer un nouveau savoir-faire. »

Mais il manquait encore quelque chose. Oui, nous avions vraiment élargi le champ de notre diagnostic. Oui, nous avions observé que des managers obtenaient davantage parce qu'ils se mobilisaient sur sept clés au lieu de deux. Oui, en reconnaissant que le vrai changement dans les grandes entreprises dépend d'au moins sept blocs de complexité, cela nous rendait plus humbles devant la difficulté de changer fondamentalement une grande institution. Mais, dans le même temps, nous étions à court d'idées pratiques, en particulier pour la « moelle ». Tout comme dessiner un beau pont exige plus que d'avoir compris pourquoi certains ponts s'effondrent, le développement d'un nouveau savoir-faire de l'entreprise n'est pas simplement l'antithèse de l'identification et de la compréhension de ce qui ne fonctionne pas dans l'entreprise. Ainsi, nous étions maintenant mieux armés sur le plan mental pour percer la cause du malaise du management, et c'était bien. Nous avions également accru notre aptitude à déterminer ce qui marchait malgré la structure et ce à quoi il ne fallait pas toucher, ce qui était encore mieux. Mais nous avions besoin d'enrichir notre « vocabulaire » de plans et d'idées de conception.

En conséquence, nous décidâmes de regarder les meilleures entreprises de plus près. Nous avions déjà inscrit ce projet sur nos tablettes, mais le mouvement se précipita lorsque les dirigeants du groupe Royal Dutch/Shell firent appel à nous pour un séminaire d'une journée sur l'innovation. En réponse à la requête de Shell, nous choisîmes de donner un double sens au mot « innovation ». Outre la signification communément admise — des gens créatifs qui développent de nouveaux produits et services négociables sur le marché — nous introduisîmes une variante qui est au centre de notre recherche sur le changement dans les grandes institutions. Nous affirmâmes que les entreprises innovatrices non seulement réussissent exceptionnellement bien dans la production de nouveautés viables sur le plan commercial; *mais sont aussi particulièrement habiles à réagir aux moindres changements dans leur environnement.* Contrairement aux entreprises inertes d'Andrew Pettigrew, quand l'environnement se transforme, ces entreprises se transforment également. Lorsque les besoins de leurs clients se modifient, que leurs concurrents deviennent plus compétents, que l'humeur du public devient incertaine, que les échanges internationaux se réorganisent et que les réglementations nationales bougent, ces entreprises changent de cap, rénovent, s'ajustent, se transforment et s'adaptent. En somme, elles innovent.

Cette conception de l'innovation nous semblait définir la mission du manager idéal ou de l'équipe de direction parfaite. Les entreprises qui nous paraissaient avoir réussi ce genre de performance innovatrice sont celles que nous avons appelées les meilleures entreprises ou encore, les entreprises exemplaires.

Nous avons donné notre conférence devant le groupe Royal Dutch/Shell le 4 juillet 1979, et si notre recherche est née un jour, c'est ce jour-là. Cependant, ce qui nous fascina plus encore, ce furent les réactions consécutives de quelques entreprises comme Hewlett-Packard et 3M que nous avions contactées lors de la préparation de nos discussions avec Shell. Notre sujet les intriguait et elles nous encourageaient à continuer.

C'est en grande partie grâce à cela que, quelques mois plus tard, nous avons formé une équipe et entrepris d'étudier l'excellence telle que nous l'avions définie — des grandes entreprises qui ne cessent d'innover. Le projet était pour la plus grande part financé par McKinsey, recevant aussi quelques subsides de clients intéressés. A ce stade de l'enquête, nous fîmes une sélection de soixante-quinze entreprises très réputées, et au cours de l'hiver 1979-1980, nous eûmes des entretiens approfondis et très structurés dans près de la moitié de ces entreprises. Quant aux autres, nous commençâmes par les étudier en utilisant des sources secondaires, principalement en lisant la presse et les rapports annuels de ces vingt-cinq dernières années. Depuis, nous avons conduit des interviews dans plus d'une vingtaine de ces entreprises. (Nous avons aussi étudié des entreprises qui réussissent moins bien pour avoir des points de comparaison, mais nous ne nous sommes pas beaucoup concentrés là-dessus parce que nous pensions avoir un bon aperçu de la sous-performance avec une expérience de vingt-quatre ans, à nous deux, de conseil en gestion.)

Nos conclusions nous surprirent agréablement. L'étude montrait, plus clairement encore que nous ne l'aurions espéré, que les meilleures entreprises excellaient, avant tout, dans les principes de base. Les instruments ne se substituaient pas à la réflexion.

L'intellect n'écrasait pas le bon sens. L'analyse ne gênait pas l'action. Mais plutôt, ces entreprises s'efforçaient de préserver la simplicité dans un monde complexe. Elles s'obstinaient. Elles insistaient sur la meilleure qualité. Elles choyaient leurs clients. Elles écoutaient leurs employés et les traitaient en adultes. Elles laissaient la bride sur le cou à leurs « champions » du produit et du service qui se montraient novateurs. Elles acceptaient quelques désordres en échange d'une action rapide et d'une expérimentation constante.

Les huit attributs qui sont apparus comme caractérisant le mieux ce qui distingue les meilleures entreprises innovatrices sont les suivants :

1. *Elles ont le parti pris de l'action.* Agir avant tout. Même si ces entreprises ont une approche analytique de la prise de décision, elles n'ont pas l'air d'être paralysées par l'analyse (comme beaucoup d'autres semblent l'être). Bon nombre de ces entreprises fonctionnent en suivant la norme : « Faire, aménager, tester ». Comme le dit, par exemple, un cadre supérieur de Digital Equipment Corporation : « Ici, quand on a un gros problème, on colle dix cadres supérieurs dans une pièce pendant une semaine. Ils en sortent avec une idée *et* la mettent en œuvre. » En outre, ces entreprises sont des maîtres dans l'art de l'expérimentation. Au lieu de laisser 250 ingénieurs et cadres commerciaux travailler sur un nouveau produit en vase clos pendant quinze mois, elles forment des équipes de 5 à 25 individus et testent leurs idées sur un client, souvent avec des prototypes bon marché, en l'espace de quelques semaines. Ce qui est frappant, c'est la foule de dispositifs pratiques qu'utilisent les meilleures sociétés pour maintenir l'allant de l'entreprise et éviter la sclérose qui va presque inévitablement de pair avec la taille de l'entreprise.

2. *Elles restent à l'écoute du client.* Ces entreprises apprennent beaucoup de leurs clients. Elles offrent une qualité sans pareille, un service adéquat et une fiabilité sans faille : des choses qui marchent et qui durent. Elles parviennent à différencier les produits les plus courants — à la Frito-Lay (les chips), Maytag (les machines à laver) ou Tupperware. Le directeur du marketing d'IBM, Francis G. (Buck) Rodgers, déclare : « C'est une honte de voir que, dans tant d'entreprises, quand on obtient un bon service, cela tient de l'exception. » Ce n'est pas le cas dans les meilleures entreprises. Tout le monde participe. Beaucoup d'entre elles ont tiré leurs meilleures idées de produits des suggestions de leurs clients. C'est une question d'écoute attentive et régulière.

3. *Elles favorisent l'autonomie et l'esprit novateur.* Les entreprises

novatrices entretiennent de nombreux leaders et innovateurs à tous les niveaux de l'organisation. Ce sont des nids de ce que nous sommes venus à appeler des « champions » ou « battants ». On a dit de 3M qu'« ils mettent tellement l'accent sur l'innovation que l'atmosphère générale n'est pas celle d'une grande société, mais plutôt celle d'un tissu souple de laboratoires et de cellules peuplés d'inventeurs fébriles et d'innovateurs intrépides qui donnent libre cours à leur imagination ». Elles n'essaient pas de trop tenir l'individu en laisse et d'empêcher ainsi toute création. Elles encouragent la prise de risques et soutiennent les bonnes tentatives. Elles respectent le neuvième commandement de Fletcher Byrom : « Assurez-vous de produire un nombre raisonnable d'erreurs. »

4. *Elles assoient la productivité sur la motivation du personnel.* Les meilleures entreprises traitent la « base » comme la source maîtresse de la qualité et des gains de productivité. Elles n'encouragent pas la volonté de faire une différence entre les « têtes » et les autres et ne considèrent pas non plus l'investissement en biens d'équipement comme la source fondamentale d'une meilleure efficacité. Ainsi que Thomas J. Watson le disait de sa société : « La philosophie d'IBM tient en trois principes simples. Je commencerai par celui qui me semble le plus important : *notre respect de l'individu.* C'est un concept simple mais, chez IBM, les dirigeants y consacrent le plus clair de leur temps. » Le président de Texas Instruments, Mark Shepherd, déclare que chaque ouvrier « est considéré comme une source d'idées et pas seulement comme une paire de bras »; chacune des *9 000* équipes de son Programme de Participation du Personnel (People Involvement Program, c'est-à-dire la version Texas Instruments des « cercles de qualités ») contribue à l'excellente productivité de la société.

5. *Elles se mobilisent autour d'une valeur clé.* Thomas Watson Jr. a dit que « la philosophie fondamentale d'une organisation contribue plus à ses résultats que ne le font ses ressources économiques, sa structure et l'innovation ». William Hewlett de Hewlett-Packard et Watson sont connus pour arpenter leurs installations. Ray Kroc de McDonald's se rend régulièrement dans les points de vente et les évalue en fonction du critère cher à la société, le service à la clientèle : qualité, hygiène, prix.

6. *Elles s'en tiennent à ce qu'elles savent faire.* Robert W. Johnson, qui fut président de Johnson & Johnson, le formule ainsi : « N'achetez jamais une affaire que vous ne savez pas faire marcher ». Ou encore, renchérit Edward G. Harness, ancien PDG de Procter & Gamble : « Nous n'avons jamais quitté notre terrain d'origine. Nous voulons tout sauf nous transformer en conglomé-

rat. » A quelques exceptions près, ce sont les entreprises qui s'en tiennent raisonnablement à ce qu'elles savent faire qui ont le plus de chance d'obtenir les meilleurs résultats.

7. *Elles préservent une structure simple et légère.* Aussi grosses que soient la plupart des entreprises étudiées, aucune d'entre elles n'était organisée en matrice au moment de notre enquête, et celles qui avaient essayé cette forme structurelle l'avaient abandonnée. Les structures et les systèmes de base des meilleures entreprises sont d'une élégante simplicité. Les équipes dirigeantes sont légères. Il n'est pas rare de trouver une équipe de moins d'une centaine de personnes à la tête de sociétés qui font un chiffre d'affaires de plusieurs milliards de dollars.

8. *Elles allient souplesse et rigueur.* Les meilleures entreprises sont à la fois centralisées et décentralisées. Pour la plupart, elles sont allées jusqu'à accorder de l'autonomie aux ateliers ou à l'équipe de développement des produits. En revanche, ce sont des fanatiques de la centralisation en ce qui concerne les quelques valeurs fondamentales qui leur tiennent à cœur. 3M est caractérisé par une confusion à peine organisée autour de ses champions de produits. Pourtant un analyste prétend : « Les membres d'une secte religieuse qui ont subi un lavage de cerveau ne sont pas plus conformistes sur le plan de leurs convictions premières. » Chez Digital, la confusion est si générale qu'un cadre remarqua : « Il y a sacrément peu de gens qui savent pour qui ils travaillent. » Néanmoins, le culte de la fiabilité chez Digital fait beaucoup plus d'adeptes qu'un observateur extérieur à la firme ne pourrait l'imaginer.

La plupart de ces huit attributs n'ont rien d'extraordinaire. Certains d'entre eux, sinon la plupart, sont des « lieux communs ». Mais, comme le dit René McPherson, « Pratiquement tout le monde convient de ce que les gens sont notre atout le plus important. Pourtant, presque personne n'agit dans ce sens. » Les meilleures entreprises, elles, vivent pleinement leur engagement à l'égard du personnel ainsi que la priorité qu'elles donnent à l'action (toutes sortes d'actions) plutôt qu'à une kyrielle de comités permanents et à une multitude de rapports volumineux. Elles vivent aussi leur culte de niveaux de qualité et de service, que d'autres, utilisateurs de techniques d'optimisation, qualifieraient de châteaux en Espagne. Et elles réclament des initiatives régulières (l'autonomie mise en pratique) de dizaines de milliers d'individus et pas seulement de deux cents penseurs que l'on paye 75 000 dollars par an pour ce faire.

Par-dessus tout, c'est *l'intensité elle-même,* issue de convictions solides, qui est la marque de ces sociétés. Nous « ressentions » cette intensité lors de notre première série d'interviews. Le langage utilisé était différent lorsqu'on parlait des gens. Les contributions régulières attendues des individus n'étaient pas les mêmes qu'ailleurs. L'amour du client et du produit était palpable. Et, en faisant le tour d'une usine Hewlett-Packard ou 3M et en regardant travailler les gens, nous nous sentions nous-mêmes différents, nous avions une autre attitude que dans la plupart des organisations les plus bureaucratiques auxquelles nous avions eu affaire. Nous étions, par exemple, frappés de voir des groupes d'ingénieurs, de vendeurs et d'ouvriers s'activer à résoudre des problèmes le plus naturellement du monde dans une salle de conférence à Saint-Paul en présence même d'un client, ou de voir chez Hewlett-Packard le bureau d'un directeur de division (représentant quelque 100 millions de dollars de vente), minuscule, ouvert à tous les vents, situé dans l'usine même et partagé avec une secrétaire. Ou encore de voir le nouveau président de Dana, Gerald Mitchell, donner une grande accolade à un collègue après le repas, dans le hall du quartier général de Toledo. Cela n'avait rien de commun avec les salles de conseil d'administration silencieuses, aux lumières tamisées, où se déroulent de mornes exposés, tandis que des cadres zélés, en rangs d'oignons le long des murs, font marcher leurs calculatrices au son du cliquetis incessant du projecteur de diapositives embrasant l'écran d'une succession d'analyses !

Il nous faut signaler que ces huit attributs n'étaient pas tous présents ou manifestes au même degré dans chacune des meilleures entreprises étudiées. Mais, dans chaque cas de figure, l'un d'entre eux au moins se détachait de façon très nette. Nous pensons, en outre, qu'ils sont tous manifestement absents de la plupart des grosses entreprises aujourd'hui. Ou s'ils ne sont pas absents, ils sont si bien masqués que l'on peut à peine les remarquer et encore moins les retenir comme traits distinctifs. Un trop grand nombre de gestionnaire, ont perdu de vue les principes de base, à savoir : une action rapide, le service à la clientèle, l'innovation pratique, et le fait que rien de tout cela n'est possible sans la participation de tout le monde.

Ainsi, ces traits sont évidents et présenter ce genre de données à des étudiants inexpérimentés peut provoquer des bâillements. « D'abord, il y a le client, ensuite il y a le client, et enfin il y a le client » répétons-nous. « *Tout le monde* sait ça » est la réponse implicite (ou exprimée). Pourtant, les auditoires aguerris réagissent généralement avec enthousiasme. Ils savent que c'est important et que Buck Rodgers avait raison lorsqu'il affirmait qu'un bon service tient de l'exception. Cela les encourage de savoir que le prodige d'un Procter & Gamble ou d'IBM est simplement dû à l'application des principes de base, et non une question de QI supérieur de vingt points par employé, homme ou femme. (Nous les pressons quelquefois de ne pas se sentir aussi ragaillardis. Il est beaucoup plus dur d'acquérir ou d'amener les principes de base au niveau obsessionnel des meilleures entreprises que d'inventer une « percée stratégique ».)

Les entreprises américaines sont non seulement bloquées par leurs fonctionnels (nous y reviendrons), mais aussi par leurs structures et leurs systèmes qui inhibent l'action. L'un de nos exemples préférés est le schéma tracé par l'instigateur d'une nouvelle tentative dans une entreprise à relativement haute technologie (figure ci-dessous).

Lancement d'un nouveau produit

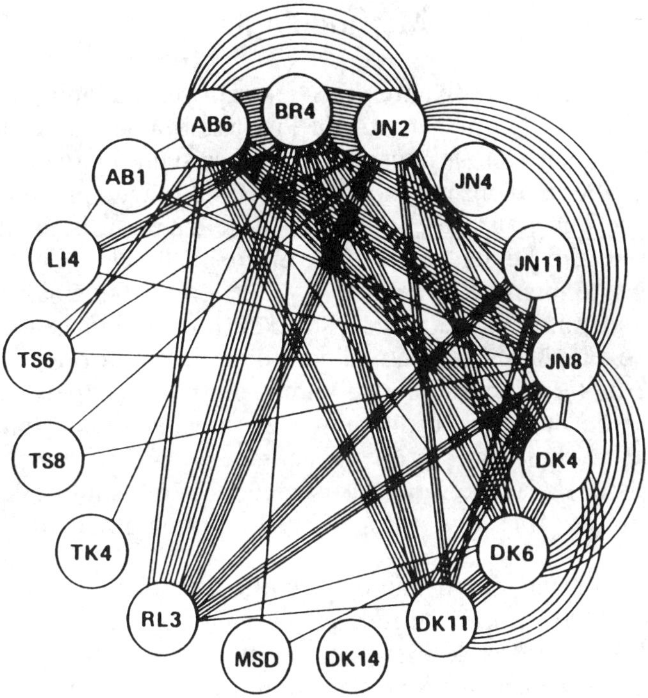

Les cercles représentent les unités de l'organisation, par exemple, la Division des Sciences du Management, et les lignes droites représentent les liens formels (c'est-à-dire les commissions permanentes) qui concourent au lancement d'un nouveau produit. Il y a 223 liens formels. Est-ce utile de le préciser, cette entreprise est toujours loin d'être la première sur le marché à lancer un nouveau produit. L'ironie et le tragique de la chose, c'est que chacun de ces 223 liens est intrinsèquement fondé. Des gens rationnels et pleins de bonne volonté ont tracé ces lignes pour une raison qui, alors, avait un sens — par exemple, une commission a été créée pour s'assurer qu'un accroc, entre les ventes et le marketing, survenu dans la dernière phase du lancement, ne se reproduirait pas. L'ennui, c'est que le schéma final emprisonne l'action comme l'araignée capture la mouche dans sa toile et en suce toute vie. L'autre aspect attristant, c'est que, lorsque nous utilisons ce schéma en conférence, nous ne provoquons pas de protestations à l'« absurdité ». Au lieu de cela, nous nous attirons des soupirs, des rires nerveux, et le commentaire du courageux de service qui nous dit : « Si vous voulez vraiment quelque chose de sensationnel, vous devriez dessiner notre processus. »

Méthodologie

Cet échantillon de soixante-deux* entreprises n'a jamais prétendu être parfaitement représentatif de l'industrie américaine dans son ensemble, même si nous pensons en avoir saisi un relativement large éventail. Nous n'avons pas non plus tenté d'être trop précis au début quant à ce que nous entendions par excellence ou innovation, de peur de perdre l'essence même de notre recherche. Ce que nous voulions vraiment et ce que nous avons trouvé avec notre échantillon initial, c'était une liste d'entreprises qui soient novatrices et exemplaires aux yeux d'un groupe bien informé d'observateurs de la vie économique : hommes d'affaires, experts conseils, membres de la presse économique et universitaires. Nous avons regroupé ces entreprises en plusieurs catégories pour être sûrs d'avoir assez de sociétés dans les secteurs qui nous intéressaient (cf tableau page 41). Ces catégories comprennent, mais sans s'y limiter :

1. Les entreprises de haute technologie comme Digital Equipment, Hewlett-Packard, Intel, et Texas Instruments.
2. Les entreprises de biens de consommation comme Procter & Gamble, Chesebrough-Pond's et Johnson & Johnson.
3. Les entreprises de produits industriels (une catégorie fourre-tout) avec Caterpillar, Dana, et 3M.

* L'échantillon était de soixante-quinze originellement. Treize entreprises étaient européennes. Celles-ci furent supprimées parce qu'elles ne donnaient pas une image juste de la diversité des firmes européennee.

ENTRETIENS DIRECTIFS ET EXAMEN DE VINGT-CINQ ANS DE DOCUMENTATION					
Haute technologie	**Grande consommation**	**Industrie (générale)**	**Services**	**Ingénierie**	**Industrie de 1re transformation**
Allen-Bradley† Amdahl* Digital Equipment* Emerson Electric* Gould Hewlett-Packard* International Business Machines* NCR Rockwell Schlumberger* Texas Instruments* United Technologies Western Electric Westinghouse Xeros	Blue Bell Eastman Kodak* Frito-Lay (PepsiCo)† General Foods Johnson & Johnson* Procter & Gamble*	Caterpillar Tractor* Dana Corporation* Ingersoll-Rand McDermott Minnesota Mining & Manufacturing*	Delta Airlines* Marriott* McDonald's*	Bechtel† Boeing* Fluor*	Exxon
ENTRETIENS LIMITES ET EXAMEN DE VINGT-CINQ ANS DE DOCUMENTATION					
Data General* General Electric Hughes Aircraft† Intel* Lockheed National Semiconductor* Raychem* TRW Wang Labs*	Atari (Warner Communications)† Avon* Bristol-Myers* Chesebrough-Pond's* Levi Strauss* Mars† Maytag* Merck* Polaroid Revlon* Tupperware (Dart & Kraft)†	General Motors	American Airlines Disney Productions* K mart* Wal-Mart*		Arco Dow Chemical* Du Pont* Standard Ooil (Indiana)/ Amoco*

* Entreprise ayant satisfait à tous les critères de performance pour être qualifiée d'« exemplaire » sur l'ensemble de la période 1961-1980
† Entreprise familiale ou filiale jugée exemplaire malgré l'absence de données accessibles au public.

4. Les entreprises de services comme Delta Airlines, Marriott, McDonald's, et Disney Productions.

5. Les entreprises d'ingénierie comme Bechtel et Fluor.

6. Les entreprises de première transformation comme Atlantic-Richfield (Arco), Dow Chemical, et Exxon.

Manquent manifestement à cette liste certaines industries qui feront plus tard l'objet d'une étude plus approfondie. Malgré notre grande expérience des institutions financières, et, en particulier, des banques, nous avons pensé qu'elles étaient trop réglementées et trop protégées pour présenter un intérêt. La plupart des entreprises pharmaceutiques ont aussi été laissées de côté, tout simplement parce que nous ne sommes pas allés les voir. Enfin, nous n'avons pas étudié les PME de très près dans la mesure où notre principale préoccupation était, et demeure, de voir comment les grandes entreprises survivent, prospèrent et innovent. De telle sorte que rares sont les entreprises figurant sur notre liste qui n'ont pas un chiffre d'affaires d'un milliard de dollars au minimum ou qui n'existent pas depuis au moins vingt ans.

Par ailleurs, dans notre sélection, nous avons estimé que, pour admettre des entreprises au rang des meilleures, leur performance financière devait confirmer le prestige acquis, auprès des milieux économiques. Nous avons donc retenu et appliqué six mesures de supériorité des performances sur une période de vingt ans, de 1961 à 1980. Trois sont des mesures de croissance et de création de richesse. Trois autres sont des mesures de rentabilité de l'exploitation. Ce sont les suivantes :

1. Croissance cumulée des actifs (taux annuel moyen calculé par la méthode des moindres carrés).

2. Croissance annuelle moyenne des fonds propres (calculée selon la méthode des moindres carrés).

3. Le ratio de la valeur boursière sur la valeur comptable au 31 décembre 1980. Ce ratio est une approximation courante de ce que certains économistes appellent la « création de richesse ».

4. Rendement moyen des capitaux permanents.

5. Rendement moyen des fonds propres.

6. Marge nette moyenne sur le chiffre d'affaires.

Pour être qualifiée d'exceptionnelle, une entreprise doit s'être classée au-dessus de la moyenne de son secteur selon au moins quatre critères sur six, sur l'ensemble de la période de vingt ans considérée (en fait, sur les trente-six entreprises qui se sont qualifiées, dix-sept se classaient au-dessus de cette moyenne pour tous les critères, et six autres pour cinq d'entre eux).* Si bien que, pour être reconnue meilleure entreprise, celle-ci doit avoir fait un bon score, sur la période donnée, non seulement pour les mesures de croissance, mais aussi pour les mesures de bonne santé économique en valeur absolue.

Comme dernier filtrage, nous avons utilisé une mesure de l'innovation. Nous avons demandé à des experts (par exemple, des hommes d'affaires du secteur concerné) de noter l'innovation de ces entreprises sur cette période de vingt ans, en fonction de leur volume de produits et de services leaders et de leur rapidité à s'adapter aux changements des marchés ou autres évolutions exogènes.

Le fait d'imposer ces critères nous conduisit à rayer dix-neuf entreprises de la liste d'origine qui en comprenait soixante-deux. Sur les quarante-trois** qui restaient, nous en avons interviewé vingt et une en profondeur, les vingt-deux autres de façon moins poussée. Douze entreprises que nous avions placées dans une catégorie « incertaine » ont également fait l'objet d'interviews approfondies, ce sont celles qui avaient échoué de peu aux épreuves. Nous avons aussi lu très attentivement tout ce qui avait paru au sujet des 62 entreprises examinées pendant les vingt-cinq ans qui ont précédé notre étude.

Finalement, nous avons choisi l'échantillon d'une manière différente. Bien que nous préférions étayer nos conclusions de preuves solides, nous avons retenu un groupe d'entreprises qui, en marge des critères de sélection spécifiques, semblent représenter particulièrement bien non seulement une performance saine, mais aussi les huit attributs identifiés. Les « modèles » sont : Bechtel, Boeing, Caterpillar Tractor, Dana, Delta Airlines, Digital Equipment, Emerson Electric, Fluor, Hewlett-Packard, IBM, Johnson & Johnson, McDonald's, Procter & Gamble, et 3M. En apparence, ces entreprises n'ont pas grand-chose en commun, leurs lignes de produits diffèrent. Trois d'entre elles font partie de l'industrie

* Les « industries » sont les catégories répertoriées plus haut (par exemple : les entreprises de haute technologie). La base de comparaison pour chaque secteur est un échantillon pris au hasard et statistiquement valable de la population totale de ce secteur parmi les 500 entreprises de *Fortune*.

** Ces quarante-trois entreprises comprennent les trente six mentionnées plus haut, plus sept entreprises — non cotées en bourse (Mars) ou des filiales (Frito-Lay) qui, à notre avis, ont réussi à franchir nos obstacles financiers, mais pour lesquelles une vérification est difficile faute de données publiées.

technologique, une fait de la conserve, une autre est surtout spécialisée en produits médicaux, deux sont des entreprises de services, deux autres s'occupent d'ingénierie, et cinq fabriquent des produits industriels de base. Mais chacune d'entre elles est en « prise directe »; ce ne sont ni des holdings, ni des conglomérats. Et même si tous leurs plans d'action ne réussissent pas, ces entreprises connaissent plus de succès que d'échecs dans leurs activités courantes.

Au terme de nos interviews et de nos recherches, nous avons commencé à trier et à codifier nos résultats. C'est alors, environ six mois après avoir entrepris ce travail, que nous en sommes arrivés aux conclusions qui forment l'armature de ce livre. Il nous restait cependant quelques problèmes délicats de communication. Ayant utilisé le modèle des 7 clés de l'organisation comme structure de base dans notre travail, nous l'avions donc aussi choisi pour communiquer nos conclusions. Seulement nous arrivions alors à identifier trente-deux attributs d'excellence et nous courions le risque d'ajouter à la complexité que nous avions tournée en dérision. Nous nous sommes donc efforcés d'exposer ce que nous avions à dire d'une façon plus simple. L'ensemble des huit attributs que nous avons décrits constitue le résultat de cette simplification, l'essence du message étant la même.

Plusieurs questions reviennent toujours quand nous débattons de nos conclusions. D'abord, les gens remettent souvent en cause quelques-unes des entreprises utilisées comme références, en se fondant sur ce qu'ils savent d'elles. Toutes les grandes entreprises ont leurs imperfections, si exceptionnelles soient-elles à nos yeux, elles ne sont pas sans taches, et beaucoup de leurs erreurs ont fait l'objet de force publicité. Nous n'avons pas la prétention d'expliquer les perfidies du marché ou les caprices des investisseurs. Ces entreprises *ont eu* de bons résultats pendant longtemps, et cela nous suffit.

En deuxième lieu, on nous demande comment nous savons que ces entreprises que nous avons qualifiées de novatrices le resteront. Nous répondons que nous l'ignorons. General Motors, qui nous a semblé une excellente entreprise a rencontré de sérieux problèmes récemment. Cependant, il est probable qu'elle surmontera ces ennuis plus facilement que les autres constructeurs automobiles américains. De toute façon, elle a eu de si bons résultats pendant si longtemps qu'on ne peut qu'être impressionné. C'est notre sentiment à propos de bon nombre de ces meilleures entreprises hors de pair.

En troisième lieu, pourquoi avons-nous ajouté (ainsi que le

lecteur va s'en rendre compte) des exemples tirés de sociétés qui ne figuraient pas sur la liste d'origine, et d'autres tirés d'entreprises qui ne correspondaient pas à notre première définition de l'excellence ? A cela, nous répondons que notre enquête sur l'innovation et sur l'excellence de l'entreprise constitue un travail de longue haleine et que beaucoup a été fait depuis 1979. Par exemple, une autre équipe de McKinsey a effectué une étude spéciale de l'excellence dans l'industrie américaine des biens de consommation, et une autre encore vient de terminer une enquête sur les meilleures entreprises canadiennes. Un autre groupe travaille actuellement sur l'art d'exceller dans les entreprises de taille moyenne — celles qui appartiennent à la catégorie des « jusque-là, tout va bien ». Or, tandis que l'équipe initiale poursuit ses recherches, nos premières conclusions se confirment et de nouveaux exemples s'ajoutent.

Enfin, nous demande-t-on, *quid* de l'évolution et du changement ? Comment ces entreprises sont-elles devenues ce qu'elles sont ? Trouve-t-on toujours un homme fort à la barre ? Il nous faut admettre qu'au début nous avions envie de passer pratiquement sous silence le rôle du chef. En effet, que cela aille bien ou mal dans une organisation, on en attribue toujours la responsabilité au dirigeant. Or, nous étions persuadés que, si les meilleures entreprises sont ce qu'elles sont, c'est parce qu'elles réunissent un ensemble d'attributs culturels qui les distinguent des autres et que, si nous acquérions une bonne connaissance de ces attributs, cela nous permettrait de marmonner autre chose que « c'est une affaire de commandement » en réponse à des questions du genre : « Pourquoi sont-ils si bons chez Johnson & Johnson ? » Hélas, nous avons découvert qu'un homme fort (ou deux) était presque toujours associé à la réussite des meilleures entreprises. Bon nombre de ces sociétés, par exemple IBM, Procter & Gamble, Emerson, Johnson & Johnson et Dana, se sont formées sous la tutelle d'une personnalité très particulière. En outre, elles ont acquis ces traits fondamentaux pratiquement dès leur création.

Les meilleures entreprises semblent avoir développé des cultures qui ont intégré les valeurs et les pratiques des grands leaders, et ces valeurs partagées survivent ainsi pendant des décennies après le passage du premier gourou. En outre, comme le soulignait Chester Barnard, il apparaît bien que le véritable rôle du dirigeant est d'administrer les *valeurs* de l'organisation. Nous espérons que ce qui suit va éclairer ce point, à savoir quelles valeurs doivent être façonnées et administrées, et contribuer à dissiper le dilemme de la direction d'entreprise.

Deuxième partie

POUR UNE NOUVELLE THÉORIE

2

Le modèle rationnel

Professionnalisme et rationalité pratique sont fréquemment assimilés en matière de management. Cette conception a fait surface chez ITT lorsque Harold Geneen a prôné la recherche des « faits irréfutables », et elle s'est développée au Vietnam où l'on mesurait le succès au nombre des cadavres. Les petits génies de Ford en furent les sorciers, et le grand manitou de la question reste Robert McNamara. L'approche numérative et rationaliste dans le domaine du management domine dans les écoles de gestion. Elle nous enseigne que des professionnels du management bien dressés sont capables de gérer n'importe quoi. Elle cherche à justifier toutes les décisions par des analyses objectives. Cette approche est assez juste pour être dangereusement fausse, et elle nous a, sans aucun doute possible, sérieusement induits en erreur.

Elle ne nous explique pas ce que les meilleures entreprises ont apparemment compris. Elle ne nous apprend pas à aimer le client. Elle n'enseigne pas à nos dirigeants qu'il est primordial de traiter M. Dupont en héros et en gagnant. Elle ne montre pas à quel point les ouvriers s'identifient à leur tâche lorsqu'on leur donne quelque peu voix au chapitre. Elle ne nous dit pas pour quelle raison un contrôle de qualité spontané est beaucoup plus efficace qu'un contrôle imposé. Elle ne nous dit pas de choyer les champions du produit comme de jeunes bourgeons au printemps. Elle ne nous pousse pas à autoriser — à encourager même, comme c'est le cas chez Procter & Gamble — la compétition interne, le double emploi, et même la cannibalisation en matière de produits. Elle ne nous ordonne pas de déployer toute notre énergie pour défendre la qualité et le service à la clientèle, ni de fabriquer des produits qui durent et qui marchent. Elle ne démontre pas non plus que « les bons managers façonnent des valeurs pour les gens, comme ils font des bénéfices », selon la formule d'Anthony Athos. L'approche rationnelle du management est pleine de lacunes.

Du temps où nous fréquentions tous les deux Stanford Business School, la section d'économie financière était la plus importante. La majorité des étudiants étaient ingénieurs (nous l'étions nous-mêmes), les cours de méthodes quantitatives pullulaient, et les seuls faits considérés par bon nombre d'entre nous comme « certains » étaient ceux que nous pouvions chiffrer. C'était le bon vieux temps des années soixante, mais la situation n'a guère changé. Au moins, à l'époque, certains pouvaient réussir leurs examens avec leurs seuls talents de fins baratineurs. Maintenant, les étudiants affrontent les épreuves à leurs risques et périls s'ils n'ont pas tout traduit en chiffres : s'ils n'ont pas procédé à une analyse quantitative, quelle qu'elle soit. Beaucoup d'entre eux craignent tellement que leur calculatrice tombe en panne pendant l'examen final qu'ils se munissent de pièces de rechange : des piles, une seconde calculatrice ou les deux. Le mot « stratégie » qui, dans le temps, signifiait une idée géniale pour battre la concurrence à plate couture, est souvent devenu synonyme de percée quantitative, d'avancée analytique, de chiffres de parts de marché, de courbe d'expérience, de positionnement de l'entreprise dans des matrices à 4, 9 ou 24 cases (l'idée de la matrice, tirée directement des mathématiques), le tout étant finalement confié à l'ordinateur.

Néanmoins, il reste quelques faibles lueurs d'espoir. Les cours traitant de stratégie commencent à reconnaître l'existence de la notion de mise en œuvre et en parlent. Les cours de politique de fabrication (bien que surtout quantitatifs) réapparaissent tout de même au programme. Mais les « gros bras de l'analyse quantitative », comme les appelle un de nos collègues, ancien directeur d'usine, représentent toujours une force dominante dans la vision américaine des affaires. Les sections financières sont toujours aussi présentes dans les écoles de gestion. Les professeurs de talent et les étudiants de valeur en matière de fabrication et de gestion commerciale, les disciplines de base dans la plupart des entreprises, sont toujours aussi rares (et tonifiants) qu'une averse dans le désert.

Soyons bien clairs. Nous ne sommes pas opposés à l'analyse quantitative en soi. La plupart des lanceurs de produits de consommation tels que Procter & Gamble, Chesebrough-Pond's et Ore-Ida, ont recours à une analyse très rigoureuse qui fait l'admiration et l'étonnement de leurs concurrents. En vérité, ces entreprises que nous qualifions d'exemplaires sont parmi les meilleures dans l'obtention des chiffres, leur analyse et leur utilisation pour résoudre les problèmes. Citez-nous l'exemple d'une entreprise sans bonnes données fondamentales — une bonne image chiffrée de sa clientèle, des marchés et de la concurrence — et nous vous montrerons une entreprise qui définit ses priorités avec une science politique très byzantine.

Nous nous opposons, en revanche, à l'analyse trop complexe pour être utile, trop lourde pour être flexible, une analyse qui tente désespérément de préciser ce qui est incernable par nature — comme par exemple des prévisions détaillées du marché lorsque l'utilisation finale du produit est encore vague (souvenez-vous, les premières estimations évaluaient à 50-100 unités le marché des ordinateurs). Nous sommes surtout opposés à une analyse faite pour les opérationnels par des fonctionnels qui pensent contrôle et sont déconnectés de la marche courante. Patrick Haggerty de Texas Instruments insistait sur le fait que « les exécutants des plans doivent en être les instigateurs »; son célèbre système de planification stratégique fut supervisé par trois fonctionnels seulement, à titre temporaire, tous d'anciens responsables opérationnels qui retrouvaient leur fonction première.

Nous sommes aussi opposés à ces cas de figure où l'action s'arrête tandis que la planification prend le dessus, le syndrome trop souvent observé de « l'analyse qui paralyse ». Nous avons vu trop de responsables opérationnels qui, désirant simplement faire leur travail, en sont découragés par les services centraux qui peuvent toujours trouver le moyen de « prouver » que cela ne marchera pas, bien qu'ils soient incapables de démontrer avec des chiffres pourquoi cela pourrait marcher. Les états-majors fonctionnels se couvrent en adoptant un point de vue négatif, et lorsque celui-ci gagne du terrain, toute imagination, toute vie et toute initiative disparaissent de l'entreprise.

Nous déplorons, par-dessus tout, l'usage abusif que l'on fait du mot « rationnel ». Rationnel signifie sensé, logique, raisonnable, ou encore une conclusion évidente à un problème correctement posé. Mais ce terme a pris un sens très étroit avec les modèles analytiques. C'est la réponse « correcte », mais celle-ci exclut tout cet aspect humain un peu confus, tout comme ces habiles stratégies qui ne prennent pas du tout en compte les vieilles habitudes tenaces, les obstacles à l'exécution du projet, ou simplement les illogismes propres à l'humain. Prenez les économies d'échelle, par exemple. *Si* le circuit de production pouvait atteindre un rendement maximal, *si* tous les fournisseurs apportaient des matériaux parfaits, et ce, dans les temps, et *si* ce fichu élément humain n'intervenait pas, alors les grandes entreprises surpasseraient les petites. Mais, comme le souligne le chercheur John Child, dans une rare étude quantitative d'une partie du problème, quand des ateliers syndiqués de dix à vingt-cinq employés perdent, à cause des conflits sociaux, en moyenne quinze jours par an et pour un millier d'individus, les usines de mille employés ou plus en perdent 2 000 ou un multiple de 133. Prenez l'innovation. Un chercheur a récemment conclu que l'efficacité de la recherche était inversement proportionnelle à la taille du groupe considéré : mettez plus de sept personnes ensemble, et l'efficacité baisse. Nos exemples de « charrettes* » de dix individus dont les résultats dépassent ceux qu'obtiendraient des groupes de plusieurs centaines confirment ce point.

Nous nous opposons aussi à ceux qui soutiennent que tout cela (le zèle de la petite équipe, les conflits qui sont imputables à la seule taille du groupe) relève du domaine de l'« art » dans le management. Effectivement, la quantification de ces facteurs est difficile, et peut-être même vaine. Mais ceux-ci peuvent certainement être étudiés de façon sensée, logique et très précise en regard d'une expérience vécue relativement bien documentée. Est-ce purement et simplement l'« art » qui pousse un homme comme John Mitchell, président de Motorola et ingénieur irréductible, à dire qu'il ne laissera pas les usines tourner avec plus de mille employés, principalement « parce qu'on a l'impression que quelque chose se dérègle quand on rassemble un plus grand nombre de gens sous le même toit » ? Ou est-ce simplement une version éclairée du raisonnement rigoureux, fondée sur un souvenir très précis de l'expérience passée ? Si nous devions placer des paris, ce serait sur cette dernière hypothèse.

Alors, demanderez-vous, pourquoi cette définition étroite de la rationalité, prônant les « machines-sans-ces-fichus-opérateurs-humains », parut-elle satisfaisante pendant si longtemps ? Pourquoi a-t-elle été à l'origine de gains de productivité sans précédent, surtout après la Seconde Guerre mondiale ? Certes, les choses étaient en partie plus simples alors : la demande effrénée après la Seconde Guerre mondiale, l'absence de concurrents internationaux sérieux, une main-d'œuvre qui, ayant connu la crise, avait le sentiment d'avoir de la chance d'être employée, et l'« euphorie » d'être un ouvrier américain qui fabriquait le meilleur des produits pour un monde qui en était avide sont autant de facteurs qui ont joué.

Mais, il existe aussi une raison critique. Les techniques de

* Expression employée dans l'architecture et la publicité pour désigner une équipe formée pour effectuer un travail important et urgent et dissoute une fois la tâche terminée.

management de ces vingt-cinq dernières années furent réellement nécessaires. Comme nous l'avons déjà dit, nous nous faisons les avocats de l'analyse rigoureuse. Les meilleures entreprises qui figurent sur notre liste allient une cuillère à soupe d'analyse à un demi-litre d'amour pour leur produit; et les deux sont indispensables. Avant l'avènement du modèle analytique, on ne connaissait que la technique de l'instinct. Et celle-ci n'était pas faite pour affronter un monde complexe. C'est vrai qu'apprendre à segmenter les marchés, tenir compte du facteur temps en matière d'argent, et savoir faire une bonne prévision de la marge d'autofinancement sont devenus des étapes critiques pour la survie de l'entreprise. Les ennuis commencèrent lorsqu'il y eut un demi-litre de technique pour une cuillère à soupe d'amour du produit. Les instruments d'analyse sont là pour prêter assistance, ce qu'ils peuvent faire de manière admirable, mais ils ne sont pas encore capables de fabriquer ou de vendre le produit.

Quelles qu'en soient les raisons, les États-Unis avaient une position dominante, et comme l'écrit George Gilder dans *Richesse et Pauvreté* : « la mythologie séculaire du rationalisme » prévalait. C'était tellement évident que Steve Lohr remarquait dans un article qui fit récemment la couverture du *New York Times Magazine* qu'il y a à peine dix ans, le monde entier craignait d'être submergé par la technique de management américaine, et pas seulement par nos laboratoires, nos usines ou notre dimension même. « Ces envahisseurs américains étaient supérieurs, selon Jean-Jacques Servan-Schreiber, non pas à cause de leurs ressources financières, ou de leur technologie, mais à cause de leur talent en matière d'organisation de l'entreprise, et le *deus ex machina*, c'était le chef d'entreprise américain. »

Mais il s'est passé quelque chose en treize ans depuis la publication du *Défi américain* de Servan-Schreiber. L'entreprise américaine s'est embourbée dans un marécage de déboires économiques et politiques, en premier lieu l'OPEP et l'augmentation du nombre des réglementations. Pourtant, en vérité, bien des pays connaissent ces problèmes, et certains d'entre eux sont maintenant des oasis de bonnes fortunes. La performance de nombreuses entreprises japonaises et ouest-allemandes est souvent évoquée pour soutenir la thèse que « c'est faisable ». Et, bien sûr, celles-ci sont beaucoup plus durement touchées par l'OPEP que nous ne le sommes. En outre, elles opèrent, plus que nous, dans un système d'économie dirigée. Les chefs d'entreprise allemands doivent constamment négocier avec les syndicats, et ce, bien plus que leurs homologues américains. De plus, les Japonais et les Allemands recourent relativement moins que nous aux stimulants économiques individuels. L'économiste Lester Thurow remarque :

> Les Américains n'ont pas non plus relancé l'ardeur au travail et l'épargne en élargissant l'éventail des revenus. En réalité, ils ont fait exactement le contraire. Si l'on considère la différence des salaires entre les dix pour cent de la population situés en haut de l'échelle et les dix pour cent du bas de l'échelle, les Allemands de l'Ouest travaillent dur pour une inégalité inférieure de trente-six pour cent à la nôtre, et les Japonais travaillent encore plus dur pour une inégalité moindre de cinquante pour cent. Si l'éventail des revenus encourageait réellement l'initiative individuelle, nous devrions être pleins d'initiative puisque, parmi les pays industrialisés, seuls les Français nous dépassent en termes d'inégalité.

Dans *Le Défi américain*, Servan-Schreiber suggérait qu'à une époque récente encore, nous attachions plus de prix à nos talents d'organisation qu'à notre génie technique. Mais il est intéressant de constater que Steve Lohr cite Servan-Schreiber précisément dans un article qui s'intitule « Et si l'on auscultait le management américain ? », une attaque en règle contre les compétences de celui-ci. Lohr y fait ce réquisitoire : « Comme les choses changent vite. Aujourd'hui, lorsque des chefs d'entreprise étrangers parlent de leurs homologues américains, ils tendent à être plus méprisants qu'admiratifs, et, en effet, les États-Unis semblent regorger de preuves de l'échec du management. »

Fin 1980, en l'espace de quelques semaines, les couvertures de *Newsweek, Time, The Atlantic Monthly, Dun's Review* (deux fois), et même *Esquire* furent consacrées au fait que ce sont les managers américains qui sont responsables du triste état des affaires, et non l'OPEP, pas plus que les réglementations, les stimulants économiques ou même la faiblesse de nos investissements. *Fortune* rapporta les dires d'un cadre supérieur de Honda :

> La quantité d'argent que dépensent les entreprises du secteur automobile américain ne m'inquiète pas. Soyons bien clairs. Les États-Unis sont le pays le plus en pointe sur le plan technologique, et le plus riche. Mais les investissements en capitaux seuls ne feront pas la différence. Dans n'importe quel pays, la qualité des produits et la productivité de la main-d'œuvre dépendent du management. Quand Detroit changera son système de management, nous aurons des concurrents américains plus puissants*.

* La première vague de l'offensive sembla se concentrer sur le secteur automobile déjà assiégé mais, dès le milieu de l'année 1981, il était clair que

Ce n'est que quelques semaines plus tard que *Fortune* poursuivit son reportage illustré sur la firme Honda avec un article intitulé « Le style de management : l'Amérique dépassée par l'Europe », qui attaquait notre politique de myopes, notre tendance à déplacer les chefs d'entreprise au lieu de construire des institutions stables, et notre manque d'intérêt pour nos produits.

Les accusations portées contre le management américain semblent se regrouper en cinq catégories principales : (1) les écoles de gestion sont en train de nous détruire; (2) les prétendus managers professionnels n'ont pas l'optique adéquate; (3) ils ne s'identifient pas personnellement à leurs entreprises; (4) ils ne s'intéressent pas suffisamment à leur personnel; (5) les cadres supérieurs et leurs équipes sont isolés dans leurs tours d'ivoire analytiques.

La charge à l'encontre des écoles de gestion semble avoir suscité le plus de réactions, apparemment parce qu'elles symbolisent le reste et sont faciles à critiquer. H. Edward Wrapp, l'éminent professeur de gestion des entreprises à l'université de Chicago soutient : « Nous avons créé un monstre. Un de mes collègues a remarqué fort justement que les écoles de gestion ont, plus que toute autre chose, assuré le succès de l'invasion japonaise et ouest-allemande sur le marché américain. » Wrapp déplore ensuite la trop grande importance accordée par les écoles de gestion aux méthodes quantitatives, accusation constamment reprise dans notre étude. Steve Lohr partage, semble-t-il, son point de vue quand il conclut son article du *New York Times* en écrivant que « le MBA, considéré comme un élément probable du problème actuel, est désormais une opinion fort répandue ». Un autre analyste a proposé une solution simple pour résoudre ce problème, remède que nous ne désapprouvons pas entièrement. Michael Thomas, un ancien banquier d'affaires prospère devenu depuis peu un auteur inspiré, écrit donc à propos des Business schools : « Elles ne font aucune part aux sciences humaines... Elles ont besoin d'une approche plus large, d'un sens de l'histoire, d'apports littéraires et artistiques... S'il ne tenait qu'à moi je fermerais toutes les Business schools... » Des observateurs-praticiens font la même remarque. L'un des responsables de National Semiconductor nous explique : « Les diplômés de Harvard ou de Stanford tiennent en moyenne dix-sept mois. Ils

---

les industries en place n'étaient pas les seules à être touchées. Les Japonais engrangèrent soixante-dix pour cent des parts du marché des puces RAM (mémoires à accès aléatoires) de 64 K, leader incontestable de la haute technologie industrielle. Les observateurs admettent (de façon officieuse, du moins) que la raison de ce succès était seulement une question de qualité, et non de concentration de capitaux.

sont incapables de faire face à la souplesse et au manque de structures de l'entreprise. »

Nous avons récemment rencontré une version très personnelle des griefs contre les écoles de gestion. Lorsque Rene McPherson de Dana, qui s'était brillamment imposé dans un des secteurs les plus difficiles, à savoir la productivité dans une industrie à évolution lente et très syndicalisée, devint le doyen de l'école supérieure de gestion de Stanford, un de nos collègues, qui venait d'être nommé adjoint au doyen, nous prit à part. « Il faut que nous parlions », nous dit-il avec insistance. « Je viens d'avoir mon premier long entretien avec Rene. Il m'a parlé de son expérience chez Dana. Savez-vous que rien de ce qu'il y a fait ne figure dans le programme de MBA ? »

Une vue d'ensemble qui fait défaut

Les écoles de gestion ne dirigent cependant pas le pays. Mais les chefs d'entreprises, oui. Une optique qui fait défaut est peut-être à la base de tout le problème : l'inaptitude du prétendu manager professionnel à appréhender la totalité de l'entreprise. Ed Wrapp en fait, une fois de plus, la meilleure démonstration :

> Le système produit une foule de cadres aux qualités reconnues, mais n'allant pas dans le sens de l'entreprise. Ils sont tout disposés à étudier, analyser et définir le problème. Ils baignent dans la spécialisation, la standardisation, le rendement, la productivité et la quantification. Ils sont très rationnels et très analytiques. Ils mettent l'accent sur les objectifs à atteindre... Ils peuvent réussir dans certaines sociétés s'ils sont capables de présenter un rapport au conseil d'administration ou d'établir des stratégies ou encore de concevoir des projets. Le drame est que ces qualités masquent de réelles carences en ce qui concerne la capacité à diriger l'entreprise globalement. Ces cadres de talent courent aux abris dès qu'il s'agit de prendre une décision opérationnelle courante, et échouent souvent de façon lamentable quand on leur demande de faire des bénéfices, d'obtenir des résultats concrets, et de faire avancer l'entreprise.

D'autres observateurs ont souligné ce phénomène. Un journaliste de *Business Week*, dans un célèbre dossier consacré à la ré-industrialisation, résume la question en peu de mots : « La plupart des cadres supérieurs n'ont pas la gestalt* de l'entreprise dans le sang. » Robert Hayes et William Abernathy, dans un récent article du *Harvard Business Review*, « Nous nous dirigeons vers le déclin économique », donnent quelques indications sur le pourquoi de la chose : « La carrière type... ne produit plus de cadres supérieurs qui détiennent une connaissance pratique des techniques de l'entreprise, de ses clients et de ses fournisseurs... Depuis le milieu des années cinquante, on observe que les nouveaux présidents de sociétés sont de plus en plus ceux dont les centres d'intérêt essentiels et les compétences relèvent des domaines financiers et juridiques, et non pas de la production. » Et Hayes ajoute : « On ne rencontre plus guère l'état d'esprit du chef d'entreprise qui regarde quelque chose et s'écrie : "Bon Dieu, voilà un bon produit. Fabriquons-le même si sa rentabilité n'est pas encore apparente." » Frederick Herzberg, un autre vieil observateur des méthodes de management américain depuis plus de quarante ans, dit simplement : « Les chefs d'entreprises n'aiment pas le produit : ils s'en méfient. »

A l'opposé, nous trouvons le Japon qui a réussi de manière exceptionnelle à se rendre maître du marché de la petite voiture. Quelle est exactement la nature de la magie japonaise ? *Fortune* suggère que ce n'est pas seulement une question de consommation d'essence :

> Les Japonais méritent notre considération pour bien plus que le fait d'avoir brillamment su fournir des voitures efficaces à un pays (les États-Unis) qui en manquait. Ils excellent dans la qualité des finitions, des portes qui ne gauchissent pas, des matériaux qui sont beaux et résistent bien, et une peinture sans défaut. Le plus important, c'est que les voitures japonaises ont acquis une réputation de fiabilité, justifiée par le taux, généralement faible, de réclamations sous garantie qu'elles connaissent. Sur le plan technique, la plupart des voitures japonaises sont très ordinaires.

Une de nos anecdotes préférées, qui confirme l'analyse de *Fortune*, c'est l'histoire de l'ouvrier japonais qui, en rentrant chez lui tous les soirs, redresse les essuie-glaces sur toutes les Honda qu'il rencontre. Il ne peut supporter la vision d'un défaut dans une Honda.

Bien, pourquoi tout cela est-il aussi important ? Parce que l'excellence, pour une grande part, est due au fait que les gens sont

* Selon la *Gestalttheorie*, les propriétés d'un phénomène psychique ou d'un être vivant ne résultent pas de la simple addition des propriétés de ses éléments, mais de l'ensemble des relations entre ces éléments.

motivés par des valeurs compulsives, simples — et belles. Comme Robert Pirsig le déplore dans son livre *Traité du zen de l'entretien des motocyclettes* :

> Tout en travaillant, je pensais au manque de soin apporté aux manuels d'informatique que je révisais. Ils étaient truffés d'erreurs, d'ambiguïtés, d'omissions, et d'informations si embrouillées qu'il fallait s'y reprendre à six fois pour y comprendre quelque chose. Mais ce qui me frappait pour la première fois, c'était de voir à quel point ces manuels s'accordaient à l'attitude de spectateur que j'avais observée dans le magasin. C'étaient des manuels pour spectateurs. A chaque ligne ressort cette idée implicite : « Voici la machine, isolée dans l'espace et le temps du reste de l'univers. Elle n'a aucun rapport avec vous ni vous avec elle, vous n'avez qu'une chose à faire, appuyer sur certains boutons, maintenir les niveaux de voltage, vérifier s'il existe des conditions d'erreurs », etc. Les mécaniciens vis-à-vis de la machine (la motocyclette de Pirsig) avaient une attitude semblable à celle du manuel vis-à-vis de la machine ou à la mienne lorsque j'avais apporté celle-ci. Nous étions tous des spectateurs. Il me vint alors à l'esprit qu'il n'existe pas de manuel traitant de l'entretien réel des motocyclettes, qui est l'aspect le plus important de tous. Prendre soin de ce que l'on fait est considéré soit comme sans importance, soit comme une chose normale.

L'attaque se porte ensuite sur le manque d'intérêt des managers pour ces gens qui pourraient aimer le produit si on leur en donnait l'occasion. Aux yeux de certains analystes, cette accusation résume le reste. Le professeur Abernathy raconte sa surprise en découvrant la raison du succès japonais dans le secteur automobile : « Les Japonais semblent jouir d'un énorme avantage sur le plan des coûts. Ma grande surprise fut de découvrir que ce n'était pas une question d'automatisation. Ils ont développé une approche "personnel" pour la fabrication des voitures. Ils disposent d'une main-d'œuvre motivée, prête à travailler et qui aime fabriquer des voitures. Nous avons une conception de la productivité différente ici, et cela tient à de nombreuses vétilles. Ce n'est pas le genre de choses qu'une politique d'investissements peut corriger. »

Steve Lohr défend ce point de vue avec ardeur. Il se réfère au président de Sony, Akio Morita, qui fait ce reproche : « Les managers américains ne s'intéressent que trop peu à leurs ouvriers. » Morita décrit ensuite la révolution soigneusement mise au point qu'il a opérée dans les usines américaines de Sony. Lohr note : « Dans les usines Sony de San Diego et de Dothan, la productivité s'est régulièrement accrue, si bien qu'à l'heure actuelle, elle est très proche de celle des usines de l'entreprise au Japon. » Et le record américain de Sony dont on a tant parlé, est pâle à côté de la relance du secteur télévision de Motorola après son rachat par Matsushita. En l'espace de cinq ans, sans changer véritablement la main-d'œuvre du Midwest américain, la poignée de cadres supérieurs japonais a réussi à ramener les coûts de réparation sous garantie de 22 millons à 3,5 millions de dollars, à diminuer le taux des défauts de fabrication pour cent postes de 140 à 6, à réduire les réclamations survenant dans les quatre-vingt dix jours après la vente de 70 % à 7 %, et à ramener la rotation du personnel de 30 % à 1 % par an.

La réussite de Sony et de Matsushita aux États-Unis illustre bien l'absence d'une « magie orientale » dans l'extraordinaire productivité du Japon. Un commentateur note : « La question de productivité n'est pas ésotériquement japonaise, mais tout simplement humaine... la loyauté, l'investissement de soi obtenu grâce à une formation efficace, l'identification au succès de l'entreprise, et plus simplement, la relation humaine entre l'employé et son chef. » Il existe cependant une différence culturelle cruciale qui semble être à l'origine de la productivité fondée sur le personnel au Japon. Ainsi qu'un cadre supérieur japonais nous l'expliquait : « Nous sommes très différents du reste du monde. Notre seule ressource naturelle est le travail acharné de notre peuple. »

Le fait de traiter les gens — et non pas l'argent, les machines ou les têtes — comme la ressource naturelle est peut-être la clé de tout. Kenichi Ohmae, qui dirige le bureau de McKinsey à Tokyo, dit qu'au Japon, *entreprise* et *travailleurs* (de l'entreprise) sont synonymes. En outre, une entreprise axée sur le personnel favorise l'amour du produit et n'exige qu'une modeste prise de risques et peu d'innovation de la part du travailleur. Comme l'explique Ohmae :

> Les dirigeants japonais ne cessent de répéter à leur personnel que ce sont ceux qui vont au charbon qui connaissent le mieux le métier. Une entreprise bien dirigée se repose largement sur les initiatives individuelles ou collectives sur le plan de l'innovation et de l'énergie créatrice. Les capacités créatrices et productives de l'individu sont pleinement utilisées. L'entreprise — les boîtes à idées, les cercles de qualité et autres dispositifs — est « organique », et empreinte de l'« esprit d'entreprise » et non « mécanique » et « bureaucratique ».

Kimsey Mann, directeur général de Blue Bell, deuxième fabricant mondial d'habillement, se référant aux huit attributs de l'excellence en matière de management qui sont la base de ce livre, soutient que « chacun des huit concerne les gens ».

Les tours d'ivoire analytiques

Si tant d'entreprises américaines ne concentrent pas toute leur attention sur le produit ou les gens, c'est, semble-t-il, simplement parce qu'elles se concentrent sur autre chose. Elles s'en remettent trop à l'analyse formulée dans les tours d'ivoire des états-majors, et aux tours de passe-passe sur le plan financier, à ces instruments qui sont censés éliminer les risques, mais qui, hélas, éliminent aussi l'action.

« Beaucoup d'entreprises en rajoutent », dit Ed Wrapp. « Elles trouvent plus intéressant de planifier que de sortir un produit vendable... La planification leur permet d'oublier les problèmes opérationnels. C'est intellectuellement plus satisfaisant et provoque moins de tensions... La planification à long terme systématique conduit presque toujours à accorder trop d'importance à la technique. » Fletcher Byrom de chez Koppers déclare : « En tant que régime, en tant que discipline pour un groupe de gens, la planification est très valable, pourvu qu'elle ne vous enchaîne pas. Allez-y, planifiez, mais une fois que vous aurez tiré vos plans, mettez-les au placard. Ne les utilisez pas comme un élément primordial du processus de prise de décision. Prenez la planification seulement comme un moyen de repérer le changement. » Dans le même ordre d'idées, *Business Week* écrivait récemment : « Il est significatif que ni Johnson & Johnson, ni TRW*, ni 3M — tous considérés comme pensant loin — n'ont de responsable en titre de la planification dans leurs équipes. »

David Ogilvy, fondateur de Ogilvy et Mather, ne prend pas de gants : « La majorité des hommes d'affaires sont incapables d'avoir une idée originale parce qu'ils ne peuvent pas se délivrer de la tyrannie de la raison. » Théodore Levitt, le célèbre professeur de marketing de Harvard, déclarait récemment : « Les planificateurs fabriquent des arbres de décisions confus dont la prétention à l'utilité n'a d'égale que la terreur que les technocrates-inventeurs inspirent aux responsables opérationnels. » Enfin, voici l'histoire récente d'une nouvelle stratégie de produit qui fut un échec cuisant chez Standard Brands. D'après *Business Week,* qui en fit son article principal illustré en couverture, cela tient au fait que Standard

* Entreprise de haute technologie qui a conçu Pioneer 10.

Brands engagea une bande de planificateurs de General Electric et leur confia ce que l'on pourrait appeler la responsabilité des opérations. Après avoir laissé partir la plupart d'entre eux, le président déclara : « Ces types étaient brillants, mais ce n'était pas le genre de gens capables de mettre le programme en place. »

Voilà qui ne réjouira pas ceux qui ont consacré leur vie à broyer du chiffre. Il ne faut pas en déduire que les entreprises ne devraient pas planifier. Elles doivent bel et bien planifier. Le problème est que la planification devient une fin en soi. Cela dépasse le sage conseil de Byrom : l'utiliser comme un moyen d'accroître l'ouverture d'esprit. Au lieu de cela, le plan devient la vérité et les données qui ne correspondent pas au plan préétabli (la réaction réelle du client au pré-test de marché) sont dénigrées ou allégrement ignorées. Le jeu remplace l'action pragmatique. (« Avez-vous fait un sondage parmi les fonctionnels à propos de l'estimation ? » était une question couramment posée dans un comité opérationnel que nous avons observé pendant des années.)

La performance des entreprises américaines a beaucoup baissé, du moins quand on la compare à celle du Japon et quelquefois à celle d'autres pays; dans certains cas même, on constate une détérioration dans l'absolu, en termes de productivité et de qualité. Nous ne fabriquons plus les produits les meilleurs et les plus fiables, et pourtant, nous les faisons passer pour tels dans des secteurs où la compétition internationale est forte, comme l'automobile ou les composants électroniques.

Lorsqu'il s'est agi de trouver les causes du problème, la première vague d'assaut s'est concentrée sur les réglementations gouvernementales. Puis, vers la mi-1980, cette recherche des causes fondamentales a conduit des dirigeants avertis, des journalistes économiques et des universitaires à se pencher sur les pratiques du management, dans une tentative pour comprendre par où cela avait péché. La récente sujétion de l'Amérique à un excès d'analyse et à une forme étroite de rationalité a fait les frais de l'attaque, ce qui n'a rien de surprenant. Ces deux tendances contrastaient singulièrement avec les conceptions japonaises de productivité humaine et de la qualité — toutes différences culturelles mises à part.

L'enquête s'est heurtée à deux formidables barrages : en premier lieu à un mouvement naturel de défensive. On s'attaquait finalement à l'intellect et à l'âme de l'homme d'affaires. Jusque-là, la presse l'avait encouragé à rejeter toute faute sur les autres, à savoir le gouvernement. Ensuite, la charge se heurtait à un problème de vocabulaire. Elle n'était pas perçue comme une attaque de « la forme étroite de la rationalité » que nous avions appelée « le modèle rationnel », réclamant par là une vision plus large de celui-ci. On l'a compris comme une attaque de la rationalité et de la pensée logique en soi, et comme un encouragement implicite à fuir dans l'irrationnel et le mysticisme. On en vint à croire que la seule solution était de transférer les réunions du conseil d'administration de l'entreprise Ford dans le centre Zen local. Or, à l'évidence, cela n'allait pas résoudre le problème.

Mais qu'entendons-nous par la chute du modèle rationnel ? Nous faisons allusion à ce que Thomas Kuhn appelle, dans son livre décisif intitulé *The structure of scientific revolutions*, le changement de paradigme. Kuhn prétend que quelles que soient l'époque ou la discipline, les savants partagent un ensemble de convictions à propos du monde qui les entoure, et pour cette période donnée, cet ensemble constitue le paradigme dominant. Ce qu'il appelle la « science normale » se développe dans ce cadre. Les expériences sont menées dans les limites de ces convictions, et les progrès se font lentement. Un exemple ancien mais excellent est donné par le système de Ptolémée qui soutenait que la terre était au centre de l'univers, et que la lune, le soleil, les planètes et les étoiles se trouvaient tout autour sur des sphères concentriques. Cette doctrine a fait autorité jusqu'au XVIe siècle. On a développé des formules et des modèles mathématiques élaborés pour permettre de prédire, sans se tromper, des événements astronomiques sur la base du système de Ptolémée. C'est seulement après que Copernic et Kepler eurent découvert que la formule fonctionnait mieux si le soleil, et non la terre, était au centre de tout cela, qu'un changement de paradigme s'est amorcé.

Lorsqu'un changement de paradigme s'amorce, le progrès est rapide mais fertile en tensions. Les gens se mettent en colère. De nouvelles découvertes viennent conforter le nouveau système de valeurs (par exemple, Kepler et Galilée), et une révolution scientifique a lieu. D'autres exemples connus de changement de paradigme suivi d'une révolution scientifique sont la découverte de la relativité en physique, et la techtonique des plaques en géologie. Le point important de chaque exemple est que la vieille « rationalité » est finalement remplacée par une autre, nouvelle, différente, et plus utile.

C'est le genre de choses que nous prônons dans le domaine des affaires. A notre avis, la vieille rationalité est directement issue de l'école de management scientifique de Frederick Taylor, et elle a cessé d'être une discipline utile. Si l'on juge les actions des managers qui semblent se référer à ce paradigme, quelques-unes des convictions partagées par tous comprennent :

• C'est mieux d'être gros parce qu'on peut toujours faire des économies d'échelle. En cas de doute, regroupez les choses, éliminez les doubles emplois, les duplications, et le gâchis. Accessoirement, en vous développant, assurez-vous que tout est soigneusement et systématiquement coordonné.

• Les producteurs dont les coûts sont bas sont les seuls à être sûrs de réussir à tous les coups. Le principe de l'unité marginale pour le client les incite à se concentrer sur les coûts en dernière analyse. Ceux qui survivent font toujours moins cher.

• Analysez tout. Nous avons appris que l'on peut éviter de grosses bêtises en faisant une bonne étude de marché, une analyse de cash-flow actualisé, et un bon budget. Si cela marche, faites mieux, appliquez des choses comme le cash-flow actualisé à des investissements risqués tels que la recherche et le développement. Utilisez la budgétisation comme modèle pour la planification à long terme. Faites des prévisions. Fixez-vous des objectifs chiffrés sévères sur la base de ces prévisions. Sortez de gros volumes de plans qui ne contiennent que des chiffres. (Accessoirement, oubliez que la plupart des prévisions à long terme ne peuvent qu'être fausses dès qu'on les fait. Oubliez que l'invention est, par définition, imprévisible.)

• Débarrassez-vous de ces fauteurs de troubles — les champions fanatiques. Après tout, nous avons un plan. Nous voulons une nouvelle activité de développement du produit pour obtenir cette percée nécessaire, et nous mettrons 500 ingénieurs dessus s'il le faut parce que nous avons une meilleure idée.

• Le boulot du manager est de prendre des décisions, et les plus dures. Équilibrez le portefeuille de vos activités. Prenez des participations dans les secteurs prometteurs. La mise en œuvre ou l'exécution est secondaire. Changez toute l'équipe de direction s'il vous faut assurer une mise en œuvre efficace.

• Contrôlez tout. La tâche du manager est de s'assurer que tout est bien en ordre et sous contrôle. Détaillez bien la structure d'organisation. Faites de longues descriptions de postes. Développez des organisations en matrice complexes pour être sûr que tout imprévu est pris en compte. Donnez des ordres. Prenez des décisions bien tranchées. Traitez les gens comme des facteurs de production.

• Choisissez les bonnes mesures d'incitation et la productivité suivra. Si on donne aux gens de bons gros stimulants financiers directs pour bien se conduire et faire du bon travail, le problème de productivité disparaît. Récompensez très largement les meilleurs. Délestez-vous des 30 ou 40 % de poids mort qui refusent de travailler.

- Vérifiez le contrôle de qualité. Ordonnez qu'on respecte la qualité. Triplez le département du contrôle de la qualité s'il le faut (oubliez que les effectifs du contrôle de qualité par unité de production dans les entreprises du secteur automobile japonais représentent un tiers des nôtres). Rattachez-le au président. Montrez aux ouvriers que vous ne plaisantez pas.

- Les affaires sont les affaires et rien d'autre. Si vous savez lire les rapports financiers, vous pouvez gérer n'importe quoi. Les gens, les produits et les services représentent seulement ces ressources que vous devez aligner pour obtenir de bons résultats financiers.

- Les cadres supérieurs sont plus malins que le marché. Soignez la présentation de votre compte de pertes et profits et de votre bilan, et les autres auront une bonne image de vous. Par-dessus tout, faites en sorte que les revenus trimestriels ne cessent de croître.

- Tout est fichu si l'on s'arrête de grandir. Lorsque les débouchés se font rares dans votre secteur, prenez des participations dans des secteurs auxquels vous ne comprenez rien. Au moins là, vous pourrez poursuivre votre croissance.

Si la rationalité conventionnelle anime largement le monde des affaires d'aujourd'hui, elle n'explique pas ce qui fait marcher les meilleures entreprises. Pourquoi ? Quels en sont les points faibles ?

D'abord, la composante numérative et analytique présente un parti pris conservateur. La réduction des coûts devient la première priorité, tandis que l'augmentation des revenus est reléguée au dernier plan. Cela conduit à l'obsession du coût, et non de la qualité ou de la valeur, à rapiécer les rossignols plutôt qu'à s'amuser avec le développement brouillon de nouveaux produits ou de nouvelles activités et cela conduit enfin à compter sur l'investissement pour assurer la productivité plutôt que sur la revitalisation des effectifs. La faiblesse cachée de l'approche analytique de la prise de décision réside dans le fait que les gens analysent ce qu'il est facile d'analyser, y passent beaucoup de temps, et ignorent plus ou moins le reste.

Comme John Steinbruner de Harvard le dit : « A l'heure actuelle, si on exige une précision quantitative, on l'obtient, seulement en réduisant tellement ce qui doit être analysé que la plupart des problèmes importants sont laissés de côté par l'analyse. » Cela mène à une fixation sur l'aspect coût de l'équation. Là, les chiffres sont « plus durs ». L'ennui est facilement repérable, de même que le remède — acheter une nouvelle machine qui remplacera dix-neuf postes, réduire la paperasserie de vingt-cinq pour cent, fermer deux chaînes de montage et accélerer le rythme de celle qui reste.

Dans le même temps, l'analyse numérative entraîne une dévaluation involontaire de l'aspect revenu. Elle est incapable d'apprécier l'allant, l'enthousiasme, cet élément en plus qu'apporte une équipe de vente de chez IBM ou Frito-Lay. En vérité, selon un observateur, chaque fois que les analystes ont mis la main sur les « 99,5 % de service » de Frito (niveau de service qui n'est pas raisonnable pour une entreprise de produits de base) leurs yeux se sont mis à briller, et ils ont entrepris de démontrer ce que l'on pourrait économiser si seulement Frito acceptait de réduire le service. Les analystes ont « raison », Frito ferait des économies immédiates. Mais les analystes sont incapables de mesurer l'impact qu'aurait le moindre relâchement dans la fiabilité du service sur les 10 000 héros de la force de vente, sans parler des détaillants Frito, et en conséquence, la perte de la part de marché ou la diminution de la marge qui en résulterait. Du point de vue analytique, l'engouement pour la fiabilité chez Caterpillar (« remplacement des pièces défectueuses dans les quarante-huit heures, ou Cat rembourse ») ou chez Maytag (« dix ans sans problèmes ») est insensé. Analytiquement parlant, la duplication délibérée, l'effort de développement des produits chez IBM ou 3M, ou la cannibalisation entre marques de produits chez Procter & Gamble, sont précisément de la simple duplication. L'esprit de famille qui règne chez Delta, le respect de l'individu d'IBM, et la manie de la propreté de McDonald's et Disney ne tiennent pas debout quantitativement.

L'approche exclusivement analytique poussée à l'extrême mène à une philosophie abstraite et inhumaine. Notre obsession de la comptabilisation des morts au Vietnam, et notre incompréhension de l'opiniâtreté et la résistance de l'esprit asiatique ont abouti à la plus catastrophique répartition de ressources que l'Amérique ait jamais connue — sur le plan humain, moral et matériel. Mais la fascination de McNamara pour les chiffres était juste un signe des temps. Un de ses homologues de chez Ford, Roy Ash, a succombé à la même maladie. Voilà ce que dit *Fortune* de ses mésaventures chez Litton : « Avec sa vision très abstraite des affaires, Ash adorait exercer son intelligence aiguë en analysant les techniques de comptabilité les plus sophistiquées. Cela l'incita à avoir des envies royales : construire de nouvelles villes, créer un chantier naval d'où sortiraient les vaisseaux les plus avancés sur le plan technique, un équivalent de Detroit en quelque sorte. » Malheureusement, l'analyse de *Fortune* ne parle pas seulement de l'échec d'Ash chez

Litton, mais aussi du désastre similaire qui, dix ans plus tard, causa la ruine de AM International sous sa direction.

L'approche rationaliste retire toute vie de situations qui devraient, avant tout, être vivantes. Lewis Lapham, le rédacteur en chef de *Harper's*, décrit le caractère fallacieux de la tendance numérative dans un article intitulé « Les dons des mages » : « Les mages parlent inévitablement de chiffres et de poids — les barils de pétrole, la masse monétaire — toujours de ressources matérielles et rarement de ressources humaines, toujours de choses, jamais de gens. La tendance prépondérante est conforme au préjugé national en faveur des institutions contre les individus. » John Steinbeck fait le même raisonnement à propos de la rationalité privée de vie :

> Le mexican sierra a 17 plus 15 plus 9 piquants sur sa nageoire dorsale. C'est facile à compter. Mais si le sierra tire brusquement sur la ligne, ce qui vous brûle les mains, si le poisson se débat, s'échappe presque et passe finalement au-dessus parapet, palpitant avec sa queue qui bat l'air, une toute nouvelle extériorité relationnelle naît, qui est plus que la somme du pêcheur et du poisson. La seule manière de compter les piquants du mexican sierra sans être affecté par cette seconde réalité relationnelle est de s'installer dans un laboratoire, ouvrir un bocal à l'odeur fétide, sortir du formol un poisson raide et incolore, compter les piquants et écrire la vérité. Vous avez ainsi enregistré une réalité qui ne peut être remise en cause — la réalité probablement la moins importante en ce qui concerne le poisson ou vous-même. Il est bon de savoir ce que l'on fait. L'homme avec ce poisson mariné a établi une vérité et consigné beaucoup de mensonges dans son expérience. Le poisson n'a pas cette couleur, cette texture, n'est pas aussi mort, et il n'a pas non plus cette odeur.

La rationalité au sens strict est souvent du négativisme. Peter Drucker donne une bonne description de l'influence néfaste du penchant analytique des gestionnaires : « Le manager professionnel d'aujourd'hui se voit souvent dans le rôle du juge qui approuve ou désapprouve les idées lorsqu'elles se font jour... Un cadre dirigeant qui croit que sa tâche est de rendre la justice opposera inévitablement son veto à une nouvelle idée. Elle est toujours "impraticable". » John Steinbruner dit la même chose lorsqu'il commente le rôle des états-majors en général : « Il est naturellement plus facile de développer un argument négatif que d'avancer un argument constructif. » Dans son analyse de la prise de décision d'adopter une force nucléaire multilatérale sur la proposition de l'OTAN, Steinbruner rapporte un échange entre un théoricien conservateur et un homme politique de terrain. Le secrétaire d'État, Dean Acheson, dit à Richard Neustadt, un conseiller du président formé à Harvard : « Vous pensez qu'on devrait mettre les présidents en garde. Vous avez tort. On devrait les mettre en confiance. » Steinbruner analyse ensuite le rôle de ceux qui « avertissent » en opposition à ceux qui « encouragent ». Malgré sa volonté d'équilibre entre les deux propositions, il est clair que la balance du modèle analytique neutre penche en faveur de ceux qui avertissent.

Le PDG de Mobil, Rawleigh Warner Junior, reprend le même thème lorsqu'il explique pourquoi son entreprise décida de ne pas miser sur les gisements de pétrole off-shore de Prudhoe Bay : « Les financiers de l'entreprise ont rendu un mauvais service aux équipes d'exploration... Ces pauvres gens chargés de l'exploration étaient contrés par des gens qui ignoraient tout du pétrole et du gaz. » Hayes et Abernathy ont, comme d'habitude, beaucoup à dire à ce sujet : « Nous pensons que, pendant ces deux dernières décennies, les managers américains se sont de plus en plus reposés sur des principes qui font davantage cas de l'indifférence analytique et de l'élégance méthodologique que de la perspicacité... fondée sur l'expérience. Manquant d'expérience pratique, les formules analytiques de la théorie du portefeuille d'activités incitent les managers à une plus grande prudence en ce qui concerne la répartition des ressources. » Enfin, George Gilder écrit dans *Richesse et Pauvreté,* « La pensée créative (qui donne naissance à l'invention) est un acte de foi. » Il dissèque bon nombre d'exemples pour soutenir son argument, allant même jusqu'à revenir à la construction des voies ferrées, et insiste sur le fait que « quand on les a construites, on ne pouvait guère justifier leur existence en termes économiques ».

La rationalité qui a cours aujourd'hui n'attache aucune valeur à l'expérimentation et déteste les erreurs. Le conservatisme qui mène à l'inaction et à des « groupes d'études » qui durent des années, confrontent les hommes d'affaires à ce qu'ils tentaient d'éviter — avoir à prendre, finalement, un gros pari. D'énormes groupes de développement du produit analysent et ne cessent d'analyser pendant des années, et finalement se cantonnent à l'unique produit qui fait mouche, paré des variantes ou fioritures qui séduiront les divers segments. Pendant ce temps-là, Digital, 3M, Hewlett-Packard et Wang, en expérimentant à tort et à travers, ont suivi un processus « irrationnel » et anarchique, et ont lancé dix produits ou plus chacun. Le progrès n'arrive qu'avec l'action : essayer un premier prototype sur un ou deux clients, faire un test de marché rapidement ficelé, coller un dispositif improvisé sur une chaîne de production, tester une nouvelle promotion de ventes sur 50 000 abonnés.

Dans la plupart des grandes entreprises, il est de tradition d'exiger qu'une erreur soit punie, même si celle-ci est utile, minuscule, invisible. L'ironie de la chose est que le plus noble ancêtre de la rationalité actuelle s'appelait le management *scientifique*. L'expérience est l'instrument de base des sciences : si nous réussissons une expérience, par définition, c'est au prix de bon nombre d'erreurs. Mais les hommes d'affaires hyper-rationnels sont en bonne compagnie dans ce cas, parce que même les scientifiques ne veulent pas reconnaître les erreurs qui pavent la route du progrès. Robert Merton, historien de la science fort respecté, donne une description de la « communication » type :

> Il existe une différence énorme entre le résultat imprimé et le déroulement réel de la recherche en soi... L'écart est du même ordre que celui qui sépare les manuels de méthodes scientifiques et la façon dont les savants pensent, sentent et conduisent leur travail. Les manuels présentent des modèles idéals, mais ces modèles soignés et normatifs... ne reproduisent pas les adaptations désordonnées et opportunistes auxquelles se livrent les savants. Le papier scientifique est immaculé et ne montre rien des intuitions, des faux départs, des erreurs, des tentatives non terminées, et des heureux accidents qui ont jalonné la recherche.

Sir Peter Medawar, prix Nobel de médecine, déclare sans ambages : « Ce n'est pas la peine d'examiner les “papiers” scientifiques, car non seulement ils cachent, mais encore ils donnent une fausse image du raisonnement qui sous-tend le travail décrit. »

La non-expérimentation nous conduit inexorablement à l'hyper-complexité et à l'inflexibilité. La mentalité du produit « qui fait mouche » ne trouve pas plus belle expression que dans la course à l'arme super-puissante en matière de défense. Un chroniqueur de *Village Voice* écrit :

> Le chemin le plus court pour comprendre la terreur évoquée au Pentagone par Spinney (analyste de la division de l'Analyse et de l'évaluation des programmes au ministère de la Défense) est de citer sa conclusion : « Notre stratégie qui tend à rechercher une sophistication et une complexité toujours plus grandes sur le plan technique, a pour effet de rendre incompatibles les solutions hautement technologiques et l'aptitude au combat. » En d'autres termes, plus les États-Unis dépensent d'argent pour la défense, moins ils sont capables de se battre... Un budget plus important a

produit moins d'avions mais d'une complexité plus grande et qui ne fonctionnent pas la plupart du temps. Le déploiement d'un moins grand nombre d'avions présuppose un système de communication plus élaboré et plus délicat qui a peu de chances de tenir le choc en temps de guerre.

La prudence et la paralysie-provoquée-par-l'analyse conduisent à l'anti-expérimentation. Celle-ci, à son tour, conduit ironiquement au « gros pari » risqué ou à la mentalité de « l'arme suprême ». Voilà un tour de vis de plus. Fabriquer ces superproduits exige des structures de management d'une complexité désespérante qui sont condamnées à être ingouvernables. L'expression ultime de cette tendance est la matrice. Il est fort intéressant de constater que, quelque vingt ans avant les beaux jours de la matrice dans les années soixante-dix, le chercheur Chris Argyris avait souligné les défauts principaux de cette formule :

> Pourquoi ces nouvelles structures administratives et ces nouvelles stratégies rencontrent-elles des difficultés ? Cette théorie (de la matrice) admettait que, si les objectifs et les chemins critiques devant mener à leur réalisation étaient clairement définis, les gens tendraient à coopérer pour atteindre ces objectifs dans les meilleurs délais. Cependant, en pratique, la théorie fut difficile à appliquer... Très vite, compléter l'étude devint une fin en soi. Soixante et onze pour cent des cadres moyens déclarèrent qu'il était tout aussi crucial de maintenir le volume de papier nécessaire à la planification du produit et à l'étude du programme que d'assumer la responsabilité opérationnelle qui incombait à chaque groupe de travail. Une autre façon de s'adapter consista à se retirer et à laisser la responsabilité du programme aux cadres supérieurs. « C'est leur enfant — qu'ils s'en occupent. » Ou encore, un autre problème fréquemment observé était que d'innombrables petites décisions à prendre entravaient la progression du groupe.

On peut battre en brèche le syndrome de la complexité, mais ce n'est pas simple. L'ordinateur 360 d'IBM est une des plus grandioses réussites de l'histoire américaine, et pourtant le développement de ce produit fut désordonné. Au cours du processus, le président d'IBM, Thomas Watson père, demanda au directeur général adjoint Frank Cary « de mettre au point un système qui empêche le renouvellement de ce genre de problème ». Cary fit ce qu'on lui demandait. Des années après, devenu président à son tour, il s'empressa de se débarrasser de la laborieuse structure de développement du produit qu'il avait mise au point pour Watson. « Monsieur Watson avait raison, concéda-t-il. Cette structure permet d'éviter le désordre qui a présidé au développement du 360. Hélas, on peut aussi être sûr qu'à cause d'elle, on n'inventera jamais un équivalent de ce produit. »

La fluidité, version administrative de l'expérimentation, constitue la réponse des meilleures entreprises à la complexité. On ne cesse de se réorganiser. « Si vous avez un problème, mobilisez toutes les ressources et réglez-le, dit un cadre de chez Digital. C'est aussi simple que ça. » Fletcher Byrom de Kopper ajoute : « La chose la plus agaçante que j'aie pu observer dans les entreprises est cette tendance à la sur-organisation, qui entraîne une rigidité intolérable à une époque de changements de plus en plus rapides. » David Packard de Hewlett-Packard remarque : « Il est nécessaire d'éviter une organisation trop rigide. Pour qu'une organisation fonctionne efficacement, l'information doit passer par le chemin le plus efficace, quel que soit l'organigramme. C'est ce qui se passe ici. J'ai souvent pensé qu'une fois l'organisation mise en place, il fallait jeter l'organigramme au panier. » Parlant de la rationalité américaine en matière d'organisation, notre collègue japonais, Ken Ohmae, déclare : « La plupart des entreprises japonaises n'ont même pas un organigramme raisonnable. Personne ne sait comment Honda est organisé, on sait seulement que les équipes de projet sont nombreuses et que la flexibilité règne. L'innovation prend souvent naissance à la jonction, ce qui fait intervenir toutes sortes de disciplines. Si bien que l'organisation flexible qui caractérise l'entreprise japonaise est devenue un atout. »

L'approche rationaliste combat l'absence de formalisme. Analyser, planifier, dire, spécifier et vérifier sont les mots clés du processus rationnel. Interagir, tester, essayer, échouer, rester en contact, apprendre, changer d'orientation, adapter, modifier et observer sont quelques-uns de mots clés des processus de management informels. Dans nos interviews avec les meilleures entreprises, ce sont ces derniers qui reviennent le plus souvent. Intel multiplie les salles de conférence dans le seul but d'augmenter les chances de résoudre de façon informelle les problèmes entre différentes disciplines. 3M finance toutes sortes de clubs dans le seul but d'accroître l'interaction. Hewlett-Packard et Digital consacrent un énorme budget aux voyages afin que les gens puissent se rencontrer. Le principe du « travail main dans la main » de Patrick Haggerty à Texas Instruments fait que les produits se succèdent rapidement. Cela signifie que les gens parlent, résolvent les problèmes, et arrangent les choses au lieu de prendre des airs, de discuter et de retarder.

Cependant, le management réglementé semble plus confortable à la plupart des managers américains. Ils ouvrent de grands yeux devant 3M, Digital, Hewlett-Packard, Bloomingdale's, ou même IBM, ces entreprises dont les processus fondamentaux paraissent échapper à tout contrôle. Après tout, quelle personne saine d'esprit pourrait faire du « management baladeur » l'un des piliers de sa philosophie à l'instar de Hewlett-Packard ? Il apparaît que le contrôle informel par le biais d'informations régulières et contingentes est, en fait, plus étroit que le contrôle par les chiffres qui peut être évité et éludé. Mais il est dur de faire passer cette idée dans les autres entreprises.

Le modèle rationnel nous incite à dénigrer l'importance des valeurs. Nous avons observé peu de nouvelles directions d'entreprises audacieuses que la précision des objectifs ou de l'analyse rationnelle avait propulsées là. S'il est vrai que les meilleures entreprises ont de merveilleuses compétences en matière d'analyse, leurs décisions sont plus fonction de leurs valeurs que de leur habileté à manier les chiffres. Les meilleures créent une culture tolérante, encourageante et partagée, un cadre cohérent qui permet aux individus motivés de forger les adaptations nécessaires. Leur aptitude à obtenir des contributions extraordinaires d'un très grand nombre de gens entraîne une aptitude à créer le sens d'un dessein hautement estimé. Ce genre de dessein émane invariablement de l'amour du produit, de la volonté d'offrir un service de premier plan, et du culte de l'innovation et de la contribution individuelle. Par sa nature même, un tel dessein contraste avec les 30 objectifs trimestriels de la direction par objectifs, les 25 mesures pour endiguer les coûts, les 100 règles dégradantes pour les ouvriers de la chaîne de production, ou une stratégie dérivée de l'analyse qui ne cesse d'être modifiée, insiste sur les coûts une année, sur l'innovation l'année suivante, et Dieu seul sait sur quoi l'année d'après.

Peu de place est laissée à la compétition interne dans le monde rationaliste. Une entreprise n'est pas censée entrer en compétition avec elle-même. Pourtant, tout au long de notre étude sur les meilleures entreprises, nous avons pu observer de multiples exemples de ce genre de phénomènes. En outre, nous avons vu la pression exercée par les pairs agir comme principale motivation, plutôt que les ordres du patron. General Motors a été le premier à lancer l'idée de compétition interne voici soixante ans.

Aujourd'hui les maîtres en la matière sont 3M, Procter & Gamble, IBM, Hewlett-Packard, Bloomingdale's et Tupperware. Les chevauchements entre divisions, la duplication des lignes de produits, la multiplication des équipes de développement des produits, et une vaste divulgation de l'information propre à stimuler la comparaison des productivités et, partant, leur amélioration, sont les mots d'ordre. Pourquoi y en a-t-il tant qui n'ont pas compris le message ?

Une fois de plus, la tendance à « analyser l'analysable » est fatale à plus ou moins longue échéance. Il est vrai que l'on peut mesurer de façon précise les coûts de duplication de lignes du produit et la non-uniformité des processus de fabrication. Mais le profit que l'on tire d'un flot continu de nouveaux produits sous l'impulsion de champions zélés, et les gains de productivité qui sont le fruit d'une innovation ininterrompue de la part des équipes de production en compétition sont beaucoup plus difficiles, voire même impossibles à chiffrer.

Le déséquilibre

Le rationalisme, dans sa vision étroite, présente probablement le défaut majeur non pas d'être mauvais en soi, mais d'avoir créé un sérieux déséquilibre dans notre façon de voir le management. Harold Leavitt de Stanford a une merveilleuse manière d'expliquer cela. Il voit le processus de management comme l'interaction de trois variables : trouver la voie, prendre la décision et la mettre en œuvre. Le problème avec le modèle rationaliste, c'est qu'il ne fait appel qu'à la variable intermédiaire : la prise de décision. Pour expliquer les différences qui séparent ces trois activités, Leavitt invite ses étudiants à penser à des hommes politiques dont les stéréotypes correspondent le plus clairement à ces catégories. Par exemple, la réponse typique consiste à choisir le président Kennedy comme figure de pionnier. Pour le stéréotype de la prise de décision, le choix peut se porter sur Robert McNamara dans sa fonction de ministre de la Défense ou sur Jimmy Carter dans son rôle de président. Pour l'homme d'action type, tout le monde pense à Lyndon Johnson.

Afin que ses étudiants comprennent mieux, Leavitt leur demande d'associer différents métiers aux trois catégories. Ceux qui tombent dans la catégorie de la prise de décision sont des analystes, des ingénieurs, des MBA, des statisticiens, et des managers professionnels — des compagnons étranges mais très assortis dans leur goût de l'approche rationaliste. La mise en œuvre est plutôt l'affaire des gens qui aiment travailler avec les autres — les psychologues, les vendeurs, les professeurs, les assistantes sociales, et la plupart des managers japonais. Enfin, dans la catégorie des pionniers, on trouve les poètes, les artistes, les innovateurs et les dirigeants qui ont marqué des entreprises de leur empreinte personnelle.

Les trois processus sont bien entendu liés, et il est dangereux de mettre l'accent sur l'un d'eux au détriment des deux autres. Parmi les hommes d'affaires, les pionniers sont légions — tels les artistes qui sont incapables de parvenir à un résultat. De la même façon, les hommes d'action abondent, tels les vendeurs habiles au compromis auxquels manque l'aspect visionnaire. Quant aux pièges dans lesquels tombent ceux qui mettent trop l'accent sur la prise de décision, ils ont fait l'objet de ce chapitre. Le management doit consacrer autant d'attention à la préparation du terrain et à la mise en œuvre qu'il en consacre à la prise de décision : c'est ce que nous voulons démontrer. Ces processus sont différents par nature, mais ils peuvent être complémentaires et se renforcer les uns les autres.

Le défrichement est essentiellement un processus esthétique, intuitif, un processus de conception. Il y a une infinité de choix en ce qui concerne les problèmes de conception, que ce soit sur le plan architectural ou qu'il s'agisse des valeurs maîtresses d'une entreprise. Parmi ces choix, il existe beaucoup de mauvaises idées, et à ce stade, l'approche rationnelle est très utile pour séparer le bon grain de l'ivraie. Le choix qui s'opérera parmi les nombreuses bonnes idées qui resteront en lice ne sera cependant pas une question d'analyse, mais essentiellement une question de goût.

La mise en œuvre relève nettement, elle aussi, de l'idiosyncrasie. Comme le dit Leavitt : « Les gens aiment beaucoup leurs propres enfants, mais ne portent qu'un intérêt limité aux enfants des autres. » En tant que conseils, nous nous apercevons continuellement que nous ne faisons aucun bien en « prouvant de façon analytique » à notre client que l'option A est la meilleure — si nous nous arrêtons là. A cette phase du processus, l'option A est notre enfant, pas le sien, et ce n'est pas une analyse brillante qui convaincra le client. Il faut qu'il s'implique dans le problème et le comprenne — puis le prenne à son compte.

Comme nous l'avons déjà précisé, nous ne cherchons pas à faire pencher la balance du côté de la préparation ou de la mise en œuvre. La rationalité est importante. Une analyse de qualité aidera une entreprise à découvrir la bonne voie et à se débarrasser des mauvaises options. Mais si l'Amérique doit retrouver sa première place dans le monde, ou même garder la place qu'elle occupe à l'heure actuelle, il nous faut cesser de trop mettre l'accent sur le côté rationnel des choses.

3

La quête de motivation

Le grand problème qui se pose lorsqu'on aborde l'organisation d'un point de vue rationaliste, c'est que les gens ne sont guère rationnels. L'homme n'est tout simplement pas fait pour le vieux modèle de Taylor, ni pour les organigrammes d'aujourd'hui (ou vice versa). En fait, si nous comprenons bien la psychologie actuelle, l'homme est l'ultime symbole du conflit et du paradoxe. Pour comprendre comment les meilleures entreprises réussissent si bien à susciter l'envie de s'engager et d'innover régulièrement chez des dizaines et même des centaines de milliers d'individus, il est indispensable de tenir compte de leur manière de traiter ces contradictions inhérentes à la nature humaine :

1. Nous sommes tous des égocentriques, à l'affût du moindre compliment, et nous aimons généralement nous considérer comme des gagnants. Mais en réalité, nous avons hérité de talents normaux — aucun d'entre nous n'est aussi fort qu'il ou elle aime à le croire, mais le fait de nous frotter tous les jours à cette réalité ne nous fait pas de bien.

2. L'hémisphère droit de notre cerveau, centre de l'imaginaire et de la symbolique, est au moins aussi important que le gauche, siège de la raison et de la déduction. Nous raisonnons à l'aide d'histoires *au moins* aussi souvent qu'à l'aide de vraies données. « Cela paraît-il bien ? » compte plus que « Cela s'additionne-t-il ? » ou « Puis-je le prouver ? ».

3. Comme traiteurs de données, nous sommes à la fois médiocres et merveilleux. D'un côté, nous pouvons retenir peu de choses clairement, tout au plus une demi-douzaine de faits à la fois. Si bien que l'on devrait fortement inciter les directions — particulièrement celles qui ont une organisation complexe — à simplifier les choses au maximum. D'un autre côté, notre inconscient est efficace, il

accumule un grand nombre de schémas si nous le laissons faire. L'expérience est une excellente école, et pourtant la plupart des chefs d'entreprise semblent la sous-évaluer dans le sens où nous l'entendons et auquel nous reviendrons.

4. Nous sommes ce que l'environnement fait de nous, nous sommes sensibles aux récompenses et aux punitions extérieures. Nous sommes aussi menés par l'intérieur, auto-motivés.

5. Nous agissons comme si les convictions exprimées avaient de l'importance, et cependant l'action est plus parlante que le verbe. Apparemment, on ne peut jamais berner personne. Les gens recherchent des modèles établis dans la moindre de nos actions, mais ont la sagesse de se méfier des mots que nos actions démentent.

6. Nous avons désespérement besoin de donner un sens à notre vie et nous sommes prêts à faire beaucoup de sacrifices pour les institutions qui nous y aident. En même temps, nous avons besoin d'indépendance, besoin d'avoir l'impression que nous sommes maîtres de notre destinée, et de pouvoir nous distinguer.

Bien. Mais comment la plupart des entreprises traitent-elles ces contradictions ? Elles se targuent de fixer des objectifs ambitieux aux gens (équipes de productivité, équipes de développement des produits ou directeurs de division). Ce sont là des objectifs parfaitement rationnels, mais infructueux en fin de compte. Pourquoi insiste-t-on, chez Texas Instruments et Tupperware, pour que les équipes fixent elles-mêmes leurs objectifs ? Pourquoi fixe-t-on chez IBM des quotas que presque tous les vendeurs peuvent atteindre ? Cela ne fait aucun doute, les employés de Texas Instruments sont paresseux. Et quelle que soit la sagacité des programmes de recrutement, de sélection et de formation de IBM pour ses vendeurs, on ne voit pas comment ce géant n'aurait que des vedettes dans ses équipes de vente. Alors que se passe-t-il ?

La réponse est étonnamment simple, bien qu'elle reste ignorée de la plupart des gestionnaires. Dans une étude psychologique récente où l'on demandait à un échantillon d'hommes pris au hasard de juger leur « aptitude à s'entendre avec autrui », tous les sujets sans exception, 100 %, se placèrent dans la moitié supérieure, 60 % se placèrent dans les 10 % de la tranche supérieure, et 25 % pensèrent, en toute humilité, faire partie des tout premiers. Dans une enquête parallèle, 70 % se jugèrent une faculté de commandement qui les classait dans le quartile supérieur, et seulement 2 % pensèrent qu'ils ne méritaient pas la moyenne. Enfin, dans le domaine des aptitudes physiques où l'illusion devrait être forte pour la majorité de la gent masculine, 60 % répondirent qu'ils faisaient partie du quartile supérieur, et 6 % seulement estimèrent être en dessous de la moyenne.

Nous pensons tous être les meilleurs. Nous faisons preuve d'une irrationalité forcenée et folle à notre propre sujet, et cela a de profondes conséquences sur le plan de l'organisation. Cependant, la plupart des entreprises ont une vision négative de leur personnel. Elles reprochent à leur personnel d'obtenir de mauvais résultats. (Beaucoup parlent plus durement qu'elles n'agissent, mais ces reproches intimident néanmoins le personnel.) Elles réclament une prise de risques, mais elles sanctionnent les moindres échecs. Elles veulent de l'innovation, mais elles tuent l'esprit de battant. Au nom du rationalisme, elles mettent au point des systèmes qui semblent être faits pour détruire l'image des employés à leurs propres yeux. Elles ne le font peut-être pas exprès, elles s'en défendent, mais le résultat est là.

Le message qui ressort des études que nous avons examinées, c'est que nous aimons nous considérer comme des gagnants. Les entreprises exemplaires nous enseignent que rien ne nous interdit de concevoir des systèmes qui renforcent en permanence cette notion : elles traitent leurs employés comme des gagnants. Leurs effectifs se distribuent normalement en matière d'intelligence, comme toute population nombreuse, mais la différence c'est que leurs systèmes renforcent le sentiment d'être des gagnants plutôt que des perdants. En général, leurs employés atteignent les objectifs et les quotas parce que ceux-ci sont fixés (souvent par les employés eux-mêmes) pour être atteints.

Dans les moins bonnes entreprises, on constate l'inverse. Alors que chez IBM, on s'arrange explicitement pour que 70 à 80 % des vendeurs atteignent les quotas, une autre entreprise (concurrente de IBM pour certains produits) fait en sorte que seulement 40 % de sa force de vente atteignent les quotas. A cause de cette approche, au moins 60 % des vendeurs se considèrent comme des perdants. Ils le prennent mal, et cela provoque des attitudes frénétiques, imprévisibles et anormales. Collez à un homme l'étiquette de perdant et il se conduira comme tel. Ainsi que le soulignait un cadre de General Motors, « Nos systèmes de contrôle semblent être fondés sur l'hypothèse que 90 % des employés sont des cossards toujours prêts à mentir, à tricher, à voler et à nous rouler. Nous démoralisons les 95 % du personnel qui se conduisent en adultes, à force de protéger nos arrières contre les 5 % restants qui sont vraiment de mauvais éléments. »

Les systèmes des meilleures entreprises ne sont pas seulement faits pour fabriquer un grand nombre de gagnants; ils sont aussi conçus pour fêter la réussite quand elle survient. Ces entreprises font un usage extraordinaire de stimulants à caractère non financier. Elles débordent d'enthousiasme.

La découverte la plus surprenante — dans un autre domaine de la recherche psychologique, appellé la « théorie de l'attribution » — est l'erreur fondamentale d'attribution du succès et de l'échec, qui est un postulat de Lee Ross de Stanford. Le succès est-il imputable à la chance ou au talent ? Et l'échec est-il dû à un égarement ou au système ? L'erreur d'attribution fondamentale qui intrigue tant les psychologues est cette tendance à prendre le succès à son propre compte et à rejeter la faute de l'échec sur le système. Si tout se passe bien, il est évident que « c'est grâce à moi », « j'ai du talent », etc... Si l'échec arrive, « c'est leur faute », « c'est le système ». Une fois de plus, on voit ce que cela implique sur le plan de l'organisation. Les gens décrochent s'ils se sentent échouer par la faute du système. Ils s'accrochent lorsque le système leur permet de penser qu'ils réussissent. Ils apprennent ainsi qu'ils peuvent y arriver grâce à leurs compétences, et détail important, ils sont prêts à réessayer.

On connaît le vieil adage : « Le succès appelle le succès ». Il se trouve que c'est scientifiquement fondé. Les chercheurs qui se penchent sur la motivation découvrent que le facteur primordial est simplement que les gens motivés sont conscients de bien faire. Que ce soit vrai ou non dans l'absolu n'a pas grande importance. Lors d'une expérience, on donna dix problèmes à résoudre à des adultes. C'étaient exactement les mêmes pour tous les sujets. Ils se mirent à la tâche, rendirent les feuilles, et à la fin, on leur donna les résultats. En réalité, ces résultats étaient fictifs. On dit à la moitié d'entre eux que c'était bon avec sept réponses correctes sur dix, et aux autres qu'ils avaient échoué avec sept mauvaises réponses sur dix. Puis on leur confia dix nouveaux problèmes (les mêmes pour tous). Ceux à qui l'on avait dit qu'ils avaient réussi lors du premier test, firent mieux au second, et les autres firent vraiment pire. Le simple fait de savoir que l'on a réussi entraîne apparemment plus de persévérance, une motivation plus grande, ou quelque chose qui nous pousse à mieux faire. Warren Bennis, dans *The unconscious conspiracy : why leaders can't lead,* précise : « Une étude portant sur les professeurs du secondaire démontra que, lorsque ceux-ci attendaient beaucoup de leurs élèves, ces derniers obtenaient, de ce seul fait, vingt-cinq points de plus aux tests de QI ».

Les recherches menées sur les fonctions du cerveau montrent qu'il existe une différence considérable entre les deux hémisphères : le gauche est la moitié raisonnante, séquentielle, et verbale, c'est la moitié « logique » et rationnelle; le droit est la partie artistique, la moitié qui voit les modèles et qui les retient, se rappelle les mélodies, la partie lyrique. Les opérations chirurgicales sur des sujets souffrant d'épilepsie ont dissocié les liens entre les deux hémisphères, mettant ainsi en évidence ce qui les sépare. Des études montrent que la moitié droite est très bonne pour visualiser les choses, mais elle est incapable de les verbaliser. La moitié gauche est incapable de retenir des modèles comme le visage des gens. Ceux qui disent « Je suis très mauvais pour retenir les noms, mais je n'oublie jamais un visage » ne sont pas déficients, ils ont simplement l'hémisphère droit un peu plus développé.

Arthur Koestler souligne le rôle dominant, qu'on le veuille ou non, de notre hémisphère droit. Dans son livre *Le cheval dans la locomotive,* Koestler attribue nos sentiments les plus vils, notre prédilection pour la guerre et la destruction, à « une moitié droite du cerveau sous-développée ». Il affirme que « notre comportement est encore régi par un système relativement fruste et primitif. » Et Ernest Becker va jusqu'à dire que « l'importance accordée par la psychanalyse à la nature de l'espèce (nos traits fondamentaux) reste la meilleure perception du caractère humain. » Il ajoute qu'il nous pousse à « rechercher la transcendance », à « fuir l'isolement » et surtout à « craindre l'impuissance. »

Il est impossible d'échapper aux implications que peut avoir ce genre de raisonnement sur le plan organisationnel, bien qu'il reste un côté obscur (c'est-à-dire que nous ferions presque tout pour rechercher la transcendance). L'analyste Henry Mintzberg développe ce point :

> Les processus de gestion clés sont d'une complexité et d'un mystère énormes (pour le chercheur que je suis, comme pour les managers qui les mettent en pratique), ils sont issus d'informations des plus vagues et utilisent des processus mentaux qui manquent de netteté. Ces processus sont plus relationnels et holistiques qu'ordonnés et séquentiels, et plus intuitifs qu'intellectuels; ils semblent relever de l'activité de l'hémisphère droit.

Toutes les recherches sur l'hémisphère droit et l'hémisphère gauche suggèrent simplement que les entreprises regorgent (à 100 %) d'êtres humains émotionnels très « irrationnels » (selon des critères relatifs à l'hémisphère gauche), des gens qui désirent désespérément faire partie d'équipes gagnantes (la recherche de la transcendance), des individus qui s'épanouissent dans la camaraderie qui règne dans un petit groupe efficace ou une unité (« fuir l'isolement »), des hommes qui veulent qu'on leur donne l'impression d'avoir au moins un contrôle partiel de leur destinée (« craindre l'impuissance »). En fait, nous doutons fort que les meilleures entreprises se soient fondées sur de telles considérations pour développer leurs pratiques de gestion. Mais le résultat est tel qu'on a l'impression qu'elles les ont prises en compte, surtout quand on les compare à la concurrence. Elles font simplement une place — et en profitent — au côté émotionnel, plus primitif (bon ou mauvais) de la nature humaine. Elles donnent une chance d'être le meilleur et créent un environnement propice à la recherche de la qualité et de l'excellence... Elles soutiennent — mieux, elles fêtent; elles utilisent des unités de petite taille, intimes (cela va des divisions aux « charrettes » ou autres formes d'équipes); elles offrent, à l'intérieur de cadres protégés, des possibilités de se distinguer — comme membre d'un cercle de qualité chez Texas Instruments, par exemple, où l'on dénombre 9 000 de ces entités.

Il faut aussi noter que cette reconnaissance implicite, par les meilleures entreprises, des particularités de l'hémisphère droit se fait aux dépens des pratiques de management plus traditionnelles qui tiennent compte de l'hémisphère gauche : les causes à défendre sont très éloignées des trente objectifs trimestriels de la Direction par Objectifs. L'équipe intime ou la petite division ignorent les économies d'échelle. Autoriser la liberté d'expression par le biais de milliers de cercles de qualité est une position qui va à l'encontre du diktat de « la seule voie valable » de l'organisation de production traditionnelle.

Il y a un autre aspect de la nature de notre hémisphère droit qui ne fait généralement pas partie du point de vue du management conventionnel, mais qui est visiblement entretenu par les meilleures entreprises : c'est le côté créatif et intuitif. Certains pensent que les sciences et les mathématiques sont la Mecque de la pensée logique, et il est certain que la pensée logique et rationnelle tient une large place dans la progression quotidienne de la science. Mais, comme nous l'avons souligné à propos des changements de paradigmes scientifiques, la logique n'est pas le véritable moteur du progrès scientifique. Voici comment James Watson, le co-inventeur de la structure de l'ADN, décrivit la double hélice le soir où il finit sa recherche : « C'est tellement beau, tellement beau. » Dans le domaine de la science, l'esthétique, la beauté du concept sont si importants que cela incita le prix Nobel Murray Gell-Mann à dire : « Quand vous avez quelque chose de simple qui est en accord avec la physique et semble vraiment expliquer ce qui se passe, on ne s'oppose pas à quelques données expérimentales qui viennent la contredire. » Lorsque l'ancien président de McDonald's, Ray Kroc, devient lyrique en parlant de hamburgers, ce n'est pas un signe de folie, il reconnaît simplement l'importance de la beauté comme point de départ de la politique à suivre.

Nous « raisonnons » autant, et peut-être plus, avec notre côté intuitif qu'avec notre côté logique. Deux psychologues, Amos Tversky et Daniel Kahneman, sont les leaders d'un courant important de la psychologie expérimentale que l'on appelle la « psychologie cognitive » qui naquit voici quinze ans environ. Test après test, sur des sujets évolués — et parfois même dotés d'une formation scientifique —, notre penchant pour l'intuition se manifeste. Par exemple, un phénomène appelé par les psychologues « la représentativité » influe considérablement sur notre puissance de raisonnement. En des termes plus simples, cela signifie que nous sommes plus influencés par des histoires (des saynètes qui forment un tout et qui ont un sens) que par des données (qui sont, par définition, complètement abstraites). Dans une expérience type, on raconte l'histoire d'un individu en utilisant des données pertinentes, et on demande ensuite aux sujets de deviner la profession de cet individu. On leur dit par exemple : « Jean est un homme de quarante-cinq ans. Il est marié et il a quatre enfants. Il est en général conservateur, prudent et ambitieux. Il ne s'intéresse pas à la politique et consacre la plus grande partie de ses loisirs à ses nombreux passe-temps comme la menuiserie, la voile et les énigmes mathématiques. » Puis on leur dit que la description de Jean est tirée d'une population constituée de 80 % d'avocats et 20 % d'ingénieurs. Qu'on leur dise que l'échantillon comprend surtout des avocats n'a pas d'importance, les sujets choisissent la profession en fonction de l'idée qu'ils se font de celle-ci. Dans ce cas précis, la plupart des sujets décidèrent que Jean était ingénieur.

Gregory Bateson donne un exemple de la prééminence de la représentativité :

> Un homme voulait en savoir plus sur l'intelligence de son ordinateur. Il lui posa cette question : « Estimes-tu que tu penseras un jour comme un être humain ? » La machine se mit à analyser ses propres habitudes. Finalement, elle imprima sa réponse sur un bout de papier comme le font ces machines. L'homme se précipita sur la réponse et vit, en caractères très lisibles, ces mots : CELA ME RAPPELLE UNE HISTOIRE. Une histoire relève de cette espèce de suite dans les idées que nous appelons la pertinence. L'ordinateur avait sûrement raison. C'est effectivement comme cela que les gens pensent.

On peut en tirer plusieurs conclusions :

1. Nous ne tenons aucun compte des résultats antérieurs. Le passé nous intéresse moins qu'une bonne anecdote actuelle (ou un potin bien savoureux). Nous raisonnons à partir des données qui nous viennent à l'esprit (ce que Kahneman et Tversky appellent « la disponibilité heuristique ») même si celles-ci ne sont pas fondées statistiquement parlant. Quand nous rencontrons trois amis en l'espace d'une semaine dans un hôtel de Tokyo, nous avons tendance à penser « comme c'est bizarre » au lieu de méditer sur le fait que notre cercle de connaissances tend à fréquenter les mêmes endroits que nous.

2. Si deux événements coexistent même vaguement, nous parlons tout de suite de causalité. Par exemple, lors d'une expérience, on fournit à des sujets des données cliniques et des portraits de gens. Plus tard, lorsqu'on leur demandera de rappeler ce qu'ils ont trouvé, ils surestimeront grandement la corrélation entre l'aspect physique d'un individu et son véritable caractère — ainsi on juge de façon classique (et erronée) que les gens soupçonneux de nature ont des yeux bizarres.

3. La situation est désespérée en ce qui concerne la taille des échantillons. Nous trouvons les petits échantillons presque aussi convaincants que les grands, et quelquefois plus convaincants. Par exemple, un individu tire deux boules d'une urne et découvre qu'elles sont toutes les deux rouges. Puis, quelqu'un d'autre retire trente boules et découvre que dix-huit sont rouges et douze sont blanches. La plupart des gens pensent que c'est le premier échantillon qui est la meilleure preuve que l'urne contient surtout des boules rouges, bien que, du point de vue purement statistique, ce soit l'inverse.

Il existe une abondance de données expérimentales qui montrent que les gens raisonnent intuitivement. Ils raisonnent à l'aide de règles de décision simples; cela signifie que, dans ce monde complexe, ils font confiance à leur instinct. Nous avons besoin de faire un tri parmi les innombrables petits détails d'ici-bas, et nous commençons par les méthodes heuristiques — les associations d'idées, les analogies, les métaphores et autres systèmes qui ont déjà fait leurs preuves.

Il y a du bon et du mauvais là-dedans, bien que cela soit surtout bon, à notre avis. Le mauvais côté est que, comme le démontrent les expériences, notre instinct collectif n'est pas d'une grande utilité dans ce monde ésotérique des probabilités et des statistiques. Voilà un domaine où un peu plus de rationalité serait utile. Mais l'élément positif est que seule l'intuition nous permettra de résoudre les problèmes dans ce monde complexe. C'est le principal avantage de l'homme sur l'ordinateur comme nous allons le voir.

Simplicité et complexité

Un peu de simplicité, que diable ! Une des qualités clés des meilleures entreprises, c'est qu'elles ont compris l'importance de rester simple dans un environnement où tout nous pousse à la complication. Il y a une bonne raison à cela et c'est le prix Nobel Herbert Simon qui va nous fournir la réponse. Simon a beaucoup œuvré dans le domaine de l'intelligence artificielle ces dernières années, essayant de faire « penser » l'ordinateur comme un être humain plutôt que de l'utiliser à des recherches de solutions inefficaces et exhaustives.

Parmi les découvertes les plus importantes de Simon et de ses collègues figure par exemple le fait que les êtres humains ne sont pas très forts pour traiter un grand nombre de données et d'informations nouvelles. Nous pouvons retenir au mieux six ou sept données sur un temps très court.

Une fois de plus nous sommes confrontés à un important paradoxe pour les gestionnaires parce que le monde des grandes entreprises est des plus complexes. Pour donner un ordre d'idées de cette complexité, le nombre d'employés d'une entreprise a une progression arithmétique alors que le nombre d'interactions possibles progresse de façon géométrique. Ainsi, dans une entreprise qui comprend dix employés, il est facile de garder le contact car le nombre d'interactions possibles entre deux personnes est de quarante-cinq; dans une entreprise de 1000 employés, ce nombre s'élève à 500 000, et dans une entreprise de 10 000 personnes, il atteint 50 millions. Pour faire face à des besoins de communication complexes dus à la seule taille, des systèmes complexes appropriés sont nécessaires, c'est du moins ce que nous croyons.

Nous avons récemment examiné les programmes personnels des cadres supérieurs d'une entreprise de biens de consommation au chiffre d'affaires de 500 millions de dollars. Il était rare que ces programmes contiennent moins de quinze objectifs par an, et quelquefois trente. C'est raisonnable, direz-vous, jusqu'à ce que vous compreniez que l'équipe dirigeante essaye de se tenir informée de la progression de la carrière des 500 cadres de l'entreprise, ce qui représente probablement 15 000 objectifs. Quelle est la solution logique à ce problème de complexité croissante auquel sont confrontées les équipes dirigeantes ? Que font ces cadres quand arrivent sur leur bureau des milliers d'objectifs qu'ils sont censés analyser ? Que font-ils lorsque ces objectifs ne sont qu'une infime partie des informations qu'ils doivent traiter ? Eh bien, ils engagent des fonctionnels qui leur simplifient la tâche.

Il est possible que ces fonctionnels simplifient les choses, au moins pour eux, mais ils gâchent la vie des gens de terrain. A la seconde où ces fonctionnels se mettent en action, ils commencent à distribuer des demandes d'information, des instructions, des réglementations, des politiques à suivre, des rapports et enfin des questionnaires sur la façon dont « se débrouille » le personnel. Quand une entreprise prend de l'importance, à un moment donné, on se trouve devant une surcharge d'informations. La mémoire à court terme ne peut en enregistrer la totalité, ni même une petite partie, et on finit par s'y perdre.

Mais les meilleures entreprises semblent avoir trouvé le moyen de résoudre ce problème. Tout d'abord, elles s'arrangent pour que les fonctionnels soient en nombre restreint, afin qu'ils ne sèment pas trop de désordre parmi les opérationnels. Par exemple, Emerson, Schlumberger et Dana sont des entreprises qui font un chiffre d'affaires de 3 à 6 milliards de dollars, et pourtant, elles fonctionnent avec moins de cent personnes au siège social. Par contre, chez Ford, on trouve dix-sept échelons de management, alors qu'il n'y en a que cinq chez Toyota comme d'ailleurs dans l'Église catholique et romaine qui compte 800 millions de fidèles. En outre, les meilleures entreprises se concentrent sur quelques valeurs clés et quelques objectifs seulement, ainsi chacun sait ce qui est important, et cela permet de réduire les besoins d'instructions quotidiennes (et donc la surcharge quotidienne pour la mémoire à court terme). Lorsque Rene McPherson prit la tête de Dana, il jeta au panier un bon mètre de manuels de politique d'entreprise, et les remplaça par une nouvelle philosophie dont le thème principal « des gens productifs » tenait en une page. (Ses commissaires aux comptes étaient consternés. « Cela signifie que chacune des soixante-quatorze usines pourrait avoir sa propre procédure. » McPherson répondit, « Oui, et cela signifie qu'il va falloir que vous vous mettiez au boulot. »)

La plupart de ces entreprises éliminent la paperasserie en utilisant des commandos, et parmi ceux qui se battent contre l'invasion de papier, Procter & Gamble est légendaire pour insister sur des notes d'une page comme unique moyen de communication écrite. D'autres « sous-optimisent », elles font fi des économies d'échelle évidentes, acceptant pas mal de doubles emplois internes, de duplication et d'erreurs, juste de quoi leur éviter d'avoir à tout coordonner, chose impossible de toute façon étant donné leur taille. En développant les résultats de cette enquête dans ce livre, nous rencontrerons des kyrielles de procédés auxquels ont recours les meilleures entreprises pour rester simples. Dans chaque cas de figure, elles ignorent le « monde extérieur », le monde de la complexité. Elles sont, en fait, plus simplistes que simples. Bien sûr, le mot d'ordre de Texas Instruments : « Plus de deux objectifs revient à ne pas avoir d'objectif du tout », n'est pas réaliste, fixer trente objectifs est plus près de la réalité. Mais ce mot d'ordre colle à la nature humaine. Avec un peu de chance et beaucoup de persévérance, il est possible de venir vraiment à bout de deux choses par an.

Dans son étude de l'intelligence artificielle, Simon découvre un autre résultat fascinant qui est finalement encourageant. En se penchant sur la question de la mémoire à long terme, il a étudié avec ses collègues la manière de programmer les ordinateurs pour qu'ils jouent aux échecs. Il y a là une idée importante qui rapproche le rôle du rationnel de celui de l'intuitif. Simon est parti de l'hypothèse que ce jeu d'échecs pourrait être mené de façon strictement rationaliste, c'est-à-dire que l'on pourrait programmer l'ordinateur comme un arbre de décisions. Avant de jouer, l'ordinateur étudierait tous les coups possibles. C'est faisable en théorie, mais pas en pratique. En effet, le nombre des possibilités est de l'ordre de 10 à la puissance 120 (mille milliards, par contraste, est 10 à la puissance 12). Or, le plus rapide des ordinateurs modernes est capable de faire des calculs à la puissance 20 en un siècle. Si bien qu'il apparaît impossible de vérifier cette hypothèse.

Cette notion ayant retenu son attention, Simon étudia ensuite ce que les joueurs d'échecs font vraiment. Il demanda à des maîtres en la matière — les meilleurs du monde — de regarder brièvement (dix secondes) des parties en cours alors qu'il restait une vingtaine de pions sur l'échiquier. Il découvrit que ces joueurs pouvaient se rappeler l'emplacement de pratiquement tous les pions. Cela remet en cause la théorie de la mémoire à court terme. Quand on demanda aux joueurs de catégorie A de faire la même chose, leurs résultats furent bien moins bons. Peut-être que les champions ont une meilleure mémoire à court terme. Mais voilà le hic : ni les champions, ni les joueurs de catégorie A n'étaient capables de se souvenir de l'emplacement des pions disposés au hasard sans qu'une partie soit en cours. Il y a donc autre chose.

Cette autre chose, d'après Simon, c'est que les champions ont en effet des souvenirs de jeux d'échecs à long terme très développés, sous la forme de problèmes retenus inconsciemment, ce que Simon appelle les « vocabulaires ». Si un joueur de catégorie A a un vocabulaire de 2000 problèmes environ, le champion dispose d'un vocabulaire d'environ 50 000 problèmes. Apparemment, les joueurs d'échecs utilisent très peu la méthode des arbres de décision. Ils commencent par les problèmes : Ai-je déjà rencontré celui-ci ? Dans quel contexte ? Comment l'avais-je résolu ?

Lorsque nous avons commencé à approfondir les implications de l'étude de Simon, la possibilité d'appliquer celle-ci ailleurs nous frappa. La caractéristique de tout vrai professionnel dans quelque domaine que ce soit est un riche vocabulaire de modèles, qu'il a développé pendant des années de formation et surtout pendant les années de pratique. Le médecin expérimenté, l'artiste, le mécanicien, ont tous un riche vocabulaire de modèles, que Simon appelle maintenant les « vieux copains ».

Cette notion explique la véritable valeur de l'expérience des affaires et aide à comprendre l'importance du management. Non seulement les employés bénéficient de l'attention qu'on leur porte, mais le patron expérimenté a de bons instincts, son vocabulaire de « vieux copains » lui dit immédiatement si les choses vont bien ou mal.

Cette théorie devrait nous aider à faire plus souvent confiance à notre instinct lorsqu'il s'agit de prendre des décisions clés. Elle devrait nous inciter à demander l'avis des clients et des ouvriers plus fréquemment. Et enfin, elle devrait nous encourager à réfléchir sur la valeur de l'expérimentation par opposition à l'étude abstraite.

Signes de reconnaissance

B.F. Skinner a mauvaise réputation dans certaines sphères. On considère que ses techniques sont, en fin de compte, manipulatrices. En vérité, il s'expose lui-même à une attaque généralisée. Dans son célèbre essai, *Par-delà la liberté et la dignité,* par exemple, il réclame rien de moins qu'une surprenante « technologie du comportement ». Il dit que nous sommes tous les simples produits des stimuli que nous recevons du monde extérieur. Définissez suffisamment l'environnement et vous pourrez prédire les actions de l'individu. Nous sommes confrontés au problème que les rationalistes ont rencontré avec l'homo economicus. De même que l'homme économique ne peut jamais en savoir assez (c'est-à-dire tout) pour maximiser sa fonction d'utilité, nous ne pouvons pas non plus donner une définition assez précise de l'environnement pour nous permettre de prédire un comportement. Malheureusement, pourtant, nous avons tendance à rejeter certaines des conclusions très pertinentes et pratiques de Skinner à cause de l'arrogance de ses revendications et de l'idéologie implicite qui leur est associée.

Si l'on dépasse cela, on découvre que la leçon la plus importante que donne Skinner concerne le rôle des signes de reconnaissance positifs, les récompenses du travail bien fait. Skinner et d'autres soulignent l'asymétrie qui existe entre les signes de reconnaissance positifs et négatifs (la menace de sanctions). En résumé, les signes de reconnaissance négatifs entraîneront un changement de comportement, mais souvent de façon étrange, imprévisible et indésirable. Les signes de reconnaissance positifs sont aussi à l'origine de changements de comportement, mais en général dans le sens souhaité.

Pourquoi s'appesantir là-dessus ? Il nous semble que ce qui sous-tend la notion même de management, c'est la relation supérieur/subordonné, l'idée du manager en tant que « patron » et son corollaire, les ordres seront donnés et obéis. La menace de punition est ce qui régit principalement tout cela. Dans la mesure où cette notion prévaut, nous ne prêtons aucune attention au besoin dominant des gens d'être des gagnants. En outre, l'usage répété des signes de reconnaissance négatifs est, selon Skinner, généralement une tactique stupide. Cela ne marche guère et provoque des mouvements incontrôlés. De plus, la punition ne supprime pas le désir de « mal faire ». Skinner affirme à ce sujet : « La personne qui a été punie n'est pas, de ce fait, moins disposée à agir d'une façon donnée, au mieux, elle apprend à éviter la punition. »

Les signes de reconnaissance positifs, en revanche, font plus que modeler le comportement, ils sont aussi un enseignement et mettent notre propre image en valeur. Pour commencer par un exemple négatif, supposons que nous soyons punis pour « n'avoir pas bien traité un client ». Non seulement nous ignorons ce qu'il faut faire pour nous perfectionner, mais il est probable que nous réagirons en cherchant à éviter tout contact avec la clientèle. Selon les termes de Skinner, le « client » en soi, plus que « n'avoir pas bien traité un client », est associé à la punition. Par contre, si l'on nous dit en nous rapportant le compliment d'un « mystérieux client » que nous « avons agi dans la meilleure tradition de l'entreprise Machin en nous occupant de la réclamation de Mme Dupont », c'est une autre affaire. D'après Skinner et notre propre expérience de la chose, nous aurons maintenant un employé qui va battre la campagne pour trouver d'autres Mme Dupont à choyer. Il ou elle a appris qu'un comportement spécifique (positif) entraîne la gratification et, en même temps, satisfait l'insatiable besoin humain de mettre sa propre image en valeur.

La filiale de produits surgelés de Heinz, Ore-Ida, qui a de très bonnes performances, tente une intéressante variation sur ce thème pour encourager plus de savoir-faire et de prise de risques dans ses activités de recherche. Elle a donné une définition précise de ce que nous appelons « l'échec parfait », et s'est arrangée pour que l'on tire un coup de canon chaque fois que cela se produit. Le concept de l'échec parfait naît du seul fait de reconnaître que recherche et développement sont par nature risqués, que la seule manière de réussir est de faire de nombreuses tentatives, que le premier objectif de la direction devrait être d'encourager l'essai répété, et qu'un bon essai, riche d'enseignements, doit être applaudi, même s'il échoue. Chez eux, le fait de mettre brutalement fin à une opération vouée à l'échec, plutôt que de la laisser s'enferrer avec les coûts élevés et la démoralisation inévitable que cela entraîne, devient un acte positif.

La vie en entreprise, comme ailleurs, est surtout une question d'attention — d'emploi de son temps. Aussi, le résultat le plus marquant pour des dirigeants est de faire en sorte que les autres prennent des orientations souhaitables (par exemple : « passer plus de temps sur le terrain avec la clientèle »). Il n'y a que deux façons d'obtenir cela. D'abord, par le biais des signes de reconnaissance positifs, nous tentons d'inciter doucement les gens, pendant quelque temps, à se consacrer à de nouvelles activités. C'est un processus subtil. Ou nous pouvons « prendre le taureau par les cornes » et essayer d'effacer les aspects indésirables de l'emploi du temps (par exemple : « cessez de passer votre temps à remplir des fiches dans votre bureau »). Skinner prétend que la manière brutale sera probablement moins efficace, même si cela n'apparaît pas à très court terme. En fait, supprimer des éléments d'un programme mène soit à une résistance ouverte, soit à une résistance cachée : « Je vais sortir du bureau, si vous insistez, mais j'irai au café du coin. » L'approche « apport à l'emploi du temps » amène un processus naturel de diffusion. Le comportement soutenu positivement en vient doucement à occuper plus de temps et à capter plus d'attention. Par définition, *quelque chose* de peu souhaitable (peu importe quoi) commence à disparaître du programme. Mais c'est une conséquence de notre processus de sélection. Ce qui disparaît est ce que nous voulons écarter pour faire de la place aux éléments soutenus positivement. Les deux approches diffèrent considérablement. Si, par la seule force du temps (force irréversible), nous choisissons nous-mêmes de supprimer un élément de peu d'importance, très improbablement nous ne nous moquerons pas de nous-mêmes en consacrant du temps à ce que nous venons de rayer du programme. Cela rappelle le Zen : l'utilisation de signes de reconnaissance positifs suit le courant, ne le remonte pas.

Nous remarquons que les managers, pour la plupart, savent peu de la valeur des signes de reconnaissance positifs. Beaucoup semblent n'y attacher aucune importance, ou les considèrent comme indignes d'eux, ou pas très masculins. Lorsqu'on voit l'exemple des meilleures entreprises, on a tout à fait l'impression que les managers qui pensent cela, se desservent grandement. Non seulement les meilleures entreprises connaissent la valeur des signes de reconnaissance, mais elles savent aussi s'en servir.

Comme Skinner le souligne, la manière dont on se sert de ces signes importe plus que leur nombre. D'abord, ils doivent être *spécifiques* et contenir le maximum d'informations possible. Nous observons, par exemple, que les systèmes de direction par objectifs pour les problèmes d'exploitation (« Il faut que l'usine de Rockville soit opérationnelle le 17 juillet prochain ») sont plus courants que pour les questions d'ordre financier dans les meilleures entreprises.

Ensuite, ces signes doivent être *immédiats.* On raconte que Thomas Watson Sr avait l'habitude de signer un chèque sur le champ pour récompenser les performances qu'il remarquait en faisant le tour de ses usines. On nous a souvent cité des exemples de ce genre lors de notre enquête. Chez Foxboro*, au début, il était vital que l'on découvre un progrès technique pour rester dans l'entreprise. Un soir tard, un chercheur se précipita dans le bureau du président avec un prototype en état de marche. Stupéfait par l'élégance de la solution et se demandant comment la récompenser, le président se mit à fouiller dans les tiroirs de son bureau, trouva quelque chose, se pencha vers le chercheur et lui dit, « voilà ». C'était une banane, la seule récompense qu'il avait sous la main. Depuis ce jour, la petite « banane d'or » est la plus haute récompense pour les découvertes scientifiques chez Foxboro. Chez Hewlett-Packard, nous avons exhumé l'histoire de ces responsables commerciaux qui envoyèrent anonymement des sacs de pistaches à un vendeur qui avait placé une nouvelle machine.

En troisième lieu, le système du feedback devrait tenir compte des facultés de réalisation. Les événements importants dignes d'une banane d'or ne courent pas les rues, et le système devrait donc récompenser les petites découvertes.

Quatrièmement, ce *feedback* prend souvent la forme d'un intérêt

* Fabricant de systèmes de contrôle en informatique.

intangible mais réel de la part de la direction. Quand on y réfléchit, étant donné le temps compté des dirigeants, cette forme de soutien est peut-être celle qui a le plus de force.

Enfin, Skinner prétend que des signes de reconnaissance prodigués de manière constante perdent de leur impact parce qu'on finit par s'y attendre. Les signes *imprévisibles* et *intermittents* fonctionnent mieux — on en revient à la faculté d'aller voir dans l'atelier ce qui s'y passe. En outre, les petites récompenses sont souvent plus efficaces que les grandes. Les grosses primes prennent fréquemment un aspect politique, et découragent les légions d'ouvriers qui n'en obtiennent jamais, bien qu'ils croient les mériter. Souvenez-vous, nous pensons tous être des gagnants. Avez-vous jamais rencontré un membre d'une équipe de lancement de produit qui ne pense pas que c'est grâce à lui qu'on a pu sortir le dernier-né ? La petite récompense symbolique devient prétexte à la fête et non à la lutte politique et négative.

Les idées de Skinner sur les signes de reconnaissance ont de nombreuses ramifications. L'une d'elles, et sans aucun doute la plus importante, est la « théorie de comparaison sociale » de Leon Festinger, opinion que tout le monde partage à l'heure actuelle. Son hypothèse qui vit le jour en 1951 avance simplement que les gens cherchent par tous les moyens à évaluer leurs performances en les comparant à celles des autres, et non en se référant à des étalons. (En réalité, l'origine de ces recherches remonte à 1897, lorsque Norman Triplett observa lors d'une expérience dirigée que les cyclistes « se battent plus contre les autres que contre la montre. ») Dans les meilleures entreprises, nombreuses sont les preuves de l'utilisation de la comparaison sociale. On y publie régulièrement des études comparatives sur les performances aux mêmes niveaux (la clé de voûte des systèmes de management de Texas Instruments, Intel et Dana), l'information sur les performances comparables est très répandue (les groupes de ventes, les minuscules équipes de productivité etc...), et une compétition interne encouragée (par exemple, entre les chefs de produit chez Procter & Gamble). Toutes ces pratiques sont à l'opposé des techniques de management traditionnelles. Rene McPherson, à ses débuts, échappa de peu au renvoi en 1955 pour avoir dit au personnel de son usine quels étaient leurs chiffres de ventes et leurs bénéfices, et avoir établi des comparaisons entre leur performance et celle des autres usines. En 1972, en qualité de président de Dana, il visita une usine de Toledo ouverte depuis 1929, où la direction et le personnel n'avaient jamais reçu ce genre d'informations. Cette anecdote n'a hélas rien d'exceptionnel. On s'attend à ce que les gens trouvent une motivation dans le vide.

Cependant, pour remettre les choses à leur place, il importe de souligner que nous ne soutenons pas que ce sont les signes de reconnaissance qui font marcher les meilleures entreprises. Le travail de Skinner est important, et comme nous l'avons dit, il est largement sous-utilisé dans la théorie et dans les pratiques de gestion. Mais, à notre avis, la *motivation intrinsèque* entre pour beaucoup dans la réussite en entreprise. Apparemment, l'automotivation s'oppose à la théorie des signes de reconnaissance, mais nous pensons que les deux se complètent. Par ses expériences successives, Edward Deci de l'université de Rochester a prouvé que l'envie de s'investir durablement dans un travail ne peut naître que dans un environnement propice aux motivations intrinsèques. Ainsi, Deci découvre que les gens doivent être persuadés que le travail en vaut la peine si l'on veut qu'ils s'investissent totalement. (De plus, d'après lui, si l'on récompense un travail de façon trop régulière, on corrompt l'envie de s'investir.)

Il n'est peut-être pas surprenant que les managers ne se soient pas entichés des signes de reconnaissance positifs. Cela sent le Meilleur des Mondes d'une part (trop dur) et la pommade dans le dos d'autre part (trop doux). Cependant, nous sommes surpris de voir à quel point la motivation intrinsèque a été sous-utilisée dans la plupart des sociétés. A l'opposé, les meilleures entreprises exploitent la valeur du travail comme motivation intrinsèque pour leur personnel. Texas Instruments et Dana insistent pour que les équipes et les divisions fixent leurs propres objectifs. Toutes les meilleures entreprises ou presque respectent quelques valeurs clés, et donnent du champ aux initiatives qui vont dans le sens de ces valeurs — le personnel peut choisir ses options, et ainsi faire sien le travail et son résultat.

Action, raison d'être et self-control

L'action est plus parlante que les mots, nous en convenons tous, et pourtant, nous agissons comme si nous ne le pensions pas. Nous nous conduisons comme si annoncer sa politique et la mettre en œuvre revenait au même. « Mais cela fait des années que la qualité est notre objectif numéro un », gémit-on. Les managers ne peuvent plus conduire d'engins. Pourtant, ils agissent encore. Ils font *quelque chose.* En bref, ils s'occupent de certaines choses, et laissent les autres de côté. Leurs actions sont le reflet de leurs priorités, et sont plus parlantes que les mots. Pour en revenir à l'objectif qualité dont nous parlions plus haut, l'adjoint d'un président clarifia le message : « Bien sûr qu'il est pour la qualité puisqu'il n'a jamais dit, "Je me moque de la qualité", le problème, c'est qu'il est pour tout. C'est du genre à dire deux fois par an "Je veux de la qualité" et à traduire dans les faits deux fois par jour "Il faut livrer". » Autre exemple, le président d'une entreprise de haute technologie fonda sa politique de revitalisation de sa société sur les nouveaux produits, proclamant publiquement (c'est-à-dire aux analystes financiers) qu'ils étaient en cours de fabrication. Son agenda révélait qu'il ne consacrait que 3 % de son temps aux nouveaux produits. Cependant, il ne cessait de nous demander en toute sincérité pourquoi ses plus proches collaborateurs ne comprenaient pas le message.

Bizarrement, ce domaine ambigu fait l'objet d'un vieux débat animé en psychologie. Il y a deux écoles. L'une soutient que les attitudes (convictions, politiques, déclarations d'intention) précèdent l'action, le style « Parlez d'abord, agissez ensuite ». L'autre, plus dominante apparemment, prend le contrepied. Jerome Bruner, psychologue de Harvard, résume bien ce point : « Il est plus probable que c'est en agissant que l'on sent l'esprit de la chose et non l'inverse. » Une expérience décisive qui fut menée en 1934 relança la controverse. Elle démontra, sans équivoque possible, qu'il existe souvent peu de liens entre une conviction clairement exprimée et l'action :

> LaPiere, un professeur de race blanche, fit en 1934 le tour des États-Unis avec un jeune étudiant chinois et son épouse. Ils s'arrêtèrent dans 66 hôtels ou motels et 184 restaurants. Tous ces hôtels ou motels sauf un les logèrent, et on ne refusa jamais de les servir dans un restaurant. Quelque temps plus tard, on envoya une lettre à ces établissements leur demandant s'ils accepteraient des hôtes chinois. (A cette époque, il régnait un fort sentiment antichinois aux États-Unis.) 92 % répondirent qu'ils n'accepteraient pas. LaPiere et d'autres après lui interprétèrent ces conclusions comme la preuve de la contradiction qui existe entre le comportement et l'attitude. La plupart des patrons se comportaient d'une façon tolérante, mais ils adoptaient une attitude intolérante quand on leur posait la question par écrit.

De la même façon, la tactique du « c'est le premier pas qui compte » montre l'importance d'une action progressive pour s'engager pleinement. Par exemple, lors d'une expérience faite à Palo Alto en Californie, la plupart des sujets qui avaient accepté, dès le départ, d'accrocher une minuscule écriteau à leur fenêtre pour défendre une cause (sécurité routière) acceptèrent ensuite d'installer un panneau devant leur maison, ce qui nécessitait que des inconnus creusent d'assez gros trous dans leur pelouse. En revanche, ceux à qui l'on n'avait pas demandé de faire la première démarche, refusèrent de faire la seconde dans quatre-vingt-quinze pour cent des cas.

Les implications sont claires : ce n'est qu'en faisait agir les gens dans le sens que vous avez choisi, même à une échelle modeste, qu'ils en viendront à croire à ce qu'ils font. En outre, il faut louer publiquement et constamment les petites victoires, cela renforce le processus d'engagement. « Faire des choses » (beaucoup d'expériences, d'essais) entraîne l'acquisition d'un savoir rapide et efficace, mène à l'adaptation, à la diffusion et à l'engagement : c'est la marque d'une entreprise bien dirigée.

De plus, dans nos entreprises exemplaires, il semble que l'action précède la stratégie, et non l'inverse. Un grand théoricien de la stratégie, James Brian Quinn, parle du rôle du leader en matière d'élaboration des stratégies. Cela n'a pas grand-chose à voir avec un processus donnant la priorité au chiffrage systématique ou à l'analyse. Il dresse une longue liste des principales tâches de la direction : il faut améliorer la compréhension, sensibiliser les gens, changer les symboles, légitimer les nouveaux points de vue, opérer des changements de tactiques et tester les solutions partielles, élargir l'adhésion, surmonter l'opposition, créer et structurer la flexibilité, envoyer des ballons d'essai, et encourager l'attente systématique, créer des poches d'engagement, cristalliser la concentration, gérer des coalitions et donner une forme à l'engagement (donner des pouvoirs aux « battants »). Le rôle du leader est donc d'orchestrer et de qualifier : prendre ce que l'action apporte et donner forme à cet apport — en général après coup — en le transformant en un engagement durable dans la nouvelle voie stratégique. En clair, il donne un sens à l'action.

Le célèbre mathématien Roger Penrose affirme : « Le monde est une illusion créée par la conspiration de nos sens. » Cependant, pauvres mortels, nous tentons vaillamment, quelquefois désespérément, de donner un sens au vide qui nous est offert à notre naissance. Comme Bruno Bettelheim le faisait observer dans *Psychanalyse des contes de fées*, « Si nous espérons ne pas seulement vivre dans l'instant, mais en pleine conscience de notre existence, alors notre plus grand besoin est de donner un sens à notre vie, et c'est l'effort le plus dur à accomplir. » Bettelheim souligne à quel point les contes de fées et les mythes donnent un sens à notre vie.

Lors de notre enquête sur les meilleures entreprises, nous fûmes frappés par le fait que les histoires, les slogans, et les légendes dominaient le discours des gens qui tentaient de nous expliquer les caractéristiques de leur société. Toutes les entreprises interrogées, de Boeing à McDonald's, regorgeaient d'anecdotes, de mythes et de véritables contes de fées. La grande majorité de ceux qui rapportent, aujourd'hui, des anecdotes sur T.J Watson de IBM ne l'ont jamais rencontré, et n'ont pas non plus d'expérience vécue de la réalité plus terre à terre d'alors. Deux jeunes ingénieurs nous ont régalé pendant une heure d'anecdotes à propos de « Bill et Dave » (Hewlett et Packard). Par la suite, nous fûmes stupéfaits de découvrir que ni l'un ni l'autre ne connaissaient les fondateurs, et ne leur avaient, à plus forte raison, jamais adressé la parole. Aujourd'hui, des hommes comme Watson et A.P. Giannini de la Bank of America prennent une dimension mythique qui les aurait fort embarrassés de leur vivant. Néanmoins, ces histoires, ces mythes et ces légendes se révèlent très importants parce qu'ils sont porteurs des valeurs et de la culture de l'entreprise.

La prédominance et la cohérence de la culture se sont révélées, sans exception, la qualité essentielle des meilleures entreprises. En outre, plus cette culture est solide, et plus elle est dirigée vers le marché, moins les précis de politique, les organigrammes, ou les procédures et règles détaillées sont nécessaires. Dans ces entreprises, tous les employés savent ce qu'ils ont à faire dans la plupart des cas de figure parce qu'ils disposent de quelques valeurs-guides très claires. L'un de nos collègues s'occupe d'une grosse entreprise mise sur pied à la suite d'une série de fusions. Voilà ce qu'il dit : « Le problème est que l'on prend *chaque* décision pour la première fois. La direction croule sous les détails parce qu'elle n'a pas de normes culturelles. »

A l'opposé, les valeurs des meilleures entreprises sont claires, parce que la mythologie est riche. Tous les employés de chez Hewlett-Packard savent qu'ils sont censés être novateurs, chez Procter & Gamble ils savent que la qualité du produit est une condition *sine qua non.* Dans son livre sur Procter & Gamble, *Eyes on tomorrow*[5], Oscar Schisgall observe : « Ils parlent de choses qui n'ont guère à voir avec le prix du produit... Ils parlent d'intégrité, de respect du personnel. "Dès le début, disait feu Richard R. Deupree lorsqu'il était directeur général, William Procter et James Gamble ont compris que les intérêts de l'entreprise étaient inséparables de ceux du personnel. On ne l'a jamais oublié". »

Les moins bonnes entreprises ont souvent une culture solide mais bancale. Elles sont généralement plus axées sur la politique interne que sur le client, ou sur les chiffres plus que sur le produit ou les gens qui le fabriquent et le vendent. Les meilleures entreprises, par contre, semblent accorder une valeur à ce que les sociétés exclusivement axées sur les objectifs financiers ignorent ou jugent sans importance. Apparemment elles comprennent que *tout* individu est à la recherche d'une raison d'être (et pas seulement la cinquantaine de cadres supérieurs qui bénéficient de primes).

Peut-être le mot « transcendance » est-il trop noble pour le monde des affaires, mais l'amour du produit qui anime Caterpillar, Bechtel, et Johnson & Johnson le mérite presque. Il nous paraît en tout cas frappant que tant de penseurs appartenant à des disciplines très diverses reconnaissent tous que le besoin de trouver une raison d'être et de transcender les choses d'ici-bas domine chez l'être humain. Nietzsche pensait que « Celui qui possède un *pourquoi* qui le fait vivre peut supporter tous les *comment.* » John Gardner écrit dans *Morale* « L'homme est obstinément en quête de sens. »

La modification des structures d'organisation constitue l'une de nos tâches les plus risquées. Les émotions se déchaînent, et tout le monde ou presque se sent menacé. Pourquoi ? Tout simplement parce que, si les entreprises n'ont pas d'idées précises d'elles-mêmes soutenues par leurs valeurs, leurs traditions, leurs mythes et leurs légendes, la seule sécurité du personnel réside dans la place qu'il occupe sur l'organigramme. Remettre cela en question, surtout si l'entreprise n'offre pas de dessein collectif, c'est menacer la seule chose qui donne un semblant de sens à la vie professionnelle des individus.*

En réalité, ce besoin de trouver un sens est si impérieux que la plupart des gens sont prêts à accorder une très grande liberté aux institutions qui leur fournit cette raison d'être. Les meilleures entreprises ont une culture si marquée qu'il n'existe qu'une alternative : accepter leurs normes ou partir. La demi-mesure n'y a pas cours. Une responsable du marketing très compétente nous a déclaré : « Vous savez, j'admire profondément Procter & Gamble.

* L'inverse est apparemment vrai. Alors que nous nous occupions d'un problème qui n'avait rien à voir avec l'organisation pour notre premier client japonais, nous avons été témoins d'une grande opération de réorganisation. La nature spectaculaire du changement et sa rapidité nous frappèrent. En l'espace d'une semaine, presque tous les cinq cents cadres supérieurs occupaient un nouveau poste, beaucoup d'entre eux avaient quitté Tokyo pour s'installer à Osaka ou vice versa, les choses s'étaient mises en place, et l'affaire tournait comme d'habitude. Nous en avons conclu que les Japonais peuvent se permettre une réorganisation aussi radicale parce que le sentiment de sécurité n'est jamais absent, non pas la sécurité de la fonction (beaucoup d'entre eux furent rétrogradés ou nommés dans une filiale), mais cette sécurité qui naît d'un environnement culturel solide et de valeurs partagées par tous.

Ce sont les meilleurs. Mais je ne crois pas que je pourrais travailler pour eux. » Elle soulevait le problème auquel pensait Adam Myerson du *Wall Street Journal* lorsqu'il nous demanda d'écrire un article sur le thème : « Pourquoi vous n'accepteriez pas de travailler pour l'une de nos meilleures entreprises. » Ces traditions qui donnent un sens à la vie de bon nombre d'individus en rebutent d'autres.

Certains de ceux qui ont fait des commentaires sur notre enquête, se demandent si la vigueur même des structures et des valeurs des bonnes entreprises ne cache pas de pièges. C'est probable. D'abord, les conventions sont telles que les entreprises peuvent ne pas être conscientes des changements dans leur environnement. C'est un bon argument. Mais nous pourrions répliquer qu'en général, les meilleures entreprises insistent presque toujours sur l'importance de rester à l'écoute du client ou, d'une manière ou d'une autre, sont en prise avec l'extérieur. L'attention intense qu'elle porte au client incite la bonne entreprise type à être tellement sensible à l'environnement qu'elle s'adapte mieux que ses concurrents.

A notre avis, l'aspect le plus inquiétant d'une tradition puissante est que des abus sont toujours possibles. L'un des besoins que satisfont les fortes traditions des meilleures entreprises, est celui de sécurité que nous éprouvons presque tous. Nous abandonnons beaucoup aux institutions qui donnent un sens à notre existence et partant nous offrent un sentiment de sécurité. Malheureusement, cette quête de sécurité pousse la plupart des gens à trop accorder aux détenteurs de l'autorité, et parce qu'ils fournissent une raison d'exister, ceux qui sont en face en profitent souvent pour abuser de leur pouvoir. Deux expériences effrayantes menées par Stanley Milgram de Yale et Philip Zimbardo de Stanford nous avertissent du danger que recèle l'aspect le plus sombre de notre nature.

La première bien connue est la série d'expériences que Stanley Milgram a faite sur l'obéissance. Milgram prit des passants, les amena dans un laboratoire de Yale, et leur demanda de participer à une expérience qui consistait à faire subir des électrochocs à des victimes désignées. (En réalité, les victimes étaient des complices de Milgram, et les électrochocs étaient simulés. En outre, le choix de la victime et de celui qui envoyait les électrochocs semblait être le fait du hasard.) Au départ, Milgram installa les victimes dans une pièce et ceux qui opéraient dans une autre. Suivant les instructions que leur donnait un expérimentateur en blouse blanche (le symbole de l'autorité), les sujets tournaient les boutons, cela allait de « modéré » à « très dangereux ». Quand on leur en donna l'ordre, ils envoyèrent l'électricité et, à la surprise et à la déception de

Milgram, l'expérience « échoua ». Ils allèrent tous jusqu'au bout. Ils obéirent tous aux ordres alors que, pendant les tests écrits préalables, 90 % d'entre eux avaient déclaré qu'ils ne donneraient pas d'électrochocs.

Milgram fignola. Il mit une vitre entre les deux pièces pour que ceux qui envoyaient les secousses puissent voir les « victimes » se tordre de douleur. Il ajouta des « hurlements » de victimes. Pourtant, 80 % des sujets allèrent jusqu'à « intense », et 65 % jusqu'à « très dangereux ». Ensuite, ses victimes ressemblèrent à des « comptables, des femmes de quarante ans au physique ordinaire ». Il changea de cadre, et de l'université, il passa à un sinistre local situé en ville. Il demanda aux sujets de tenir la main de leur victime. Toutes ces dispositions étaient prises dans le but de briser le consentement du sujet à l'autorité de l'expérimentateur en blouse blanche, sans grand bonheur : les gens se soumettaient encore très largement à l'autorité.

Milgram avança de nombreuses raisons pour expliquer le résultat. Était-ce une question de gènes ? C'est-à-dire, existe-t-il une valeur de survie de l'espèce attachée à la hiérarchie et à l'autorité qui nous pousse tous à nous soumettre ? S'agit-il tout simplement de sadisme ? Il conclut, plus généralement, que notre culture « n'a pas réussi à nous inculquer des réflexes de contrôle interne vis-à-vis d'actions déclenchées par l'autorité. »

Quant à Zimbardo, il passa une petite annonce dans un journal de Palo Alto en Californie, (communauté typiquement bourgeoise), demandant des volontaires pour une expérience sur la prison. Un samedi matin à l'aube, il alla chercher les volontaires, et les emmena dans une « prison » en aggloméré dans le sous-sol d'un bâtiment de l'université de Stanford. En l'espace de quelques heures, les « gardiens » choisis au hasard pour assumer cette fonction commencèrent à se comporter en gardiens, et les prisonniers en prisonniers. Dès le premier jour, les gardiens étaient brutaux, tant sur le plan psychologique que physique. A la fin du deuxième jour, deux prisonniers étaient au bord de la dépression nerveuse et durent être renvoyés chez eux. Le « directeur de prison », Zimbardo, effrayé par sa propre conduite comme par celle des autres, mit fin à l'expérience au bout de quatre jours alors que celle-ci devait durer dix jours.

On pourrait tirer les mêmes enseignements des traditions des meilleures entreprises, mais celles-ci ont l'avantage apparent de ne pas être fermées au monde extérieur. Elles sont ouvertes aux clients qui leur donnent un équilibre et un sens des proportions dans une environnement propice à la claustrophobie.*

Dans l'ensemble, nous redoutons les traditions instaurées par les meilleures entreprises. En dépit des dangers qu'elles recèlent, ces cultures ont pourtant permis à celles-ci de contribuer de façon unique au développement de la société. Cette bonne vieille entreprise Bell, bien que victime de dérèglements, a donné à l'Amérique un système téléphonique qui est certainement le meilleur du monde. C'est grâce à Theodore Vail qui, voici soixante-quinze ans, exigeait que l'on considère Bell, non comme une entreprise de téléphone mais comme une entreprise de services.

Enfin et paradoxalement, les meilleures entreprises semblent tirer parti d'un autre besoin très humain — ce besoin de maîtriser notre destinée. Tout en étant prêts à trop accorder aux institutions qui donnent un sens à notre vie et nous sécurisent, nous voulons aussi pouvoir nous autodéterminer. Nous mettons autant d'impétuosité à rechercher la sécurité que l'autodétermination. Cela n'a certainement rien de rationnel. Ceux qui ne parviennent pas à vivre cette tension sont, en fait, cliniquement fous. Dans *Denial of death*, Ernest Becker explique ce paradoxe : « L'homme vit la tension absolue que provoque le dualisme. L'individualisation signifie que l'être humain doit s'opposer au reste de la nature (se singulariser). Cependant, elle entraîne précisément l'isolement que l'être est incapable de supporter — et dont il a pourtant besoin pour se distinguer. Elle crée la différence qui devient un véritable boulet; elle accentue en même temps la petitesse de l'individu et sa singularité. »

Pour les psychologues, l'étude du besoin d'autodétermination relève du domaine de « l'illusion de contrôle ». En d'autres termes, si les gens pensent avoir ne serait-ce qu'un modeste contrôle de leur destinée, ils persévéreront dans leurs tâches, ils réussiront mieux, ils s'investiront davantage. L'un des domaines les plus actifs de cette recherche est la psychologie cognitive. L'expérience type consiste à demander à des sujets de faire une estimation de leurs chances de

* Un autre aspect ennuyeux de ces traditions d'entreprise, c'est que l'on ignore comment se débrouilleraient les employés qui ont passé l'essentiel de leur vie dans une telle entreprise s'ils devaient aller ailleurs. Nous avons observé, sans que cela ait fait l'objet d'une enquête, qu'ils se débrouillent moins bien que l'on pourrait s'y attendre, étant donné leur brillant passé dans les meilleures entreprises. C'est un peu comme le joueur de baseball qui quitte les Yankees. Ces gens ne sont absolument pas conscients de l'énorme système de soutien qui marchait pour eux, et se retrouvent, au moins au début, complètement perdus et désorientés sans cette structure.

réussir des travaux à venir appartenant à un domaine qui ne leur est pas complètement inconnu. Les résultats se tiennent : que ce soient des professionnels ou des étudiants, les sujets surestiment leurs chances lorsqu'il s'agit d'un travail facile, et se sous-estiment pour une tâche difficile. Leurs estimations sont ainsi régulièrement faussées. Si, dans le passé, ils ont eu 60 % de succès pour le travail facile, ils estimeront leurs chances à 90 % par la suite. Si pour le travail difficile, ils ont obtenu 30 %, leurs estimations seront de 10 % pour l'essai suivant. Nous avons un besoin désespéré de nous distinguer et de réussir, si bien que nous surestimons notre aptitude à accomplir le travail facile. Et pour ne pas perdre la face et nous sécuriser, nous nous sous-estimons dans le cas contraire.

L'expérience de l'interrupteur mentionnée dans l'introduction est celle qui met vraiment en évidence notre besoin d'autodétermination et notre désir simultané de contrôle. Même si nous n'utilisons jamais cet interrupteur, sa seule présence améliore grandement nos performances. D'autres expériences similaires donnent des résultats comparables. Un sujet que l'on autorise à tirer la tombola pensera avoir plus de chances de tirer le billet gagnant que si c'est quelqu'un d'autre qui s'en charge. Si on demande à un sujet de goûter quatre bouteilles de jus de fruits non étiquetées, et de choisir ensuite celle qu'il préfère, il aura une préférence plus grande pour son premier choix, plus forte que si l'on avait réduit le test à deux bouteilles. (Il s'agit du même jus de fruits dans tous les cas.) Le fait de penser, une fois encore, que nous disposons d'un peu plus de latitude nous incite à nous investir davantage.

Et là aussi, les meilleures entreprises semblent comprendre ces besoins humains paradoxaux. Même dans les situations où l'économie industrielle semble vouloir favoriser la concentration, ces entreprises divisent et accordent des responsabilités à tous. Elles donnent une chance de se singulariser, et proposent néanmoins une philosophie et un système de croyances (cf. Dana et ses « gens productifs ») qui offrent une transcendance — c'est une merveilleuse combinaison.

Leadership transformationnel

Nous soutenons souvent que les meilleures entreprises sont ce qu'elles sont parce que leur organisation permet d'obtenir des efforts extraordinaires de gens ordinaires. Il est difficile de concevoir que ces entreprises dont le chiffre d'affaires frise le milliard de dollars sont peuplées de gens très différents de la norme.

Mais il est un domaine où les meilleures entreprises ont été particulièrement gâtées, surtout à leurs débuts : elles ont bénéficié d'un leadership exceptionnel.

La notion de leadership recouvre beaucoup de choses. C'est l'édification patiente, et en général ennuyeuse, d'une coalition. C'est semer délibérément des cabales intestines dont on espère qu'elles fermenteront de façon appropriée. C'est changer méticuleusement le centre d'intérêt de l'entreprise par le biais du langage terre à terre des systèmes de management. C'est modifier les ordres du jour afin que l'on se consacre aux nouvelles priorités. C'est être visible lorsque les choses vont de travers, et invisible lorsqu'elles marchent bien. C'est être attentif la plupart du temps, encourager fréquemment, et renforcer les discours par une action crédible. C'est être dur lorsqu'il le faut, et occasionnellement user du pouvoir — ou « accumuler avec subtilité les nuances, une centaine de choses mieux faites », comme l'a dit une fois Henry Kissinger. La plupart de ces actions sont ce que le spécialiste des sciences politiques James McGregor Burns appelle dans son livre *Leadership* le « commandement transactionnel ». Ce sont les activités indispensables du manager qui prennent les trois quarts de son temps.

Mais Burns a proposé une autre forme de leadership moins fréquente, ce qu'il appelle le « leadership transformationnel » ! — un leadership qui se fonde sur le besoin de l'homme d'avoir une raison d'être et qui crée un but pour l'entreprise. Nous sommes pratiquement sûrs que la culture de presque toutes les meilleures entreprises, qui semble aujourd'hui satisfaire les besoins de l'« homme irrationnel » a dû s'apparenter au leadership transformationnel à un moment donné de son histoire. Si les cultures de ces entreprises paraissent aujourd'hui assez fortes pour ne pas recourir continuellement à ce mode de leadership, nous doutons qu'elles aient pu se développer ainsi sans que ce type de leadership n'intervienne dans le passé, et le plus souvent lorsque ces entreprises étaient relativement petites.

Le leader transformationnel s'occupe aussi des détails infimes, mais d'un genre différent; il s'intéresse aux trucs du pédagogue, du mentor, du linguiste — et dans le meilleur des cas devient celui qui façonne les valeurs, les sens, le modèle. Sa tâche est beaucoup plus dure que celle du leader transactionnel, car il est le véritable artiste, le véritable pionnier. Après tout, il fait naître le besoin de transcendance qui nous unit tous et l'incarne en même temps. Burns parle avec conviction du besoin qu'éprouve le leader de permettre à ceux qui le suivent de dépasser les affaires courantes. Il commence par blâmer les apprentis leaders de leur obsession du pouvoir, suggérant qu'une telle attitude les empêche de voir la tâche beaucoup plus importante qui est d'inculquer la notion de dessein. « Cette valeur primordiale n'a pas été reconnue par la plupart des théories prétend-il. Le leadership s'exerce lorsque des êtres humains qui ont certains desseins mobilisent, en compétition ou en conflit avec d'autres, des ressources institutionnelles, politiques, psychologiques et autres pour susciter et satisfaire les mobiles de ceux qui les suivent. » Au fond, Burns dit : « Le leadership, contrairement à l'exercice du pouvoir à nu, est donc inséparable des besoins et des objectifs de ceux qui le suivent. » Il prépare ainsi le terrain pour une définition concise du leadership transformationnel :

> Le leadership transformationnel intervient lorsque une ou plusieurs personnes s'engagent avec d'autres d'une façon telle que chefs et suiveurs atteignent en se stimulant mutuellement des niveaux de motivation et de moralité plus élevés. Leurs desseins qui ont pu naître séparément mais être cependant apparentés, fusionnent par le biais de ce mode de leadership. On donne différents qualificatifs à ce type de leadership : il élève, mobilise, inspire, exalte, exhorte, et évangélise. Le rapport peut être moraliste bien sûr. Mais ce leadership devient finalement *moral* dans la mesure où il élève le niveau du comportement et de l'aspiration éthique de celui qui dirige et de celui qui est dirigé, et les métamorphose tous les deux. C'est un leadership dynamique puisque les chefs s'investissent dans une relation avec les suiveurs qui se sentiront « grandis » et deviendront souvent plus actifs.

Burns, comme d'autres, pense que les leaders font appel à certains besoins inconscients : « Le processus fondamental est intangible, cela consiste, en grande partie, à *rendre conscient ce qui est inconscient chez les suiveurs.* » Prenant le président Mao Ze Dong comme modèle, il déclare : « Son véritable génie fut de comprendre les émotions des autres. » Le psychologue de l'entreprise, Abraham Zalesnick, dit une chose très similaire lorsqu'il oppose leaders et managers : « Les managers préfèrent travailler avec les gens, les leaders provoquent des émotions. » Le travail du psychologue David McClelland, notamment dans *Power : The Inner Experience,* donne une description du processus qui se fonde sur l'expérience :

> Nous entreprîmes ce travail pour découvrir exactement, par le biais de l'expérience, quelles étaient les pensées des membres d'un auditoire écoutant un leader charismatique. Apparemment, l'expérience les fortifia et les éleva, ils se sentaient plus puissants.

Ainsi l'explication traditionnelle de l'influence du leader sur ses suiveurs n'est pas pleinement satisfaisante. Le leader ne les force pas à se soumettre et à le suivre avec la seule magie de son pouvoir de persuasion et de sa personnalité. En fait, il a de l'influence en fortifiant et en animant son auditoire. Le leader fait naître la confiance. Les suiveurs se sentent plus aptes à atteindre les objectifs qu'ils partagent.

En nous arrêtant à l'un des principaux arguments de Burns, la symbiose leader-suiveurs, nous trouvons deux des attributs de cette symbiose particulièrement frappants : la crédibilité et l'enthousiasme. En ce qui concerne la crédibilité, nous pensons que nos entreprises exemplaires imprégnées de la notion de valeur sont dirigées par ceux qui se sont développés avec l'armature de l'entreprise — électriciens chez Hewlett-Packard ou Maytag, mécaniciens chez Fluor ou Bechtel. Il est rare que les meilleures entreprises soient dirigées par des comptables ou des juristes. En ce qui concerne l'enthousiasme, Howard Head, inventeur et entrepreneur, père du ski Head et de la raquette de tennis Prince, exhorte à : « Croire à l'impossible ». Chez Hewlett-Packard, le critère de choix des nouveaux cadres de la direction est leur aptitude à engendrer l'enthousiasme.

James Brian Quinn qui a (entre autres) longtemps étudié le processus réel et peu clair de la découverte et de la mise en place de valeurs et d'objectifs stratégiques primordiaux, donne une description simple du processus de création de l'enthousiasme. Quinn cite le directeur d'une entreprise de biens de consommation : « Nous avons lentement découvert que notre objectif le plus payant est d'être les *meilleurs* dans certains domaines. Nous essayons maintenant de faire travailler notre personnel dans ce sens, et de définir cette notion et de chercher comment devenir les meilleurs dans les sphères choisies. »

Warren Bennis utilise une bonne métaphore pour définir le leadership transformationnel — le leader est un « architecte social ». Mais pour rendre à César ce qui est à César, Bennis, Burns et nous-mêmes fûmes devancés par Chester Barnard, que nous retrouverons dans le prochain chapitre, et Philip Selznick qui a publié en 1957 un mince volume bleu intitulé *Leadership and Administration* dans lequel il dit :

> L'élaboration du dessein de l'entreprise représente un défi à la créativité dans la mesure où elle implique la transformation d'hommes et de groupes, unités techniques neutres, en êtres participatifs, qui ont une personnalité propre, une sensibilité et

une volonté de s'engager. C'est, en définitive, un processus éducatif. On a dit avec raison que le leader efficace se doit d'avoir une âme d'éducateur. L'art du leader créatif consiste à édifier une institution et à retravailler des matériaux humains et techniques pour façonner un organisme qui met en œuvre des valeurs nouvelles et durables. Créer une institution, c'est donner une valeur au travail au-delà des exigences techniques, satisfaire à la fois des besoins individuels et collectifs. Lorsque des individus s'attachent à une organisation ou à une façon de faire en qualité de personnes et non de techniciens, l'organisation, d'outil remplaçable devient une source valorisée de satisfaction personnelle. Le leader est donc, tout d'abord, un expert de la promotion et de la protection des valeurs.

Nous devrions nous arrêter brièvement ici pour nous demander quelles valeurs nous exaltons. Nous pourrions peut-être suggérer simplement « être les meilleurs » dans quelque domaine que ce soit comme le dit James Brian Quinn, ou « être fidèle à notre propre esthétique, » comme le dit Walter Hoving de lui-même et de Tiffany's. Peut-être est-ce Ray Kroc de chez McDonald's qui « trouve une certaine beauté dans le hamburger », ou le « respect de l'individu » de Watson de IBM, ou Dana qui croit « aux gens productifs » ou « un service vingt-quatre heures sur vingt-quatre partout dans le monde » chez Caterpillar. Tocard tout cela ? Seulement si nous sommes cyniques. De telles valeurs transfigurent les entreprises qui les appliquent.

Notre discussion frise le pompeux, par exemple, à propos de la création d'un dessein métamorphosant. C'est pompeux, mais c'est aussi simplement pratique. Nous avons soutenu que l'homme est profondément irrationnel. Il raisonne à l'aide d'histoires, se surestime, a besoin de se singulariser et de trouver un sens en même temps, etc. Pourtant, les pratiques du management prennent rarement ces points faibles et ces limitations en compte.

Les directions des meilleures entreprises considèrent ces éléments, que ce soit consciemment ou inconsciemment. Cela donne une meilleure performance relative, et un niveau de contribution plus élevé de la part de l'individu moyen. Il est significatif, tant pour ces entreprises que pour la société, que ces institutions créent des environnements dans lesquels les gens peuvent s'épanouir, développer l'estime de soi-même, et participer avec enthousiasme à la vie de l'entreprise et de la société dans son ensemble. Pendant ce temps-là, le groupe beaucoup plus important des entreprises qui ne sont pas exemplaires semble prendre le contrepied de toutes les variables mentionnées ici, avec une certaine perversité. C'est perdre et non gagner qui est la norme, les signes de reconnaissance sont négatifs et non positifs, on se fie aux règlements plutôt qu'à un canevas de mythes, la contrainte et le contrôle dominent et remplacent le sens de la transcendance et la possibilité de s'élever, et le leadership est plus politique que moral.

Troisième partie

RETOUR AUX SOURCES

4

Gérer l'ambiguïté et le paradoxe

Quelques-uns des chefs d'entreprises qui se sont penchés sur nos huit attributs de l'excellence les trouvent intéressants, mais pas nécessairement fondamentaux ou déterminants pour expliquer pourquoi les meilleures entreprises sont aussi performantes. Nous pensons que ces chefs d'entreprises se trompent. Bon nombre d'entre eux, dont l'intelligence et l'art des affaires ne peuvent être remis en cause, partent d'une base théorique simplement dépassée. Cela est tout à fait compréhensible parce que d'aucune manière la nouvelle théorie, qu'elle soit bonne ou mauvaise, n'est d'un abord facile. Elle n'en est, après tout, qu'aux premiers balbutiements, elle manque de clarté, ses liens avec le « monde réel » ne sont qu'implicites comme c'est généralement le cas des systèmes précurseurs.

Ainsi, nous avons besoin de nouveaux éléments pour comprendre la relation qui existe entre la performance des meilleures entreprises et les huit attributs, et nous avons bien l'intention d'y pourvoir. Dans ce chapitre, nous tenterons de relier quelques récentes contributions à l'évolution de la théorie du management et certaines des implications théoriques de l'expérience des meilleures entreprises.

Mais revenons au modèle rationnel. Les anciennes théories du management étaient séduisantes parce que sans détours, ni ambiguïté ou paradoxe. En revanche, la réalité du monde extérieur est différente. (Il est intéressant de noter qu'un de nos collègues japonais fut très critique à l'encontre d'un rapport que nous avions préparé pour un de ses clients. Il le trouvait trop simpliste.) Nous sommes fascinés par le fait que le monde de la science s'engage dans des directions paradoxales qui rappellent de façon troublante nos observations et nos hypothèses sur le monde du management. Par exemple, on pensa d'abord que la lumière était composée de particules. Puis les savants découvrirent qu'elle se propageait comme des ondes. Néanmoins, à peine avait-on adopté cette hypothèse que de nouvelles preuves venant soutenir la théorie des particules affluèrent. Mais, si la lumière est réellement faite de particules, elle devrait avoir une masse, et alors elle ne pourrait aller à la vitesse de la lumière, ce qu'elle fait. Heisenberg démontra que l'on pouvait connaître soit la position d'une particule subatomique, soit sa masse, mais pas les deux en même temps. Et là, nous voyons la plus rationnelle des disciplines, la physique, se jeter dans l'ambiguïté la plus flagrante lorsque les physiciens atomistes emploient des termes comme « charme », « étrangeté », « antimatière », et « quark » pour décrire les particules.

La science est plus facile à comprendre quand on peut en saisir les principes à l'aide de métaphores empruntées au monde que nous connaissons — ce que nous avons touché, vu et senti. D'où l'attrait de la conception de l'atome de Niels Bohr; son modèle ressemblait au système solaire, les électrons gravitant autour d'un noyau central comme les planètes autour du soleil. Hélas, ce modèle ne nous aida pas beaucoup à comprendre l'atome parce que celui-ci, comme nous le savons maintenant, ne ressemble guère au système solaire. De la même façon, le monde du management semblait s'éclairer lorsque nous établissions des parallèles avec le monde militaire, métaphore préférée de beaucoup quand il s'agit d'expliquer les structures du management au xxe siècle. Mais, une fois de plus, ces métaphores se révélèrent insuffisantes pour essayer de comprendre des phénomènes plus complexes qu'un régiment sous le feu, par exemple. (Ce système d'images peu ambigu pose lui-même quelques problèmes. William Manchester, dans *Good-bye Darkness,* parle de ces marines aguerris qui se moquent du zèle non encore éprouvé et des ordres de jeunes lieutenants OSC (l'équivalent des EOR) qui voulaient les envoyer essuyer le feu de l'ennemi. Bon nombre de ces jeunes officiers se retrouvèrent tout seuls pour monter à l'assaut, et ne revinrent pas. Ainsi, comme tout homme d'expérience le sait, le fameux modèle militaire clair comme le jour — un ordre donné est immédiatement suivi — n'est même pas respecté par les militaires.) Il nous faut mieux que cela si nous voulons vraiment comprendre. Hélas, ce modèle meilleur n'est pas aussi accessible à première vue que ses prédécesseurs, bien qu'il puisse paraître de plus en plus simple au fur et à mesure que l'on y réfléchit. Comme nous allons le voir, la nouvelle conception du management nous mène à un monde aussi ambigu et paradoxal que celui de la science. Mais nous pensons que ses principes sont plus utiles et, en fin de compte, plus pratiques. D'ailleurs, les meilleures entreprises savent, avant tout, manier le paradoxe.

On a élaboré de nombreux modèles pour décrire l'évolution des théories du management. Pour notre propos, il convient de commencer par celui de Richard Scott de Stanford. Scott conçoit quatre périodes principales pour le développement de la théorie et des pratiques du mangement. Chaque période est définie par la combinaison unique d'éléments dans une grille à deux dimensions : dans le sens horizontal, cela va de « fermé » à « ouvert », dans le sens vertical, de « rationnel » à « social ». Prenons le sens horizontal : on passe d'une conception mécanique de l'organisation (fermée) à une conception gestaltiste (ouverte). A l'opposé de la vision dominant actuellement, les théoriciens du management des soixante premières années de ce siècle ne se sont préoccupés ni de l'environnement, ni de la concurrence, ni du marché, ni de tout ce qui est extérieur à l'entreprise. Ils avaient une approche « fermée » du monde qui paraît aujourd'hui bien étroite, elle était axée sur ce qu'il fallait faire pour optimiser l'utilisation des ressources en tenant compte uniquement de ce qui se passait à l'intérieur d'une entreprise. Cela n'a pas vraiment changé jusqu'en 1960 lorsque les théoriciens commencèrent à reconnaître que la dynamique interne de l'organisation était modelée par les événements extérieurs. La prise en compte explicite des effets des forces extérieures sur les mécanismes internes de l'entreprise marqua le début de la période du « système ouvert ».

La partie verticale de la grille de Scott va de « rationnel » à « social ». Rationnel, dans ce contexte, signifie qu'il existe des buts et des objectifs nets pour les entreprises, et qu'il est assez simple de les définir. Par exemple, si votre entreprise est dans le secteur minier, votre objectif doit être de maximiser les revenus des mines en exploitation et des futures explorations. Si nous considérons ces buts et ces objectifs comme des données, il ne reste plus à la direction qu'à choisir les moyens les plus efficaces pour atteindre ces objectifs. Des décisions rationnelles peuvent être prises sur cette base, et la voie de l'entreprise sera ainsi tracée. Le social, en revanche, reconnaît que la détermination des objectifs est un processus imprécis, ni très simple, ni déductif. (Par exemple, pour en revenir à notre hypothèse de l'entreprise minière, que veut-on dire par « maximiser » ? Comment mesure-t-on les « revenus » — nous limitons-nous aux extractions actuelles et comment prenons-nous des décisions concrètes à propos d'un événement aussi intangible que la réussite d'une exploration ?) L'approche sociale pose comme principe que les objectifs ne sont pas le fruit de choix mécaniques. De tels choix sont moins le résultat d'une réflexion rationnelle que d'une coalition sociale, des habitudes et autres forces dynamiques qui influencent les gens travaillant en groupe.

Les quatre périodes distinctes apparaissent lorsqu'on combine les deux axes. La première période s'étend de 1900 à 1930 environ, c'est celle du « système fermé-agent rationnel ». Les deux principaux défenseurs de la théorie de cette période sont Max Weber et Frederick Taylor. Weber était un sociologue allemand. Il posait comme postulat que la bureaucratie — l'ordre régi par la règle — est la forme la plus efficace de l'organisation humaine. L'Américain Taylor mit les théories de Weber en application avec ses études sur le temps et le mouvement. L'apport de l'école Weber-Taylor fut de suggérer que si l'on pouvait apprendre et maîtriser un ensemble fini de règles et de techniques — sur la décomposition des tâches, la capacité maximale de contrôle, la cohérence de l'autorité et des responsabilités — alors les problèmes essentiels qui se posent pour diriger de larges groupes d'individus seraient plus ou moins résolus.

Le rêve de Weber et de Taylor ne se réalisa pas, bien entendu, et l'ère du système fermé-agent rationnel fut supplantée de 1930 à 1960 par celle du système fermé-agent social dont les porte-drapeaux furent Elton Mayo, Douglas McGregor, Chester Barnard et Philip Selznick.

Mayo était psychologue à Harvard Business School et on se souvient surtout de lui comme le père des célèbres expériences d'Hawthorne. Ces investigations commencèrent sous de mauvais auspices, comme une recherche banale sur le terrain, dans la ligne de la tradition Taylor. Elles étaient seulement destinées à être un ensemble d'études des facteurs d'hygiène en milieu industriel. Elles furent, en grande partie, menées à l'usine de la Western Electric de Hawthorne dans le New Jersey, et avaient pour but de mesurer les effets des conditions de travail sur la productivité.

Mais une surprenante série d'événements vint perturber la théorie encore dominante. Un bon exemple est celui des niveaux d'intensité lumineuse dont nous avons déjà parlé : on augmenta l'intensité lumineuse et la productivité s'accrut, mais lorsque l'intensité fut diminuée, la productivité augmenta encore. Que s'était-il passé ? On continua ces expériences pendant dix jours en obtenant toujours ces mêmes résultats déconcertants. Malgré la richesse de l'ensemble des données expérimentales qui a permis et permet encore d'en tirer mainte interprétation, il semble que la conclusion essentielle soit simple : le fait de prêter attention aux gens influence leur productivité. Cette donnée est confirmée par nos entreprises exemplaires. Ainsi, chez Hewlett-Packard, on apprécie l'innovation de la part de l'ensemble du personnel, et les systèmes que l'entreprise emploie pour valoriser cette innovation (on en parle, on donne des récompenses) le démontrent. Les directions des entreprises minières dont les campagnes d'exploration réussissent ont mille façons de prêter attention aux géologues de terrain.

Les quatre étapes de la théorie

	Système fermé	Système ouvert
Agent rationnel	I. 1900-1930 Weber Taylor	III. 1960-1970 Chandler Lawrence Lorsch
Agent social	II. 1930-1960 Mayo et al. McGregor Barnard Selznick	IV. 1970-? Weick March

Mayo et ses disciples de Harvard lancèrent la psychologie sociale en milieu industriel. La Seconde Guerre mondiale stimula le développement de cette recherche, comme ce fut le cas pour bon nombre d'autres. A la fin du conflit, des recherches connexes telles la formation en groupe ou la sélection des dirigeants commençaient à fleurir. Après la guerre, Douglas McGregor fit faire un grand pas à la psychologie sociale. Il est surtout célèbre pour avoir inventé la théorie X et la théorie Y : la première soutient que les employés sont paresseux et qu'ils ont besoin d'être dirigés, et la seconde stipule au contraire qu'ils sont créatifs et que l'on devrait leur confier des responsabilités. La thèse de McGregor était fondamentale, ainsi qu'il le notait dans la préface de son livre décisif *La Dimension humaine de l'entreprise* : « Ce livre tente de justifier la thèse selon laquelle la dimension humaine de l'entreprise est "d'une seule pièce", et que les théories auxquelles adhère la direction en matière de gestion de ses ressources humaines déterminent toute la personnalité de l'entreprise. » McGregor se répandait en invectives contre l'approche rationaliste de l'école de Taylor. « S'il existe une seule hypothèse qui sous-tende la théorie conventionnelle de l'organisation, tempêtait-il, c'est que l'autorité est l'arme indispensable et primordiale du pouvoir pour les dirigeants. » McGregor soulignait que l'autorité n'est en réalité que l'une des formes de l'influence sociale et du pouvoir, mais que, hélas, non seulement la littérature, mais aussi les dirigeants de l'époque considéraient l'autorité comme un concept absolu, plutôt que relatif.

McGregor appela la théorie X « l'hypothèse de la médiocrité des masses ». Ses principes sont les suivants : (1) L'individu moyen a une aversion innée pour le travail et il fait tout pour l'éviter; (2) Les gens ont donc besoin d'être contraints, dirigés, contrôlés, et menacés de sanctions si l'on veut qu'ils fournissent les efforts nécessaires à la réalisation des objectifs de l'entreprise; et (3) L'individu type aime se sentir dirigé, veut éviter les responsabilités, a relativement peu d'ambitions et recherche la sécurité avant tout. McGregor soutenait que la théorie X n'est pas une vue de l'esprit, « mais c'est en fait une théorie qui influence de manière sensible la stratégie de direction d'une grande partie de l'industrie américaine ».

La théorie Y suppose à l'inverse que : (1) L'effort physique et mental dépensé dans le travail est tout aussi naturel que celui dépensé dans le jeu ou le repos — l'individu moyen n'a pas une aversion innée pour le travail; (2) Le contrôle extérieur et la menace de sanctions ne sont pas les seuls moyens pour obtenir l'effort nécessaire à la réalisation des objectifs de l'entreprise; (3) On s'investit dans la mesure où les résultats sont récompensés — la plus grande de ces récompenses étant la satisfaction de l'ego qui peut être la conséquence directe des efforts consacrés à l'entreprise; (4) L'individu moyen apprend, dans les conditions voulues, non seulement à accepter mais à rechercher la prise de responsabilités; et (5) *La capacité de déployer des qualités relativement développées d'imagination, d'ingéniosité et de créativité dans la solution des problèmes d'organisation est largement répandue et non pas rare.*

Les théories de McGregor et celles qui ont suivi dans ce qui est devenu le domaine des « relations humaines », sont discréditées depuis une dizaine d'années. L'accablant échec du mouvement des relations humaines est précisément qu'il n'a pu être considéré comme venant équilibrer les excès du modèle rationnel, échec dû à ses propres excès. Cela nous rappelle cette entreprise qui se jeta à corps perdu dans la planification partant de la base pour remonter au sommet, la gestion démocratique, et autres conditions de travail faites pour « rendre les gens heureux ». Cette entreprise semblait très habile pour venir à bout de cette bête noire que sont les problèmes de communication pour toutes les grandes sociétés. Cependant, si elle réussissait dans la communication pour les petits détails, on n'y abordait jamais les questions de fond.

Alors que le modèle rationnel préconisait un processus purement directif (partant du sommet de la hiérarchie), le modèle social, tel qu'il fut établi par les disciples mal conseillés de McGregor, se fondait exclusivement sur un système participatif (partant de la base) et tentait de déclencher des révolutions par le biais du service de formation. McGregor l'avait redouté dès le départ et avait déclaré : « Les hypothèses de la théorie Y ne mettent pas en cause le principe même de l'autorité mais, par contre, elle nient que l'autorité soit appropriée à toutes les fins et à toutes les circonstances. »

Un thème central qui, à notre avis, contribue à l'excellence des meilleures entreprises, commençait ainsi à émerger. En apparence, la théorie X et la théorie Y s'excluent mutuellement. On choisit l'une ou l'autre. Vous êtes un dirigeant soit autoritaire, soit démocratique. En réalité, vous êtes simultanément les deux, ou ni l'un, ni l'autre. MM. Watson (IBM), Kroc (McDonald's), Marriott et d'autres furent les premiers à traiter les gens en adultes, à susciter une innovation pratique et des contributions de dizaines de milliers d'individus, à offrir des possibilités de formation et de développement à tous, et à traiter chacun comme un membre de la famille. M. Watson, en fait, pratiquant sa politique de la porte ouverte, montrait un grand faible pour l'employé, ses cadres obtenaient rarement gain de cause lorsque la réclamation d'un employé faisait surface. Par ailleurs, tous ces gentlemen étaient coriaces. Ils étaient tous impitoyables lorsqu'on violait des valeurs primordiales comme le service à la clientèle ou une qualité sans faille. Ils combinaient attention et dureté. Comme de bons parents, ils s'inquiétaient beaucoup et exigeaient beaucoup. C'est se méprendre complètement que de vouloir simplifier à l'extrême en prétendant que leurs caractères relèvent surtout de la théorie X ou Y.

Alors que McGregor et Mayo sont les représentants de la théorie sociale de l'organisation appliquée à l'individu, Chester Barnard et Philip Selznick, dont les travaux sont à peu près contemporains de ceux des deux premiers, se révèlent finalement comme les théoriciens les plus influents. A notre avis, les managers ont par trop négligé leurs travaux.

Barnard, après avoir été président de New Jersey Bell, se retira à Harvard pour méditer sur son expérience, et y écrivit *The Functions of The Executive* en 1938. Ce livre est d'une telle densité qu'il est pratiquement illisible, mais il n'en est pas moins un monument. Kenneth Andrews de Harvard nota dans sa préface à l'édition du trentième anniversaire (1968) : « Le projet de Barnard est ambitieux. Comme il nous le dit lui-même dans sa propre préface, son objectif est d'abord d'apporter une théorie complète du comportement coopératif dans les organisations formelles. La coopération naît du besoin de l'individu d'exécuter des tâches pour lesquelles il n'est pas à la hauteur sur le plan biologique. »

Alors que les idées de Mayo, McGregor et d'autres, dont Barnard lui-même, avaient pour but de promouvoir l'effort maximal de l'ensemble du personnel, c'est Barnard, et lui seul, qui pressentit le rôle décisif et non conventionnel que pouvaient jouer les cadres pour obtenir ce résultat. Barnard, en particulier, estimait qu'il appartient au cadre de faire en sorte que le personnel s'investisse et de diriger activement l'organisation informelle, tout en s'assurant parallèlement que la société atteint ses objectifs économiques. Barnard fut probablement le premier à avoir une vision équilibrée du processus de management.

A notre connaissance, il fut aussi le premier à évoquer le rôle primordial du directeur général qui est de façonner et de faire respecter les valeurs dans l'entreprise : « Ses fonctions essentielles sont d'abord de fournir un système de communications, ensuite d'obtenir les efforts nécessaires, et enfin, de formuler et de définir les buts. » Il ajoutait que ce sont les actes des cadres plus que leurs discours qui définissent les buts et les valeurs de l'organisation. « Il a déjà été démontré que les objectifs, à proprement parler, sont définis davantage par l'ensemble des actions que par les déclarations d'intention. » Il souligna aussi que les objectifs, pour être efficaces, doivent être acceptés par tous ceux qui contribuent à l'effort collectif. C'est exactement ce que l'on trouve dans les meilleures entreprises. Les valeurs sont claires, et les dirigeants de l'entreprise les appliquent à tous les instants et le gros de la troupe les comprend bien.

Quelque dix ans après la publication du livre de Barnard, Philip Selznick lançait une théorie analogue et de nouveaux termes : « compétence distinctive » (ce qu'une entreprise est la seule à bien réussir, et la plupart des autres non), et « personnalité de l'organisation » (anticipant là l'idée de considérer l'entreprise comme une culture). Nous citons longuement Selznick parce que nous pensons qu'il donne une bonne description de la personnalité d'une organisation, de la compétence, des valeurs institutionnelles et de l'autorité. Ces caractéristiques, telles qu'il les décrit sont, à notre avis, la base de la réussite des meilleures entreprises.

> « Organisation » est un terme qui suggère une certaine sécheresse, un système sobre et rationnel d'activités coordonnées consciemment. Il se réfère à un outil remplaçable, un instrument

rationnel conçu pour accomplir une tâche. Une « institution », en revanche, est davantage un produit naturel des besoins et des pressions sociales — un organisme qui bouge et s'adapte. Les organisations deviennent des institutions lorsqu'on leur infuse des valeurs qui leur confèrent une identité propre. Lors du processus d'institutionnalisation, il se produit une unification des optiques, des habitudes et autres formes d'engagement qui imprègne tous les aspects de la vie de l'organisation et lui donne une *intégration sociale* qui dépasse la coordination et la hiérarchie formelles. Il est facile dans l'abstrait de soutenir que la fonction d'un cadre est de trouver une façon heureuse de concilier la fin et les moyens. Il est plus difficile de prendre cette idée au sérieux. Dans la vie administrative, il existe une forte tendance à dissocier fins et moyens en accentuant trop l'un ou l'autre. Le culte de l'efficacité dans la pratique administrative est une manière moderne de trop insister sur les moyens, de deux façons — en se concentrant sur l'entretien d'une machine qui fonctionne sans problèmes, ou en donnant la part belle aux techniques d'organisation. L'efficacité en tant qu'idéal de fonctionnement suppose que les objectifs sont fixés et que les ressources sont disponibles. Dans maintes situations, notamment les plus importantes, il arrive que les objectifs n'aient pas été définis ou lorsqu'ils le sont, que les moyens nécessaires restent à créer. La création des moyens n'a rien d'un problème purement technique, mais implique le façonnement de la personnalité sociale de l'institution. Le leadership va plus loin que l'efficacité : (1) lorsqu'il définit une mission fondamentale et (2) lorsqu'il crée un organisme social capable de remplir cette mission.

Le legs de Mayo, McGregor, Barnard, et Selznick — l'homme comme agent social — est considérable. Hélas, comme nous l'avons déjà indiqué, les deux premiers furent contestés lorsque des disciples naïfs dénaturèrent leurs idées, et les deux autres n'ont pas jusqu'à maintenant bénéficié d'une grande audience. Deux de nos conclusions sur les attributs des meilleures entreprises (la combinaison de l'autonomie et de l'esprit novateur, et la productivité par la motivation) suivent la thèse de McGregor, et trois autres (se mobiliser sur des valeurs clés; s'en tenir à ses compétences; et faire cohabiter souplesse et rigueur) vont de pair avec le point de vue de Barnard et Selznick. Mais il manque encore quelque chose. Nous revenons donc à la grille de Scott.

La troisième phase, de 1960 environ à 1970, fut à la fois un recul et un progrès. Scott l'appelle l'ère du « système ouvert-agent rationnel ». La théorie régressait dans la mesure où elle reprenait les hypothèses mécaniques au sujet de l'individu. Le progrès était que les théoriciens considéraient enfin l'entreprise comme faisant partie d'un marché compétitif, modelée et façonnée par des forces exogènes. Alfred Chandler apporta avec *Stratégies et structures* une importante contribution à cette période. Chandler observa très simplement que les structures d'organisation des grandes entreprises comme Du Pont, Sears, General Motors et General Electric s'adaptent aux pressions changeantes du marché. Il décrit, par exemple, la prolifération des lignes de produits répondant à l'évolution du marché, tant chez Du Pont que chez General Motors. Il montre comment cette prolifération imposa le passage d'une organisation monolithique et fonctionnelle à une structure divisionnelle plus souple.

Chandler fit ce travail à Harvard et deux autres professeurs de cette université, Paul Lawrence et Jay Lorsch, suivirent ses traces en 1967 en publiant une autre étude décisive : *Adapter les structures de l'entreprise*. Leur modèle était considérablement plus sophistiqué que celui de Chandler, mais arrivait à peu près aux mêmes conclusions. Ils se penchèrent sur les structures d'organisation et les systèmes de gestion, et comparèrent les meilleures entreprises d'un secteur à évolution rapide — les matières plastiques à usage industriel — aux meilleures entreprises d'un secteur stable à évolution lente — les containers. Ils découvrirent que les leaders du secteur stable conservaient une forme d'organisation simple et fonctionnelle, et des systèmes de contrôle simples. A l'opposé, les leaders du secteur à évolution rapide avaient une structure plus décentralisée et des systèmes plus riches que leurs concurrents moins heureux.

Enfin, Scott émet l'hypothèse d'une quatrième époque qui s'étend de 1970 à maintenant. Il la décrit comme l'ère du « système ouvert-agent social ». Le désordre règne. L'agent rationnel est supplanté par l'agent social complexe, un être humain avec ses forces, ses faiblesses, ses limites, ses contradictions et ses absurdités. L'entreprise isolée du monde extérieur est remplacée par une entreprise agitée par une foule de forces extérieures en constante évolution. Du point de vue des chefs de file de la théorie actuelle, tout est en mouvement — les fins, les moyens et les forces extérieures. Parmi les théoriciens importants de cette période, on peut citer Karl Weick de Cornell et James March de Stanford.

Le paradigme dominant de cette quatrième époque de la théorie organisationnelle met l'accent sur l'absence de formalisme, l'initiative individuelle et l'évolution. Le signe qui montre le plus clairement que les analystes du management se démarquent radicalement des anciennes théories, c'est le changement de métaphores. Weick est véhément sur ce sujet, il affirme que les habituelles métaphores militaires limitent sérieusement notre faculté de réfléchir intelligemment sur les questions de management : « Les entreprises ont des fonctionnels, des opérationnels, et une hiérarchie de commandement. Elles développent des stratégies et des tactiques. Les entreprises s'attaquent à la concurrence, recrutent des diplômés MBA... Elles résolvent des problèmes en révoquant les gens (avec ou sans les honneurs), en resserrant les contrôles, en introduisant une discipline, en appelant des renforts, ou en clarifiant les responsabilités — puisque c'est ce que l'on fait lorsqu'une armée fléchit. » Weick est convaincu que les métaphores militaires ne sont pas un bon choix quand il s'agit de diriger une entreprise commerciale. D'abord, l'utilisation de ces métaphores suppose que quelqu'un gagne nettement et que quelqu'un d'autre perd nettement. En affaires, ce n'est généralement pas le cas. Ensuite, Weick soutient que c'est un mauvais choix parce que les gens résolvent les problèmes par analogie, et tant qu'ils utilisent l'analogie militaire, « cela les oblige à se cantonner à un jeu de solutions très limité pour résoudre tout problème, et à une gamme étroite de modes d'organisation ».

Les nouvelles métaphores, selon Weick et March, qui ouvrent des voies prometteuses pour réfléchir au management — si dangereuses soient-elles aux yeux des cadres élevés par la vieille école — comprennent la voile, l'engouement, la fantaisie, les balançoires, les stations spatiales, les dépotoirs, les marchés et les tribus sauvages. En parlant des meilleures entreprises, nous en suggérerons bien d'autres, comme champions, charrettes et tsars, qui viennent de la façon dont ces entreprises parlent d'elles-mêmes. « Chaque métaphore, prétend Weick, a énoncé une propriété des organisations qui sinon serait passée inaperçue. » Comme le dit Anthony Athos : « La vérité se glisse sous la métaphore. »

Chester Barnard a écrit en 1938 *The Functions of the executive*, qui mérite certainement d'être qualifié de théorie complète du management, comme *Administrative behavior* d'Herbert Simon paru en 1947. *Les organisations*, livre de March et Simon qui date de 1958, comprend 450 propositions interdépendantes sur les modes d'organisation. C'est aussi une théorie complète du management.

Il est indiscutable que l'on n'a pas écrit de vraie théorie du management depuis. March prétendait peut-être que son livre *Ambiguity and Choice in Organizations*, écrit en collaboration avec Johan Olsen en 1976, est une théorie achevée, mais nous ne le pensons pas. Karl Weick ne soutient certainement pas que son merveilleux livre *Social psychology of organizing* est une théorie accomplie. En vérité, il dit simplement : « Cet ouvrage traite de la valorisation d'une organisation. »

Les efforts des principaux théoriciens actuels se résument à une importante série d'essais sur le management. Ceux-ci vont à l'encontre des vieux mots d'ordre sur des points décisifs et d'une façon qui se rapproche de nos observations sur les meilleures entreprises. Mais cela ne veut pas dire qu'une nouvelle théorie soit inutile. On en a grand besoin si l'on veut que les managers d'aujourd'hui, leurs conseillers et les professeurs des gestionnaires de demain soient à la hauteur des défis que nous exposons dans le deuxième chapitre.

Certes, nous ne proposons pas ici une théorie complète du management. Nous pensons cependant que nos conclusions sur les meilleures entreprises dévoilent de nouvelles dimensions que les théoriciens ou les praticiens n'ont pas prises en compte. En outre, elles nous aident à exprimer simplement et directement des concepts qui sont restés jusque-là confus dans les théories avancées d'aujourd'hui. En tout cas, il y a quelques idées fondamentales qui doivent servir de base, au moins pour comprendre les huit attributs dont nous allons parler dans les huit prochains chapitres.

Si l'on accepte de ne pas se satisfaire des carences du modèle rationnel, il faut rechercher dans nos observations sur les besoins humains fondamentaux dans l'entreprise les premiers postulats d'une nouvelle théorie qui comprendraient : (1) le besoin de trouver une raison d'être; (2) le besoin de contrôle, si modeste soit-il; (3) le besoin de signes de reconnaissance positifs permettant aux individus de se considérer d'une façon ou d'une autre comme des gagnants; et (4) le façonnement des attitudes et des croyances par les actions et les comportements et non l'inverse.

Il reste à intégrer dans la nouvelle théorie quelques idées très importantes issues des théories de gestion passées et présentes. Il y en a deux que nous voulons souligner parce qu'elles n'ont pas reçu l'attention qu'elles méritent : (1) les entreprises, surtout les meilleures, sont avant tout caractérisées par une culture originale; (2) une entreprise réussit par le biais d'une évolution dirigée, mais non déterministe.

L'importance de la culture

Certains collègues qui nous ont entendu expliquer l'importance des valeurs et des cultures distinctives ont dit : « C'est génial, mais n'est-ce pas un luxe ? L'entreprise ne doit-elle pas d'abord gagner de l'argent ? » La réponse est bien sûr qu'une entreprise doit être saine sur le plan financier, et les meilleures entreprises le sont. Mais leur système de valeurs intègre les notions de santé économique, de service à la clientèle, et de sens donné à la vie du personnel. Comme nous le disait un cadre : « Le profit, c'est comme la santé. On en a besoin, et plus on en a, mieux c'est. Mais on n'existe pas pour cela. » En outre, lors d'une recherche qui précéda ce travail, nous avons découvert que les entreprises dont les seuls objectifs définis sont financiers, n'avaient pas d'aussi bons résultats que celles qui possédaient un éventail de valeurs plus vaste.

Pourtant, il est surprenant de voir le peu de place consacré au façonnement des valeurs dans les théories de management actuelles — et en particulier à quel point on parle peu des entreprises comme entités culturelles. On a dit de 3M ainsi que nous le citions dans le premier chapitre : « Les membres d'une secte religieuse qui ont subi un lavage de cerveau ne sont pas plus conformistes qu'eux sur le plan de leurs convictions premières », et pourtant ce même 3M est connu, non pour sa rigidité, mais pour son esprit d'entreprise débridé. Delta Airlines vit son « esprit de famille », et comme le note son président William Beebe : « L'atout de Delta est cette relation étroite qui nous lie. » Certains quittent Texas Instruments parce que c'est « trop rigide »; cette entreprise est pourtant incroyablement novatrice, et son président Mark Shepherd dit de son système de planification par Objectifs, Stratégies et Tactiques que « celui-ci serait stérile sans cet esprit d'innovation qui imprègne l'entreprise. » Un analyste de *Fortune* observe à propos de Maytag : « La fiabilité des machines à laver de Maytag doit beaucoup à l'éthique de travail de l'Iowa. » Stanley Davis de l'université de Columbia prétend : « Les entreprises installées à Rochester, État de New York, (Kodak, par exemple), ou Midland dans le Michigan (par exemple, Dow) ont souvent une culture collective très solide. Beaucoup plus que les entreprises installées à New York ou Los Angeles. »

Il y a eu quelques murmures audibles à propos des valeurs et de la culture parmi les universitaires depuis que Barnard et Selznick ont soulevé le problème. Richard Normann, dans *Management and Statesmanship*, parle de l'importance de « l'idée dominante de l'entreprise », et dit que le « processus le plus crucial » dans toute entreprise est peut-être l'interprétation constante des événements du passé et l'ajustement de l'idée dominante à ce contexte. Dans un livre récent sur la structuration de l'organisation, Henry Mintzberg parle de la culture comme principe de conception, mais il n'y fait qu'une rapide allusion, l'appelle (malheureusement) « la configuration missionnaire », et lui confère un aspect futuriste regrettable : « La configuration missionnaire structurale aurait son propre mécanisme de coordination — la socialisation, ou si l'on veut, la standardisation des normes — et un paramètre correspondant — l'endoctrinement... L'entreprise aurait une idéologie qui pourrait être immédiatement perçue par le visiteur. » Mais cela n'a rien de futuriste : Procter & Gamble fonctionne ainsi depuis environ 150 ans, et IBM presque 75 ans. L'idéologie de Levi Strauss axée sur le personnel commença avec la politique sans précédent qui prônait : « pas de licenciements » après le tremblement de terre de San Francisco en 1906.

Andrew Pettigrew considère le processus de façonnement de la culture comme le premier rôle du gestionnaire : « Le chef d'entreprise ne crée pas seulement les aspects rationnels et tangibles de l'organisation, comme la structure et la technologie, mais il est aussi le créateur de symboles, d'idéologies, d'un langage, de croyances, de rituels et de mythes. » Joanne Martin de Stanford utilise un langage tout à fait similaire, et voit les entreprises comme « des systèmes composés d'idées dont le sens doit être façonné ». Martin a animé une abondante recherche qui montre à quel point les meilleures entreprises possèdent de riches réseaux de légendes et de paraboles de toutes sortes. Hewlett-Packard, IBM et Digital sont trois de ses exemples préférés. Ses travaux mettent aussi en évidence que les moins bonnes entreprises sont relativement peu fertiles en ce domaine. Warren Bennis parle aussi de la primauté de l'image et de la métaphore :

> Ce n'est pas tellement l'articulation des objectifs que devrait poursuivre une entreprise qui crée une nouvelle pratique. Ce sont les images qui permettent de comprendre et d'admettre que la nouvelle voie est la bonne. C'est la beauté formelle du récit de ses voyages à bord du *Beagle* plus que le contenu qui a fait la différence chez Darwin. Parce que l'idée de l'évolution était déjà dans l'air depuis quelque temps. Non seulement il existait des allusions du même ordre, mais l'oncle de Darwin avait commencé à travailler la question... Ainsi, si je devais donner un conseil improvisé à quelqu'un qui essaye d'instituer le changement, je lui dirais : « Dans quelle mesure la métaphore est-elle claire ? Comment est-elle comprise ? Quelle énergie y mettez-vous ? »

La presse économique utilise de plus en plus la culture comme métaphore depuis 1960. C'est *Business Week* qui a officialisé cette pratique à la fin de l'été 1980 en consacrant un grand reportage à la culture d'entreprise. Maintenant, ce terme semble surgir de plus en plus fréquemment dans les documents économiques.

Peut-être la culture était-elle devenue un sujet tabou depuis *L'Homme de l'organisation* de William Foote Whyte et l'image conformiste du complet en flanelle grise qu'il mettait en avant. Mais ce qui semble avoir été oublié par Whyte et les autres théoriciens du management jusqu'à une date récente, c'est ce que nous appelons dans le chapitre 12 les caractéristiques de « rigueur souple » des meilleures entreprises. Dans les institutions où la culture est omniprésente, on trouve aussi une véritable autonomie au plus haut degré. La culture régit rigoureusement les quelques variables de l'organisation qui comptent, et elle donne un sens au travail. Mais à l'intérieur de ces orientations qualitatives (et dans presque toutes les autres dimensions) on encourage les gens à se singulariser, et à innover. Ainsi, le slogan d'IBM « IBM, c'est le service », souligne la dévotion immense de l'entreprise pour le client, mais cette formule offre aussi un champ d'action remarquable. Elle incite tout le monde, de l'employé de bureau au cadre, à faire tout ce qu'il peut pour s'assurer que l'on prend soin du client. Dans une perspective plus terre à terre, Steven Rothman, dans *D & B Reports,* cite un vendeur de Tupperware : « L'entreprise me laisse une grande liberté pour développer ma propre approche. Certaines conditions doivent être présentes à chaque séance pour que celle-ci ait du succès, mais si vous, vendeur de Tupperware, préférez les teintes de mauve ou de rose à pois, alors que mon style est plutôt lavande ou blanc, c'est bien. Cette liberté vous permet de donner le meilleur de vous-même. » Ainsi, le pouvoir des valeurs c'est principalement d'encourager l'esprit d'innovation pratique à se déployer pleinement.

Évolution

De même que la culture et les valeurs partagées contribuent à unifier les dimensions sociales d'une organisation, une évolution dirigée est importante pour qu'une entreprise conserve ses facultés d'adaptation.

Nous sommes confrontés à une extraordinaire énigme. Une grande partie de la théorie actuelle manque à la fois de rigueur et de souplesse. Elle n'est pas assez rigoriste pour considérer le rôle des valeurs strictement partagées et de la culture comme la source principale de détermination et de stabilité. Elle propose, à la place, des règles structurelles et des exercices de planification. En même temps, elle n'est pas assez souple pour considérer qu'un manque relatif de structure et qu'une logique de management complètement nouvelle sont nécessaires pour garantir une adaptation constante dans les grandes entreprises.

Ces deux écueils viennent de la complexité inhérente des grandes organisations, et pourtant ils ont tous les deux été surmontés par les meilleures entreprises à leur manière. Les grandes sociétés sont bien trop complexes pour être dirigées à coups de règlements, si bien que les managers, pour simplifier les choses, ont recours à quelques valeurs supérieures qui expriment les buts fondamentaux. L'adaptation est aussi trop complexe pour suivre les règlements, si bien que les managers astucieux s'assurent qu'il existe suffisamment d'« essais au jugé » en cours (c'est-à-dire des tentatives réelles, heureuses ou non) pour satisfaire les lois de la probabilité et convertir occasionnellement les chances de réussite en succès réels.

Nous avons besoin d'un nouveau langage. Il faut enrichir notre vocabulaire de management : structures temporaires, groupes ad hoc, organisations fluides, « plus c'est petit mieux cela marche », différentialisme, expérimentation, orientation vers l'action, imitations, beaucoup d'essais, variations injustifiées, concurrence interne, engouement, technique de la fantaisie, battants du produit, charrettes, cabales et organisations parallèles. Tous ces termes remettent en question nos façons de voir. Chacun implique une absence de direction claire et un besoin d'action simultané. De nouvelles métaphores et de nouveaux modèles sont nécessaires pour construire sur ces bases un ensemble sensé, cohérent et mémorisable.

Comme nous l'avons indiqué, pour accompagner sa métaphore du « dépotoir », James March a proposé un modèle de prise de décision dans lequel « des flots de problèmes, de solutions, de participants et de possibilités de choix s'agitent pour mener parfois à des décisions ». En outre, il estime que « nous avons besoin de compléter la technique de la raison par une technique de la fantaisie. Les individus et les entreprises ont besoin de faire des choses sans raison. Pas toujours, mais de temps en temps. Ils ont besoin d'agir avant de réfléchir ». Dans un tel système, prétend March, l'autorité aurait un rôle différent : « Plutôt qu'un analyste en quête de données spécifiques, on imagine un moniteur en quête de signes inhabituels. » March résume son point de vue de manière plus percutante lorsqu'il dit : « Une telle vision du management est relativement subtile. Elle suppose que l'organisation se laisse porter par le vent plutôt que gouverner, et admet que l'efficacité du management dépend souvent de cette faculté de distiller les petites interventions de façon à ce que la force des processus d'organisation naturels les amplifie au lieu de les étouffer. » Sa plus belle image est celle-ci : « Le management ressemble plus à la pose d'une barrière de neige pour prévenir des coulées de neige qu'à l'édification réfléchie d'un bonhomme de neige. »

Karl Weick décrit l'adaptation en termes de « systèmes de corrélation souple ». Il prétend que la technologie du management s'est fondée à tort sur la corrélation rigoureuse — un ordre donné ou une politique définie sont automatiquement suivis d'effets. « Plus on creuse les subtilités des entreprises, dit Weick, plus on remet l'ordre en question, et plus on est convaincu que l'efficace, le planifié, le prévisible et le durable ne sont pas des critères assurés d'évolution réussie. » Pour lui, deux processus d'évolution sont au cœur de l'adaptation. « Une variation injustifiée est cruciale, dit-il, et il ajoute, une complication délibérée m'est très sympathique. » Il insiste ensuite sur le fait que « donner un sens rétrospectivement est la métaphore clé ». Il veut dire par là que la première tâche des managers est de faire un choix, après coup, parmi les « expériences » en cours dans l'entreprise. Celles qui réussissent et qui sont conformes aux objectifs de la direction sont désignées après coup (le sens rétrospectif) comme les prémisses de la nouvelle direction stratégique. Celles qui échouent sont victimes « d'un environnement appauvri et asséché ». L'entreprise est marquée par quelques « bonnes tentatives ». Weick conclut logiquement : « Personne n'est tenu de faire ce qu'il est incapable de concevoir. » Et il cite une merveilleuse expérience décrite par Gordon Siu pour illustrer ce point :

> Si vous mettez six abeilles et six mouches dans une bouteille que vous couchez cul vers la fenêtre, vous verrez que les abeilles ne cesseront pas de chercher à découvrir une issue à travers le verre jusqu'à ce qu'elles meurent d'épuisement ou de faim, alors que les mouches, en moins de deux minutes, seront sorties par le goulot de l'autre côté. C'est l'amour de la lumière des abeilles et leur intelligence qui causent leur perte dans cette expérience. Elles s'imaginent apparemment que la sortie d'une prison doit se trouver là où la lumière est la plus vive, et elles agissent en conséquence et s'obstinent dans cette action trop logique. Pour elles, le verre est un mystère surnaturel qu'elles n'ont jamais rencontré dans la nature, elles n'ont aucune expérience de cette atmosphère soudain impénétrable, et plus leur intelligence est développée, plus cet obstacle paraîtra inadmissible et incompréhensible. Tandis que ces têtes de linotte de mouches indifférentes

à la logique comme à l'énigme du verre, ignorant l'appel de la lumière, volent frénétiquement dans tous les sens et rencontrent là la bonne fortune — qui sourit souvent aux simples qui trouvent leur salut là où les plus sages périssent — et finissent nécessairement par découvrir l'ouverture qui leur rend leur liberté.

Et Weick de conclure :

Cet épisode parle d'expérimentation, de persévérance, d'essais et d'erreurs, de risques, d'improvisation, de la meilleure voie, de détours, de confusion, de rigidité et de hasard, éléments qui entrent tous en jeu pour faire face au changement. Les contrastes les plus frappants sont ceux qui existent entre la rigidité et la souplesse. Il y a des différences dans le degré dont les moyens dépendent des fins, les actions sont contrôlées par les intentions, les solutions sont guidées par le mimétisme, la rétro-information oriente la recherche, les premiers mouvements déterminent ceux qui suivent, l'expérience passée commande l'activité présente, la logique domine l'exploration, et le degré selon lequel la sagesse et l'intelligence influent sur la façon de faire face. Dans cet exemple, des liens souples fournissent à certaines captives les moyens de surmonter un changement fondamental dans leur environnement. Chaque mouche vole, vaguement liée à sa voisine et à son propre passé, et fait de nombreuses adaptations idiosyncrasiques qui, finalement, résolvent le problème de l'évasion. La souplesse est un atout en l'occurrence. Toutefois, il n'est pas évident de savoir dans quelle mesure et à quel moment celle-ci contribue à un changement réussi, et comment l'action doit être modifiée pour faire face à la réalité de cette souplesse.

Weick, March, et quelques autres sont fascinés par le rôle que les processus d'évolution classiques jouent dans le développement des entreprises. Les économistes leur ont toujours reconnu la faculté de lier les populations des entreprises aux besoins de l'environnement : si les entreprises ne s'adaptent pas, elles meurent. Au sens le plus large (bien que cela déconcerte la plupart des gestionnaires), la théorie se vérifie trop bien. La plupart des 500 entreprises de *Fortune* n'existaient pas il y a cinquante ans. Toutes les créations d'emploi du secteur privé aux États-Unis de ces vingt dernières années sont le fait d'entreprises qui ne figuraient pas parmi les 1 000 de *Fortune* d'il y a vingt ans, et les deux tiers sont le fait d'entreprises qui comptaient moins de vingt employés il y a vingt ans. Il y a dix ans, nos géants de l'automobile semblaient invincibles. Aujourd'hui, on se demande s'il en survivra plus d'un.

En 1960, Théodore Levitt de Harvard écrivit un article dans *Harvard Business Review* intitulé « La myopie du marketing », dans lequel il faisait remarquer que toutes les industries furent un jour des industries en croissance rapide. Insensiblement, un cycle vicieux apparaît. Lorsque les industriels connaissent une période de croissance continue, ils finissent par croire que c'est un fait acquis. Ils se persuadent qu'il n'existe pas de substitut pour leur produit et se fient entièrement aux bienfaits de la production en grande série, et à la réduction inévitable des frais qui en résulte. Les directions se préoccupent des produits qui se prêtent à des améliorations très contrôlées et aux avantages de la réduction des coûts de fabrication. Toutes ces tendances se combinent pour amener une stagnation ou un déclin inévitables.

Dans *Dynamic economics,* l'économiste Burton Klein donne un point de vue similaire, issu d'une recherche approfondie : « Dans une industrie déjà en période de croissance lente, les progrès viendront rarement des grandes entreprises de ce secteur. En réalité, parmi les quelque cinquante innovations de pointe du xxe siècle qui donnèrent de nouvelles courbes de croissance dans des secteurs relativement statiques, je n'en ai trouvé aucune qui soit due à une grande entreprise. » George Gilder extrapole à partir des travaux de Klein : « Le processus qui permet à une entreprise de devenir plus productive tend à la rendre moins souple et moins inventive. »

Il apparaît que l'évolution est un phénomène continu sur le marché, que l'adaptation est cruciale, et que peu de grosses entreprises, voire aucune, en viennent à bout. Il est probable que bon nombre de nos meilleures entreprises n'auront pas éternellement de l'allant. Nous pourrions simplement dire qu'elles durent depuis longtemps — plus longtemps et avec plus de succès que la plupart — et parviennent mieux que les autres à maintenir à la fois leurs facultés d'adaptation et leur taille.

Nous pensons que cela tient surtout au fait que ces sociétés font délibérément germer l'évolution. Les meilleures entreprises sont des *sociétés qui apprennent.* Elles n'attendent pas que le marché les liquident, elles créent leur propre marché interne. (Un analyste remarqua que le véritable miracle du management d'IBM, au temps où le groupe détenait 90 % du marché, fut de créer, presque de toute pièce, le spectre de la concurrence.) Il est fascinant de constater que les meilleures entreprises ont développé une foule de trucs et de routines de management pour éviter la sclérose. Elles font plus d'expériences, encouragent plus de tentatives, et autorisent les petits échecs, elles conservent de petites dimensions, elles coopèrent avec les clients — surtout les clients avancés — à tous les niveaux de l'entreprise. Elles encouragent la compétition interne et autorisent les duplications et les chevauchements qui en résultent. Elles entretiennent un riche environnement informel, avec une information omniprésente, ce qui stimule la diffusion des idées qui aboutissent. Il est intéressant de noter que peu sont capables de formuler ce qu'elles font. Les meilleures, chez Hewlett-Packard, 3M, Digital, Wang, Johnson & Johnson ou Bloomingdale's, sont surtout dans l'incapacité d'expliquer comment intervient la direction pour orchestrer ce processus. Elles peuvent repérer le phénomène et discerner la moindre détérioration, mais, comme nous, elles manquent de vocabulaire pour le décrire. C'est Patrick Haggerty qui s'en rapprocha le plus avec son système Objectifs, Stratégies et Tactiques pour institutionnaliser l'innovation chez Texas Instruments. Cependant, là aussi, à cause de sa nature ordonnée et systématisée, Texas Instruments semble hélas empêcher l'adaptation continue plus qu'elle ne l'encourage.

Il y a dix ans, Peter Drucker avait anticipé ce besoin d'adaptation en écrivant dans *The age of discontinuity* : « Les chefs d'entreprise vont devoir apprendre à bâtir et à diriger des organisations novatrices. » Norman Macrae, rédacteur en chef de *The Economist* prétend : « C'est surtout parce qu'elles sont en constante réorganisation que je considère que les grosses entreprises américaines sont encore dans le quotidien les plus efficaces du monde. » Igor Ansoff qui a longtemps étudié la stratégie d'entreprise, ajoute : « Nous pouvons prédire la fin de la suprématie de la structure comme premier critère pour définir l'aptitude d'une organisation. La structure va devenir un moyen dynamique de changement et d'immobilisme, l'ultime modèle du "chaos organisé". » Cela nous rappelle une analyse comparant les services d'exploration qui réussissent à ceux qui ont moins de succès, que nous avions menée dans de grandes entreprises du secteur minier. Comme nous l'avons dit à notre client, le succès semblait dû à « rien de plus qu'un chaos structuré ». Dans un des premiers rapports relatifs à cette recherche, notre collègue David Anderson qualifia fort justement les meilleures entreprises d'« environnements bourdonnants et florissants ».

Dans les bonnes entreprises, tout cela semble se résumer à la philosophie du « plus on est petit, mieux on se porte », « plus on est petit, plus on est efficace ». Nous avons constamment vu les choses beaucoup plus morcelées et beaucoup moins ordonnées que ne le prône la doctrine classique. Que se passe-t-il ? Qu'est-il arrivé aux économies d'échelle ? Comment ces entreprises peuvent-elles être rentables ? N'entendent-elles rien aux courbes d'expérience ? Dans un article intitulé « Cela semblait pourtant une bonne idée à ce moment-là », *Science 82* écrivait :

> Il y a de cela dix ans, Ford Motor Co. construisit une usine pour produire 500 000 tonnes de blocs-moteurs en fonte par an. Partant du principe qu'une production en série entraîne une réduction des coûts, on éleva un bâtiment de quatre étages, assez grand pour contenir 72 terrains de football. Mais cette usine destinée à la fabrication de moteurs V-8 se révéla trop grande et trop spécialisée. Lorsque, à la suite du choc pétrolier, on adopta des moteurs plus légers, l'entreprise Ford découvrit qu'il serait exorbitant de rééquiper cette énorme usine. Elle la ferma et s'installa dans une usine plus petite, vieille de trente ans.

Les meilleures entreprises savent qu'au-delà d'une certaine taille, étonnamment petite, les *déséconomies* d'échelle semblent surgir avec un malin plaisir. Lorsque, début 1980, nous rapportâmes nos premières conclusions à John Doyle, directeur général adjoint chez Hewlett-Packard, nous fîmes la remarque que les entreprises très performantes que nous avions vues, semblaient « sous-optimiser » leurs divisions et leurs usines (les réduisant plus que n'auraient semblé le dicter les facteurs de marché ou les économies d'échelle). Bien que nous l'ayons entendu dans un sens favorable, il prit très mal notre choix des mots. « Pour nous, ce que vous appelez "sous-optimal" est optimal », soutint-il avec véhémence.

Dans les chapitres suivants, nous rencontrerons des exemples de choses qui ne sont pas aussi ordonnées que le conseillent les manuels. Le thème commun, le fil qui semble unifier cet apparent désordre, c'est l'idée que petit est synonyme d'efficace. Nous avons vu des divisions, des usines et des succursales plus petites que ne l'aurait suggéré n'importe quelle analyse des coûts. Nous avons constaté un « esprit d'entreprise simulé »; en l'occurrence, les « directeurs de boutique » de Dana (en réalité, des directeurs d'usine) sont un bon exemple. On a mis en pratique une décentralisation de fonctions là où la théorie économique classique le déconseillerait formellement. Les directeurs de boutique de Dana, au nombre de quatre-vingt-dix environ, peuvent avoir leur propre système de comptabilité analytique, faire leurs propres achats, et contrôlent de fait tous les aspects de la politique du personnel. Plus d'une fois, nous avons vu des équipes de dix personnes qui étaient plus novatrices que des groupes de recherche ou d'études comptant des centaines de personnes et dotés de tout l'équipement voulu. Nous avons vu maints exemples de compétition interne, d'équipes travaillant sur la même chose, de duplications et de chevauchements de lignes de produits, de gens faisant des expérimentations et fiers de souligner leurs erreurs utiles. Nous avons vu des myriades de minuscules groupes d'intervention efficaces, et plus de cercles de qualité que les directions américaines n'étaient censées en utiliser à ce moment-là. Nous avons observé moins de standardisation de procédure, et une volonté plus grande « de les laisser agir à leur guise si ça tient debout et si ça marche ».

Nous pensons qu'en l'occurrence, nous sommes en train de défricher un important champ théorique. Nous avons observé plus de « morcellement », plus de divisions en unités maniables chez elles que chez d'autres qui prétendent avoir recours à cette approche. Dans la théorie actuelle, l'idée que petit est synonyme d'efficace est surtout soulevée à propos des facultés d'innovation des petites entreprises. Dans la plupart des meilleures entreprises, cependant, nous constatons que les diverses approches de morcellement sont un principe important d'efficacité des dirigeants. Il est intéressant de noter que, plus nous observons ce phénomène, plus nous sommes convaincus que c'est un véhicule d'efficacité accrue, et le moyen d'entretenir l'adaptation et d'assurer la survie de l'entreprise.

Oliver Williamson de l'université de Pennsylvanie est le premier théoricien sur le front de l'efficacité. Son livre *Markets and Hierarchies*, n'a probablement pas reçu l'attention qu'il méritait parce qu'il est très difficile à lire (même l'auteur l'admet dans la préface). Williamson soutient que, dans les estimations classiques d'économies d'échelle, nous avons largement sous-estimé les « coûts de transaction », c'est-à-dire le coût de la communication, de la coordination et de la prise de décision. Cela revient en gros à la remarque que nous faisions plus haut sur l'augmentation géométrique de la complexité qu'entraîne la progression arithmétique des effectifs, si l'interaction est nécessaire pour mener les tâches à bien. Dans la mesure où il est indispensable de coordonner de nombreux facteurs, les coûts de cette coordination bouleversent habituellement les économies d'échelle déterminées techniquement. Une masse grandissante de preuves empiriques corroborent les assertions de Williamson.

Les idées de Williamson se rapprochent de nos propres observations, mais il reste une différence essentielle. Pour lui, le monde est blanc ou noir. Si les coûts de transaction indiquent qu'une fonction peut être remplie plus efficacement par le marché des prestataires externes que par les entreprises elles-mêmes, alors il faut s'adresser à l'extérieur. Pour donner un exemple banal, dans une grande société, l'arrosage des plantes vertes semble être un problème mineur. Pourtant, le choix des plantes à acheter selon la saison et leur entretien absorbent beaucoup de temps. Par conséquent il se révèle moins cher (et plus efficace) de s'adresser à un service extérieur de location florale. (L'inventeur de ce service est généralement un entrepreneur intelligent qui sait à quel point l'entretien des plantes est fastidieux.) Si les choses peuvent être faites plus efficacement à l'intérieur, Williamson prétend alors qu'il faut s'en tenir à l'entreprise. Nous pensons que la notion de marché est valable à l'intérieur d'une société. Les pratiques de gestion clé de IBM, Hewlett-Packard, 3M, Texas Instruments, McDonald's, Delta, Frito, Tupperware, Fluor, Johnson & Johnson, Digital et Bloomingdale's s'appuient sur le fait que tous les marchés, quels qu'ils soient, fonctionnent bien à l'intérieur de l'entreprise. La concurrence interne est une politique établie chez Procter & Gamble depuis 1930 : Sloan l'utilisa ouvertement chez General Motors dès le début des années vingt.

L'ordre est sacrifié, mais on gagne en efficacité. En réalité, on y gagne plus que de l'efficacité. En utilisant la technique du morcellement, une entreprise stimule une multiplicité d'actions rapides. L'organisation *agit,* et tire ensuite un enseignement de ses actions. Elle fait des expériences, commet des erreurs, rencontre des succès inattendus — et une nouvelle orientation stratégique émerge inexorablement. Nous sommes persuadés que, si les grosses entreprises cessent d'innover, cela tient principalement au fait qu'elles sont dépendantes de grosses usines, d'un débit de production régulier, d'opérations intégrées, de la planification de grands projets technologiques, et de la définition d'orientations stratégiques rigides. Elles oublient comment on apprend, et cessent de tolérer l'erreur. L'entreprise oublie ce qui lui a permis de réussir : c'était, en général, une culture qui encourageait l'action, les expériences et les tentatives répétées.

Nous pensons qu'une entreprise qui sait véritablement s'adapter évolue d'une façon très darwinienne. Elle essaie beaucoup de choses, expérimente, commet les bonnes erreurs, elle favorise ses propres mutations. L'entreprise qui sait s'adapter a rapidement appris à se débarrasser des mutations stériles, et s'engage totalement dans celles qui marchent. Nous estimons que certaines des voies les plus créatrices empruntées par les entreprises qui savent s'adapter ne font pas l'objet d'une planification précise. Ces sociétés construisent les barrières de neige de March pour orienter les essais, les expériences, les erreurs, et les grandes réussites occasionnelles dans des directions qui ne sont qu'approximativement bonnes. Notre collègue Lee Walton soutient même que la principale tâche du management est de guider ses troupes vers la bonne direction.

Notre utilisation de l'analogie darwinienne est surtout critiquée parce qu'elle semble se limiter à de petites innovations marginales. Les grandes percées novatrices, comme le système 360 de IBM, disent ces critiques, exigent une planification solide, du style « quitte ou double ». Nous nous réjouissons que l'on soulève ce problème parce qu'il est si facile de le réfuter sur des bases théoriques aussi bien qu'empiriques. Rien, dans la théorie de l'évolution, ne semble étayer une interprétation stricte selon laquelle l'évolution se fait par toutes petites étapes. Le biologiste évolutionniste Stephen Jay Gould, chef de file incontesté en ce domaine, souligne par exemple que l'évolution du cerveau humain, essentiellement aléatoire, loin d'être le fruit de progressions minuscules ou par paliers logiques, avait 50 000 ans ou plus d'avance, de sorte qu'à l'époque de l'homme des cavernes, les capacités du cerveau dépassaient alors les besoins de nos ancêtres. Pour cette raison même, le cerveau n'a pas fondamentalement changé depuis. Bien sûr, les grandes mutations qui réussissent sont beaucoup plus rares que les petites. Mais cela ne peut nous surprendre. De toute façon, le modèle évolutionniste fait la preuve que de grands bonds en avant peuvent se produire sans l'intervention, selon les termes de Gould, d'un Dieu omniscient ou d'une planification presciente.

Les preuves empiriques sont encore plus frappantes. Burton Klein et d'autres ont démontré dans un grand nombre d'études que ce n'est jamais le chef de file d'un secteur industriel qui fait le grand bond en avant. Au contraire, disent-ils, c'est l'inventeur ou l'homme isolé qui en est l'auteur, même dans les secteurs lents comme l'industrie de l'acier ou de l'aluminium où l'on ne s'attend pas à trouver beaucoup d'inventeurs. En outre, nos propres recherches montrent que la plupart des innovations de pointe de McDonald's (les articles du menu du petit déjeuner qui représentent environ 40 % de l'affaire) à General Electric (plastiques industriels et moteurs d'avion) sont le fait de petits groupes de fanatiques opérant en dehors du courant majoritaire. Un observateur de longue date d'IBM remarqua qu'*aucun* des nouveaux produits lancés dans le dernier quart de siècle n'était issu du système formel. Cela ne veut pas dire que l'entreprise ne fasse pas de gros paris planifiés sur un produit ou une affaire nouvelle. Elle en fait bien sûr. Cela signifie que la mutation, même la grande, se fait à la base, et invariablement sous la tutelle de fanatiques en marge du système. En plus, presque aucune grande innovation (ainsi désignée après coup) n'est utilisée de la façon initialement prévue. Comme nous l'avons déjà signalé, on pensait au départ que les ordinateurs ne pouvaient avoir que très peu d'applications, et pour la plupart au bureau de recensement. Les transistors furent fabriqués pour un nombre restreint d'utilisations militaires. A l'origine, on considérait que les locomotives Diesel ne seraient utiles que dans les gares de triage. La photocopie visait une petite partie du marché de la lithographie, la copie en masse n'était pas le but initial de l'invention ou de la commercialisation des débuts.

Ainsi la théorie évolutionniste et légèrement désordonnée du management est valable pour les innovations sur une grande ou une petite échelle, et pour l'efficacité comme pour le rendement. Un dernier élément de cette théorie doit être souligné. En biologie, l'isolement peut entraîner la catastrophe dans un milieu actif. Des mutations de l'espèce peuvent se produire de temps en temps (l'équivalent des essais sur un nouveau produit), mais les sélections (réussites) sont peu probables. Ainsi, le processus de mutation de génération (les expériences, les essais, les erreurs) ne doit pas être issu de l'isolement, mais des réels besoins et des possibilités de l'entreprise. Dans les meilleures entreprises, cela se produit par le canal d'un riche ensemble d'interactions avec l'environnement — à savoir les clients. Une fois de plus, la théorie classique est loin de la réalité des entreprises exemplaires.

La théorie du management a pris un virage important il y a environ quinze ans, lorsque l'environnement s'infiltra enfin dans les modèles d'organisation. L'étude décisive en la matière fut celle de Lawrence et Lorsch en 1967. Plus récemment, les deux principaux défenseurs de la théorie évolutionniste furent deux jeunes chercheurs vedettes, Jeffrey Pfeffer et Gerald Salancik. Ils publièrent en 1978 *The external control of organizations : A resource dependence perspective*. En 1978 toujours, Marshall Meyer écrivit *Environments and Organizations* qui comprenait sept chapitres théoriques, et une récapitulation d'à peu près dix importants programmes de recherche sur une dizaine d'années. Tous ces chercheurs ont de bonnes intentions. Prenez par exemple Pfeffer et Salancik : « La thèse centrale de ce livre est que pour comprendre le comportement d'une entreprise, on doit comprendre le contexte de ce comportement. Les sociétés sont irrémédiablement liées aux conditions de l'environnement. Il est vrai que l'on a dit que toutes les entreprises s'engagent dans des activités dont la conclusion logique est l'ajustement à l'environnement. » Ce n'est pas faux. Mais nous trouvons cependant étrange, ayant feuilleté les tables des matières de ces trois ouvrages fondamentaux, de ne pas y avoir trouvé le mot « client » ou « clientèle ». Ces trois livres parlent d'environnement, mais omettent complètement la richesse du contact avec la clientèle; celle-ci est pourtant la marque de l'entreprise exemplaire, et revêt des formes très diverses qui vont des sondages menés dans le métro sous le magasin Bloomingdale's à New York (plus symbolique qu'autre chose) à un grand éventail d'expériences faites par l'utilisateur chez Digital et ailleurs.

Quelques chercheurs sont allés plus loin. En particulier, James Utterback et Eric von Hippel de l'Institut de technologie du Massachusetts, étudiant des entreprises de haute technologie, ont fait plusieurs analyses de l'intensité des contacts avec la clientèle dans les meilleures sociétés. Utterback, par exemple, parle de la supériorité des firmes innovatrices : « Cela implique des relations particulières et non générales avec l'environnement. Et des rapports avec des utilisateurs très créatifs et exigeants. Cela requiert que ces rapports soient informels et personnels. Entre le producteur de technologie et le consommateur s'établit un grand échange de tests et d'explications. Il existe souvent beaucoup d'interactions entre l'utilisateur potentiel et l'entreprise qui introduit une modification importante du produit sur le marché. » Mais les travaux d'Utterback et von Hippel restent isolés, et se limitent à une population relativement petite d'entreprises de haute technologie. Le phénomène de rapports intenses entreprise-client, que nous avons observé, n'est cependant pas limité à un secteur, nous sommes heureux de le souligner.

Il n'y a là rien de très nouveau. Selznick et Barnard parlaient de culture et de façonnement des valeurs il y a quarante ans. Herbert Simon commença à parler des limites de la rationalité à la même époque. Chandler commença à disserter sur les liens avec l'environnement il y a trente ans. Weick commença à évoquer les analogies évolutionnistes il y a quinze ans. Le problème est, tout d'abord, qu'aucune de ces thèses n'est parvenue à s'imposer, elles eurent peu ou pas d'effets sur les praticiens des entreprises. De plus, ce qui est plus regrettable à notre avis, elles sont toutes muettes sur la richesse et la variété des liens que nous avons observés dans les meilleures entreprises. Ce n'est pas seulement une question d'expérimentation : ce sont des milliers d'expériences qui caractérisent ces entreprises. Ce n'est pas seulement de la concurrence interne : toutes les affectations de ressources sont faites par ce biais. Ce n'est pas seulement que plus c'est petit, mieux cela marche, ce sont des centaines de très petites unités. Ce n'est pas seulement le contact avec la clientèle, mais un large éventail de dispositifs pour que tout le monde, du jeune comptable au patron, ait un contact régulier avec le client. En deux mots, les pratiques clés du management dans les meilleures entreprises ne sont pas seulement différentes, elles mettent la vision conventionnelle du management sur le flanc.

5

Le parti pris de l'action

Les réserves de l'Est africain procurent une intense émotion qu'il est impossible de décrire. Ni les livres, ni les diapositives, ni les films, et encore moins les trophées ne peuvent la dépeindre. Lorsque vous êtes sur place, elle vous étreint. Ceux qui y sont allés peuvent passer des heures à en parler, et les autres ne peuvent l'imaginer.

Nous connaissons une impuissance analogue lorsqu'il s'agit de décrire un attribut des meilleures entreprises qui semble être la clé de voûte du reste : le parti pris de l'action, la prédisposition à faire avancer les choses. Ainsi, tentant un jour d'expliquer à un cadre chargé de coordonner la gestion des projets comment il serait possible de simplifier radicalement les formalités, les procédures, la paperasse et les multiples comités qui avaient submergé son système, nous lui dîmes à brûle-pourpoint : « Ils n'ont pas l'air d'avoir ce genre de problèmes chez 3M et Texas Instruments. Les gens discutent simplement de façon régulière. » Il nous jeta un regard vide. Alors, nous ajoutâmes : « Vous n'êtes pas en concurrence avec 3M. Allons passer une journée à Saint-Paul pour voir comment cela se passe. Vous serez surpris. »

Nos amis de 3M ne firent aucune difficulté et nous eûmes l'occasion d'observer toutes sortes d'activités étranges. Une dizaine de réunions ou plus étaient en cours, auxquelles participaient des représentants des services des ventes, du marketing, de la fabrication, des bureaux d'études, de la recherche et du développement — même des comptables — qui discutaient des problèmes que pose un nouveau produit. Nous tombâmes sur une séance où un client de 3M était venu s'entretenir à bâtons rompus de la meilleure façon de servir sa société avec une quinzaine de personnes issues de quatre divisions différentes. Rien de tout cela ne semblait avoir été répété. Nous n'assistâmes à aucun exposé structuré. Cela continua ainsi toute la journée — les gens se réunissaient au hasard, semble-t-il, pour que les choses se fassent. A la fin de la journée, notre interlocuteur admit que nous en avions fait une description assez exacte. Désormais, il avait le même problème que nous : il ne savait pas comment décrire cette situation à d'autres.

Il est très difficile d'expliquer un parti pris pour l'action, mais il est très important d'essayer parce que c'est un univers complexe. La plupart des entreprises que nous avons vues sont prisonnières de rapports volumineux qui sont passés entre les mains de différentes personnes, et quelquefois, de centaines de fonctionnels. Les idées en ressortent exsangues et dépersonnalisées. Les grosses entreprises semblent entretenir de grands laboratoires qui sortent des tonnes de paperasse et de brevets, mais rarement de nouveaux produits. Ces firmes semblent submergées par de vastes entrelacs de commissions et de groupes d'intervention qui tuent la créativité et bloquent l'action. L'irréalisme règne, propagé par des gens qui n'ont ni fabriqué, ni vendu, ni essayé, ni testé, ni même quelquefois jamais vu le produit, mais qui se sont documentés à son sujet en lisant des rapports arides écrits par d'autres.

Dans la plupart des meilleures entreprises, cela se passe de façon très différente. Certes, elles ont aussi des groupes d'intervention. Mais, au groupe d'intervention de trente-cinq personnes qui dure dix-huit mois et présente un rapport de 500 pages, elles préfèrent des groupes multiples, mobilisés pour une semaine et composés de peu de membres qui obtiennent des opérationnels qu'ils agissent différemment.

Dans ce chapitre, nous traitons de la réponse trop raisonnable et rationnelle apportée au problème de la complexité dans les grandes entreprises : on coordonne, on étudie, on forme des commissions, on réclame davantage de données ou de nouveaux systèmes d'information. Si, dans un monde complexe, un système complexe semble souvent de mise, celui-ci est en général très exagéré. La léthargie et l'inertie qui en résultent paralysent bien des entreprises.

Les meilleures entreprises nous enseignent que la complexité n'a rien d'indispensable. Elles semblent regorger de techniques très originales qui vont à l'encontre de la tendance naturelle au conformisme et à l'inertie. Un large éventail de dispositifs d'action, surtout dans le domaine des systèmes de gestion, une organisation fluide et des expériences, sont autant de dispositifs qui simplifient leurs systèmes et encouragent un mouvement constant dans l'organisation.

La fluidité de l'organisation : le management baladeur

Warren Bennis dans *The temporary society* et Alvin Toffler, dans *Le choc du futur* définissent tous les deux l'« adhocratie » comme un mode de vie de l'entreprise. A une époque où tout change très vite, disent-ils, la bureaucratie ne suffit pas. Par « bureaucratie », ils entendent la structure formelle qui a été établie pour faire face à des éléments quotidiens, routiniers — la vente, la fabrication, etc. Par « adhocratie », ils entendent les mécanismes de l'organisation qui traitent de toutes les nouvelles questions qui ne relèvent pas de la bureaucratie ou en recouvrent tant de domaines qu'on ne sait qui est responsable de quoi, si bien que personne ne bouge.

Le concept de fluidité organisationnelle n'est donc pas nouveau. Ce qui est neuf par contre, c'est que les meilleures entreprises savent en faire bon usage. Que ce soient leurs nombreuses façons de communiquer informellement ou leurs manières spéciales de recourir à des dispositifs ad hoc, comme les groupes d'intervention, les meilleures entreprises obtiennent une action rapide parce que leurs organisations sont fluides.

La communication dans ces entreprises est très différente de celle qui se pratique chez leurs homologues moins bons. Les meilleures entreprises sont un vaste réseau de communications informelles et ouvertes. La configuration de ce réseau et l'intensité même des communications entretiennent des contacts opportuns entre les gens, tandis que le potentiel anarchique du système est toujours maîtrisé en raison de la régularité du contact et de sa nature (par exemple, la confrontation de gens à niveau égal dans des situations presque concurrentielles).

L'intensité des communications est évidente dans les meilleures entreprises. Cela commence généralement par l'importance que l'on attache à l'absence de formalisme. Chez Walt Disney Productions, par exemple, tout le monde, du président au petit employé, porte un badge affichant son seul prénom. Chez Hewlett-Packard, on insiste tout autant sur l'utilisation du prénom. Vient ensuite la politique de la porte ouverte. IBM y consacre énormément de temps et d'énergie. Cette politique était une part essentielle de la philosophie de Watson, et elle demeure en vigueur aujourd'hui — avec 350 000 employés. Le président continue à répondre à toutes les réclamations du personnel. Chez Delta Airlines, la politique de la porte ouverte règne aussi, et chez Levi Strauss, c'est tellement important qu'ils l'appellent la « cinquième liberté ».

Faire sortir la direction de son bureau contribue aussi aux échanges informels. A United Airlines, Ed Carlson l'a appelé le

« management visible », ou le « management promeneur ». Hewlett-Packard considère aussi ce « management baladeur » comme un principe clé du « style HP ».

Un autre stimulant capital de la communication informelle est l'installation d'éléments physiques. Corning Glass fit mettre des escaliers roulants de préférence à des ascenseurs dans son nouveau bâtiment d'études pour augmenter les chances de contacts en face à face. Chez 3M, on parraine des clubs pour des groupes d'une douzaine d'employés ou plus dans le seul but d'augmenter les chances de réunions improvisées qui permettent de résoudre des problèmes à l'heure du déjeuner et à tout autre moment de la journée. Un cadre de Citibank raconte que le clivage séculaire dans un service, entre les responsables des opérations courantes et les responsables des prêts, disparut lorsque l'on installa l'ensemble des employés au même étage, sans cloisons entre les bureaux.

Tout cela contribue à développer la communication. Toutes les règles d'or de Hewlett-Packard tendent à une meilleure communication que leurs équipements sociaux et matériels favorisent : il est difficile d'arpenter longtemps les locaux de Palo Alto sans rencontrer des groupes de gens assis autour de tableaux noirs, en train de résoudre des problèmes. Il est très probable que ces réunions spontanées comprennent des représentants des services de la recherche et du développement, de la fabrication, des bureaux d'études, du marketing et des ventes. Cela contraste avec la plupart des grandes entreprises avec lesquelles nous avons travaillé, où les cadres et les analystes ne rencontrent jamais et *a fortiori* ne discutent jamais avec la clientèle, ne rencontrent et ne parlent jamais aux vendeurs, ne regardent et ne touchent jamais le produit (et le terme « jamais » n'est pas choisi à la légère). Un ami de chez Hewlett-Packard, parlant de l'organisation du centre de recherche de l'entreprise, ajoute : « Nous ne savons vraiment pas quelle est la meilleure structure. La seule chose que nous sachions, c'est que le très haut degré de communication informelle est la clé de voûte. Nous devons la préserver à tout prix. » Les convictions de 3M sont les mêmes, ce qui fit dire à l'un de ses cadres : « Il n'y a qu'une chose qui manque à votre analyse des meilleures entreprises. Il vous faut un neuvième principe — les communications. Nous nous contentons de discuter sans échange de paperasse et sans baratin formel. » Tous ces exemples donnent une véritable *technologie du « savoir garder le contact »*, un contact constant et sans formalisme.

Nous observons, en général, l'énorme pouvoir de l'évaluation régulière et positive de gens à niveau égal. Tupperware nous en fournit un exemple simple. Cette entreprise fait un bénéfice avant impôts d'environ 200 millions de dollars provenant de la vente de simples récipients en plastique. La tâche clé de la direction est de motiver plus de 80 000 vendeurs, et le premier principe est le « rallye » auquel participent toutes les vendeuses tous les lundis soirs pour la proclamation des chiffres d'affaires individuels de la semaine précédente, le fameux « décompte », et la distribution des « médailles », sous forme de badges divers. D'un côté, c'est un exercice qui a des aspects de punition — une rivalité directe qui ne peut être esquivée. D'un autre côté, c'est positif : tout le monde gagne, c'est la fête et les applaudissement pleuvent, et la technique d'évaluation est informelle plutôt que fondée sur une masse de paperasse. En fait, le but du système Tupperware est de créer des occasions de se réjouir et de les fêter. Chaque semaine, il y a de nouveaux concours. Prenons l'exemple de trois distributrices dont les ventes baissent : la direction donnera un prix à celle qui aura le plus augmenté son chiffre lors des huit semaines suivantes. Existent aussi, chaque année, les trente jours de jubilé pendant lesquels on fête 15 000 vendeuses (3 000 par semaine), avec des remises de récompenses, de prix et toutes sortes de cérémonies. C'est une utilisation systématique des signes de reconnaissance positifs.

Avant tout, lorsque l'on examine Hewlett-Packard, Tupperware et d'autres, on constate un effort délibéré de la direction pour faire deux choses : (1) honorer, à l'aide de toutes sortes de signes de reconnaissance positifs, toute action valable accomplie par les gens en haut de l'échelle hiérarchique et, plus encore ceux de la base; et (2) rechercher toutes les occasions d'échanger de bonnes nouvelles.

Lors de notre première série d'interviews, les trois principaux enquêteurs se réunirent au bout de six semaines. Lorsque nous tentâmes de résumer ce qui nous semblait le plus important (et le plus différent), nous fûmes d'accord pour reconnaître que c'était les environnements extraordinairement informels des meilleures entreprises. Nous n'avons pas changé d'avis depuis. Le secret du succès est une communication riche et informelle. L'effet secondaire étonnant est cette aptitude à jouer sur les deux tableaux : une communication riche et informelle entraîne plus d'action, plus d'expériences, on apprend davantage, et en même temps, cela donne une aptitude à mieux garder le contact et à dominer la situation.

« La voix du directeur de la Chase Bank était teintée d'admiration, comme à regret », rapporte *Euromoney*. « Si cela ne va pas chez Citibank, ils changent — pas petit à petit, comme nous le ferions, mais immédiatement, même s'ils doivent tout chambouler. » Écoutons aussi les propos d'un cadre d'IBM : « On dit que dans les années soixante, IBM fixa comme objectif la capacité de procéder à une totale réorganisation en quelques semaines seulement. » Les valeurs d'IBM n'ont pas changé, et la stabilité sous-jacente permet structurellement de faire bouger de grandes masses de gens et de ressources pour s'attaquer à un problème important. De même, le patron de Trak, petite entreprise d'articles de sport dont le chiffre d'affaires est de 35 millions de dollars, souligna que pour que ses vedettes restent motivées, il avait dû adopter une organisation souple : « Il faut constamment lancer de nouveaux projets si l'on veut accrocher les gens valables... Nous avons recours à une réorganisation souple et à des équipes mobiles. C'est un élément permanent de notre système d'organisation. »

Harris Corporation a réussi l'impossible : ils ont pratiquement balayé le problème de l'extension de la recherche subventionnée par l'État à des domaines viables sur le plan commercial. Beaucoup d'autres ont essayé, et ils ont presque tous échoué. La raison première de la réussite de Harris tient à ce que la direction retire régulièrement et en bloc des groupes d'ingénieurs (de vingt-cinq à cinquante) des projets publics, et les place, en groupe, dans de nouvelles divisions commerciales. Des tactiques similaires ont fait le succès de Boeing. Un cadre remarque : « Nous sommes capables de créer une grande unité nouvelle en l'espace de deux semaines. Nous n'y parvenions pas en deux ans à International Harvester. »

Il existe maintes variations sur ce thème dans les meilleures entreprises, mais toutes tendent à ce même empressement régénérant à opérer des changements rapides et massifs de ressources : des groupes d'ingénieurs, des groupes de marketers, des produits d'une division à l'autre, etc.

Le morcellement

Nous nous rappelons très bien la visite que nous avions faite à un cadre opérationnel de premier plan qui était devenu « coordinateur de groupes de produits ». C'était un dur qui avait gagné ses galons en résolvant des problèmes de négociations sociales. Maintenant son bureau était vide, et il feuilletait une collection d'articles traitant de relations humaines de la *Harvard Business Review*. Lorsque nous nous enquîmes de ce qu'il faisait, il nous montra une liste de commissions qu'il présidait. Cet exemple nous renvoie, *de facto*, à la matrice, à un environnement de responsabilités fragmentées. Cela ne nous renvoie pas à ce qui se passe dans les meilleures entreprises.

Le cadre qui avait dirigé l'une des filiales de Exxon en Asie pendant ces dix dernières années, fit récemment une conférence sur la « stratégie ». Il raconta une extraordinaire histoire d'amélioration où il n'était pas question de prévoyance sagace ou de tactiques stratégiques audacieuses. C'était, en fait, l'histoire d'une série d'actions pragmatiques. Pendant dix ans, chaque année ou presque, un problème avait été résolu. Une année, un groupe de choc vint du quartier général régional l'aider à maîtriser les comptes clients. Une autre année, le but de la lutte fut de supprimer des segments non bénéficiaires. Une autre année encore, l'effort se porta sur un nouvel arrangement avec les distributeurs. C'était l'exemple classique de ce que nous en sommes venus à appeler la « théorie du morcellement ». Nous pensons que le facteur clé du succès en affaires est de prendre le problème pratique, quel qu'il soit, à bras-le-corps, et de le supprimer — sur-le-champ. Au Japon, Exxon exécuta simplement (à la perfection ou presque) une série de manœuvres pratiques. Ils s'arrangèrent pour que chaque problème soit abordable, et ils s'y attaquèrent. Le temps consacré à chaque programme était relativement court. Et on ne contestait pas que, pour ce laps de temps donné, c'était la priorité numéro un. Cela avait des résonances de prévoyance stratégique, mais nous dirions plutôt que c'était une caractéristique beaucoup plus remarquable : ils ont simplement réussi à mener à bien un ensemble de tâches pratiques.

Il s'agit là d'un principe sous-jacent, d'une caractéristique importante du parti pris de l'action que nous appelons le morcellement. Cela signifie simplement fractionner les choses pour faciliter la fluidité de l'organisation, et encourager l'action. Ces morceaux dont l'orientation première est l'action ont différentes dénominations — champions, équipes, groupes d'intervention, tsars, centres de projets, charrettes, et cercles de qualité, etc. — mais ils ont un point commun. Ils ne figurent jamais sur les organigrammes formels et rarement dans l'annuaire de la société. Ils sont néanmoins la partie la plus visible de l'« adhocratie », facteur de fluidité de l'entreprise.

Le petit groupe est le plus évident des dispositifs de morcellement. Les petits groupes sont, tout simplement, la pierre angulaire des meilleures entreprises. Généralement, lorsque l'on pense aux fondements de l'organisation, on se tourne vers les gros agrégats — les départements, les divisions, ou les unités stratégiques. Ce sont ceux qui apparaissent sur l'organigramme. Mais, à notre avis, le petit groupe joue un rôle décisif pour le bon fonctionnement de l'organisation. Dans ce sens, (comme dans bien d'autres), les meilleures entreprises sont très japonaises. Dans *Japon médaille d'or* Ezra Vogel écrivait que l'activité et la structure sociale des sociétés japonaises gravitent autour du Kacho (chef de section) et le groupe de huit à dix personnes qui forme la section type :

> La pierre angulaire d'une entreprise n'est pas un homme investi d'un rôle particulier, avec ses secrétaires et ses assistants. La pierre angulaire est la section... La modeste section, dans sa sphère, n'attend pas les ordres de la direction, mais prend des initiatives. Pour que ce système soit efficace, les chefs de file de la section doivent avoir une meilleure connaissance des objectifs de la société, et s'y identifier davantage que dans une entreprise américaine. Ils arrivent à ce résultat grâce à une longue expérience et à des années de discussions avec les autres à tous les niveaux.

Apparemment, le petit groupe considéré comme pierre angulaire fonctionne aussi aux États-Unis, bien que ce ne soit pas un élément de la culture nationale aussi naturel qu'au Japon. Dans le domaine des nouveaux produits, 3M a plusieurs centaines d'équipes de quatre à dix membres qui s'activent. Rappelez-vous les 9 000 équipes de Texas Instruments qui déploient leur énergie à la recherche de petites améliorations à apporter à la productivité. En Australie, l'une des quelques grandes entreprises dont la productivité est excellente est ICI. Parmi les programmes mis en place par le directeur Dirk Ziedler au début des années soixante-dix, on trouve une série d'équipes imbriquées qui ressemblent beaucoup à la section japonaise.

C'est sa souplesse qui fait la force du petit groupe. Les équipes chargées du nouveau produit sont formées n'importe où chez 3M, et personne ne s'inquiète vraiment de savoir si elles relèvent bien du champ de compétences des divisions. Fort justement, le président de Texas Instruments, Mark Shepherd, appelle son entreprise « un environnement fluide, orienté vers l'action ». Un message réconfortant émane des meilleures entreprises : c'est que ce qui doit marcher, marche vraiment.

Il est aussi très frappant de voir à quel point l'utilisation efficace de l'équipe dans les meilleures entreprises correspond, à la virgule près, aux meilleures conclusions théoriques en ce qui concerne la formation de petits groupes efficaces. Par exemple, dans les entreprises exemplaires, la taille type des équipes efficaces de productivité ou de nouveaux produits est de l'ordre de cinq à dix membres. Les analystes sont clairs à ce sujet; la taille optimale du groupe est d'environ sept membres dans la plupart des études. D'autres conclusions vont dans le même sens. Les équipes qui sont constituées de *volontaires,* qui sont d'une *durée limitée,* et qui fixent *leurs propres objectifs* sont généralement beaucoup plus productives que celles dont les caractéristiques sont inverses.

Le groupe d'intervention ad hoc. Le groupe d'intervention peut être le symbole d'un morcellement efficace. Hélas, il peut aussi devenir la quintessence d'une bureaucratie invétérée. Le souvenir de cette analyse est encore très présent à notre esprit : notre client était une filiale au chiffre d'affaires de 600 millions de dollars d'une entreprise dont le chiffre d'affaires total avoisinait plusieurs milliards de dollars. Nous fîmes l'inventaire des groupes d'intervention, et nous en dénombrâmes 325. Jusque-là, rien d'anormal. Ce qui nous renversa par contre, de même que l'entreprise, c'est qu'aucun de ces groupes d'intervention n'avait rempli son contrat en trois ans d'existence. Aucun d'entre eux n'avait été dissous. Dans une situation analogue, chez un client différent, nous prîmes des rapports de groupes d'intervention au hasard, et nous découvrîmes que la longueur moyenne dépassait largement les cent pages; en outre, il y avait de vingt à cinquante ratifications.

Revenons en arrière pour comprendre l'amour actuel pour les groupes d'intervention. Bien qu'ils aient, sans aucun doute, déjà existé sous mainte forme sans en porter le nom, la NASA et le programme Polaris leur donnèrent un bon renom. La NASA inventa la structure de l'équipe ad hoc, et fit la preuve de son efficacité dans ses premiers programmes. Le programme du sous-marin Polaris marcha encore mieux. Dès 1970, le concept de groupe d'intervention avait tellement pénétré bon nombre de grandes entreprises que celui-ci n'était devenu qu'une partie supplémentaire du système rigide qu'il était censé améliorer.

Avec le recul, il semble que beaucoup de choses se déréglèrent. Comme tout instrument adopté dans un contexte bureaucratique, il devint une fin de soi. Le maniement de la paperasse et la coordination remplacèrent le travail tourné vers l'accomplissement de tâches précises. Des institutions lourdes, formelles, submergées par les papiers, très réglementées, enfermèrent le groupe d'intervention dans le labyrinthe préexistant, au lieu de l'utiliser comme une entité autonome, stimulant l'action. Les groupes d'intervention ne devinrent rien d'autre que des commissions de coordination — baptisées différemment. Comme d'autres outils de gestion adoptés à mauvais escient, le recours au groupe d'intervention aggrava les choses au lieu de les améliorer.

Voilà pour le mauvais côté. Le bon côté est que, dans les entreprises où le contexte s'y prête — où l'on accepte la fluidité et l'« adhocratie » — le groupe d'intervention est devenu un outil remarquablement efficace pour résoudre les problèmes. En fait, c'est la première défense contre les structures en matrice. Il reconnaît le besoin d'efforts multifonctionnels pour résoudre les problèmes et mettre en œuvre les solutions, mais non par le biais de dispositifs permanents.

Une anecdote éclairera ce point. Au milieu de notre enquête, nous nous rendîmes au siège de Digital à Maynard dans le Massachusetts. Une fois l'entretien prévu terminé, nous demandâmes à un cadre de nous dire sur quoi il allait travailler les jours suivants. Nous voulions avoir un aperçu du véritable fonctionnement de Digital.

Il nous répondit qu'il était avec six autres responsables opérationnels de l'entreprise sur le point de réorganiser la force de vente à l'échelon national. Tous étaient des cadres supérieurs. Chacun avait tout pouvoir de ratifier le changement pour son groupe. Cette discussion eut lieu un jeudi. Notre interlocuteur devait partir avec son groupe à Vail dans le Colorado le soir même. Il déclara : « Nous serons de retour lundi soir, et je pense que nous annoncerons les changements à la force de vente mardi. Le premier pan de la mise en œuvre devrait être mis en place une semaine après environ. »

En avançant dans nos interviews, nous entendîmes constamment des variations sur ce thème. Les caractéristiques du travail des groupes d'intervention que nous avons vus dans des entreprises aussi disparates que Digital, 3M, Hewlett-Packard, Texas Instruments, McDonald's, Dana, Emerson Electric et Exxon étaient étonnamment différentes du modèle bureaucratique que nous nous attendions à trouver en nous fondant sur notre expérience passée. Dans les meilleures entreprises, les groupes d'intervention fonctionnaient de la façon dont ils sont censés fonctionner.

Ces groupes d'intervention sont composés de peu de membres, généralement dix ou moins de dix. Ils sont vraiment l'incarnation des attributs du petit groupe dont nous parlions plus haut. Dans le modèle bureaucratique, malheureusement, on tend à y mettre tous ceux qui peuvent y trouver un intérêt. Le nombre des participants est généralement d'une vingtaine et nous avons vu certains groupes qui en comptaient soixante-quinze. Le problème est de limiter la participation active aux principaux intéressés. Cela ne pourrait marcher dans bon nombre d'entreprises, parce que cela nécessite de ceux qui n'en sont pas qu'ils soient sûrs d'être bien représentés.

Le niveau hiérarchique devant lequel le groupe d'intervention est responsable et l'expérience de ses membres sont proportionnels à l'importance du problème en jeu. S'il s'agit d'un gros problème, tous les membres pratiquement sont des cadres supérieurs, et le groupe dépend du directeur général. Il est essentiel que les participants aient toute liberté de faire appliquer tout ce qu'ils recommandent. Un cadre de Digital déclara : « Nous ne voulons que des cadres supérieurs, pas de substituts. Nous voulons des individus très occupés dont le premier objectif est de sortir de ce maudit groupe d'intervention, et de retourner travailler. » C'est ce que nous appelons le « théorème du participant occupé. »

La durée du groupe d'intervention type est très limitée. C'est une caractéristique obligatoire. Chez Texas Instruments, il est rare qu'un groupe d'intervention dure plus de quatre mois. Parmi les entreprises exemplaires, on répugne à l'idée que ces groupes puissent durer plus de six mois.

La participation est généralement volontaire. C'est chez 3M que l'on nous en donna la meilleure explication : « Si Mike me demande de faire partie d'un groupe d'intervention, je le ferai. C'est normal ici. Mais il vaut mieux qu'il s'agisse d'un vrai problème et qu'il y ait des résultats. Si tel n'est pas le cas, je n'irai certainement pas perdre mon temps avec Mike une seconde fois. S'il s'agit de mon propre groupe, je m'assurerai que ceux qui y passent du temps en tirent quelque chose de positif. »

Le groupe d'intervention est rapidement constitué, en réponse à un besoin et n'a pas de statut particulier. Dans la mesure où le groupe d'intervention est le premier moyen de résoudre des problèmes dans des environnements complexes et multifonctionnels, les entreprises de notre enquête, fort heureusement, sont capables de les constituer en un clin d'œil et sans tambour ni trompette. A l'opposé, dans le système bureaucratique aux 325 groupes d'intervention dont nous parlions plus haut, chacun avait des statuts rédigés (souvent longs).

Le suivi est rapidement assuré. Texas Instruments est exemplaire à cet égard. On nous dit que trois mois après la formation du groupe, la direction veut connaître les résultats. « Aucun, nous travaillons toujours sur le rapport » n'est pas une réponse satisfaisante.

On n'y affecte pas de fonctionnels. A peu près la moitié des 325 groupes susnommés comptait des fonctionnels permanents : des gens qui remuent du papier associés à un groupe qui remue du papier. Que ce soit chez Texas Instruments, Hewlett-Packard, 3M, Digital ou Emerson, on ne relève aucun exemple de permanents affectés à un groupe en tant que directeur, « assistant », ou rédacteur de rapports à plein temps.

La documentation est aussi informelle que possible et souvent peu abondante. Comme nous le dit un cadre : « Ici, les groupes d'intervention ne fabriquent pas de papier. Ils fabriquent des solutions. »

Enfin, nous souhaitons souligner à nouveau l'importance du contexte, du climat. Frederick Brooks d'IBM insista sur la nécessité d'un réseau de communications ouvertes lorsqu'il évoqua le développement du système 360 dont il fut le principal artisan. Bien qu'il se fût agi d'une équipe de projet géante dont le champ d'action était beaucoup plus grand que celui d'un groupe d'intervention type, sa structure était fluide. Selon Brooks, des réorganisations avaient lieu régulièrement. Le contact entre les participants était intense; tous les acteurs principaux se réunissaient une demi-journée chaque semaine pour faire le point et décider des changements. Les comptes rendus de ces réunions étaient publiés *moins de douze heures* après. Tous les participants avaient accès à toute l'information nécessaire : chaque programmeur, par exemple, a eu en main tous les documents émanant de chacun des groupes du projet. Aucun de ceux qui assistaient aux réunions hebdomadaires n'avait un rôle purement consultatif (c'est-à-dire fonctionnel). « Chacun avait le pouvoir de prendre des engagements fermes », dit Brooks. Le groupe chargé du système 360 avait des sessions annuelles de « cour suprême » qui duraient deux semaines. Tous les problèmes qui n'avaient pas été résolus ailleurs l'étaient pendant ces deux semaines d'échanges intensifs. La plupart des entreprises que nous avons observées ne pourraient imaginer envoyer vingt responsables clés ailleurs pendant deux semaines, ou les laisser se réunir pendant une demi-journée par semaine. Elles sont incapables de concevoir un large partage des informations ou des réunions pendant lesquelles les participants auraient tout pouvoir de prendre des engagements fermes.

Un autre exemple tiré des moins bonnes firmes semble pouvoir apporter une conclusion à cette section. On nous a récemment demandé d'étudier pourquoi un projet de système d'information informatisé ne marchait pas. Ce projet recouvrait beaucoup de secteurs de l'organisation et avait été organisé en groupe d'intervention. Nous passâmes en revue ses activités de l'année précédente et découvrîmes que, malgré l'observation de la plupart des règles de gestion d'un groupe bien dirigé, les informaticiens et les gens des divisions ne se trouvaient pratiquement jamais face à face, sauf lors des réunions officielles. Ils auraient pu, par exemple, s'installer dans le même bâtiment, étant un petit groupe, ils auraient même pu travailler dans la même pièce. Mais aucun d'entre eux n'était disposé à le faire. Lorsqu'ils allaient sur le terrain, ils auraient pu descendre dans le même hôtel, mais ils ne le firent jamais. Les uns affirmaient qu'ils descendaient dans des hôtels meilleur marché, les autres répliquaient qu'ils choisissaient des hôtels plus proches des usines. Ils auraient pu, au moins, dîner ensemble lors de ces voyages, mais les uns aimaient jouer au tennis, et les autres non. Cela paraît complètement idiot et les cadres ne nous crurent pas au début. Mais quand tout le monde fut enfin réuni dans la même pièce, ils admirent à contrecœur que nous avions raison sur toute la ligne. Il serait agréable de pouvoir dire que cela s'améliora par la suite, mais il n'en fut rien. Le projet qui tenait parfaitement debout fut finalement abandonné.

Les équipes de projets et les centres de projets. La technique du groupe d'intervention est très cotée. Tout le monde s'y met, et pourtant les meilleures entreprises en font un usage très différent. Chez elles, le groupe d'intervention est un dispositif ad hoc, passionnant et fluide. C'est virtuellement le seul moyen de résoudre des problèmes épineux, et un stimulant sans pareil pour l'action.

IBM, pour son projet du système 360, adopta le très grand groupe d'intervention, encore appelé l'équipe de projets, autre forme de l'« adhocratie ». On dit que le projet se développa au début de façon décousue, mais l'organisation du système 360, surtout les dernières années, attira visiblement les meilleurs talents de l'entreprise et les fit travailler à cette tâche monumentale — sans relâche. Des entreprises comme Boeing, Bechtel et Fluor ont constamment recours à ces énormes équipes de projets. C'est, il est vrai, fondamental dans la mesure où elles s'occupent surtout de projets. Elles font preuve d'une aptitude impressionnante pour passer rapidement d'une structure à l'autre — de leur structure routinière pour le quotidien à leur structure d'équipes de projets. Ce qui est peut-être plus impressionnant encore, c'est de voir une grande entreprise qui ne passe pas d'un mode à l'autre d'une façon routinière comme on change de vitesse. Cela semblait être le cas d'IBM avec son système 360, et cela nous fait grande impression.

General Motors donne un autre exemple particulièrement frappant de l'utilisation de la structure temporaire. L'industrie automobile est en état de siège. Pratiquement toutes les entreprises de ce secteur semblent être en retard d'un jour, et à court d'un dollar. Néanmoins, qu'une entreprise au chiffre d'affaires de 60 milliards de dollars batte ses principaux concurrents nationaux de trois ans ou presque sur un projet d'application, cela nous impressionne, et c'est exactement ce qu'a réussi General Motors avec son projet de « compactisation », grâce au « centre de projets », organisation temporaire classique. Le centre de projets de

General Motors retira 1 200 personnes clés de ses fameuses divisions autonomes — dont les plus importantes, comme les ingénieurs en chef — et les mit dans le centre de projets. Ce centre dura quatre ans. Sa tâche était claire : mettre la compactisation au point, la mettre en route, et la repasser aux divisions pour la mise en œuvre finale. Le prodigieux de l'histoire, c'est qu'une fois la tâche accomplie, le centre de projets mis en place pour la compactisation disparut en 1978. Devant le succès de ce projet, ils décidèrent d'adopter les centres de projets comme base d'organisation pour les années quatre-vingts. Huit centres de projets existent maintenant dans un bâtiment qui leur est exclusivement consacré. Deux d'entre eux travaillent actuellement sur la voiture électrique et sur l'informatisation totale du moteur, et un autre s'occupe de problèmes de main-d'œuvre.

La plupart des entreprises, lorsqu'elles sont confrontées à un énorme problème stratégique, le confient à des équipes de planification ou le rajoutent aux objectifs de cadres déjà débordés. Si les fonctionnels sont censés résoudre le problème, personne ne s'investit. Si les opérationnels sont censés le résoudre, l'élan ne se développe pas. Le système 360 d'IBM, et le projet de compactisation de la General Motors sont des exemples prometteurs de la façon dont de tels problèmes peuvent être attaqués avec succès.

Les Japonais utilisent ce mode d'organisation avec une alacrité étonnante. Pour acquérir une position compétitive au niveau mondial dans le domaine de la robotique ou des microprocesseurs, les Japonais prennent des individus clés de diverses entreprises et les mettent dans des centres de projets pour qu'ils posent les bases de la recherche. Une fois résolus les problèmes technologiques critiques, les individus clés regagnent leurs propres entreprises et se livrent à une concurrence acharnée. Les produits sont alors prêts à être livrés au monde — après avoir été aiguisés par une concurrence coriace à l'intérieur du Japon.

Le programme CVCC de Honda en est un exemple. On s'est emparé d'individus clés et on les les a mis sur ce projet pendant plusieurs années. Canon fit la même chose pour son Canon AE-1, l'entreprise fourra 200 de ses ingénieurs dans le « Groupe d'intervention X » pendant deux ans et demi jusqu'à ce que le AE-1 soit développé, mis en œuvre et lancé avec succès sur le marché.

Il existe de nombreux autres exemples de morcellement, et nous y reviendrons dans la dernière partie de cet ouvrage. Pour l'instant, il y a quatre points que nous voulons souligner. Primo, les questions de rendement et d'économies d'échelle nous poussent à bâtir d'énormes bureaucraties incapables d'agir. Secundo, les meilleures entreprises ont trouvé maintes façons de fragmenter les choses afin de rendre leurs organisations fluides, et d'opposer les ressources adéquates aux problèmes. Tertio, tous les morcellements et tous les dispositifs possibles ne fonctionneront pas si le contexte — attitudes, climat, culture — n'est pas le bon. Enfin, les environnements libres dans lesquels s'épanouit le comportement ad hoc ne sont que superficiellement non structurés et anarchiques. Sous l'absence de formalisme, se trouvent des objectifs partagés, de même qu'une tension interne et une compétitivité qui en font des cultures impitoyables.

Les vertus de l'expérimentation

« Faites-le, aménagez-le, testez-le », est notre axiome favori. Karl Weick ajoute qu'une action anarchique est préférable à une inaction ordonnée. « Ne restez pas planté là, faites quelque chose », est de la même veine. Faire face, surtout dans un environnement complexe, c'est simplement tenter quelque chose. L'apprentissage et le progrès ne se produisent que lorsqu'il existe une chose dont on peut tirer un enseignement, et cette chose est toute action menée à son terme. Il faut faire des expériences.

La manifestation la plus importante et la plus visible de la prédisposition à l'action des meilleures entreprises est la bonne volonté avec laquelle elles font des essais et des expériences. L'expérience n'a rien de magique. C'est simplement une minuscule action menée à terme, un test maniable qui enseigne quelque chose, comme au cours de chimie au lycée. Mais nous nous sommes rendu compte que la plupart des grandes entreprises ont oublié comment on teste et comment on apprend. Elles semblent préférer l'analyse et la discussion à l'expérimentation; la peur de l'échec, même bénin, les paralyse.

Le magazine *Science* a fort bien décrit le problème dans un numéro récent. La NASA a « inventé » une technique baptisée le Management Orienté vers le Succès (MOS) pour contrôler le développement de la navette spatiale. On part du principe que tout marchera bien. Comme le dit un officiel : « Cela signifie que l'on fait tout au plus juste, puis des prières pour que cela fonctionne. » L'intention était d'éliminer ainsi les développements parallèles et redondants pour l'équipement d'essai, à cause des réductions de budget actuelles. Mais comme *Science* l'a souligné, et ils ne sont pas les seuls, le programme a entraîné des retards en série, des accidents embarrassants, de nouveaux plans coûteux, un recrutement de personnel erratique, et l'illusion que tout marche bien. « Le résultat de cette approche, dit *Science,* c'est une absence de planification réaliste, une mauvaise compréhension des conditions du programme, et l'accumulation de retards et de pertes. »

Le problème n'a jamais été aussi manifeste que dans le développement des trois moteurs principaux de la navette spatiale. *Science* raconte : « Plutôt que de tester séparément chaque composante du moteur, le principal sous-traitant de la NASA se contenta de tout monter, de serrer les boulons, et — en croisant les doigts — mit les gaz. Cela donna au moins cinq incendies importants. » Sous l'influence de cette technique du MOS, les officiels de la NASA commencèrent à confondre prévision et réalité (pour être justes, il est probable que la réalité politique les y a poussés). La NASA a été victime « d'une confiance en soi démesurée en matière technologique », dit un observateur du Sénat. « Les dirigeants étaient persuadés que des trouvailles technologiques se matérialiseraient et sauveraient la situation. » Ce n'est certainement pas la NASA des débuts, où la redondance était voulue, où l'on testait régulièrement, et où les programmes étaient prêts dans les temps — et marchaient.

L'abondance de ce genre d'histoires est effrayante, et il ne s'agit de rien d'autre que d'une pratique de management courante. Par exemple, une grosse banque se prépara à lancer des travellers'chèques sur un marché à très forte concurrence. Un groupe d'intervention travailla dix-huit mois, et présenta une malle entière d'analyses de marché. Alors que la date de lancement sur le marché national approchait, nous demandâmes au chef du projet ce qu'il avait fait comme test de marché. Il répondit qu'il en avait parlé à deux amis banquiers à Atlanta. « Deux ? » fut notre réponse incrédule. « Deux », confirma-t-il. « Nous n'étions pas sûrs que le projet serait accepté. Nous ne voulions pas dévoiler nos batteries. »

Nous entendons constamment des excuses de cet acabit. En revanche, nous fûmes impressionnés par le commentaire pénétrant d'un ami de chez Crown Zellerbach, concurrent de Procter & Gamble sur certains marchés de l'industrie du papier. « Chez Procter & Gamble, ils n'arrêtent pas de tester. Vous les voyez venir pendant des mois, souvent des années. Ils ne négligent rien, aucune variable n'échappe au test. » Procter & Gamble ne craint visiblement pas de tester, et qu'ainsi tout le monde soit au courant. Pourquoi ? Parce que, pensons-nous, ce que l'on peut apprendre avant de lancer un produit sur le plan national dépasse ce que coûte l'effet de surprise raté.

Aller de l'avant est la marque de Procter & Gamble et de la

plupart des meilleures entreprises. Charles Phipps de Texas Instruments décrit le succès initial de l'entreprise, sa volonté d'être audacieuse et téméraire. Il en capte l'esprit expérimental — la capacité de Texas Instruments d'apprendre vite, de sortir quelque chose (presque n'importe quoi). « Ils se sont surpris eux-mêmes : petite entreprise au chiffre d'affaires de 20 millions de dollars, avec des ressources très limitées, ils pouvaient déjouer de grands laboratoires comme Bell Labs, RCA et General Electric dans le domaine du semi-conducteur, parce qu'ils essayaient le produit pour en faire quelque chose, au lieu de le garder au laboratoire. »

Tous ces exemples reflètent cette mentalité d'expérimentateur. Chez Bechtel, des ingénieurs évoquent leur credo, garder « une sensibilité en éveil pour ce qui est faisable ». Chez Fluor, le principal facteur de succès est peut-être ce qu'ils appellent « prendre une idée et en faire de l'or ». Chez Activision, le mot d'ordre en ce qui concerne la conception des jeux vidéo est le suivant : « Inventez un jeu aussi rapidement que possible. Trouvez une chose avec laquelle vous pouvez jouer. Que vos collègues s'amusent tout de suite avec. Les bonnes idées n'ont aucune valeur ici. Nous devons voir quelque chose. » Dans une entreprise florissante de création de mobilier au chiffre d'affaires de 25 millions de dollars, Taylor & Ng à San Francisco, le propriétaire Win Ng explique sa philosophie : « Fabriquer tôt un prototype est l'objectif numéro un pour nos dessinateurs, ou pour quiconque ayant une idée. Nous ne nous y fions pas tant que nous ne pouvons pas voir et toucher. »

Chez Hewlett-Packard, il est de tradition que les concepteurs du produit laissent traîner sur leur bureau leurs travaux en cours afin que tout le monde puisse jouer avec. Se promener dans les différents services est la base de leur philosophie, valable pour tous les employés, et le niveau de confiance est tel que les gens se sentent libres de bricoler les inventions de leurs collègues. Un jeune ingénieur dit : « Vous apprenez très vite que vous devez disposer d'un objet avec lequel les gens peuvent s'amuser. On vous prévient probablement dès le premier jour que le type qui se balade dans les parages en jouant avec votre gadget a toutes les chances d'être un haut responsable ou peut-être même Hewlett ou Packard eux-mêmes. » Chez Hewlett-Packard, on parle aussi du « syndrome de la table d'à côté ». L'idée est que vous regardez les gens qui travaillent sur la table d'à côté et que vous pensez à ce que vous pourriez inventer pour leur faciliter la tâche.

Robert Adams qui dirige le département de la Recherche et du Développement chez 3M explique leur approche : « Faire peu, vendre peu, faire un peu plus. » McDonald's expérimente plus de plats, plus d'aménagements de magasin et de plans de tarification que ses concurrents. Lors de nos trois premières heures d'interview chez Dana, plus de soixante expériences différentes de productivité menées dans une usine ou une autre furent mentionnées. Procter & Gamble, comme nous l'avons dit, est surtout célèbre pour ce qu'un analyste appelle son « culte de l'essai ». D'autres exemples fournis par des entreprises bien dirigées affluent quotidiennement. Selon un observateur averti, « Bloomingdale's est le seul grand commerce de détail qui fasse des expériences à l'échelle du magasin ». Faisant écho à cette observation, un employé de chez Levi Strauss qui assistait récemment à un séminaire intervint pour dire : « Vous savez que c'est là que Levi a pris son idée des jeans délavés. Bloomingdale's achetait nos jeans et les décolorait. » On dit que Holiday Inns possède deux cents hôtels pilotes où ils ne cessent de faire des expériences sur les chambres, les prix et les menus. Dans la très florissante entreprise Ore-Ida, on trouve toujours des tests de marché, des tests de goûts et des panels de consommateurs en cours, et le directeur général connaît aussi bien ces tests et leurs résultats que les questions budgétaires.

Le facteur décisif est un environnement et un ensemble d'attitudes qui encouragent l'expérimentation. Le commentaire de l'inventeur du transistor en donne l'essence :

> Je suis plutôt quelqu'un qui croit à la ruse et à l'opportunisme. Comment entreprend-on un travail? Vous avez les gens qui lisent tout, et qui n'arrivent à rien. Et les gens qui ne lisent rien — ils n'arrivent à rien non plus. Il y a les gens qui posent des questions à tout le monde, et ceux qui n'en posent pas. Je dis à mes employés : « Je ne sais pas comment entreprendre un projet. Pourquoi n'iriez-vous pas faire une expérience ? » Il y a un principe là-dedans. On n'entreprend pas quelque chose dont le résultat va prendre six mois. Vous pouvez toujours trouver quelque chose qui vous fait un peu progresser en l'espace de quelques heures.

David Ogilvy dit lui aussi que rien n'est plus important que le terme « tester ».

> Le mot le plus important du vocabulaire de la publicité est TESTER. Si vous pré-testez votre produit avec des consommateurs, et si vous pré-testez votre publicité, vous réussirez sur le marché. Vingt-quatre produits sur vingt-cinq ne survivent pas aux tests de marché. Les fabricants qui ne font pas de tests de marché courent le risque (et la honte) de voir leurs produits échouer à l'échelle

nationale au lieu de les voir s'éteindre discrètement et économiquement lors des tests de marché. Testez votre promesse. Testez vos médias. Testez vos textes et vos illustrations. Testez vos dépenses. Testez vos messages publicitaires. Ne cessez jamais de tester et votre publicité s'améliorera sans cesse. La plupart des jeunes cadres des grandes entreprises se comportent comme si le profit n'était pas fonction du temps. Lorsque Jerry Lambert réussit sa première percée avec Listerine, il accéléra le processus de marketing en divisant le temps en *mois*. Au lieu de rester prisonnier de planifications annuelles, Lambert vérifiait sa publicité et ses bénéfices tous les mois. Il gagna 25 milliards de dollars en huit ans, alors que cela prend généralement douze fois plus de temps pour faire un tel chiffre. A l'époque de Jerry Lambert, la Lambert Pharmacal Company vivait au mois, au lieu de vivre à l'année. C'est ce que je recommande à tous les publicitaires.

Peter Peterson, actuel président de Lehman Brothers, évoquant le temps où il était président de Bell & Howell, donne un bel exemple concret d'expérimentation :

> Vous avez entendu parler des zooms ? L'un des avantages d'être nouveau dans une entreprise, c'est que vous êtes parfaitement inconscient de ce qu'il est impossible de faire. Je pensais qu'on utilisait les zooms pour les matchs de football. C'est l'image que j'en avais — un objet extraordinairement coûteux. Un jour, j'étais au labo, et il y avait un zoom. Je n'en avais jamais vu de ma vie, j'ai regardé dans l'objectif, et — c'est bouleversant. Ils m'ont expliqué qu'on ne pouvait le commercialiser parce que cela coûterait cher, etc. Je leur ai demandé : « Combien cela coûterait-il de faire un appareil pour moi — seulement un avec un zoom ? Ils me répondirent : « Un seul ? Vous voulez dire une simple modification ? Probablement 500 dollars. » « Eh bien, dis-je, et si on le faisait ? Comme mon temps est très cher et que cela nous reviendra à 500 dollars de plus si nous poursuivons cette conversation une heure ou deux, alors, allons-y; faisons-le. » J'ai emporté l'appareil photo chez moi. A un dîner ce soir-là, j'ai posé le zoom sur le piano, et j'ai demandé aux convives s'ils voulaient bien participer à une étude de marché très sophistiquée, à savoir mettre l'œil à l'objectif. La réaction fut extraordinairement enthousiaste : « Mon Dieu, c'est superbe, je n'ai jamais rien vu de pareil. » Cela nous a coûté environ 500 dollars... Si les entreprises se décidaient à tester de nouvelles idées sur une base

peu coûteuse, peut-être que leurs espérances en termes de potentiel du marché augmenteraient.

L'histoire de Peterson est porteuse de messages très importants au sujet de la mentalité d'expérimentateur dans l'entreprise. Le plus évident est la rentabilité de l'essai comme alternative à l'analyse systématique. Ce qui est déjà moins évident, c'est la capacité des gens d'être plus créatifs — et aussi plus concrets — une fois qu'ils ont un prototype en main.

Dans son livre *Language in thought and action*, S.I. Hayakawa saisit l'essence du phénomène lorsqu'il souligne qu'une vache n'est pas une vache. La vache Bessie n'est pas la vache Janie. Il évoque l'importance de savoir passer d'un niveau d'abstraction à un autre — de l'idée de la vache à Bessie et à Janie — afin de penser clairement ou de communiquer de manière efficace.

Par exemple, l'un d'entre nous a récemment passé un très agréable après-midi à concocter un savon fait maison. La tâche n'est pas trop complexe. Le manuel que nous avons utilisé était clair, et parfois même très bien écrit. Nous fîmes néanmoins une foule d'erreurs, et nous avons appris une bonne douzaine de trucs qui nous seront utiles la prochaine fois — en deux ou trois heures de temps. Par exemple, il est indispensable que le mélange et les graisses soient à la même température. Le livre est très clair sur ce point, et donne un grand nombre de ficelles. Mais nous eûmes tout de même des problèmes. Nous avions deux récipients : une poêle en métal, peu profonde, à la surface très large, et un bol en verre, haut et étroit. Les différences de forme et de matière, entre autres, entraînent des écarts de refroidissement au moment critique. C'est seulement le « doigté » qui permet de faire face à un phénomène aussi complexe. La richesse de l'expérience (en langage mathématique, le nombre de variables reconnues et utilisées) qui se manifeste *seulement* lorsqu'on s'expose de manière tangible à un sujet, un matériau, ou un processus dépasse l'analyse ou la description écrite et abstraite.

Ainsi, lorsque « touchez-le », « goûtez-le » et « humez-le » deviennent les mots d'ordre, les résultats sont la plupart du temps extraordinaires. Il est tout aussi extraordinaire de voir jusqu'où les gens peuvent aller pour éviter de tester quelque chose. Fred Hoover, disciple d'Orville Wright, qui est le détenteur de trente-huit brevets importants et professeur de construction mécanique à l'université de Darmouth, décrit un cas grotesque et malheureusement typique : « Dans ma carrière, j'ai au moins trois exemples à l'esprit de clients qui ne parvenaient pas à résoudre un problème mécanique difficile, et auprès desquels j'ai dû insister pour qu'ils mettent les ingénieurs et les techniciens qui fabriquaient le modèle dans la même pièce. Dans chaque cas, la solution fut rapidement trouvée. Je me souviens qu'on m'a objecté une fois que si l'on mettait les ingénieurs dans l'atelier, les croquis se saliraient. Hoover ajoute : « L'ingénieur doit avoir accès facilement à tout ce dont il a besoin pour mettre ses idées en pratique... Cela coûte plus cher de faire un croquis que de fabriquer une pièce, et le croquis est une forme de communication à sens unique, si bien que lorsque l'ingénieur récupère sa pièce, il a probablement déjà oublié pourquoi il la voulait, et il va découvrir que cela ne marche pas parce qu'il s'est trompé dans le croquis, ou encore qu'il faut apporter un petit changement, ce qui prend souvent encore quatre mois. »

Ainsi, par le biais de l'expérience, il est plus facile pour les gens (les dessinateurs, les lanceurs de produits, les présidents, les vendeurs, les clients) d'être créatifs à l'égard du produit ou de ses utilisations s'ils disposent d'un prototype, c'est-à-dire d'un peu de concret. Toutes les études de marché possibles n'auraient pu prévoir le succès phénoménal de l'ordinateur Apple II. Celui-ci nous paraît dû à la combinaison d'un produit de grande qualité et à l'apparition d'un surprenant réseau de groupes d'utilisateurs qui ont joué avec les machines et inventé quotidiennement ou presque de nouveaux logiciels. Aucune recherche de marché n'aurait prédit qu'une femme de notre connaissance deviendrait la plus grande utilisatrice de cet ordinateur de sa famille, et elle était la dernière à le prévoir. C'est le fait de monter sa propre entreprise chez elle et d'avoir l'ordinateur à domicile (elle pouvait l'essayer et s'amuser avec à loisir) qui fit toute la différence. Avant, vous lui auriez parlé des merveilles de l'informatique, elle vous aurait dit (et elle l'avait dit en fait) qu'elle ne s'en servirait pas. Le concept était trop abstrait. Le fait d'avoir la machine à sa disposition la convertit.

C'est la raison pour laquelle, chez Hewlett-Packard, on insiste tant pour que les ingénieurs laissent les nouveaux prototypes expérimentaux sur leur table de travail afin que les autres puissent jouer avec. C'est pourquoi l'enquête de marché sur le zoom que Peterson a effectuée lors d'un dîner était, en fait, la recherche la plus sophistiquée qui soit.

Rapidité et multiplicité

L'alacrité et le seul nombre d'expériences sont les éléments décisifs du succès par le biais de l'expérimentation. Il y a quelques années, nous avons mené une étude dans le secteur pétrolier, comparant les prospecteurs indépendants qui réussissaient à ceux qui avaient moins de succès. Nos conclusions furent que, si vous disposiez des meilleurs géologues, de techniques de pointe en géophysique, de l'équipement le plus sophistiqué, les forages dans des terrains donnés auraient 15 % de succès. Sans tous ces avantages, le succès serait de 13 % environ. Ceci suggère que le dénominateur — le nombre de tentatives — compte pour beaucoup. Une analyse d'Amoco, entreprise qui, grâce à une revitalisation, est devenue le meilleur prospecteur de pétrole des États-Unis, donne un seul facteur de réussite : *Amoco fore simplement plus de puits.* Le chef de production de l'entreprise, George Galloway, dit : « Nous n'avions pas prévu la plupart des résultats positifs... Cela arrive si vous faites un grand nombre de forages. » Nous avons trouvé le même phénomène dans l'exploration minière. Ce qui sépare les entreprises qui n'ont pas de succès, c'est le nombre de forages effectués pour chercher le diamant (des éclats). Bien que ce genre de forages paraisse coûteux, c'est le seul moyen de savoir ce qu'il y a vraiment dans le sous-sol. Le reste n'est que spéculations de géologues et de géophysiciens, même s'ils sont bien informés.

Un ancien cadre supérieur de Cadbury souligne, lui aussi, l'importance de la rapidité et du nombre. Il raconte la nomination d'un nouveau responsable du développement des produits dans cette entreprise. Le type jeta un regard à ce qui était en sommeil dans le circuit du développement, et annonça joyeusement qu'il y aurait six nouveaux lancements de produits dans les douze mois à venir, et six autres l'année suivante. Tout ce qu'il voulait lancer était, à des degrés divers, au rebut depuis deux à sept ans. Il respecta son programme et trois de ces produits sont de grands gagnants encore aujourd'hui. Un contemporain de l'histoire fait le commentaire suivant : « Vous pouvez découper votre temps pour des lancements comme vous le désirez, si vous le voulez vraiment. Il en fit douze en l'espace de vingt-quatre mois. Nous n'aurions pas fait mieux si nous avions pris cinq ans pour en lancer autant. »

Peterson explique la raison d'être du phénomène Cadbury. Une expérience, parce que c'est une action simple, peut être soumise à des délais draconiens. Sous la pression des délais — et lorsque c'est matériellement faisable — l'impossible se produit régulièrement, semble-t-il. Peterson déclare :

> J'ai observé que souvent les gens travaillent pendant des années, et soudain une urgence se présente... et la situation se débloque. Une fois, une cellule électrique de caméra 8 mm était en cours de

développement, et nous pensions que cela prendrait trois ans. Puis, un jour, le directeur du marketing décida d'essayer une technique différente. Il apporta quelque chose aux ingénieurs et leur dit : « Je viens de recevoir l'annonce que notre concurrent sort une cellule électrique pour une caméra 8 mm. » En l'espace de vingt-quatre heures, ils avaient une approche totalement différente. Je me demande quelle est la part de l'urgence là-dedans ?

Rapidité veut dire s'y mettre vite, et en sortir vite. Le goût pour la prise de décisions du président de Storage Technology, Jesse Aweida, fait que l'entreprise est constamment en train d'expérimenter. *Fortune* rapporte :

> Une unité de disque coûtait 1 500 dollars de plus que son prix de vente. Avec sa célérité habituelle, Aweida augmenta le prix de cinquante pour cent, et lorsque cela se révéla inutile, supprima le produit malgré un investissement de 7 millions de dollars... Il a horreur de l'inaction. Comme il l'a déclaré à la réunion nationale des ventes en janvier dernier : « Je pense souvent que prendre une décision, même si elle est mauvaise, est mieux que de ne pas prendre de décisions du tout ». Sa capacité à changer de cap rapidement a sauvé l'entreprise des conséquences de certaines mauvaises décisions. Heureusement pour Storage Technology, l'ambition démesurée d'Aweida est compensée par son sens aigu de la correction rapide.

L'expérimentation comme état d'esprit corporatif ressemble fort au stud poker. A chaque carte, l'enjeu augmente, et chaque carte vous en apprend davantage, mais vous n'en savez jamais vraiment assez jusqu'à ce que la dernière carte soit jouée. Le plus important est de savoir quand il faut abattre ses cartes.

Dans la plupart des projets ou expériences, peu importent les jalons que vous fixez ou les multiples diagrammes PERT que vous tracez; tout ce que vous rapporte votre investissement, c'est plus d'information. Vous ne pouvez jamais être sûr, tant que ce n'est pas fini, si cela en valait la peine ou pas. En outre, au cours du projet ou de l'expérience, chaque pas décisif coûte beaucoup plus que le précédent — et il devient difficile d'arrêter le mécanisme à cause des fonds engloutis, et surtout de l'investissement personnel. La décision cruciale en matière de management est celle d'abattre ses cartes. Les meilleurs systèmes de gestion de projets et d'expériences que nous ayons vus, sont ceux qui traitent ces activités comme une partie de poker. Ils les fractionnent en blocs maniables, font des points rapides, et n'en font pas trop entre-temps. Pour que tout fonctionne simplement, il faut traiter les projets importants comme des expériences, rien de plus, ce qu'ils sont tous d'ailleurs, et avoir le sang-froid mental du joueur de poker pour abattre une carte, et en prendre une autre immédiatement si le jeu en main n'est pas prometteur.

L'apprentissage à bon compte

L'expérimentation est une façon d'apprendre à bon marché pour la plupart des meilleures entreprises, elle se révèle généralement moins coûteuse — et plus utile — que des études de marché sophitisquées ou des planifications approfondies. Évoquant toujours le temps où il était chez Bell & Howell, Peterson est très clair à ce sujet :

> Avant de renoncer à une idée, et avant de se laisser convaincre par une appréciation très rationnelle que cette idée ne marchera pas, nous nous posons une autre question. Existe-t-il une façon d'expérimenter cette idée à moindre coût ? L'expérience est l'instrument le plus efficace pour transformer l'innovation en action et on ne l'utilise probablement pas assez dans l'industrie américaine... Je veux dire que, si nous parvenons à faire de l'expérience un réflexe et ainsi éclairer tous ces « on ne peut pas », « cela ne sera pas », et « on ne devrait pas », un plus grand nombre d'idées deviendront des actions. Que je vous donne un exemple. Comme nous ne sommes pas une grande entreprise, nous ne pouvons nous permettre de dépenser des millions de dollars pour promouvoir quelque chose sans savoir si c'est efficace ou pas. Un jour quelqu'un est arrivé avec une idée qui paraissait « absurde ». Ceux qui ont lu les cours de marketing de Harvard auront de bonnes raisons pour affirmer que cela ne marchera pas : pourquoi ne pas vendre une caméra de 150 dollars (c'était en 1956) par correspondance ? Au lieu de dire : « Messieurs, cette idée est absurde », nous essayâmes de la prendre en compte : « Examinons pour quelles raisons cela pourrait marcher. » Puis nous posâmes la question clé : « Combien cela nous coûterait-il d'essayer cette idée ? » Cela revenait à environ 10 000 dollars. Le fait est que nous aurions pu dépenser 100 000 dollars à faire des développements intellectuels sur ce problème. Neuf experts sur dix vous diront que cette idée ne peut marcher. Pourtant, elle marcha, et c'est maintenant une importante source de profit pour

l'entreprise. Il nous arrive à tous de devenir un peu pompeux à propos de la puissance d'une approche intellectuelle et rationnelle d'une idée qui est souvent extrêmement complexe.

Une autre propriété importante de l'expérimentation est sa relative invisibilité. Chez General Electric, ils appellent cela « trafiquer » et chez 3M « grappiller ». Cette tradition d'économiser quatre sous, un peu de main-d'œuvre, et de ne pas suivre la ligne majoritaire de l'entreprise est ancienne. Les énormes succès de General Electric, comme ceux que nous avons déjà mentionnés dans le domaine des plastiques à usage industriel et des moteurs d'avion, sont le résultat de ce grappillage. Ce processus fut essentiel chez General Electric; en fait, une étude récente attribue pratiquement toutes leurs grandes percées de ces vingt dernières années à une forme de grappillage. Plusieurs observateurs ont dit la même chose d'IBM. Un ancien collègue de Watson va jusqu'à suggérer que l'on peut mesurer la santé d'une entreprise sur le plan de l'innovation par le volume de trafic clandestin. Tait Elder qui a dirigé la division des Nouveaux Projets chez 3M dit que l'on devrait ménager « quelques fuites » dans la planification, la budgétisation, et même les systèmes de contrôle. Beaucoup de gens ont besoin de grappiller un peu d'argent et de jouer sur la marge que laissent les budgets pour poursuivre des programmes marginaux.

Enfin, et c'est le plus important, vient le rapport avec le consommateur. Le client, et surtout le client sophistiqué, joue un rôle clé dans la plupart des processus d'expérimentation qui réussissent. Nous reviendrons longuement sur cette notion dans le prochain chapitre, mais pour l'instant, nous nous contenterons de dire que dans les meilleures entreprises, une grande partie des expérimentations est menée de concert avec un utilisateur clé. Digital fait plus d'expériences bon marché que tous ses concurrents. (Hewlett-Packard et Wang le suivent de près.) Chacun travaille avec un consommateur, *chez* le consommateur.

Les expériences de McDonald's sont toutes menées conjointement avec les consommateurs — les clients. En revanche, bon nombre d'entreprises attendent que le produit parfait soit dessiné et fabriqué pour le soumettre à l'approbation du client — et ce dans les dernières phases du processus et souvent après avoir dépensé des millions de dollars. L'art de Digital, McDonald's, Hewlett-Packard et 3M réside dans le fait qu'ils laissent le consommateur voir, tester, et refaçonner le produit — très tôt.

Le contexte de l'expérience

De même que les dispositifs ad hoc, tels que les groupes d'intervention, ne fonctionnent pas si l'environnement n'est pas fluide et informel, l'expérimentation ne réussira pas si le contexte ne s'y prête pas. La direction doit tolérer les fuites, elle doit admettre les erreurs, soutenir le grappillage, continuer en dépit des changements imprévus, et encourager les battants. Isadore Barmash, dans *For the good of the company*, raconte une extraordinaire réaction en chaîne qui permit à un homme seul, Sam Neaman, de concevoir un processus d'expérimentation dont le succès fut incroyable dans les années soixante, et qui augmenta les bénéfices des magasins McCrory de millions de dollars. C'est une description si superbe de la manière dont fonctionne ce genre de processus que nous citons intégralement Neaman — qui était alors cadre sans portefeuille et qui devint plus tard directeur général :

> Je n'avais aucun pouvoir... Mais une occasion se présenta. Il y avait un magasin qui avait perdu beaucoup d'argent. Je voulais savoir ce qu'il fallait faire pour qu'un magasin tourne bien. J'ai dit à John, qui était directeur de magasin : « On va amener ici un groupe de gens, une équipe, et vous en serez l'animateur. Vous vous rendrez chez tous les concurrents de la ville, et vous prendrez des notes. Vous ferez un inventaire de la marchandise. Tous les soirs, vous ferez des réunions avec un tableau noir, et vous délibérerez avec chacun... En outre, je vais faire venir le directeur régional, des merchandisers, des acheteurs, et d'autres directeurs de magasin. Je veux connaître la mesure de notre savoir-faire en prenant un échantillon de gens qui désirent découvrir ce qu'ils peuvent faire en décidant ensemble. » Ils étudièrent le magasin pendant des semaines. Ils eurent du mal à se mettre d'accord, mais il y parvinrent. Le moral était au beau fixe, et l'émotion à son comble. Pourquoi ? C'était la première fois qu'on leur donnait une chance de s'exprimer en tant qu'individus et en tant que groupe, et chacun donnait le meilleur de lui-même. On ne dépensa pas un sou. On opéra tous les changements à partir de ce qui se trouvait en magasin. On changea les planchers, on agrandit, et on donna un coup de peinture sur les murs. C'était un magasin neuf, un vrai plaisir pour les yeux.
>
> Qu'est-ce qui sauva ce magasin ? Ils savaient qu'ils devaient voir les concurrents, et ensuite poser un regard froid sur notre boutique. Ils appliquèrent ce qu'ils avaient appris. Jusque-là, ils

avaient dû regarder l'expression de leur patron, et deviner ce qu'il voulait. Je leur ai simplement demandé d'utiliser leurs sens et leur tête, et j'ai obtenu un sacré magasin qui réduisit ses pertes puis commença à être bénéficiaire au bout de deux ans. Après tout ce remue-ménage, toute l'entreprise le sut. Le président et ses acolytes accoururent pour voir ce qui se passait. Tout le monde prit le train en marche. Tout le monde voulait un territoire — chaque directeur, le directeur général adjoint, et même le président.

Il importe de montrer aux gens la voie, et c'est ce que j'ai fait. J'avais même un endroit où les envoyer. Indianapolis. Je leur disais : « Allez à Indianapolis dans l'Indiana. Allez là-bas, regardez le magasin, et apprenez. C'est l'œuvre de gens comme vous qui n'ont fait qu'utiliser leurs dons et leur sueur. » Un peu plus tard, au siège de l'entreprise, j'ai changé le schéma. Au directeur d'une chaîne de grands magasins qui était chargé des achats, j'ai dit : « Bien Joe, ce n'est pas la peine d'aller dans le Midwest. Faites-moi un Indianapolis, ici à New York. Vous avez vu ce que l'on peut faire. Faites un Indianapolis à Flushing. Mais je ne veux pas de copie conforme. Indianapolis sera seulement une référence. » Je lui ai dit de me donner sa version du bon grand magasin à Flushing.

Quelques semaines plus tard, il m'invita au magasin et j'ai découvert un des plus beaux points de vente que j'aie jamais vus. J'ai immédiatement invité d'autres gens à venir voir. Vous n'auriez jamais cru que cet horrible magasin puisse devenir l'attraction du quartier, et le joyau de l'entreprise. Les ventes commencèrent à monter en flèche, et il devint notre meilleur magasin de New York. Mais ce fut aussi un défi pour les autres cadres de l'entreprise, de partir « faire un Indianapolis ».

Comme la société mère commençait à fanfaronner de plus en plus, j'ai développé de nouvelles variations. Je me suis servi du magasin d'Indianapolis comme support visuel. Cela voulait dire concevoir un système pour choisir une unité à améliorer, inciter les gens à la remettre en ordre, puis faire venir les autres pour qu'ils voient le résultat afin qu'ils en tirent un enseignement. Cela remplaça les rédactions de notes, et les instructions par téléphone. A la place, je disais : « Venez voir. Voilà la nouvelle entreprise — ce n'est pas autre chose que cela. » J'ai recommandé que chaque territoire (10 ou 15 magasins) ait son propre magasin modèle. Chaque directeur de territoire devrait déployer tout son savoir-faire dans un magasin, et, à partir de cet « Indianapolis », améliorer tous les magasins de son territoire. Ce serait son modèle, et un modèle pour tous ceux qui voudraient bien le regarder. L'idée se répandit comme une traînée de poudre. Ils y passèrent leurs soirées, leurs dimanches, et leurs vacances. Le dimanche, ils firent de grandes fêtes avec buffet et rafraîchissements qu'organisait le directeur du restaurant de magasin. Ils ont eu une année superbe à organiser la chaîne, dans les 47 territoires.

La description de Neaman est plus que la simple histoire d'une multitude de gens qui font des expériences : c'est aussi l'histoire de gens que l'on autorise à se distinguer un peu, des individus qui commencent à avoir l'impression d'être des gagnants. Mieux encore, c'est l'histoire du contexte qui autorise — encourage même — les gens à faire des essais. A cet égard, nous ajouterons qu'il existe deux aspects contextuels importants pour le développement de l'expérimentation dans les entreprises.

Il s'agit tout d'abord du processus de diffusion : un processus largement naturel qui se nourrit de lui-même. La façon de commencer est au cœur de ce processus de diffusion. « Les débuts sont les moments les plus délicats », a dit un sage. Il a raison. On commence par les choses simples, les choses faciles à changer, et là où l'on dispose clairement d'une base favorable au sein de l'entreprise. C'est ce que Neaman a fait. Le magasin d'Indianapolis n'était ni le plus grand, ni le plus visible, mais c'était, sous la tutelle de Neaman, un magasin mûr pour essayer quelque chose. Un ami, Julian Fairfield, fut confronté, à ses débuts, au problème de relance d'une usine de câbles qui marchait mal. « Tout allait mal. Je ne savais pas par où commencer. Je me suis donc attaqué aux comptes. C'était la seule chose sur laquelle tout le monde pouvait tomber d'accord, et c'était facile à arranger. Je pensais que si je devenais un fanatique de comptabilité, ce qu'il était facile d'améliorer, ils accepteraient tout naturellement d'autres changements. » C'est ce qui se passa.

La Chase Manhattan Bank vient d'achever avec succès une grande opération de modification de son service clients particuliers. L'histoire est pratiquement la même. La direction s'adressa d'abord au directeur régional le plus avide d'agir. Ce n'était pas la plus grande région, ni la meilleure, ni la pire, c'était seulement la plus mûre pour le changement. Ce directeur régional fit des essais, des tests, et obtint quelques victoires visibles. L'histoire se reproduisit de volontaire en volontaire. Ce n'est qu'à la fin que le plus récalcitrant rejoignit les rangs. De même, l'introduction du menu de petit déjeuner chez McDonald's commença dans un pays perdu. Quelques boutiques reprirent l'idée qui se répandit ensuite comme une traînée de poudre pendant les deux années suivantes. Cela représente à l'heure actuelle de 30 à 40 % des bénéfices de McDonald's. Chez Bloomingdale's, le processus se mit en route de façon identique : le rayon le plus simple à modifier fut le préféré du président : l'alimentation d'importation. C'est là que tout commença. Puis vint le tour du mobilier. La haute couture, qui retint beaucoup l'attention mais demanda le plus d'efforts, vint en dernier.

Le conseil Robert Schaffer donne une belle description du processus qui permet de créer l'impulsion grâce à l'accumulation de petits succès :

> L'idée essentielle est de se concentrer tout de suite sur des résultats tangibles — plutôt que sur des programmes, des préparations et la résolution de problèmes — et d'en faire la première étape du lancement du programme d'amélioration des performances. Il est presque toujours facile de repérer un ou deux objectifs de moindre importance où les éléments du succès sont déjà en place. L'approche « résultats d'abord » change toute la psychologie de l'amélioration de performances. Les gens doivent poser plusieurs types de questions. Non pas : « Quel est l'obstacle ? » mais plutôt « Que pouvons-nous faire dans l'immédiat ? » Au lieu de tenter de vaincre la résistance des gens à une tâche pour laquelle ils ne sont pas prêts, il faut découvrir ce qu'ils sont disposés à faire. Presque immanquablement, lorsque les managers viennent à bout d'un projet avec succès, ils regorgent d'idées pour organiser les phases suivantes.

Schaffer décrit la façon de s'attaquer à une tâche maniable, comme Neaman à Indianapolis. Il suggère de dégrossir jusqu'à ce que l'on dégage ce qui est faisable. « Choisissez *une* succursale dont le directeur semble *s'intéresser à* l'innovation et au progrès. Travaillez avec une équipe de vendeurs pour augmenter les ventes sur *quelques* lignes de produits choisies, peut-être dans seulement *quelques* segments de marché choisis, en fixant un pourcentage *précis* à atteindre en un *mois* ou six semaines. En voyant des résultats tangibles, ils suggéreront d'élargir le test. »

Schaffer, comme Neaman, Fairfield, Chase Manhattan et Bloomingdale's, exhume un grand nombre de variables. Le processus d'expérimentation est presque révolutionnaire. Il préfère l'action à la planification ou la réflexion, le concret à l'abstrait. Il suggère de suivre le courant : s'attaquer aux tâches faisables, commencer par les objectifs les plus faciles et les plus proches, chercher des battants malléables plutôt que des récalcitrants notoires. On pense à ces légions de preneurs de risques modestes chez Bloomingdale's, 3M,

Texas Instruments, Dana, McDonald's, General Electric, Hewlett-Packard ou IBM. Il devient risqué dans les meilleures entreprises de ne pas prendre de risques, de ne pas « bouger et faire un petit quelque chose ». La tâche des managers est d'entretenir les bonnes tentatives, autoriser les petits échecs, qualifier après coup des expériences de succès, donner des encouragements, et diriger paisiblement le processus de diffusion. L'expérimentation est au cœur de la nouvelle approche du management, même au milieu de la complexité la plus stupéfiante comme chez General Electric et IBM.

Les systèmes simplificateurs

La nature des systèmes formels des meilleures entreprises encourage la fluidité, le morcellement et l'expérimentation. Par exemple, un jeune collègue nous remit récemment un dossier en vue de préparer une interview avec un client. Il avait assemblé une série de propositions qui étaient arrivées sur le bureau du directeur de division de notre client. La plus courte faisait cinquante-sept pages. Cela ne se passe pas ainsi chez Procter & Gamble.

Leurs systèmes sont peu nombreux et simples, bien huilés, bien compris, parfaitement adaptés. Chez Procter & Gamble, le langage de l'action — celui des systèmes — est le célèbre mémorandum d'une page.

Nous avons récemment pris le petit déjeuner avec un chef de produit de chez Procter & Gamble, et nous lui avons demandé si cette légende était fondée. « Cela dépend,* dit-il, mais j'ai récemment soumis une série de recommandations pour opérer quelques changements dans ma stratégie. Cela faisait une page et demie, et on l'a refusée. C'était trop long. » La tradition remonte à Richard Deupree, ancien président :

> Deupree détestait profondément toutes les notes dont la longueur dépassait une page dactylographiée. Il renvoyait souvent une note trop longue frappée de cette injonction : « Réduisez-la à quelque chose que je puisse saisir. » Si la note évoquait une situation complexe, il ajoutait quelquefois, « Je ne comprends rien aux problèmes compliqués. Je ne comprends que les simples. » Le jour où un journaliste l'interrogea à ce propos, il expliqua : « Une

* Par exemple, le rapport historique du 13 mai 1931 du président Neil McElroy qui recommandait une compétition entre marques, faisait « courageusement trois pages ».

partie de mon travail consiste à entraîner les gens à morceler une question embrouillée en une série de sujets simples. Nous pouvons alors agir intelligemment.

Ed Harness, président de Procter & Gamble depuis peu à la retraite, se fait l'écho de cette tradition : « Un rapport bref qui dissocie le fait de l'opinion est la base de la prise de décisions ici. »

La prolifération des modèles de prévision et d'information de gestion (MIS), les bagarres incessantes entre les nombreux fonctionnels, et la « politisation » qui accompagne le processus de résolution de problèmes expliquent en partie le manque de fiabilité grandissant. Le mémo d'une page est d'une grande aide. D'abord, il y a simplement moins de questions à débattre, et il est plus facile d'en vérifier et d'en accepter vingt en une page que vingt dans un rapport de cent pages. Cela permet la concentration. En outre, une page est accessible. Vous ne pouvez raisonnablement tenir quelqu'un responsable de n'avoir pas compris un point de l'annexe 14. En revanche, s'il n'y a que vingt points, la responsabilité rentre automatiquement en jeu, et c'est un facteur de fiabilité. La négligence est incompatible avec un mémo d'une page.

Charles Ames, ancien président de Reliance Electric et actuel président d'Acme-Cleveland, dit une chose équivalente. « Je peux demander à un directeur de division de passer la nuit sur un rapport de soixante-dix pages, il semble par contre difficile d'obtenir une analyse d'une page, un graphique qui donne la tendance et fasse une projection, puis précise : "Voilà trois raisons pour lesquelles cela pourrait s'améliorer, et voilà trois points qui pourraient faire empirer les choses." »

Pour John Steinbeck, la première étape de la rédaction d'un livre consistait à rédiger un plan d'une page. Si vous ne parvenez pas à être clair en une page, il est douteux que votre roman aille très loin. Il paraît que c'est un principe établi dans les milieux littéraires, mais cela échappe à la plupart des hommes d'affaires. Cela n'a rien d'étonnant que les hypothèses clés soient noyées dans un rapport de cent pages. La logique manque probablement de rigueur. Le développement est certainement du remplissage. Par définition, la pensée est faible. Et ce qui est pire, le débat qui suivra entre les cadres supérieurs et les auteurs du projet sera tout aussi confus.

Un analyste financier a dit de Procter & Gamble, « Ils sont si consciencieux qu'ils en deviennent ennuyeux. » Un autre ajouta : « C'est une entreprise très réfléchie et très exigeante.» Les profanes se demandent comment ils peuvent être aussi consciencieux, réfléchis et exigeants avec des rapports d'une seule page. L'effort que cela requiert pour que tout tienne en une seule page constitue déjà une réponse partielle à la question. La tradition veut que le premier rapport type d'un jeune chef de produit nécessite au moins quinze brouillons avant d'atteindre la perfection. Ils disposent aussi d'une grande quantité d'analyses complémentaires comme tout le monde. La différence chez Procter & Gamble, c'est qu'ils n'infligent pas toutes ces pages aux autres. Un autre trait séduisant de ce culte de la page unique c'est... une consommation moindre de papier.

Le rapport d'une page a beaucoup plus d'impact que cette liste partielle de caractéristiques ne porte à le croire. A propos de la diminution de la consommation de papier et de l'accent mis sur l'action, Jorge Diaz Serrano, président de la compagnie de pétrole mexicaine Pemex, dit qu'il a cessé de répondre par écrit à tous les rapports et qu'il a commencé à utiliser le téléphone, il voulait en faire un principe de communication dans l'entreprise. Et Harry Gray, président de United Technologies, déclare : « Je suis connu pour ma haine du papier. Lorsque j'ai pris mes fonctions de directeur général, j'ai réuni tous les principaux responsables et je leur ai confié mon profond dégoût du papier, parlé de ma phobie. Je leur ai expliqué aussi que, pendant un an, j'avais dû avaler les doubles de ce qu'ils considéraient de la correspondance importante. Je leur ai ordonné de cesser, et de ne plus m'envoyer un papier hormis des mémos d'une page. »

Charles Ames, évoquant son expérience passée chez Reliance, parle de cet engouement pour les systèmes complexes qui cachent souvent une incapacité de maîtriser les principes de base : « Nous avions toutes sortes de systèmes de planification, mais nous étions incapables de prévoir nos ventes du *mois* suivant. J'ai démantelé le système de planification quinquennale, et je suis passé à un système de planification annuelle, puis trimestrielle. A la fin, nous avons travaillé sur un système mensuel pendant environ un an. Ce n'est qu'à ce moment-là que nous avons appris à chiffrer correctement. Finalement, nous sommes revenus au système à long terme, mais cela n'a jamais repris les proportions épiques de celui du départ. »

Contrairement à la première expérience de Charles Ames, Emerson, Dana, Texas Instruments et d'autres entreprises obtiennent des réactions rapides en se concentrant sur un ou deux chiffres. Ainsi, un article du *New York Times* consacré à Emerson Electric rapporte : « Les directeurs de division et leurs plus proches collaborateurs sont soumis tous les mois à un examen minutieux par le directeur de leur branche au siège de l'entreprise. On se concentre plus sur le présent que le futur. Trois éléments — les stocks, les bénéfices et les ventes — sont les épreuves que subissent les managers. On leur dit que leur tâche est de s'assurer que les bénéfices sont atteints chaque mois, chaque trimestre — et enfin chaque année. » Un article de *Management Today* dit de Dana : « Bien que la direction n'ait pas un grand besoin de rapports écrits, un minimum d'information est nécessaire. L'élément le plus important est le chiffre des recettes. Dans le temps, cela apparaissait, avec maintes autres choses, sur un tableau comparant les chiffres réels et le budget le 20 de chaque mois. Avec le système actuel, les divisions transmettent à la direction, par téléphone ou par télex, la totalité de leurs dépenses, et le bénéfice approximatif tous les soirs. »

Pratiquement tous les systèmes peuvent être allégés et simplifiés. Parmi les mots d'ordre de Texas Instruments, on trouve : « Plus de deux objectifs est synonyme de pas d'objectif du tout », et : « Nous avons dépassé depuis longtemps le stade où l'on donne des notes. » Texas Instruments est bien une entreprise régie par les systèmes; l'ex-président Haggerty a passé dix ans à leur inculquer ce qu'il appelle le « langage » du système par Objectifs, Stratégies et Tactiques. Mais le principe de base de ce système est d'entretenir des communications informelles et une responsabilité personnelle — et rien ne reflète mieux les techniques de cette entreprise que le système apparemment terre à terre des deux objectifs. La plupart des systèmes de direction par objectifs que nous avons vus comprennent jusqu'à trente objectifs annuels par manager. A l'évidence, cela est totalement irréaliste. Texas Instruments le reconnaît : « Nous avons tout essayé. Chaque manager avait un ensemble d'objectifs. Mais petit à petit, nous avons élagué, et encore élagué. Maintenant chaque directeur de Centre de produit/client, l'équivalent d'une division chez eux, a un but par trimestre. Dans ces conditions vous pouvez — et nous le faisons — attendre de quelqu'un qu'il mène à bien une mission. »

D'autres ont institué des routines analogues. John Hanley, président de Monsanto (qui a fait ses classes chez Procter & Gamble) affirme : « Trois à cinq objectifs par an, c'est le maximum. » John Young de Hewlett-Packard fait écho à Hanley : « Dans nos études de stratégie, le point critique, ce sont les trois à cinq objectifs annuels du directeur de division. Nous n'avons pas vraiment besoin des comptes financiers. Je ne les utilise que pour faire plaisir aux directeurs de division. S'ils atteignent ces objectifs, les finances suivront. » La nature des objectifs de Hewlett-Packard est aussi importante pour l'action — et, une fois de plus, est très différente de ce que l'on rencontre dans les moins bonnes entreprises. Chez Hewlett-Packard, les objectifs sont des *activités*, pas des chiffres abstraits que le manager ne peut guère contrôler, par exemple : « Il faut que l'usine d'Eugene dans l'Orégon tourne à 75 % de sa capacité le 15 mars prochain », ou « Les forces de vente de la région ouest doivent consacrer 50 % de leur temps à rendre visite aux clients de type X plutôt que ceux du type Y dès le 31 octobre prochain ».

Si des mémos d'une page, des chiffres honnêtes et des objectifs centrés sont les caractéristiques des systèmes des meilleures entreprises, le contexte est tout aussi important. L'ennui est que l'on ne peut considérer le contexte comme autre chose qu'un ensemble de caractéristiques terre-à-terre. Maintes entreprises ont essayé toutes ces caractéristiques et ces systèmes — des communications rapides, une prise de décision fondée sur les faits, la direction par objectifs. Mais elles essayent, ne réussissent pas au départ, et abandonnent, un « truc » de plus jeté au panier. Peu persistent jusqu'à ce qu'elles parviennent au dosage adéquat entre simplicité et complexité. Procter & Gamble consolide son système de communications à page unique depuis quarante ans.

Priorité à l'action

La priorité donnée à l'action est la caractéristique la plus importante des meilleures entreprises. Cela semble presque banal : des expériences, des groupes d'intervention ad hoc, de petites équipes, des structures temporaires. Qu'il s'agisse du lancement du système 360 d'IBM (un événement de poids dans l'histoire de l'entreprise américaine) ou d'un groupe d'intervention ad hoc qui dure trois jours chez Digital, ces entreprises, en dépit de leur grande taille, sont rarement victimes d'un excès de complexité. Elles ne cèdent pas à la tentation de créer des commissions permanentes ou des groupes d'intervention qui durent des années. Elles ne s'adonnent pas aux longs rapports. Elles n'adoptent pas non plus des matrices formelles. Elles vivent en respectant les limites humaines fondamentales dont nous parlions précédemment : les gens ne peuvent faire face à un trop grand volume d'informations à la fois, et ils s'épanouissent s'ils ont l'impression de jouir d'un peu d'autonomie (par exemple, dans l'expérimentation même modeste).

Le premier reproche que l'on fait aux entreprises, c'est qu'elles sont devenues plus complexes qu'il n'est nécessaire. Les meilleures réagissent en disant : si vous avez un problème majeur, réunissez les gens adéquats et attendez d'eux qu'ils le résolvent. Les « gens adéquats » sont souvent les cadres supérieurs qui « n'ont pas le temps ». Pourtant, ils ont le temps chez Digital, Texas Instruments, Hewlett-Packard, 3M, Dana, IBM, Fluor, Emerson, Bechtel, McDonald's, Citibank, Boeing, Delta, et les autres. Ils ont le temps dans ces entreprises parce que celles-ci ne sont pas paralysées par des organigrammes ou des descriptions de postes ou des pinaillages sur les sphères de compétence. Armez. Tirez. Visez. Dégagez un enseignement de vos essais. Cela suffit.

6

A l'écoute du client

Le principe de gestion probablement le plus fondamental que l'on ignore aujourd'hui, c'est de rester à l'écoute du client pour satisfaire ses besoins et anticiper ses désirs. Dans trop d'entreprises, le client est devenu un empêcheur de tourner en rond dont le comportement imprévisible détériore des plans stratégiques mis au point avec soin, dont les activités dérèglent les programmations, et qui réclame avec entêtement des produits qui marchent.

Lew Young, rédacteur en chef, *Business Week*

Poser comme principe qu'une entreprise doit rester à l'écoute du client peut paraître insipide. Et l'on peut alors s'interroger sur l'utilité d'un tel chapitre. Nous répondrons que, malgré tous les discours actuels sur la priorité donnée au marché, Lew Young et d'autres ont raison : ou l'on ignore le client ou on le considère comme un empêcheur de tourner en rond.

Il est réconfortant de voir, dans les meilleures entreprises, à quel point et avec quelle intensité, les clients sont présents dans tous les coins et recoins de l'organisation — service des ventes, fabrication, recherche et comptabilité. Une message simple imprègne l'atmosphère. Le succès dépend entièrement d'une chose que l'on appelle une vente, ce qui, au moins momentanément, unit entreprise et client. Le principal enseignement que nous avons tiré de notre enquête dans ce domaine : les meilleures entreprises sont vraiment à l'écoute de leurs clients et passent aux actes. Les autres se contentent d'en parler.

Aucune théorie de gestion n'est d'un grand secours pour expliquer le rôle du client dans la meilleure entreprise type. Tout au plus, la théorie récente parle-t-elle de l'influence importante de l'environnement extérieur sur l'entreprise. Néanmoins, elle passe à côté de l'intensité de cette polarisation sur le client que l'on trouve chez les plus performantes, et ignore que l'intensité semble être l'un des secrets les mieux gardés de l'entreprise américaine.

John Doyle, directeur de la recherche et du développement chez Hewlett-Packard, nous en fit une très bonne description lors d'une discussion sur les valeurs clés de l'entreprise. Il affirme que la seule attitude qui ait une chance de survivre à l'épreuve du temps, c'est une concentration sur l'extérieur qui ne se démente jamais « La seule façon de survivre, c'est que tout le monde gratte et cherche ce qu'il faut faire pour que la prochaine génération de produits pénètre chez le client. »

En observant les meilleures entreprises et surtout la façon dont elles manient l'interaction avec le client, ce qui nous a le plus frappés, c'est la présence constante de l'*obsession* : en général, sous la forme d'un attachement inconditonnel, et apparemment injustifié, à une certaine qualité, fiabilité, ou service. Cette mobilisation sur le client ne signifie pas pour autant que nos meilleures entreprises soient incompétentes sur le plan de la technologie ou de la rentabilité. Mais chez elles, cet axe est simplement plus prioritaire que la technologie ou la volonté de minimiser les prix de revient. Prenez IBM par exemple. Ils ne sont pas vraiment en retard, mais la plupart des observateurs admettent que, depuis des décennies, ils ne sont pas des chefs de file sur le plan technologique. Leur suprématie est due au fait qu'ils misent sur le service.

Le service, la qualité et la fiabilité sont des stratégies qui visent à gagner une clientèle fidèle et à assurer une croissance régulière à long terme des revenus (ainsi que leur maintien). Les gagnants semblent se soucier surtout de produire des revenus, ce qui nous paraît le corollaire de l'orientation-client. L'un résulte de l'autre. Ce sera le propos du présent chapitre.

L'obsession du service

Bien qu'il ne s'agisse pas d'une entreprise, notre illustration préférée de l'écoute du client est le vendeur de voitures Joe Girard. En l'espace de onze ans, il a vendu plus de nouvelles voitures et de camions, chaque année, que quiconque sur terre. En fait, sur une année normale, Joe en a vendu le double de celui qui arrive en seconde position. Expliquant les raisons de son succès, Joe dit : « J'envoie plus de treize mille cartes par mois. »

Pourquoi commencer par Joe ? Parce que sa magie ressemble à celle d'IBM et à celle de bien des meilleures entreprises. C'est simplement une question de service, un service tout-puissant, et surtout un service après-vente. Joe souligne : « Il y a une chose que je fais et que beaucoup de vendeurs ne font pas, c'est de penser que la vente commence réellement *après* la vente — pas avant. A peine le client a-t-il franchi le seuil que mon fils a déjà écrit une carte de remerciements. » En général, Joe intervient personnellement, un an plus tard, auprès du directeur du service après-vente en faveur de son client. Dans l'intervalle, il garde le contact :

> Les clients de Joe n'ont aucune chance de l'oublier après lui avoir acheté une voiture. Tous les mois, ils reçoivent une lettre de lui. Elle arrive dans une enveloppe normale, de taille et de couleur toujours différentes. « Cela ne ressemble pas à ce genre de mailing que l'on jette sans l'ouvrir » avoue Joe. Ils l'ouvrent et ils lisent « je vous aime » sur la première page. A l'intérieur, il y a « Bonne année de la part de Joe Girard ». Il envoie une carte en février pour souhaiter un « bon anniversaire de Georges Washington ». En mars, c'est « Heureuse Saint-Patrick ». Ils adorent les cartes. Et Joe se vante : « Vous devriez entendre ce qu'ils en disent. »

Hors contexte, les 13 000 cartes de Joe ont seulement l'air d'un truc de vente de plus. Mais à l'instar des meilleures entreprises, Joe semble se soucier sincèrement de ses clients. Il dit : « Dans ce pays, les grands restaurants ont des cuisines qui débordent d'amour... et quand je vends une voiture, je veux que mon client reparte dans le même état d'esprit que lorsqu'il sort d'un grand restaurant. » La sollicitude de Joe ne se dément pas après la vente : « Quand un client revient pour un service après-vente, je me bats pour qu'il obtienne le meilleur. Vous devez être comme un médecin. Quelque chose ne fonctionne pas dans sa voiture, ayez de la peine pour lui. » En outre, Joe s'occupe de chaque client en le traitant en individu. Il ne parle pas statistiques, mais il souligne qu'il en a vendu « Une à la fois, en face à face. Ils ne me dérangent pas, ils ne sont pas casse-pieds. Ils me font vivre. » Nous avons commencé par Joe parce qu'il agit comme si le client comptait vraiment.

«J'assistais un jour à une réunion des directeurs des ventes avec le vieux Watson », dit Gordon Smith qui vient de quitter Memorex. « Le but de la réunion était d'examiner certains problèmes de la clientèle. Sur le bureau, il y avait huit ou dix piles de papiers, donnant l'origine des problèmes, « problèmes d'ingénierie », « problèmes de fabrication », etc. Après maintes discussions, M. Watson s'approcha à pas lents du bureau, et d'un revers de la main, envoya voltiger les papiers à travers la pièce. Il dit : « Il n'y a pas plusieurs sortes de problèmes en l'occurrence. Il y a un seul problème.

Certains d'entre nous ne s'occupent pas assez des clients. » Il tourna les talons, et sortit, laissant derrière lui vingt types qui se demandaient s'ils avaient encore un emploi ou non.

Dans *A Business and its Beliefs,* Thomas J. Watson Jr. parle des idées qui furent à la base de l'entreprise. Il observe fort pertinemment à propos du service :

> Avec le temps, un bon service est presque devenu un réflexe chez IBM. Il y a des années de cela, nous fîmes paraître une annonce qui disait simplement en très gros « IBM est synonyme de service ». J'ai souvent pensé que c'était notre meilleure annonce. Elle exprimait clairement ce que nous défendons. *Nous voulons offrir le meilleur service après-vente du monde.* Les contrats d'IBM ont toujours offert non pas des machines en location, mais des services-machines, c'est-à-dire l'équipement assorti des conseils et des recommandations des employés d'IBM.

Comme Joe Girard, IBM défend avec passion son idée du service. Dans la plupart des entreprises, les « assistants à » portent les serviettes, brassent les papiers, servent de *factotum.* Ce n'est pas le cas chez IBM. Chez eux, certains des meilleurs vendeurs deviennent assistants des cadres supérieurs. Une fois à ce poste, ils passent trois ans à ne faire qu'une chose — *répondre à toutes les réclamations des clients dans les vingt-quatre heures.* (Sur le terrain, les efforts de la troupe sont tout aussi remarquables. Un cadre informaticien de Lanier à Atlanta, concurrent d'IBM dans certains domaines, ne jure que par la superstructure d'IBM : « Je me rappelle la dernière fois que nous avons eu un problème. En l'espace de quelques heures, la horde a afflué de partout. Ils ont fait venir environ huit experts. Quatre au moins venaient d'Europe, un du Canada, et un d'Amérique latine. Ça s'est trouvé comme cela ».)

Le côté fantastique de l'histoire d'IBM sur le plan du service, c'est qu'il n'existe pas de défauts de cuirasse. Récemment, en l'espace d'une semaine, l'un d'entre nous (1) fit le voyage New York — San Francisco assis à côté d'un vendeur d'IBM de vingt-cinq ans en poste à Oakland, (2) parla à un cadre supérieur de AT & T formé par IBM, (3) s'entretint avec un cadre supérieur de chez Memorex qui avait été responsable de la fabrication chez IBM, (4) discuta une décision de ventes d'IBM avec le directeur d'un hôpital, (5) parla avec un jeune ex-vendeur d'IBM. Ces personnes ne se ressemblaient pas physiquement : cela allait d'une jolie jeune femme noire à un homme à la cinquantaine grisonnante. Mais ils tenaient le même discours. Ils s'accordaient tous pour dire qu'IBM a eu des problèmes de logiciel, et parfois même de qualité. Mais tous reconnaissaient aussi, utilisant pratiquement le même vocabulaire, que le service et la fiabilité d'IBM sont sans égal. Leur profonde et constante conviction que IBM se soucie sincèrement du service est très impressionnante.

Les exemples abondent. Notre bureau se trouve au quarante-huitième étage du siège mondial de la Bank of America, nous rencontrons de ce fait beaucoup de cadres de cette maison. Un de nos amis a été nommé directeur des opérations de la division internationale. Il nous raconta que, lorsqu'il prit ses fonctions, trois mois environ avant cette conversation, il n'avait vraiment qu'un seul objectif, débarrasser la banque de sa totale sujétion à IBM. « S'adresser à Amdahl, par exemple. J'avais passé à peu près quatre semaines là-dessus quand, entrant dans mon bureau un matin, j'ai trouvé un énorme projet intitulé "Les systèmes des années quatre-vingt." Je l'ai ouvert. Cela venait de mon interlocuteur de chez IBM. Je n'en voulais pas. Je l'ai appelé et je lui ai demandé, "Grands dieux, pourquoi me faites-vous cela ?" Il fut très direct et répondit : "C'est comme ça que l'on contrôle le client !" »

Lorsque vous écoutez le directeur commercial de la firme, ce que nous avons fait récemment, vous éprouvez un sentiment de déjà vu, et vous vous apercevez tout à coup que vous êtes en train d'écouter l'incarnation moderne de Watson insistant sur la règle d'or du service. Rodgers déclare que tout projet proposé à un client doit être « complètement rentable du point de vue du client. » (Un ex-employé de chez IBM de notre connaissance déplore : « Un vendeur de chez IBM vend toujours le produit le moins cher qui fera l'affaire », et il ajoute qu'il aimerait bien que l'on puisse en dire autant de son entreprise actuelle. « Je n'arrive pas à y croire », dit-il de celle-ci. « Ils essayent de leur vendre le pont de Brooklyn. Ils se conduisent comme si demain n'existait pas. ») Rodgers affirme qu'IBM s'intéresse au client et au marché, pas à la technologie. Il veut que « Les vendeurs agissent comme s'ils étaient les salariés du client » et il parle de mettre « toutes les ressources d'IBM à la disposition du client. » Enfin, il remarque que « obtenir la commande est l'étape la plus facile, le service après-vente est ce qui compte. » Il ajoute que IBM opte délibérément pour des succursales de petite taille (maximum 100 personnes) afin que « ce soit facile de s'adresser à eux. » Il conclut « nous devons constamment garder le contact. »

Pour être sûr de garder le contact, IBM mesure chaque mois la satisfaction externe et interne du client. Cela entre pour une grande part dans les stimulants économiques, surtout pour les cadres. IBM étudie également l'attitude des employés tous les quatre-vingt dix jours, et vérifie leur perception de la façon dont le service à la clientèle est maintenu.

Les cadres d'IBM rendent toujours des visites très régulières à la clientèle. A New York, l'un de nous a récemment rencontré un cadre financier qui rend visite à la clientèle, et qui insiste pour que tout son personnel en fasse autant : « Comment peut-on établir une politique de recouvrement des factures si on ne connaît pas le client ? » Le président John Opel souligne ce point : « Vous devez vous rappeler qui paie les factures. Peu importe votre spécialité — finances ou fabrication — vous devez connaître et faire l'expérience de l'émotion que procure la vente. C'est là que les choses se passent vraiment. »

IBM soutient sa politique d'écoute du client par une formation intense. La formation de base du vendeur dure quinze mois : il consacre 70 % de ce temps à une agence commerciale et 30 % à un centre de formation. Les stages de perfectionnement suivent. Par exemple, plus de 1 000 personnes par an participent au Cours du Président. Ce cours est animé par huit professeurs de Harvard, et six professeurs de chez IBM, et son but est « d'enseigner aux gens comment raisonnent les directeurs chez les clients. » Environ 1 000 autres vendeurs suivent les cours d'un directeur financier animés aussi conjointement avec Harvard. Ils apprennent comment fonctionnent les directeurs financiers. C'est un programme qui s'ajoute aux quinze jours environ de formation continue obligatoire pour tous, chaque année, quelle que soit l'ancienneté.

L'insistance d'IBM pour le service a un côté dur. Ceux qui ont la charge de comptes clients sont « entièrement tenus responsables » du matériel en place. Par exemple, supposez que vous soyez responsable de compte et que vous rendiez visite demain matin à un client qui vous dit dès la première réunion qu'un matériel IBM installé récemment doit être remplacé. Même si votre prédécesseur a été le vendeur pendant dix ans (et donc responsable de ce qui se passe), Rodgers déclare qu'on vous retirera de votre prime et de votre salaire la totalité de la commission reçue par le vendeur qui a placé la commande. Inutile de dire que ce système reflète la profondeur de l'intérêt que porte IBM au service après-vente et l'importance d'un contact permanent avec la clientèle. Rodgers insiste : « Cela oblige celui qui a des rapports avec le client actuel à prendre en compte la satisfaction du client. » Jacques Maison-Rouge, patron de la division des affaires internationales d'IBM, souligne ce point : » IBM agit toujours comme s'il était sur le point de perdre *tous* ses clients. »

Les autres systèmes durs comprennent les « examens collectifs des pertes. » On réunit tous les mois le personnel des régions et des agences pour discuter des pertes. En outre, le président, le directeur et les cadres supérieurs reçoivent *quotidiennement* des rapports sur les contrats perdus. Un ex-cadre d'IBM déclare : « C'est stupéfiant. Je me souviens avoir perdu une grosse affaire une fois. J'étais à peine rentré dans mon bureau que le téléphone se mit à sonner. « Que s'est-il passé ? Parlons-en. » J'ai eu l'impression que la moitié de la société me tombait dessus le lendemain. J'ignore encore aujourd'hui comment ils ont été si vite au courant. » Ceux qui sont passés par IBM sont surpris par l'absence de systèmes aussi rigoureux dans leurs nouvelles entreprises. L'un d'eux qui est maintenant directeur général adjoint chez un concurrent commentait avec consternation : « Je n'arrive pas à y croire. Le président ne garde même pas une liste de nos cent principaux clients. »

Néanmoins, si vous regardez de près, vous pouvez presque toujours trouver mieux; par exemple, dans certaines niches de marché, *Lanier* dépasse IBM sur le plan du service. Un ami qui dirige le service de l'informatique dans une grande société parlait de la lenteur de la diffusion du concept « bureau du futur. » Il dit que l'un des problèmes, c'est que tout le monde appelle l'un des principaux composants, la soi-disant machine à écrire intelligente : « la machine de traitement de textes. » « C'est sûr qu'il n'y a pas pire repoussoir ou menace que ce terme pour l'utilisateur ou la secrétaire. » Existe-t-il quelqu'un qui ne l'appelle pas une machine de traitement de textes ? Il n'y en a qu'un à notre connaissance : Lanier. Et la dernière fois que nous nous y sommes intéressés le petit Lanier avait battu des géants comme IBM, Xerox, Wang et à peu près une centaine d'autres sur les seules machines de traitement de textes. Il était premier sur le marché et avait, de surcroît, des marges solides. Il appelle sa machine « la machine à écrire sans problèmes. » Cette dénomination donne une idée de l'orientation-client de Lanier. Lanier vit, dort, mange et respire au rythme du client. Un de nos collègues prétend qu'être avec les cadres de Lanier, c'est comme se trouver à plein temps dans un vestiaire de football et à mi-temps sur le terrain. La discussion tourne sans cesse autour des ventes, des clients et de la compétition acharnée avec les concurrents.

Wesley Cantrell, président de Lanier, distille l'orientation-client. Les cadres supérieurs de chez Lanier rendent des visites mensuelles à la clientèle. L'orientation client de Lanier insiste aussi sur la simplicité du produit et « la bienveillance ». Cantrell a été très influencé par ses premiers temps de vendeur. Il vendait des produits de reproduction pour le bureau chez 3M. Il dit que le mode d'emploi de Kodak faisait quinze pages, alors que celui de 3M tenait en une page. « Leur mode d'emploi était mon meilleur instrument de vente », commente-t-il.

Lanier veut que son produit soit d'un abord facile pour le client, et cela marche. Une récente thèse de doctorat de Harvard Business School comparait Xerox, Wang Labs et Lanier dans une étude de l'adaptation. Elle concluait que Lanier était le plus orienté vers l'utilisateur final à savoir la secrétaire. Il en résultait l'adoption très rapide de caractéristiques qui plaisaient aux secrétaires.

Avec un flux intense de service et un taux de réponse très rapide à domicile, Lanier bat même IBM sur son terrain. Ces deux données sont constamment mesurées par Lanier. Pour fournir un service rapide, ils dépensent de l'argent. Ils « suréquipent » leurs agents. L'investissement que représentent les instruments et les dispositifs dont dispose l'agent de Lanier dépasse très nettement la moyenne. Lanier essaie aussi de faire mieux qu'IBM en ce qui concerne les réclamations. L'entreprise prétend qu'elle répond à toutes les réclamations dans les quatre heures qui suivent, et le président en prend une grande partie en charge. (Il ajoute : « Et je facture mon propre tarif horaire à mes agents régionaux de vente et d'après-vente pour avoir résolu le problème. ») Il aime battre la norme des quatre heures, et il dit : « Bien sûr, la machine à écrire sans problèmes facilite la tâche. »

Notre exemple préféré de zèle en matière de service est Frito-Lay. Nous avons lu beaucoup de théories micro-économiques et il semble que les économistes soient sûrs d'une seule chose après plusieurs centaines d'années de recherches : les producteurs de blé ne font pas de grandes marges sur des marchés pleinement concurrentiels. Nous ne présentons pas de producteurs de blé exemplaires dans notre étude, mais nous n'en sommes pas passés loin. Les chips et les bretzels devraient être considérés comme des produits non différenciés classiques. A l'instar des producteurs de blé, les fabricants de chips ne devraient pas réaliser de grandes marges ou détenir d'importantes parts de marché. Mais Frito-Lay, filiale de PepsiCo, vend plus de deux milliards de dollars de chips et de bretzels par an, détient de 60 à 70 % des parts de marché sur tout le territoire américain, et bénéficie de marges qui font envie à l'industrie alimentaire. Pourquoi ?

Ce qui frappe chez Frito, ce n'est pas son système de gestion de ses marques qui est solide, ni son programme de publicité qui est bien fait. Ce qui frappe, c'est sa force de vente qui compte près de 10 000 personnes, et son niveau de service de 99,5 %. En pratique, cela signifie que Frito recourt à des actions qui ne sont pas économiques à court terme. L'entreprise dépensera plusieurs centaines de dollars pour envoyer un camion afin de renouveler le stock d'une boutique avec une paire de cartons de paquets de chips pour une somme totale de 60 dollars. Il semble qu'on ne gagne pas d'argent de cette façon. Mais l'entreprise regorge d'histoires de vendeurs bravant tous les temps pour livrer une caisse de chips ou aider à remettre une boutique en ordre après un ouragan ou un accident. Des lettres relatant ce genre d'anecdotes affluent au siège de Dallas. La magie et le symbolisme qui entourent la visite du service après-vente ne peuvent être mesurés. Comme nous le disions plus tôt, c'est le rêve d'un analyste financier. On peut toujours économiser en réduisant le niveau de service d'un point ou deux. Mais la direction de Frito, en voyant les parts de marché et les marges, ne touchera pas au zèle de la force de vente.

Frito vit simplement pour son équipe de vente. Le système marche bien parce qu'il soutient le vendeur, croit en lui, lui donne le sentiment d'être indispensable à sa réussite. L'entreprise compte environ 25 000 employés. Ceux qui ne vendent pas appliquent cette maxime simple : « Servir la vente. » Dans la mesure où l'on juge traditionnellement le directeur d'usine sur son aptitude à respecter son budget, lorsque la force de vente connaît une mauvaise passe, il n'hésitera pas à faire faire des heures supplémentaires à l'usine pour s'assurer que le service des ventes obtient ce qui lui est nécessaire. S'il n'agit pas de la sorte, il en entendra parler de toutes parts comme notre ami de chez IBM qui avait perdu son gros client.

La meilleure analyse du « contact avec le client par le biais du service » qu'il nous ait été donné de voir est l'étude menée en 1980 par Dinah Nemeroff de la Citibank. Dix-huit entreprises ont répondu à son appel dont American Airlines, Disney Productions, McDonald's, Western, Hertz et IBM. Une des conclusions les plus intéressantes de Nemeroff est que les gens de ces entreprises différentes mais toutes axées sur le service ont recours au même vocabulaire pour se décire. « Ils utilisent les mêmes mots pour discuter des questions de service », note-t-elle.

Nemeroff découvre trois principaux thèmes dans une orientation vers un service efficace : (1) Les cadres s'investissent de manière active et intense; (2) L'attention portée au personnel est exceptionnelle; et (3) L'évaluation et la rétroinformation se pratiquent intensément. Comme nous l'avons vu maintes et maintes fois, tout part des cadres supérieurs. Nemeroff appelle cela « la politique du service. » Les cadres supérieurs mettent cette politique en œuvre par le biais de l'exemple personnel. Leur engagement commence par une philosophie de l'entreprise. En fait, nombre des entreprises de son enquête consacrent au service une partie explicite de la définition de leur mission et l'excellence en la matière y est considérée comme l'objectif numéro un. Donnant la priorité au service, elles déclarent que « la rentabilité suit naturellement », ce qui vient confirmer la remarque que nous faisions au début de ce chapitre.

Nemeroff a relevé de nombreux exemples de caractéristiques de style de gestion qui viennent renforcer cette philosophie du service. Elle a découvert que les cadres supérieurs traitent les questions de service comme des problèmes « en temps réel » — c'est-à-dire qui méritent une attention immédiate de leur part. Elle a découvert qu'ils interviennent directement, faisant fi de la hiérarchie, pour les décisions de service. Ces managers se réunissent régulièrement et fréquemment avec les jeunes cadres qui répondent aux lettres des clients. Ils ajoutent « des notes dans la marge » et « font des prouesses en matière de service pour accroître la visibilité vis-à-vis des clients ». (Et pour renforcer cette image du service dans leur propre entreprise.)

Nemeroff fait une remarque cruciale et subtile à propos d'un autre aspect du style de gestion : « Les cadres interrogés pensent qu'ils doivent sauvegarder une vision du service à long-terme comme générateur de revenus. » C'est un aspect trop souvent négligé dans les entreprises américaines. Les objectifs de profit, bien qu'indispensables, sont tournés vers l'intérieur et ne sont pas une source d'inspiration pour les milliers de salariés. Par contre, les objectifs de service motivent presque toujours ces salariés. Il est capital que chaque employé ait un sens solide de sa responsabilité personnelle. On en est convaincu lorsque quelqu'un sur le terrain vous déclare comme l'a fait une des personnes interrogées par Nemeroff, « Chacun de nous *est* l'entreprise. »

Nemeroff souligne que « Les relations avec la clientèle sont le simple reflet des relations avec le personnel. » On ne peut séparer la façon dont ces entreprises axées sur le service traitent leurs employés et l'importance accordée à l'évaluation et à la rétroinformation. Sa découverte peut-être la plus importante à cet égard, c'est que de nouveaux programmes de gratifications et de stimulants salariaux sont continuellement en cours de préparation. Par exemple, selon l'une des personnes interrogées : « On modifie les programmes de primes liées au service tous les ans au moins pour qu'ils ne vieillissent pas, et la plupart d'entre eux sont le fait de la direction locale. » C'est un détail que nous avons remarqué dans tous les domaines dans les meilleures entreprises. Les programmes pour le personnel — qu'il s'agisse des primes, de la formation, ou simplement des réjouissances — sont continuellement remaniés de la même manière que le développement des produits. On ne s'attend pas à ce qu'une technique ait éternellement de l'impact et, comme les produits, les programmes pour le personnel ont un cycle de vie peut-être même plus court.

L'un des meilleurs exemples de service fondé sur le personnel est donné par Walt Disney Productions. En fait, beaucoup considèrent Disney et McDonald's comme les deux meilleures entreprises des États-Unis ou du monde sur le plan du service. Red Pope, qui a longtemps analysé Disney, écrit : « La façon dont ils s'occupent de leur personnel, à l'intérieur comme à l'extérieur, le traitent, communiquent avec lui, le récompensent, est à mon avis la base de leurs cinq décennies de réussite. J'en suis arrivé à observer de près et à admirer la théorie et les techniques employées pour satisfaire et servir le client dont bénéficient quotidiennement des millions de gens. C'est ce que Disney réussit le mieux. »

Les observations de Pope sur Disney confirment l'étude de Nemeroff. Par exemple, l'engagement intense du management est mis en évidence chez Disney par un programme annuel d'une semaine qu'ils appellent « l'utilisation contradictoire ». D'après Pope, ce programme invite les cadres de Disney à abandonner leur bureau et à se débarrasser de leurs costumes habituels d'hommes d'affaires. Ils endossent des vêtements différents et se lancent dans l'action. « Pendant toute une semaine, le patron vend des billets ou du pop-corn, sert des glaces ou des hot dogs, charge et décharge des camions, gare des voitures, conduit le monorail ou les trains, et accomplit l'une des cent tâches qui animent le parc d'attractions. »

Un langage spécial est à la base de la thématique du service reposant sur le personnel chez Disney comme dans la plupart des meilleures entreprises. Il n'y a pas d'ouvrier chez eux. Les employés sont des « membres de la distribution » et l'on appelle le service du personnel la « distribution ». Lorsque vous travaillez en contact avec le public, vous êtes « sur scène ». Par exemple, deux des enfants de Pope, seize et dix-huit ans, furent engagés par Disney World à Orlando pour vendre des billets. Pour ce travail apparemment banal ils durent suivre un stage de formation de huit jours avant d'être autorisés à monter sur scène. On leur parla des Hôtes — pas des clients avec un c minuscule, mais des Hôtes avec un h majuscule. Pope demanda à ses enfants pourquoi apprendre à vendre des billets avait pris quatre jours; ils répondirent : « Que se passe-t-il quand quelqu'un veut savoir où se trouvent les toilettes, quand commence la parade, quel bus prendre pour retourner aux camps ? Nous avons besoin de connaître la réponse et savoir où la trouver rapidement. Après tout, papa, nous sommes sur scène et nous aidons à monter le spectacle pour nos Hôtes. Notre travail de chaque minute est de faire en sorte que les Hôtes s'amusent. »

Les gens s'imprègnent très tôt de cette culture. Tout le monde doit suivre les cours de l'université Disney, et réussir l'examen « Traditions l » avant de passer au stage de perfectionnement. Pope dit :

> Traditions l est une expérience d'une journée pendant laquelle on enseigne à la nouvelle recrue la phylosophie Disney et ses méthodes de fonctionnement. Personne n'est dispensé de ce cours, du directeur au débutant engagé à mi-temps.
>
> Disney attend du nouveau membre de la Distribution qu'il connaisse un peu l'entreprise, son histoire, son succès et son style de gestion avant qu'il ne commence à travailler. On montre à tous comment chaque division est reliée aux autres et comment chacune « a un rapport avec le spectacle. » En d'autres termes, « Voilà comment on travaille tous ensemble pour que cela marche. Voilà votre rôle dans le film. »

L'appui des systèmes pour les gens en scène est aussi très poussé. Il existe, par exemple, des centaines de téléphones cachés dans les fourrés dont les lignes sont reliées à un central qui répond aux questions. Et l'ampleur des efforts déployés dans le nettoyage quotidien stupéfie les observateurs les plus endurcis. Le zèle passionné est la marque de tous les aspects de l'approche-clients de Disney.

Qu'elles soient ou non aussi fanatiques dans leur obsession du service que Frito, IBM ou Disney, les meilleures entreprises semblent toutes posséder des thèmes de service très ancrés. Qu'elles s'occupent de métallurgie, de haute technologie, ou de hamburgers, elles se sont toutes définies comme des entreprises de service : c'est là une des conclusions les plus significatives.

Le directeur général adjoint de AT & T, Archie McGill, ancien cadre de IBM, va plus loin. Il distingue le service normal et ce qu'il appelle un « parti pris clients » (un véritable parti pris pour le service). Ce dernier, dit-il, signifie « reconnaître que *chaque* individu a sa propre perception du service ». Une définition multiple du service (des dizaines de variables) peut en détourner les gens. On perd le client individuel de vue. Supposez que vous ayez un « standard de quatre-vingt-quinze pour cent de service », McGill demande alors : « Que se passe-t-il avec les cinq pour cent restants ? Bien qu'il soit théoriquement impossible d'atteindre les cent pour cent, *l'entreprise doit agir comme si le moindre échec était intolérable.* »

Boeing est un autre exemple parfait. Bien-sûr, cette entreprise fabrique des avions, mais c'est son parti pris du service qui la distingue. Un analyste du *Wall Street Journal* dit ceci de Boeing :

> Pratiquement tous les pilotes de Boeing peuvent vous raconter comment l'entreprise s'est tirée d'un mauvais pas. Lorsque la minuscule compagnie Alaska Airlines eut besoin d'un train d'atterrissage pour permettre à un appareil de se poser sur un terrain non macadamisé, Boeing était là. Lorsque Air Canada eut des problèmes de formation de glace dans les trous d'aération, Boeing envoya ses ingénieurs à Vancouver où ils travaillèrent sans relâche pour résoudre le problème et minimiser les retards dans les vols. L'attention que porte Boeing aux relations avec la clientèle s'est révélée payante. En décembre 1978, Alitalia perdit un DC9 dans la Méditerranée, et il était vital pour la compagnie italienne de le remplacer rapidement. Umberto Nordio, président d'Alitalia, téléphona à T.A. Watson, président de Boeing pour lui présenter une requête spéciale : pouvait-on rapidement livrer un Boeing 727 à Alitalia ? A l'époque, il y avait deux ans d'attente pour obtenir ce modèle, mais Boeing jongla avec ses plans de livraison et Alitalia reçut son avion en un mois. M. Nordio rendit la politesse six mois plus tard lorsque Alitalia abandonna ses projets d'achats de DC10 de McDonald Douglass, et passa une commande de neuf 747 d'une valeur de 575 millions de dollars environ.

En parlant de son extraordinaire métamorphose qui lui permit de devenir une compagnie essentiellement commerciale après avoir eu une vocation surtout militaire, Boeing dit d'elle-même dans *Vision* : « Nous avons essayé de former une équipe tournée vers le client. Nous avons compris que, si nous voulions réussir sur le plan commercial, le client était l'élément important. Vous ne pouvez laisser la compagnie dire — comme cela arrive parfois — "Vous vous intéressez à notre problème seulement lorsque vous essayez de nous vendre un avion." Cela nous a pris beaucoup de temps pour reconnaître les problèmes du client. Maintenant, ce point de vue commence à s'infiltrer dans toute l'entreprise. »

Nous ne pouvons conclure cette discussion sans mentionner brièvement ce qui est primordial aux yeux de maints observateurs : peut-on trop dépenser pour le service ? Bien sûr, dans l'absolu, on peut trop dépenser. Mais si, dans l'absolu, notre réponse est positive, sur le plan de la gestion, elle est négative. En effet, de même que, selon l'analyse rationnelle il y a « trop » de champions chez 3M et « trop » de divisions chez Hewlett-Packard ou Johnson & Johnson, *pratiquement toutes nos sociétés « dépensent trop » en service, qualité et fiabilité.* Ainsi que nous le rappelle David Ogilvy : « Dans les meilleures entreprises, on tient ses promesses quel qu'en soit le coût en angoisse et en heures supplémentaires. » C'est valable pour la publicité, pour l'informatique, pour les machines à écrire, pour les parcs d'attraction et pour les bretzels.

Enfin, nous avons pu observer que l'orientation vers le client est un puissant facteur de motivation. Nous avons récemment rencontré un ancien comptable de Johnson & Johnson qui est maintenant cadre supérieur à la Chase Manhattan Bank. Il se rappela : « Les deux premières semaines, j'ai fait des visites à la clientèle. C'est typique. Johnson & Johnson dit que si vous n'arrivez pas à comprendre le client, vous ne comprendrez rien à l'entreprise. » Un autre ami nous raconte une histoire similaire :

> Je me trouvais au Pentagone dans le bureau du chef des opérations navales. Un groupe de fonctionnaires GS 11 et 12 (cadres moyens) travaillaient pour moi sur certaines parties du budget des opérations et de la maintenance. Cela me déprimait de voir à quel point ils manquaient de motivation pour le travail et combien ils avaient d'entrain dans la vie courante. Beaucoup d'entre eux faisaient parallèlement des affaires dans l'immobilier ou dirigeaient de petites entreprises. Je disposais néanmoins d'un « expert » qui était vraiment motivé. Ce n'est que plus tard que j'en compris la raison clé. A cause de son aptitude à transférer les ressources et à trouver des fonds supplémentaires, j'avais l'habitude de l'envoyer pour des missions de deux ou trois jours à Norfolk. Il travaillait avec les gens de la Flotte et imaginait des moyens de leur procurer assez de carburant pour des manœuvres supplémentaires ou des choses de ce genre. Je comprends maintenant qu'il était simplement le seul à avoir un vrai « contact avec le client ». Il voyait les bâtiments et ceux qui les dirigeaient. Les chiffres n'avaient rien d'abstrait pour lui. Ses actions avaient des résultats mesurables, et mieux encore, tangibles. Rétrospectivement, je me rends compte que j'aurais pu avoir recours à des centaines de possibilités pour rendre cette expérience banale pour tous.

D'après notre expérience, il n'existe aucun secteur dans les meilleures entreprises qui ne soit pas concerné par le client. Caterpillar envoie le personnel de ses usines sur les terrains d'essai pour voir manœuvrer les gros engins. Citibank laisse des opérationnels des « coulisses » rendre visite régulièrement aux clients, et les comptables résoudre directement des problèmes opérationnels. 3M insiste pour que ses employés du service de la recherche et du développement rendent régulièrement visite aux clients, et Hewlett-Packard fait de même. De cette façon, le parti pris du service devient tangible pour tout le monde. « Chacun de nous *est* l'entreprise », prend ici sa véritable signification.

L'obsession de la qualité

Nous avons dit que beaucoup de nos entreprises sont obsédées par le service, et tout autant par la qualité et la fiabilité. Caterpillar Tractor en est un superbe exemple. Caterpillar offre à ses clients un service de livraison de pièces détachées sous garantie dans les quarante-huit heures partout dans le monde, et s'il ne peut tenir sa promesse, le client ne paie pas la pièce en question. Cela montre à quel point Caterpillar est sûr, en premier lieu, que ses engins marchent. Une fois de plus, nous sommes en présence d'un niveau de performance qui, en termes strictement économiques, serait considéré comme une folie douce, folie tant que l'on n'a pas regardé les résultats financiers de Caterpillar.

Un article de *Fortune* dit simplement : « Les principes d'exploitation de l'entreprise semblent être une version de la loi du scoutisme : il faut exceller en matière de qualité, de fiabilité, de performances et de loyauté dans les rapports avec le distributeur. Caterpillar a poursuivi avec ardeur l'objectif qu'il s'était fixé : produire le tracteur à chenilles le plus efficace et le meilleur du monde. » Un analyste de *Business Week* partage cette opinion : « La qualité du produit a valeur de catéchisme pour le personnel de Caterpillar. » Lorsque nous évoquons cette entreprise en présence de deux cadres du secteur agricole que nous connaissons, ils en ont presque les larmes aux yeux de vénération. De la même façon, pour l'un de nous, Caterpillar est lié au souvenir des commandes de matériel de construction pour la Marine au Vietnam. Il était prêt à toutes les extrêmités, contournant presque les règlements d'achat, pour demander l'équipement de Caterpillar qui était presque toujours le plus cher. Il y était obligé, car il savait pertinemment que son commandant lui tordrait le cou s'il ne trouvait pas le moyen d'obtenir Caterpillar. Lorsque vous transportez des bulldozers par avion en territoire hostile pour construire des pistes d'atterrissage courtes derrière les lignes ennemies, vous voulez un matériel qui marche tout le temps.

Dans le cas de Caterpillar, être à l'écoute du client signifie aussi être à l'écoute du distributeur. L'ancien directeur et président William Blackie a déclaré : « Nous avons beaucoup de considération pour nos distributeurs. Nous n'essayerons pas de les éclipser ou de leur gâter le métier. Certains de nos concurrents agissent ainsi, et leurs distributeurs démissionnent. Les distributeurs de Caterpillar ne démissionnent pas, ils meurent millionnaires. » En dehors des questions d'argent, les distributeurs de Cat sont traités comme « des membres de la famille. » Par exemple, *Business Week* raconte : « L'entreprise organise même des cours à Peoria pour encourager les enfants des distributeurs à rester dans la maison. Le directeur du marketing, E. C. Chapman se souvient : "Nous avions le fils d'un distributeur qui se destinait à entrer dans les ordres et qui aimait aussi la musique. Lorsque nous l'avons renvoyé chez lui, il avait modifié ses plans de carrière. Il est devenu l'un de nos plus florissants distributeurs."

William Naumann, ancien président de Caterpillar, dit que, dès le début de son expansion au sortir de la Seconde Guerre mondiale, l'entreprise avait pris une décision fondamentale qui devait avoir un impact durable sur son fonctionnement. « Nous avons adopté une politique ferme : un produit ou un composant Caterpillar — quel que soit son lieu de fabrication — aurait la même qualité et les mêmes performances qu'un produit ou composant fabriqué ailleurs, dans ce pays ou à l'étranger. » Il affirme que « les utilisateurs peuvent compter sur la disponibilité de pièces de rechange quel que soit le lieu où ils se trouvent — ce qui est décisif dans un secteur très mobile. Nous n'avons pas d'orphelins. »

Naumann pense que cette décision de fiabilité, de qualité et d'uniformité a donné une unité au développement de l'entreprise. « Un engin fabriqué dans une usine est la réplique exacte du même engin fabriqué dans toute autre usine et les pièces sont interchangeables dans le monde entier. »

McDonald's est une autre entreprise qui se surpasse en matière de qualité. Son slogan est depuis des années « Qualité, Service, Propreté, et Prix. » Son fondateur Ray Kroc dit : « Si l'on m'avait donné une brique chaque fois que j'ai répété ces mots, je pense que je pourrais construire un pont au-dessus de l'océan Atlantique. » Depuis les origines, toutes les boutiques de l'entreprise ont été jugées sur leur performance dans ces catégories, et le respect de ces valeurs entre pour une grande part dans la rémunération du directeur de magasin. Les directeurs risquent la mise à pied ou la perte de la franchise s'ils sont incapables de les respecter.

Ray Kroc et d'autres membres de la direction générale sont

célèbres pour inspecter eux-mêmes les magasins afin de vérifier la qualité, le service, la propreté, et le prix. Aujourd'hui, le concept se porte toujours aussi bien — avec 7 000 restaurants et 40 milliards de hamburgers vendus pour un chiffre d'affaires de 2,5 milliards de dollars. A la page quatre du rapport annuel de McDonald's (page qui suit la lettre obligatoire aux actionnaires), la première phrase commence ainsi : « La qualité est le premier mot de la devise de McDonald's. Car elle est ce que les clients apprécient chaque fois qu'ils entrent dans un restaurant McDonald's. »

« C'est bien beau », dira le cynique, « mais les entreprises ne tiennent-elles pas toutes le même langage ? » Lors de nos nombreuses vérifications de la légende de McDonald's, nous interrogeâmes un ami, maintenant cadre, qui avait travaillé chez McDonald's lorsqu'il était étudiant. L'interview était délibérément non directive afin qu'il puisse parler comme il l'entendait. Il en vint rapidement à la qualité, au service et à la propreté. « Ce qui m'a impressionné, rétrospectivement », déclara-t-il, « c'est la qualité des ingrédients. McDonald's utilisait toujours du bœuf de première qualité — le meilleur. Si les frites étaient trop cuites, on les jetait. Si nous faisions des trous dans les petits pains avec le pouce (ce qui arrivait fréquemment, surtout à ceux qui manipulaient pour la première fois des milliers de petits pains) nous les jetions. L'incroyable est que, treize ans après, quand je veux du *fast food,* je continue d'aller chez McDonald's. J'ai toujours pensé que les frites étaient leur meilleur produit. »

McDonald's est tout aussi fanatique sur le plan de la propreté. Demandez à un employé ce dont il se souvient le mieux, et presque invariablement, il vous parlera du nettoyage constant. « Il n'y avait jamais de temps mort », se souvient un ancien cuisinier. « Chaque fois qu'il y avait une accalmie, nous nettoyions quelque chose. »

Les anecdotes concernant la qualité et le service constants racontées par les anciens cuisiniers sont renforcées par de brillants stratèges. Donald Smith, maintenant directeur chez PepsiCo, quitta il y a quelques années McDonald's pour diriger Burger King, le grand concurrent. Il est intéressant de noter que la priorité stratégique numéro un de Smith fut de rendre Burger King « plus constant, sur le plan de la présentation et du service, sur tout le territoire. » En cinq ans de direction, il a largement amélioré les choses. Mais s'attaquer à McDonald's est une tâche difficile. Le successeur de Smith à la tête de Burger King, Jerome Ruenheck, travaille toujours sur le même thème. « Le problème est la constance. Ils sont plus constants que nous dans le pays. »

Nous avons trouvé des exemples répétés d'entreprises en quête effrénée de qualité. *Digital* en fait clairement partie. La philosophie de l'entreprise stipule que « la croissance n'est pas notre premier objectif. Notre objectif est d'être une entreprise de qualité et de faire un travail de qualité, ce qui signifie que nous serons fiers de notre travail et de nos produits pendant les années à venir. En obtenant la qualité, la croissance suivra d'elle-même. » L'objectif primordial de *Maytag,* pour donner un autre exemple, est « dix ans de fonctionnement sans problèmes » pour toutes les machines. A ce stade avancé de leur cycle de vie, les machines à laver devraient être des produits de base comme le blé ou les chips. Néanmoins, ce culte de Maytag pour la fiabilité lui permet d'être au moins 15 % plus cher tout en continuant de dominer le marché malgré la présence de concurrents aussi déterminés que General Electric. La qualité et la fiabilité sont de véritables bouées de sauvetage à tous les stades du cycle économique. Alors que General Electric subissait une grave récession dans le domaine de la machine à laver et que tous les fabricants d'appareils ménagers se battaient pour survivre, les bénéfices de Maytag connurent une nouvelle croissance moins vigoureuse cependant qu'en période de prospérité. La qualité de Maytag n'est pas le fruit d'une technologie rare; elle est due à des produits qui marchent. Un analyste déclare : « Maytag a établi sa réputation sur une fiabilité réelle, pas sur du tape-à-l'œil. Ils fabriquent de bons produits simples. »

Les exemples se bousculent. Chez *Holiday Inns*, la fiabilité est un objectif primordial et le thème fondamental « pas de surprises » imprègne l'entreprise — et même sa publicité. *Procter & Gamble* croit si profondément à la qualité de ses produits qu'un analyste y voit son « talon d'Achille occasionnel. » Par exemple, Procter & Gamble ne rivalisera pas avec ses concurrents sur le plan des caractéristiques à la mode. « Procter & Gamble se défend moins bien lorsqu'il tente de réagir contre un concurrent qui offre des avantages superficiels comme le goût plutôt que la prévention des caries », remarque un observateur. « Les cosmétiques ne font pas bon ménage avec les calvinistes du Sixth and Sycamore », adresse du siège de Procter & Gamble à Cincinnati.

L'histoire que raconte un ancien chef de produit qui était responsable du papier hygiénique de la marque Charmin, illustre l'aspect très positif de la vénération de Procter & Gamble pour la qualité. Il disait que toutes les réclamations de clients étaient directement transmises au chef de produit pour qu'il agisse, et il se rappela un intéressant incident. Il existe apparemment trois types de distributeurs de papier hygiénique : celui que l'on trouve dans les toilettes publiques, celui qui est généralement accroché au mur chez soi, et un genre démodé qui est à moitié encastré dans la paroi et se loge dans une cavité semi-cylindrique. Or, un rouleau de Charmin était trop épais de trois millimètres pour entrer dans l'ancien modèle. Procter & Gamble insista pour que l'on ne réduise pas le nombre de feuilles, au risque de compromettre ainsi la qualité. A la place, le bureau d'études, le service de recherche et de développement et le chef de produit se réunirent et en ressortirent avec l'idée d'inventer une machine qui enroulerait plus vite le papier de toilette, réduisant ainsi le diamètre du rouleau suffisamment pour qu'il entre dans le distributeur.

La division des systèmes informatiques de *Hewlett-Packard* fabrique le Hewlett-Packard 3 000. Ce système vendu pour la première fois en 1968, était, dès 1980, installé dans 5 000 endroits dans le monde entier, et dans 8 000 aujourd'hui. Le système est d'une très grande qualité, comme l'ont établi diverses enquêtes indépendantes. Il semble donc étrange que, connaissant un tel succès tant du point de vue des ventes que de la qualité, la division des systèmes informatiques ait entrepris un nouveau programme important d'amélioration de la qualité pour le HP 3000. C'est pourtant ce qu'ils ont fait. Leur attitude, beaucoup trop rare, est celle-ci : « Si nous ne maintenons pas notre recherche de qualité, les Japonais vont nous dépasser aisément. »

Ce qui frappe à propos de ce programme de développement de la qualité, c'est le fanatisme qu'il suscite dans l'ensemble de l'organisation. Bien qu'il paraisse inutile de le préciser, cette atitude part du sommet. Richard Anderson, directeur de la division, se rend toutes les quatre semaines sur le terrain, pour visiter les installations, parler avec les clients et assister à des réunions de vendeurs. Ce faisant, il regorge de données de première main sur les besoins des clients et les agissements de la concurrence. En retour, il sollicite d'être informé sur la qualité.

Anderson lança la dernière campagne de qualité il y a un an. Comme il est d'usage pour les nouveaux programmes importants de Hewlett-Packard, il l'annonça à la « pause-café du matin » dans la cafétéria où la plupart des 1 400 employés se retrouvent pour parler affaires. Il demanda à son équipe de commencer à définir et à mesurer la qualité. Il donna comme exemple, et comme bonne raison de se hâter, la conquête de ce secteur par les Japonais. Au cours de l'année, divers programmes prirent progressivement place dans la division.

Un an plus tard, cette qualité déjà superbe s'était améliorée de cent pour cent. Anderson vise une autre amélioration de cent pour cent pour cette année en partant d'une base qui bat déjà largement la moyenne du secteur.

La direction de la division a signalé très tôt et sans ambages que l'impératif de la qualité était réel. Lors d'une « pause-café du matin » mémorable, on traîna cinq palettes de cartes de circuit imprimées défectueuses dans la salle, et on les vida sur le sol. La direction expliqua aux témoins étonnés que ces palettes, ainsi que d'autres défauts de logiciel moins visibles, représentaient une perte de 250 000 dollars pour la participation aux bénéfices (la plupart des employés de Hewlett-Packard sont actionnaires et participent au programme d'intéressement aux bénéfices). Cet acte montre la façon dont la direction sanctionne et récompense les résultats. Pour les échecs en matière de qualité, tout le monde partage les reproches. Pour les succès, on distingue les individus.

Le programme de développement de la qualité regorge de récompenses formelles et informelles, et cela part de la plus simple qui soit : la direction va dans les services et complimente les gens individuellement. La qualité est fêtée solennellement lors de pauses-café, de dîners d'équipe ou de pots réunissant toute la division. En 1981, le directeur général adjoint du groupe présida une cérémonie de remise de récompenses au cours d'une pause-café : c'est ce que l'on fait de mieux dans le genre officiel. Les lauréats étaient ceux qui avaient atteint les objectifs de qualité dans leur domaine. On leur donna des insignes, des stylos et des dîners gratuits. Leurs noms furent affichés dans le hall de la division, et ils gagnèrent des voyages gratuits pour aller assister à des séminaires ou visiter des bureaux de vente d'autres divisions de Hewlett-Packard sur le territoire américain. « Oui, Hawaï compris », souligna un cadre de HP.

Les systèmes de routine de cette entreprise visent à renforcer l'impératif qualitatif et les objectifs de qualité font directement partie du programme de direction par objectifs — programme que tout le monde prend au sérieux chez eux. La rétroinformation est fréquente. Par exemple, toutes les semaines le directeur de la division met tout le monde au courant des derniers chiffres de qualité ainsi que des derniers chiffres des expéditions, des ventes et des bénéfices.

Chaque département à l'intérieur de la division fait partie d'un réseau de qualité. Dans le programme « Conscience de l'environnement client », des clients de Hewlett-Packard viennent expliquer aux ingénieurs leurs besoins et leurs réactions devant les produits et les services de la maison. D'après un observateur, « ces réunions se passent sans formalités. » Dans un autre programme, les informaticiens assurent les coups de téléphone des agents de vente, et rendent aussi visite aux utilisateurs pour recueillir directement les conseils des clients. Plus important encore, le service du contrôle de la qualité fait partie de l'équipe du développement. C'est très différent de ce que l'on trouve dans la plupart des autres entreprises où l'on considère les gens du contrôle de la qualité comme les méchants — les flics — qui sont en conflit permanent avec le reste de la division.

Aujourd'hui, les systèmes de gestion de HP regorgent d'objectifs et de mesures de la qualité et aucun service n'en est dispensé. Un observateur l'a très bien exprimé : « Le parti pris de la qualité a un caractère d'ubiquité chez HP où les employés semblent incapables de le séparer de ce qu'ils font. Si vous leur parlez du personnel, ils répondent qualité. Si vous leur parlez ventes sur le terrain, ils vous répondent encore qualité. Si vous leur parlez direction-par-objectifs, ils vous parlent qualité-par-objectifs. »

Qualité et fiabilité ne sont pas synonymes de technologie rare. Cela nous a paru intéressant et surtout étonnant de voir que même dans les entreprises de haute technologie, en préfère toujours la fiabilité à des prouesses technologiques. Les meilleurs sacrifient consciemment une technologie qui n'a pas fait ses preuves à quelque chose qui marche. Nous appelons ce phénomène « deuxième sur le marché et fier de l'être. » Voici quelques exemples caractéristiques :

Hewlett-Packard (encore) : « L'entreprise est rarement la pemière à lancer ses nouveaux produits sur le marché — IBM et Xerox, par exemple, furent les premiers pour les imprimantes à rayon laser. La stratégie commerciale de l'entreprise consiste en général à riposter. Dès qu'un nouveau produit d'un concurrent sort sur le marché, les ingénieurs de HP, lors de leurs visites de service après-vente, demandent à leurs clients ce qu'ils aiment ou n'aiment pas dans le nouveau produit, et les caractéristiques qu'ils souhaiteraient trouver. Peu de temps après, les vendeurs de HP reviennent voir les clients avec un nouveau produit qui répond à leurs besoins et leurs exigences. Le résultats ? Des clients heureux et fidèles. » (*Forbes*)

Digital : « Nous devons fournir la fiabilité. Nous avons un retard délibéré de deux ou trois ans sur les techniques de pointe. Nous laissons nos principaux utilisateurs — les laboratoires de recherche du secteur public — nous pousser en avant. Alors, nous développons un produit fiable pour nos clients du monde industriel.

Schlumberger : S'il arrive qu'un concurrent soit le premier sur le marché avec un nouveau produit, lorsque Schlumberger lancera le sien, il sera plus complet et de meilleure qualité. » (*Dun's Review*)

IBM : Depuis sa création, IBM a rarement lancé des produits qui soient à la pointe de la nouvelle technologie. UNIVAC et d'autres ont montré le chemin; IBM a tiré un enseignement des erreurs des autres. « Ils furent rarement les premiers à faire un nouveau pas technologique, mais ils n'étaient pas loin derrière. Et toujours, leurs nouvelles gammes étaient mieux conçues, se vendaient plus et jouissaient d'un service plus efficace que celles de leurs concurrents. (*Financial World*)

Caterpillar : Même dans le monde de la technologie moins avancée, on retrouve le même phénomène. « Caterpillar est rarement le premier à lancer un nouveau produit sur le marché. Mais être à la pointe n'a jamais été l'un des objectifs de l'entreprise. Elle a assis sa réputation en laissant les autres sociétés essuyer le feu et commettre les erreurs du lancement de nouveaux produits. Caterpillar surgit ensuite sur le marché avec le produit le plus dénué de problèmes qui soit. En vérité, l'entreprise mise rarement sur des prix de bas de gamme, elle compte que la qualité et un service fiable pour séduire les clients. » (*Business Week*)

Deere : Deere est nettement le meilleur dans le domaine du matériel agricole. Ils sont au matériel agricole ce qu'est Caterpillar au matériel de construction. « Deere ne dit pas s'il va sortir une moissonneuse-batteuse rotative. Je pense, dit un analyste financier, qu'il en sortira une dans les deux ans... et essaye de bénéficier des premières erreurs de ses concurrents. » (*The Wall Street Journal*)

L'apparente satisfaction des meilleures entreprises à être deuxième ne doit tromper personne pour ce qui est de leur aptitude technologique. Bon nombre des entreprises exemplaires, comme Hewlett-Packard, IBM et Procter & Gamble, sont parmi les premières sur le plan des budgets consacrés à la recherche et au développement. Ce qui les distingue, c'est leur volonté de fabriquer des produits technologiques pour le grand public. Les nouveaux produits qui survivent à *leur sélection* visent, avant tout, à satisfaire les besoins du consommateur.

Un responsable de périphériques d'ordinateurs nous décrivit une contre-stratégie, hélas trop répandue : « Nous nous sommes précipités sur le marché avec un nouveau produit qui était nettement supérieur sur le plan technique. Nous désirions nous tailler rapidement une part du marché. Mais la fiabilité était catastrophique. Notre part atteignit un maximum de quatorze pour cent du marché et actuellement elle est inférieure à huit pour cent, alors que nous aurions dû détenir trente à trente-cinq pour cent du marché. Un retard de six mois sur la date de lancement pour nous permettre de supprimer les défauts aurait fait toute la différence. »

Ceux qui nous ont entendus insister sur la qualité, le service et la fiabilité se demandent s'il n'est pas possible d'en faire trop. La réponse est oui, bien sûr. Comme le dit Freddy Heineken, « Je dois tout le temps répéter à mon équipe du marketing de ne pas faire des bouteilles trop élaborées avec des étiquettes fantaisie ou en papier doré. Sinon, la ménagère sera trop intimidée pour la prendre sur le rayon au supermarché. » Quelqu'un qui a longtemps étudié l'industrie aéronautique souligne le même point : « Braniff pensait que qualité voulait dire des œuvres d'Alexander Calder et des hôtesses avenantes. Delta sait que cela veut dire arriver à l'heure. » C'est le marché qui répond à la question de savoir quelle est la dose de service ou le type de qualité nécessaires. Un ami l'explique en des termes très simples : « La cliente qui cherche une laitue à soixante-quinze cents ne s'attend pas à trouver des avocats, mais elle espère que la salade sera fraîche. Le producteur de laitue à soixante-quinze cents devrait se concentrer sur la fraîcheur et laisser tomber les avocats bon marché. »

Grâce à la chance, ou peut-être même au bon sens, ces entreprises qui insistent sur la qualité, la fiabilité et le service ont choisi le *seul* domaine où il est facile de faire naître l'enthousiasme chez l'employé moyen. Elles permettent au personnel d'être fier de ce qu'il fait et d'aimer le produit. Dans *The Decline and Fall of the British Manager,* Alistair Mant (autre ex-IBM) donne un bon exemple de la manière d'inculquer doucement l'amour et le soin du produit :

> Il n'y a, apparemment, rien de particulièrement intéressant chez Platt Clothiers Ltd mis à part son succès. Mais, derrière la façade, se trouve une ruche bourdonnante efficace et étroitement contrôlée où tout le monde vit et pense *pardessus.* Si vous parlez de sa force de vente et de son service marketing à Monty Platt, il vous répondra : « Mes pardessus vendent mes pardessus. » A onze heures, tous les matins, une cloche sonne et tous ceux qui le veulent vont à l'atelier de création voir la production de la veille. Ils y trouvent un échantillon de pardessus qu'ils peuvent toucher, essayer, déchirer et abîmer. Le patron est là, il discute pardessus avec son directeur logistique, sa jeune équipe de production et ses modélistes. *Monty Platt est parvenu à inculquer son enthousiasme pour les pardessus à tous ceux qui travaillent pour lui.* Bien sûr, il faut qu'il parle « marketing », « personnel », « production » et autres idées raffinées, mais personne ne peut douter du contexte essentiel — les pardessus. Ses relations avec ses employés concernent le *travail,* et pour eux il s'agit de travailler pour une

équipe qui sait ce qu'elle fait, s'en préoccupe et le fait bien. Quelle est la morale de cette histoire ? Toutes les entreprises n'ont pas la chance de fabriquer un produit unique, et elles ne jouissent pas toutes du confort que procure une organisation intégrée et compacte. Mais toutes les entreprises font *quelque chose,* et elles diffèrent grandement en ce qui concerne le soin qu'elles y apportent. Si seulement elles s'organisaient pour que les gens qui ont un sens de la fabrication, pour faire des choses et les faire bien, se retrouvent à des postes clés, il est possible que la situation serait d'une *sensibilité* très différente. Ces gens-là ont une *intégrité* au sens propre du mot dans un système de fabrication, et ils provoquent autour d'eux un sens de l'intégrité, au sens large.

L'impossible devient accessible dans les meilleures entreprises. Une qualité ou un programme de service à 100 pour cent sont-ils plausibles ? La plupart des gens éclateraient de rire à cette seule pensée. Mais la réponse est oui et non. Statistiquement, c'est non. Dans une grande entreprise, la loi des grands nombres garantit la présence de défauts et des violations occasionnelles de normes de service. En revanche, un ami de l'American Express nous rappelle : « Si vous ne visez pas les cent pour cent, vous tolérez les erreurs. Vous obtiendrez ce que vous méritez. » Ainsi, il est possible d'être sincèrement bouleversé par un échec, *quel qu'il soit,* en dépit du volume. Freddy Heineken déclare tout de go : « Pour moi, une mauvaise bouteille de Heineken est une insulte personnelle. » Mars Inc. (l'énorme entreprise de sucreries), qui réussit très bien sur un marché hautement concurrentiel, se développe par la qualité. Un cadre de Mars donne un aperçu de Forrest Mars : « Il est sujet à des colères énormes, comme la fois où il découvrit un lot de Mars mal enveloppés, et qu'il lança toute la série, un par un, dans la paroi vitrée d'une salle de conseil sous les yeux apeurés de ses assistants. » J. Willard Marriott Sr s'irrite toujours à quatre-vingt-deux ans lorsqu'il trouve une négligence dans une usine Marriott, et récemment encore il lisait toutes les lettres de réclamations des clients.

Les entreprises qui ont un réel parti pris du service et de la qualité peuvent obtenir que les choses soient bien faites et ont cette attente.

Il y a beaucoup à dire sur la confiance aveugle (associée à l'énergie), car seule une croyance aussi robuste peut permettre à une entreprise de se ressaisir. Lorsqu'un ordinateur IBM tombe en panne, lorsqu'un client de Caterpillar a besoin d'une pièce, qu'un vendeur de Frito a besoin de plus de stock, ou que Hewlett-Packard se sent menacé par les Japonais, il n'y a pas de problème. L'organisation mobilise toutes ses ressources pour surmonter la difficulté. Mais, en dépit de standards élevés, une entreprise peut se relâcher si l'on tolère le moindre échec occasionnel sur le plan de la qualité et du service. Un cadre de Digital le résume ainsi : « C'est le jour et la nuit. Pour l'une, faire bien est la seule conduite à tenir. Et l'autre traite le client comme une statistique. Désirez-*vous* faire partie de la population frappée par "l'échec issu de la tolérance ?" »

Les économistes parlent « des obstacles à franchir » pour entrer dans le jeu concurrentiel dans une industrie. Comme c'est trop souvent le cas, le modèle rationnel nous pousse à nouveau à confondre « moelle » et « ossature ». Nous voyons généralement les obstacles à franchir comme des murs de béton — par exemple, le coût des investissements pour ajouter à l'usine une capacité de production de pointe. Nous en sommes venus à penser, sur la base des données des meilleures entreprises, que c'est complètement faux. *Les vrais obstacles sont un investissement de 75 ans pour obtenir de centaines de milliers d'individus qu'ils pensent service, qualité et résolution des problèmes du client chez IBM, ou un investissement de 150 ans dans la qualité chez Procter & Gamble.* Voilà les obstacles vraiment insurmontables, fondés sur un capital de gens liés par des traditions de service, de fiabilité et de qualité.

L'art de faire sa niche

L'axe client est par définition une manière de se « positionner » — de faire sa niche dans un domaine précis où on est le meilleur de tous. Une grande partie des entreprises examinées réussissent parfaitement à diviser leur clientèle en de nombreux segments qui leur permettent de proposer des produits et des services ajustés. Ce faisant, bien sûr, elles « débanalisent » leurs produits et les vendent alors à un prix supérieur. Prenez Bloomingdale's. Son succès est fondé sur la boutique, chacune étant conçue pour un service et un éventail de clientèle limité. La société mère de Bloomingdale's, Federated Stores, suit la même stratégie, avec Bullock's, I. Magnin, Rich's et Pilene's. « Chaque rayon est un magasin en soi », dit un cadre. Chesebrough-Pond's est un bon exemple de succès par le positionnement. *Forbes* vient de publier la description suivante de la stratégie du président Ralph Ward : « Bien qu'il puisse jouer le jeu de la promotion à coup de milliards de dollars, il aimerait autant prendre un concurrent au dépourvu, sur un petit marché. » En 1978, par exemple, il lança Rave (produit pour indéfrisable) qui visait le marché grand public de 40 millions de dollars par an, dominé alors par le Toni de Gillette. Ward dit : « Cette catégorie était en sommeil depuis des années. Nous avons introduit un produit sans ammoniaque — et sans parfum — et maintenant c'est un marché de 100 millions de dollars annuels. » En outre, et cette stratégie est rare dans une entreprise de biens de consommation, ses divisions de produits sont indépendantes les unes des autres, afin d'accélérer la recherche de niches supplémentaires.

3M est un joueur classique à ce genre de jeu. Son président Lew Lehr déclare : « Notre entreprise ne croit pas aux paris en petit nombre. Notre personnel fait des centaines de petits paris sous la forme de nouveaux produits destinés aux marchés spécialisés. » En voici un exemple. Nous avons récemment parlé avec le directeur d'une imprimerie au chiffre d'affaires de 50 millions de dollars située à Richmond en Virginie. Il s'agit d'un leader dans le domaine du tirage en offset en grande quantité, une niche de taille modeste servie par une série de produits 3M. 3M décida d'apprendre sérieusement à faire des affaires avec le segment représenté par cette imprimerie, et fonça. Des équipes de vente vinrent de St-Paul, serrées de près par des ingénieurs et des techniciens pour essayer de repérer ses problèmes. Puis ils invitèrent le directeur et certains de ses assistants à venir à St-Paul expliquer à plusieurs divisions comment 3M pouvait parfaire son service. L'expérience nous plut non seulement à cause de l'intensité de l'approche de 3M, mais aussi de sa souplesse. Les équipes de différents secteurs de 3M répondirent toutes à l'appel. Il n'y eut ni batailles, ni retards bureaucratiques. Si l'art de 3M va plus loin encore comme nous allons le voir, sa façon de s'attaquer à toutes les niches, quelle qu'en soit la taille, est époustouflante.

De tels exemples nous poussent à nous demander s'il est possible de trop segmenter. Théoriquement — comme c'est le cas pour le service et la qualité — la réponse est oui. En pratique, néanmoins, c'est peut-être non. Il nous semble que 3M, Digital, Hewlett-Packard, et bien d'autres entreprises exemplaires ont délibérément autorisé une prolifération plus grande que la normale. Elles sur-découpent le gâteau, selon les lois normales du marketing, et pourtant, parmi les géants, elles se distinguent par leurs performances. L'art de faire sa niche n'est pas toujours ordonné. Mais cela marche.

Ces entreprises qui restent proches du client par le biais de stratégies de niches ont cinq caractéristiques fondamentales : (1) une manipulation astucieuse de la technologie; (2) l'art de fixer les prix; (3) une meilleure segmentation; (4) le parti pris de résoudre les problèmes; et (5) une volonté de dépenser pour mieux choisir.

James Utterbach du Massachusetts Institute of Technology (MIT), qui a longtemps étudié le processus de diffusion de la technologie, soutient de façon convaincante que « La nouvelle technologie pénètre, par une niche de marché spécialisée, une utilisation à haute performance où vous pouvez supporter des coûts élevés. » C'est de cette manière que des entreprises comme Digital et même IBM semblent voir les choses. Vous vous rappelez cet exemple des principaux utilisateurs qui avaient poussé Digital vers de hauts niveaux de technologie ? Où Digital place-t-il ses meilleurs vendeurs ? Sur les laboratoires importants du gouvernement et des universités. En trouvant des solutions pour ces clients, Digital développe la génération suivante destinée au plus grand public. Ces « dénicheurs » sont passés maîtres dans l'art de tirer des enseignements d'une technologie sophistiquée dans une niche, de la tester auprès des futurs utilisateurs, de gommer les défauts, et de passer cette technologie à d'autres.

Les « dénicheurs » font aussi des merveilles dans la fixation du prix en fonction de la valeur. Ils entrent tôt sur le marché, demandent cher pour ce produit adapté à une population limitée, puis, lorsque d'autres concurrents arrivent, ils se retirent. Un cadre de 3M décrit ce processus ainsi :

> Notre objectif est d'abord et avant tout de disposer d'un flot régulier de nouveaux produits. Puis, ayant fait mouche, nous escomptons dominer la niche, parfois pendant trois ou quatre ans seulement. Dans ce laps de temps, nous fixons le prix à la valeur réelle pour le client. Nous proposons un nouvel outil qui facilite la tâche en quelque sorte, et nous attendons du marché qu'il paye ce que cela vaut. Bien sûr, nous nous ménageons une porte de sortie. Mais lorsque les autres arrivent avec des produits approchants, peut-être à un coût moindre, plutôt que de nous battre avec eux pour la part de marché, nous cédons la place généralement, et nous nous retirons. Parce qu'à ce moment-là, nous sommes en train de développer les générations de produits suivantes pour ce marché et d'autres encore.

David Packard rappela une fois à ses cadres l'origine d'un des rares échecs de Hewlett-Packard, pour le marketing de calculatrices de poche : « Nous avons pensé, on ne sait comment, que la part de marché était un objectif en soi », dit-il. « J'espère que cela s'est tassé. Tout le monde peut se tailler une part de marché, si vous fixez vos prix assez bas vous pouvez même prendre tout le marché. Mais je vous le dis, cela ne vous mènera à rien ici. »

La plupart des banques ont découvert que les individus fortunés représentent un segment très attrayant. Mais elles se demandent encore comment lancer leurs programmes « individus fortunés », parce qu'elles sont retenues par leur incompréhension des attraits du segment. Ce que raconte un banquier est une exception :

> Nous avions décidé de nous lancer à fond sur les clients fortunés. Leurs comptables semblaient être un bon contact. Nous fîmes donc une présentation du projet aux associés de chacune des huit grandes entreprises. Dans sept des huit entreprises, nous étions la première banque qui soit jamais venue leur faire une présentation à domicile ! Dans *chaque* cas, nous étions les premiers à amener des cadres supérieurs à la réunion. Cela commença immédiatement à être payant. Dans les huit cas, nous avons signé notre premier contrat le lendemain de la présentation, et dans plusieurs cas, cela se fit même sur-le-champ.

L'art de faire sa niche va souvent de pair avec une mentalité axée sur la résolution des problèmes. IBM forme ses vendeurs en vue non pas d'en faire des vendeurs, mais des résolveurs de problèmes du client. 3M l'a toujours fait. Un cadre du service des ventes de General Instruments capte fort bien l'essence de cette connaissance du client qui permet de résoudre ses problèmes :

> Je me souviens de mon premier job. J'ai passé un temps fou à connaître très bien quelques clients. Ce fut assez payant. J'atteignais 195 % du quota, la meilleure performance de ma division. Un cadre de l'état-major m'appela et me dit, « Bon boulot, bien sûr, mais vous faites en moyenne 1,2 visite par jour, alors que la moyenne de l'entreprise est de 4,6. Pensez un instant à ce que vous pourriez vendre si vous pouviez atteindre cette moyenne. » Vous pouvez deviner quelle fut ma réponse une fois que j'eus repris mes esprits; je lui ai dit : « Pensez un instant à ce que les autres pourraient vendre s'ils pouvaient ramener leur moyenne à 1,2. »

Les « dénicheurs » sont prêts à investir pour pouvoir choisir. Comme le dit Edward Finkelstein de Macy's : « Tant que vous investirez ce qui est nécessaire pour rendre un magasin attirant, vous prospérerez. » Pour Finkelstein, cela a signifié dépenser des sommes extravagantes dans ses magasins pour être à la hauteur des efforts de Bloomingdale's à New-York. Il y parvint. Fingerhut, entreprise florissante de ventes par correspondance, dépense énormément pour accumuler les données. « En utilisant mieux nos données, nous pouvons ouvrir une boutique personnelle pour chaque client », dit un cadre. Chez Ore-Ida, c'est la même histoire. Ils sont pingres sur le plan des frais généraux. Mais lorsqu'il s'agit de tests de marché, le budget est cousu d'or. Cela fait des années que Ore-Ida est invincible dans le domaine des produits surgelés à base de pommes de terre.

La préoccupation des coûts

Lorsque nous avons commencé notre enquête, nous nous attendions à découvrir que les meilleures entreprises mettaient l'accent sur les coûts ou sur la technologie, ou sur les marchés ou sur les niches. En d'autres termes, nous pensions que certaines auraient des stratégies orientées vers une chose, et certaines vers une autre, mais nous ne nous attendions pas à ce que toutes tendent à privilégier la même chose, or, en dépit de différences parmi les industries, elles présentent un point commun frappant : les meilleures entreprises se préoccupent davantage du client que de la technologie ou des coûts.

Pour illustrer ce point, nous avons selectionné cinquante entreprises de haut niveau et nous les avons classées par type d'activité et par ce qui semble être leur tendance dominante. Certains observateurs discuteront certaines de nos répartitions. De plus, à l'évidence, aucune entreprise ne néglige complètement les coûts ou la technologie, mais il semble que l'insistance sur une variable se fasse au détriment des autres. Ainsi que le tableau nous le montre, nous remarquons que ces entreprises sont surtout orientées, dans l'équation de la rentabilité, vers l'aspect valeur plutôt que vers l'aspect coûts. Les segments de notre classification comprennent la haute technologie, les biens de consommation, les services, les industries diverses, l'ingénierie, et la première transformation. Une explication brève de chaque catégorie nous semble utile.

Dans la catégorie haute technologie, seules quatre des quatorze entreprises semblent principalement ou largement orientées vers le coût. Ce sont Texas Instruments, Data General, National Semiconductor, et Emerson. Les trois premières paraissent avoir connu des problèmes ces dernières années et être en train de remodeler leurs stratégies. Data General et National Semiconductor envisagent comme probable pour l'avenir une stratégie axée sur la recherche de niches. Le cas de Data General est particulièrement instructif. L'entreprise a tenté de battre le pionnier Digital à son propre jeu.

Coûts	Service/qualité/ fiabilité	Recherche de niches à forte valeur ajoutée
Haute technologie (14)		
Data General Emerson National Semiconductor Texas Instruments	Allen-Bradley International Business Machines Lanier	Digital Equipement Corporation Hewlett-Packard Raychem ROLM Schlumberger Tandem Wang
Biens de consommation (11)		
Blue Bell	Frito-Lay Mars Maytag Procter & Gamble	Avon Chesebrough-Pond's Fingerhut Johnson & Johnson Levi Strauss Tupperware
Services (12)		
K mart	American Airlines Disney Productions Marriott McDonald's	Delta Ogilvy & Mather Wal-Mart Bloomingdale's Citibank Morgan Bank Nieman-Marcus
Industries diverses (4)		
Dana	Caterpillar Deere	Minnesota Mining and Manufacturing (3M)
Ingénierie (3)		
	Bechtel Boeing Fluor	
Première transformation (6)		
Amoco Arco Exxon	Dow	Du Pont Nucor Steel

Data General s'est concentré sur le marché des entreprises industrielles et a développé une stratégie fondée sur un petit nombre de produits à faible coût de revient. Au cours du processus, elle a adopté et encouragé une image de « durs à cuire ». Un article de *Fortune* paru en 1979 contestait la prolifération de produits de Digital (qui ne pouvait qu'entraîner des coûts de revient élevés) et sa force de vente sans commission, l'opposant à la force de vente de Data General qui, elle, est agressive et bénéficie de commissions élevées. Mais le vent tourna. Digital se libéra de sa dépendance de la clientère industrielle, et avec Wang, Hewlett-Packard et Prime, ouvrit la voie de la fabrication de produits souples et proches de l'utilisateur. Les politiques qui ont consisté à créer une duplication des produits et une force de vente capable de résoudre les problèmes des clients se sont révélées payantes pour Digital. Par contre, l'image de « dur à cuire » de Data General a été préjudiciable et a ralenti sa remarquable progression.

Par comparaison avec ses très beaux résultats de ces vingt dernières années, Texas Instruments a un peu peiné depuis quelque temps et s'est à nouveau tourné vers l'extérieur, vers le marketing. Son ancienne obsession absolue des coûts et des parts de marchés semble expliquer pourquoi cette entreprise n'a pas figuré dans le peloton de tête pour le marché des semi-conducteurs, a connu des problèmes avec l'ordinateur domestique, et n'a jamais vraiment suivi sur le plan de l'électronique grand public. Dans le domaine des puces par exemple, alors que les cerveaux de l'entreprise se consacraient au problème de réduire les coûts de production du 8K RAM, ils ont imperceptiblement perdu de vue l'avenir, à savoir les plus grosses puces RAM. C'est le cœur du problème. Une trop grande attention portée aux coûts entraîne un changement d'orientation qui s'infiltre lentement dans l'entreprise, et passe presque inaperçu. Dans le domaine des biens de consommation comme les montres et les calculatrices, l'approche de Texas Instruments était une fois de plus orientée vers le faible coût de revient : « Fabriquer des produits de base, et que les nôtres soient les moins chers », semblaient-ils penser. Le projet de Texas Instruments pour les biens de consommation a non seulement échoué devant les Japonais, mais il semble aussi avoir détourné des ressources clés de l'innovation décisive en matière de puces.

Ainsi que nous l'avons déjà souligné, Lanier et IBM symbolisent les entreprises qui se dévouent complètement au service dans la catégorie de la haute technologie. S'il est vrai que les laboratoires d'IBM ont peut-être des années d'avance avec, par exemple, la connexion Josephson, leurs produits ordinaires sont en général à la traîne sur le plan technologique. Allen-Bradley, entreprise conservatrice et privée au chiffre d'affaires de milliards de dollars qui fabrique des systèmes de contrôle dans le Milwaukee, fait aussi partie des sociétés orientées vers le service, la qualité et la fiabilité. Elle vit pour la qualité et la fiabilité, et c'est ce qui compte le plus pour les systèmes de contrôle.

On pourrait continuer la liste en citant Hewlett-Packard et Digital qui montrent un parti pris pour la qualité et le service, mais, comme les autres entreprises performantes de cette catégorie, elles semblent être d'abord orientées vers les niches de marché. Elles sont toutes un creuset d'activités petites et entreprenantes qui visent à lancer de nouvelles « bombes » sur le marché. Wang, par exemple, a sorti plus d'un produit par semaine sur le marché en

1980. Les succès du service de la recherche et du développement de Wang, dus en grande partie à l'intensité des rapports avec l'utilisateur, dépassent les 75 % dit-on, ce qui est une performance remarquable.

ROLM est un exemple très proche. Il s'agit d'une entreprise très orientée vers l'utilisateur qui n'a rien d'un leader en technologie. ROLM a fait subir un échec grave à la Western Electric de AT & T pour les autocommutateurs téléphoniques en résolvant simplement mieux des problèmes précis des utilisateurs. « L'ordinateur qui ne s'arrête jamais » de Tandem est un exemple classique de la niche. « Chaque client est un segment en soi » est le mot d'ordre de Tandem. Raychem, qui vend des connecteurs électriques compliqués a beaucoup investi dans la formation et le développement de ses vendeurs, et la raison en est simple. Les vendeurs de Raychem sont des ingénieurs spécialistes des applications pratiques et courantes. Ils vendent leurs connecteurs sur la base de la valeur économique élevée du produit pour le client. L'installation d'un connecteur demande beaucoup de travail, mais les dispositifs adaptés aux besoins de l'utilisateur permettent de diminuer fortement les frais de main-d'œuvre. Ces connecteurs sont une fraction microscopique de la valeur du produit final — un avion par exemple — si bien que le client peut, en fait, se permettre de payer très cher. L'histoire de Schlumberger est très similaire. Ses 2 000 ingénieurs de terrain font du carottage (opération de mesure des puits de pétrole) et offrent d'autres services aux entreprises de forage. Ils sont comme Raychem. Leur produit n'est qu'une part infime des opérations de forage, mais la valeur du travail bien fait de Schlumberger est incommensurable pour l'utilisateur.

Dans la mesure où notre vision des leaders de l'industrie de la haute technologie représente un modèle, ceci devrait nous surprendre tous : les entreprises dites de haute technologie ne sont pas, en premier lieu, des leaders en technologie. Elles appartiennent à ce secteur, mais leur principale caractéristique est la fabrication de produits et l'offre de services fiables et à forte valeur ajoutée.

Dans la catégorie des biens de consommation, nous avons, pour les besoins de cette recherche, examiné onze entreprises. A notre avis, aucune n'est avant tout un fabricant à faible coût de revient. En revanche, elles offrent le service, la qualité et la fiabilité. Le profane vous dira de Procter & Gamble que leur réussite est imputable à la publicité et à la politique de marque. Les initiés vous diront que c'est leur culte de la qualité et de l'essai; lorsqu'ils sont confrontés à un problème grave, comme ce fut le cas avec les tampons Rely et le choc toxique, ils réagiront très vite en investissant un argent fou et en s'activant de leur mieux pour réconquérir leur réputation de qualité. Frito-Lay est un gagnant du service. Maytag joue sur la fiabilité. Sa vieille publicité intitulée « le vieux Solitaire », ce réparateur de Maytag qui a l'air triste et n'a rien à faire, dit tout. Mars fait aussi nettement partie de cette catégorie.

Beaucoup d'entreprises font de la vente à domicile, mais personne ne le fait avec autant d'intensité que Avon ou Tupperware. Nous plaçons ces entreprises très performantes dans la catégorie de la forte valeur ajoutée et de l'art de la niche pour le simple fait qu'elles créent elles-mêmes leurs marchés.

Levi Strauss et Blue Bell sont deux leaders inconstestés de l'industrie vestimentaire, et pourtant, il est intéressant de noter que leurs approches divergent. Levi's a été fondé sur le principe de la qualité et s'y tient, tandis que sa remarquable croissance récente est largement due à un marketing très pointu, suggérant par là qu'il suit une politique de niches très focalisées. Blue Bell, numéro deux de ce secteur, a obtenu d'excellents résultats avec une très forte orientation vers les coûts qui vient compléter son obsession de la qualité.

Johnson & Johnson est, à nos yeux, une entreprise qui pratique exclusivement l'art de la niche. La société est composée d'environ 150 entreprises presque indépendantes dont la responsabilité essentielle est de sortir de nouveaux produits. Johnson & Johnson vit son credo qui prône que les clients viennent en première position, les employés en deuxième, la collectivité en troisième, et les actionnaires en quatrième et dernière position. Chesebrough brille au même jeu.

Il semble étrange que Fingerhut, entreprise importante de ventes par correspondance, fasse partie de cet ensemble, et pourtant, elle est probablement l'entreprise de l'art de la niche par excellence. Grâce à un remarquable système qui permet de débusquer le client et la rentabilité de chacun, chaque client individuel est pratiquement un segment en soi. Par exemple, comme le note *Fortune,* « Un mois avant les huit ans de votre fils, vous recevrez un paquet renfermant une lettre personnalisée qui vous promet que, si vous acceptez d'essayer un des produits proposés, Fingerhut vous enverra un cadeau d'anniversaire gratuit adapté à un garçon de huit ans. Plus vous passez de commandes, plus vous recevrez de paquets. Fingerhut se concentre sur ses clients clés, allant jusqu'à accorder un service comme le crédit "pré-approuvé" en pleine récession alors que J.C. Penney et Sears avaient recours à des restrictions. » Derrière la façade, vous ne découvrirez pas de magie chez Fingerhut. Cela n'a rien de très sophistiqué, mais simplement aucune autre entreprise de vente par correspondance n'y avait pensé.

Viennent ensuite une douzaine d'*entreprises de service*. Chez Ogilvy et Mather, par exemple, David Ogilvy insiste sur le respect de son mot d'ordre : l'objectif numéro un est un service client sans pareil, et non la rentabilité. Dans les hôtels Marriott, à l'âge de quatre-vingt-deux ans, J. Willard Marriott est toujours aussi fanatique de qualité qu'il l'était il y a quarante ans. Son fils qui dirige maintenant l'entreprise, a repris le même thème, et même la publicité de Marriott joue sur les visites que fait personnellement Bill Marriott fils à tous les hôtels. Dans le transport aérien, Delta et American sont les premiers de la liste des entreprises qui marchent le mieux. Ils sont aussi premiers sur le plan du service. American arrive systématiquement en tête de tous les sondages sur le service à la clientèle. Ce serait le cas de Delta si l'analyse se concentrait sur la niche que l'entreprise a choisie : l'homme d'affaires.

Dans le secteur bancaire, nous avons retenu deux principaux exemples : Morgan et Citibank. Aujourd'hui ce secteur ne cesse de parler du développement de compétences de gestion pour servir la clientèle des entreprises; Morgan a écrit un livre sur ce sujet il y a des dizaines d'années de cela. Citibank a été la première banque importante à adapter sa structure d'organisation aux segments de marché. Ils l'ont fait en 1970; et les autres banques commencent à peine à y venir.

Les vedettes parmi les entreprises qui s'adressent à un vaste public sont McDonald's et Disney. Nous en avons déjà parlé. Il est pratiquement impossible de trouver un défaut à leur capacité de servir les clients avec une qualité et un raffinement constants.

Quelles sont les vedettes du commerce de détail ? Neiman-Marcus et Bloomingdale's se détachent sans aucun doute du peloton. Lorsque Neiman-Marcus ouvrit ses portes en 1907, sa première publicité disait : « Le magasin de la qualité et des valeurs supérieures. » Bloomingdale's, comme nous l'avons dit, symbolise l'art de la niche.

Wal-Mart est le grand succès de la fin des années soixante-dix et du début des années quatre-vingt dans le domaine des grandes surfaces. Et nous revenons à l'art de faire sa niche et au service. Depuis 1972, ils sont passés de 18 magasins à 330, et leur chiffre d'affaires est passé de 45 millions de dollars à 1,6 milliard. Dans ce secteur, c'est le symbole de l'art de la niche. Ils ont fait à K mart ce que Lanier a fait pour la machine de traitement de textes. Wal-Mart ouvre « trop » de magasins dans son secteur du Midwest et du

Southwest. La raison en est simple. En agissant de la sorte, il décourage K mart de s'y installer.

K mart doit être admis dans le peloton de tête, mais comme Emerson, cette entreprise est un peu une anomalie. Elle s'est développée en misant d'abord sur de faibles coûts et c'est la seule des douze entreprises de service qui ait comme première caractéristique une orientation sur les coûts. Elle n'a pas pour autant négligé la qualité dans le processus. On peut même dire qu'elle commence à prendre la place traditionnellement tenue par Sears. « La Valeur à un prix décent » a longtemps été la philosophie de Sears, et c'est rapidement devenu celle de K mart.

Dans la catégorie des industries diverses, 3M est le modèle de l'art de la niche : trouver un petit marché, y pénétrer, en tirer le maximum, et passer au suivant. Caterpillar et Deere que nous avons également placés dans cette catégorie fourre-tout, sont des fanatiques de la fiabilité et de la qualité. Ils entretiennent aussi des rapports extraordinaires avec leurs distributeurs. Enfin, dans cette catégorie, Dana se détache. Comme Emerson, elle a surtout réussi par sa capacité de maintenir des coûts bas en réalisant constamment des gains de productivité.

Les vedettes incontestées de l'*ingénierie* sont Fluor, Bechtel et Boeing. Fluor et Bechtel sont des leaders dans la gestion des grands projets de construction. Ils sont fiers de la qualité et de la fiabilité de leurs services, et demandent le prix fort. Boeing se préoccupe du coût mais parle surtout de l'importance de la qualité et de la fiabilité. Lors de cette enquête, nous avons découvert maintes et maintes fois que la meilleure façon de comprendre l'orientation d'une entreprise est d'écouter les gens parler d'eux-mêmes.

Enfin, pour que ce soit complet, nous avons observé quelques-unes des vedettes des entreprises de *première transformation.* En l'occurrence, le faible coût de revient est important. Par définition, dans ce secteur, surtout lorsque vous vendez à d'autres entreprises et non à un utilisateur final, les coûts sont primordiaux. (Par exemple, la filiale de General Electric, Utah Consolidated, réalise d'énormes bénéfices en vendant du charbon aux Japonais. Elle ne tire pas grand avantage de ses talents en marketing. Elle est simplement le producteur le moins cher qui fournisse un charbon et une cokéfaction de qualité aux aciéries japonaises.) Amoco, Arco et Exxon sont simplement d'excellents exploitants et prospecteurs. Ils sont capables d'extraire du pétrole en étant moins chers que les autres.

Toutefois, même dans le secteur de la première transformation, on trouve des différences intéressantes. Dow et Du Pont sont à l'opposé l'un de l'autre, et pourtant ce sont tous les deux des gagnants. Dow, producteur de matières de base en amont est le leader incontesté de ces dernières années grâce à sa stratégie de déploiement de ses ressources privilégiant les faibles coûts lorsque l'OPEP nous prit à la gorge. Mais, jusqu'à une date très récente, Du Pont détenait le record le plus enviable sur le plan des nouveaux produits. Du Pont vit de l'innovation en aval dans les niches de marché que ces nouveaux produits ont créées.

La sidérurgie n'est en général pas une source de profits, mais il existe cependant quelques exceptions. Nucor, entreprise très rentable, vit sur des niches d'aciers spéciaux à très forte valeur ajoutée.

L'analyse précédente n'est guère valable sur le plan statistique. Nous n'en concluons pas non plus que les coûts ne comptent pas, ou que, disons, 80 ou 90 % des meilleures entreprises ont surtout un parti pris de qualité, de service, ou de recherche de niches. Cependant, nous pensons que nous pouvons nous fier à l'échantillon et que les données suffisent à démontrer que, pour la plupart des meilleures entreprises, c'est généralement autre chose que le coût qui prime : une façon d'être proche du client qui sort de l'ordinaire.

A l'affût des besoins des utilisateurs

Les meilleures entreprises sont plus attentives. Elles tirent un bénéfice de leur proximité du marché, ce à quoi nous ne nous attendions pas du tout — jusqu'à ce que nous y réfléchissions. La majeure partie de leurs innovations vient du marché.

Procter & Gamble fut la première entreprise de biens de consommation à mettre sur tous ses emballages un numéro de téléphone que l'on pouvait appeler gratuitement, le 800. Dans leur rapport annuel de 1979, ils déclarent qu'ils ont reçu à ce numéro 200 000 appels de clients suggérant des idées ou faisant des réclamations. Procter & Gamble répondait à tous les appels, et l'on en faisait un résumé chaque mois pour la réunion du conseil d'administration. Les employés de l'entreprise disent que le 800 est une source importante d'idées pour l'amélioration des produits.

Une théorie influente et surprenante vient étayer l'action de Procter & Gamble et des autres.

Eric von Hippel et James Utterbach du MIT se sont longuement penchés sur le processus d'innovation. Récemment, von Hippel a analysé la source de l'innovation dans le domaine des instruments scientifiques. Ses conclusions sont les suivantes : sur onze inventions majeures « originales », *toutes* étaient le fait des utilisateurs, sur soixante-six « améliorations importantes » 85 pour cent venaient des utilisateurs, sur quatre-vingt trois « améliorations mineures » les deux tiers venaient des utilisateurs.

Von Hippel rapporte que les utilisateurs ont fourni plus que des idées; pour la grande majorité des inventions qu'il a étudiées — les créations originales comprises — des instruments sophistiqués comme le chromographe du gaz, on le spectromètre de résonance nucléaire — l'idée fut d'abord testée, mise sous forme de prototype, éprouvée et utilisée par les utilisateurs et non par les fabricants. En outre, d'autres utilisateurs ont opéré une diffusion supplémentaire et étendue de ces idées avant la commercialisation. En d'autres termes, l'utilisateur clé a inventé un instrument, a construit un prototype et l'a mis en service. D'autres utilisateurs expérimentés l'ont repris. Ce n'est qu'à ce moment-là que le fabricant est entré en action, « se chargeant de la technique et accroissant la fiabilité, sans toucher au modèle original, ni aux principes de fonctionnement. »

Un groupe de cadres de Boeing corrobore ce fait. Ils observent que, d'après leur propre expérience, les conclusions de von Hippel sont un cas extrême. Ils peuvent citer un bon nombre d'exemples où les idées importantes et les prototypes venaient d'eux. Mais ils s'empressent d'ajouter que si le produit n'est pas immédiatement adapté à un besoin des clients et développé en étroite collaboration avec un client, ils l'abandonnent. « Si nous ne pouvons trouver un client qui veuille bien travailler avec nous dès les premières phases, dit l'un d'eux, on peut être sûr que l'idée est mauvaise. »

Les meilleures entreprises sont stimulées par leurs clients, et elles adorent cela. Qui a inventé le jean chez Levi Strauss ? Personne. En 1873, pour la somme de 68 dollars (le prix du brevet), Levi's a obtenu de l'un de ses utilisateurs, Jacob Youphes, acheteur de toile de jean, les droits de commercialiser le jean clouté. Et, comme nous l'avons déjà dit, Bloomingdale's a inventé les jeans délavés pour Levi's. Toutes les premières innovations d'IBM ou presque, y compris le premier ordinateur de l'entreprise, furent développées en collaboration avec l'utilisateur clé — le Bureau de recensement. A quel moment le rouleau de Scotch de 3M prit-il son essor ? Lorsqu'un vendeur, et non pas les techniciens, inventa un dérouleur pratique pour le bureau pour ce qui avait été jusque-là un produit à usage exclusivement industriel.

Et ce n'est pas fini. L'avance de Digital ? « Ils comptent sur les clients pour trouver des utilisations pour les mini-ordinateurs, plutôt que de faire peser sur l'entreprise le coût élevé d'un développement et d'un marketing maison. Les vendeurs de Digital, des ingénieurs qui vendent à d'autres ingénieurs, entretiennent des relations solides et durables avec les clients. » L'analyste qui écrivait cela souligne : « Il est surprenant de voir à quel point ils ont peu de part dans leur croissance. Cela fait des années qu'ils sont entraînés par les applications intéressantes que leurs clients ont découvertes. » L'histoire de Wang Labs est la même : « Ils seront plus influencés par ce que désire le client. Ils ont entre autres choses, l'intention de mettre en place un programme commun de recherche et de développement dans lequel l'entreprise travaillera en collaboration avec ses clients pour décider de nouvelles utilisations des systèmes intégrés. » Le fondateur An Wang dit : « Le fait de travailler avec les utilisateurs nous aidera à répondre à leurs besoins. » Un cadre supérieur de chez Allen-Bradley note : « Nous nous refusons à essayer quoi que ce soit tant que nous n'avons pas trouvé un utilisateur qui veuille bien coopérer avec nous pour une expérience. » Il ajoute que l'entreprise avait pris du retard pour les dispositifs de programmation et de contrôle numériques. Elle retrouva une position dominante du fait de ses utilisateurs clé et non de ses chercheurs ou de ses ingénieurs.

Dans une entreprise de haute technologie florissante que nous avons vue, le directeur de la recherche et du développement a pris ce qu'il appelle deux mois de « vacances d'été » chaque année depuis douze ans. En juillet et en août, il se rend chez les utilisateurs et examine avec soin ce que font les clients avec les produits de son entreprise, et ce que pourraient être leurs futurs besoins. Nous avons récemment surpris une conversation dans un bar de Palo Alto. Un ingénieur dépendant d'une division de circuits intégrés de chez Hewlett-Packard discutait avec des amis. L'un d'eux lui demanda où il travaillait. Il mentionna une installation de HP à Palo Alto, mais ajouta aussitôt qu'il passait le plus clair de son temps à travailler sur des applications dans une autre ville, chez des utilisateurs.

Ces histoires ne présenteraient pas grand intérêt si elles ne contrastaient pas autant avec la plupart des pratiques de gestion. Trop souvent le produit est conçu dans le vide par des ingénieurs qui aiment la technologie, mais n'ont peut-être jamais vu des clients en chair et en os utiliser les produits de leur entreprise.

Ainsi les entreprises exemplaires ne sont pas seulement meilleures sur le plan de la qualité, du service, de la fiabilité et de l'art de la niche. Elles sont aussi plus attentives. C'est l'autre volet de l'écoute du client. La solidité de ces entreprises en matière de qualité et de service vient largement de l'attention portée aux besoins du client. Au fait d'inviter le client à entrer dans l'entreprise. Le client est vraiment un associé des entreprises efficaces, et vice versa.

Les analyses SAPPHO* conduites par le fameux économiste Christopher Freeman, figurent parmi les études les plus complètes qui aient été menées à propos de l'innovation. Il analysa trente-neuf innovations dans l'industrie chimique, et trente-trois dans le domaine des instruments scientifiques. Il utilisa plus de 200 mesures des aspects de l'innovation, et 15 seulement se sont révélées significatives sur le plan statistique. Le facteur numéro un était le même dans les deux secteurs : « Les entreprises qui réussissent comprennent mieux les besoins de l'utilisateur. » (La probabilité que la mention de ce facteur soit plus fortuite que systématique est la suivante : produits chimiques 0,000 061 (environ 6/1000 d'un pour cent); instruments 0,001 95; ensemble 0,000 0001 9, cela semble donc valide). Le facteur numéro deux était également le même pour les deux secteurs, la fiabilité : « Les innovations qui réussissent connaissent moins de problèmes. » Son analyse des cas d'échecs spécifiques fut aussi révélatrice. Les raisons principales mentionnées par les gens interrogés étaient :

	Sept innovations ratées Industrie chimique	Seize innovations ratées Instruments scientifiques
« Pas d'enquêtes auprès des utilisateurs »	1	3
« Trop petit nombre d'enquêtes ou utilisateurs non représentatifs »	2	4
« Réponses des utilisateurs ignorées ou mal interprétées »	0	4
« Pas d'enquêtes sur place des techniques de l'utilisateur »	0	3
« Refus de remettre en cause la conception préalable »	4	2

En résumé, Freeman et ses collègues soulignent : « Les entreprises qui réussissent prêtent plus d'attention au marché qu'aux échecs. Les innovateurs qui réussissent innovent selon les besoins du marché, font participer les utilisateurs potentiels au développement de l'innovation et ont une meilleure compréhension des besoins de l'utilisateur. »

* Scientific Activity Predictor From Patterns with Heuristic Origin.

Nous ne devrions pas clore ce chapitre sans mentionner brièvement le débat qui eut lieu dans nos propres rangs. Nous sommes convaincus, en nous fondant sur l'enquête à propos des meilleures entreprises, que l'utilisateur est souverain pour produire et tester les idées. Plusieurs de nos collègues soutiennent, en revanche, que les entreprises réussissent mieux en se concentrant sur la technologie et sur la concurrence. En outre, Robert Hayes et William Abernathy, dans un article très cité de la *Harvard Business Review,* ont accusé les entreprises américaines d'être trop « orientées vers le marché » plutôt qu'orientées vers la technologie. Ils prétendirent que notre vision à court-terme nous a rendus captifs des derniers sondages de consommateurs.

Nous ne sommes pas d'accord. D'abord, nous nous méfions des réponses simples, et nous n'essayons pas d'en proposer une. Ces trois facteurs — utilisateurs, concurrents, technologie — sont primordiaux. Cependant, il est facile de venir à bout de la question de la concurrence. Il est clair que les meilleures entreprises se livrent à des analyses de la concurrence plus fréquentes et meilleures que les autres. Simplement, ce travail n'est pas effectué dans des tours d'ivoire analytiques où les équipes lisent ou produisent des rapports abstraits. Le représentant du service de Hewlett-Packard, le vendeur d'IBM, le vendeur ou le chef de l'équipe de recherche de 3M, le directeur de boutique McDonald's, et l'acheteur de Bloomingdale's — par centaines ou par milliers — surveillent étroitement la concurrence. Ils le font en grande partie sur place. Et ils en ont les moyens.

Le problème de la technologie est l'élément le plus controversé qu'évoquent nos détracteurs; par exemple : « Les utilisateurs se répètent plus qu'ils ne suggèrent une véritable innovation. » C'est peut-être vrai dans certains secteurs (les produits chimiques, par exemple), mais pas dans beaucoup. Les leaders dans le domaine du contrôle sophistiqué, comme Allen-Bradley, furent incités à tester la robotique par leurs gros clients et non par leurs laboratoires. Ce sont ses principaux utilisateurs qui ont poussé IBM au traitement distribué, Citibank notamment. NCR a raté le marché de l'électronique à la fin des années soixante en ignorant ses principaux utilisateurs — Sears, J.C. Penney et d'autres — et ne se remit en selle qu'en reniant son obstination.

Les « plus ouverts » sont très à l'écoute de leurs principaux utilisateurs. C'est l'élément décisif, ce qui diffère beaucoup de l'approche de Hayes et Abernathy. L'utilisateur de pointe (c'est-à-dire le client innovateur plutôt que le client moyen), même dans le secteur des biens de consommation, a des années d'avance sur le client moyen, peut-être plus de dix ans dans les secteurs à haute technologie. (General Motors fut « l'utilisateur principal » classique, dix ans avant le gros du troupeau pour tester l'aide de l'informatique dans la conception des véhicules qui fut d'un grand secours à l'entreprise pour battre Chrysler et Ford sur ce terrain.) D'une manière similaire, on trouve de petits inventeurs qui dépassent de beaucoup les grandes entreprises sur le plan des applications d'une nouvelle technologie. Et, à leur tour, ils travaillent avec d'autres. Il n'est pas surprenant qu'il existe de nombreuses associations de ce genre constamment en cours. Et les grandes entreprises gagnantes sont celles dont les équipes de vente, de marketing, de fabrication, d'études et de développement sont proches de leurs principaux clients et entretiennent un contact régulier avec eux, pour observer et suivre de près ces associations utilisateurs-innovateurs.

Une attention ou un furetage de cet acabit, à la pointe du progrès ou tout près, est loin des sondages et des panels que l'on réunit pour discuter des goûts d'hier. C'est loin aussi de l'approche « technologie en laboratoire » que prônent Hayes et Abernathy. Bien sûr, il faut investir dans la recherche et le développement. Mais le rôle primordial de l'entreprise est, sans aucun doute, de développer les idées que les innovateurs pragmatiques de l'intérieur — comme les champions, les vendeurs qui résolvent les problèmes, les clients clés, et les marketers axés sur le client, peuvent « voler », bricoler, et appliquer — aujourd'hui.

7

Autonomie et esprit d'entreprise

Le plus décourageant dans la vie des grandes entreprises c'est la disparition de la source même de leur développement initial : l'innovation. Si les grandes entreprises ne cessent pas complètement d'innover, elles le font de moins en moins. Selon *Inc*, une étude de la National Science Foundation révèle que « les petites entreprises produisent quatre fois plus d'innovations par dollar investi dans la recherche et le développement que les entreprises de taille moyenne, et vingt-quatre fois plus que les grandes ». En se penchant sur le même sujet, l'économiste Burton Klein a découvert que les grosses sociétés sont rarement, voire jamais, à l'origine des progrès majeurs dans leurs domaines. Les conclusions de Veronica Stolte-Heiskanen qui a récemment fait une étude sur cinquante laboratoires de recherche des secteurs public et privé sont à peu près les mêmes : « Le rapport entre les ressources matérielles objectives (budget et personnel) et les résultats de la recherche est en général minime et quelquefois négatif. »

Nous avons pourtant les meilleures entreprises. Elles sont grandes. Elles ont des palmarès enviables de croissance, d'innovation et de prospérité. Toutes les chances d'innover sont contre elles, et elles y arrivent tout de même. Leur réussite tient peut-être essentiellement à leur faculté de se comporter, malgré leur taille, en petites entreprises. Elles encouragent l'esprit d'entreprise chez leur personnel en leur accordant une remarquable autonomie : Dana et ses « directeurs de magasin », 3M et ses équipes pilotes, Texas Instruments et ses Centres du Produit/Client. Chez Emerson Electric et Johnson & Johnson, nous avons trouvé « trop » de divisions, et par conséquent, une taille type qui semblait sous-optimale à première vue. Nombre de ces entreprises étaient fières de leurs « charrettes », ces cliques de huit ou dix fanatiques qui opèrent dans un coin et réussissent souvent mieux que des groupes de développement de produits qui comptent des centaines de membres.

Enfin, il nous est apparu clairement que toutes ces entreprises faisaient délibérément un compromis. Pour faire naître l'esprit d'entreprise elles créaient une décentralisation et une autonomie radicale, en acceptant le chevauchement, le désordre, le manque de coordination, la concurrence interne, et les conditions quelque peu anarchiques qui en découlent inévitablement. Elles avaient sacrifié un peu d'ordre pour obtenir une innovation régulière.

Mais plus nous observions et plus nous étions troublés. Les gens parlaient de duels de performances (IBM), de supprimer les programmes au moins une fois (3M), de soutenir les échecs (3M, Johnson & Johnson, Emerson), de se porter volontaires pour des projets, de constituer de nouvelles divisions, de trouver des oreilles attentives, de grappiller (General Electric), de forer plus de puits (Amoco), d'attaquer sur plusieurs fronts simultanément (Bristol-Myers), et d'encourager les mouches du coche et les marginaux (IBM). Si nous n'étions pas déjà convaincus de l'inadéquation de la métaphore militaire pour décrire la gestion des meilleures entreprises, nous en étions persuadés après avoir analysé des systèmes d'innovation performants.

Mais nous sentions confusément que l'innovation supposait davantage qu'une décentralisation radicale et l'incitation des troupes à « être créatrices, que diable » selon les termes d'un collègue décrivant l'approche type pour tenter d'innover.

Le champion

Toute l'activité et la confusion apparente que nous observions tournent autour de « champions » motivés et du souci de faire sortir du rang l'innovateur potentiel, et de promouvoir son développement et son épanouissement — même au prix d'une légère folie.

Howard Head est le champion par excellence. Comme on peut le comprendre en lisant l'histoire de l'invention du ski en métal de Head telle que la rapporte *Sports Illustrated* :

> En 1946, Head se rendit à Stowe dans le Vermont pour chausser des skis pour la première fois. « Je fus découragé et humilié de voir à quel point je skiais mal, raconte-t-il, et je fus bien entendu tenté d'en rejeter la faute sur l'équipement, ces skis en hickory, longs et peu pratiques. En rentrant chez moi, je m'entendis me vanter à un officier assis à côté de moi que je pouvais fabriquer un meilleur ski à partir de matériaux pour avions. »

De retour à Martin, les griffonnages ésotériques qui commençaient à apparaître sur la planche à dessin de Head lui donnèrent l'idée de chiper un peu d'aluminium dans le tas de ferraille de l'usine. Pendant ses heures de loisir, il installa un atelier au deuxième étage d'une étable aménagée qui se trouvait dans une ruelle voisine de son studio. Son idée était de fabriquer un ski en « sandwich de métal » composé de deux couches de métal bordées de contre-plaqué avec, au centre, du plastique en nid d'abeilles.

Comme il avait besoin de pression et de chaleur pour souder les matériaux, Head concocta un procédé qui aurait fait la fierté du concours Lépine. Pour obtenir la pression nécessaire, il plaça le moule du ski dans un énorme sac en caoutchouc et pompa l'air pour le faire sortir par un tube attaché à un vieux compresseur de réfrigérateur qui était monté à l'envers pour produire un effet d'aspiration. Pour la chaleur, il scella en le soudant un bac en fonte, le remplit d'huile de moteur tirée de carters de voitures, et utilisant deux camping-gaz, il fit chauffer tout cela à 350°. Puis il jeta le sac en caoutchouc contenant le moule du ski dans le bac d'huile bouillante et s'installa pour voir le résultat comme une maîtresse de maison attendant que ses pommes de terre soufflées dorent.

Six semaines plus tard, Head sortit de la puanteur et de la fumée ses six premières paires de ski, et se précipita à Stowe pour les faire tester par les professionnels. Pour juger de la cambrure des skis, un moniteur en planta un dans la neige et le fléchit. L'une après l'autre, les six paires de ski cassèrent. « Chaque fois qu'un ski se brisait, dit Head, quelque chose se brisait en moi. »

Au lieu de mettre son sac en caoutchouc au rancart, Head quitta Martin le lendemain du premier de l'an 1948, prit les 6 000 dollars gagnés au poker, et se mit sérieusement au travail. Chaque semaine, il envoyait une nouvelle paire de skis perfectionnée à Neil Robinson, moniteur de ski à Bromley dans le Vermont, pour qu'il la teste, et chaque semaine, Robinson la renvoyait cassée. « Si j'avais su qu'il faudrait 40 versions avant d'arriver à un résultat, j'aurais peut-être abandonné, dit Head, mais heureusement, on finit par penser que le prochain modèle sera le bon. »

Head vécut trois hivers d'angoisse. Il y eut plusieurs perfectionnements. Un matin froid de 1950, Head se trouvait dans le Tuckerman's Ravine dans le New Hampshire et regardait le moniteur de ski Clif Taylor descendre et s'arrêter en virage sec devant l'inventeur radieux.

« Ils sont fantastiques, M. Head, fantastiques », s'exclama Taylor. A ce moment-là, dit Head, « je savais que j'avais gagné ».

Récemment, Texas Instruments a mené une enquête passionnante sur ses cinquante derniers lancements de produits, réussis ou non, et a découvert qu'un facteur caractérisait tous les échecs : « Chaque fois, manquait un champion volontaire. Le travail avait été entrepris par quelqu'un que nous avions désigné. » Le cadre qui nous dit cela, ajouta : « Actuellement, lorsque nous examinons un produit pour décider si nous allons ou non le pousser, nous recourons à de nouveaux critères. Le premier est la présence d'un champion zélé et volontaire. Viennent ensuite loin derrière les estimations de marché et la rentabilité probable. »

Nous avons récemment effectué une analyse portant sur les résultats de ces vingt dernières années d'une douzaine de grandes entreprises américaines et japonaises. Un des volets de l'analyse consistait à étudier de façon approfondie vingt-quatre initiatives majeures de ces entreprises, telles que l'incursion malheureuse de General Electric dans le domaine de l'informatique et son succès dans les plastiques à usage industriel et les moteurs d'avions. A nouveau, le rôle du champion se révélait primordial. Un champion était en effet impliqué dans quatorze des quinze succès, alors que sur les neuf échecs, seulement trois avaient été menés par un champion. Pour six autres, soit il n'y avait pas de champion, soit le champion avait abandonné et le projet s'était, de ce fait, dissous. De plus, à notre grande surprise, les expériences américaines et japonaises concordaient. Nous nous étions attendus à trouver peu de champions dans l'environnement japonais soi-disant plus collectiviste. Pourtant, chacun des six projets japonais ayant réussi avait un champion à sa tête, et trois des quatre échecs n'en avaient pas.

Nous reconnaîtrons volontiers que Head est le prototype même de l'inventeur qui travaille dans un garage malodorant et plein de poussière. Mais des gens de Hitachi, General Electric ? Il en va de même à IBM. James Brian Quinn, passant en revue un quart de siècle d'histoire d'IBM, dit : « Les champions motivés étaient encouragés à développer des projets importants. Le président Vincent Learson créa ce style chez IBM au cours de la période la plus innovatrice de l'entreprise. Il encouragea différents groupes à proposer des projets en "duels de performance" contre des propositions concurrentes. Il était, en fait, difficile de trouver une innovation majeure et réussie d'IBM qui soit issue d'une planification de produits normale plutôt que de ce processus faisant appel aux champions. »

Un ancien d'IBM qui y travaillait à l'époque de Watson père raconte de la même façon : « Le 650 (un des premiers ordinateurs décisifs d'IBM) fut un cas classique. Les types des laboratoires centraux à Poughkeepsie avançaient lentement. Un groupe de Endicott (le centre de fabrication et d'engineering) travaillait à un petit projet marginal. Le siège à Armonk eut vent de ce projet. C'était nettement mieux — plus simple, moins cher — que le produit du laboratoire. C'est devenu le 650. » Une conversation avec un cadre IBM de San José nous a apporté de nouvelles confirmations :

> Les projets parallèles sont fondamentaux. Aucun doute là-dessus. Quand je repense à la douzaine de projets que nous venons de lancer, dans plus de la moitié des cas, le gros projet de développement sur lequel nous avions « parié » en passant par les voies normales a fini par échouer. Dans chaque cas de figure — et je dis bien chaque, nous avons bien étudié la question — il y avait deux ou trois autres petits projets (et même cinq une fois) menés par des groupes de quelques personnes, deux dans un cas, qui avaient travaillé sur une technologie parallèle ou des développements parallèles. C'est du grappillage de temps et de ressources. Mais c'est une tradition séculaire. Nous fermons les yeux. C'est payant. On constate en effet que parmi les projets dont la forme initiale a échoué, le projet de remplacement fut en avance sur le planning dans trois cas. C'est incroyable ce qu'un petit nombre de gens motivés peuvent faire lorsqu'ils y croient vraiment. Bien sûr, ils étaient avantagés. Dans la mesure où ils disposaient d'un budget très réduit, il fallait bien qu'ils conçoivent un produit plus simple.

On retrouve un cas analogue chez General Electric. Par exemple, l'un de ses plus grands succès commerciaux récents en dehors de toute acquisition a été les plastiques à usage industriel (de zéro en 1970 à 1 milliard de dollars en 1980). L'idée de ces plastiques vint d'une activité parallèle, rapporte un journaliste de *Dun's Review* :

> A l'instar de la plupart des entreprises, GE pense que certaines des idées de ses chercheurs ne sont pas assez prometteuses pour que le laboratoire central de Recherche et de Développement (en l'occurrence, Schenactady) les finance. Si bien que l'entreprise laisse le champ libre à un chercheur ambitieux qui s'engage dans un travail clandestin financé subrepticement par des fonds alloués

à un autre projet. Bien connu sous le nom de « grappillage », ce genre de recherche non autorisée peut quelquefois être très payante. Dans les années cinquante, un chercheur du nom de Daniel W. Fox, qui travaillait sur un nouvel isolant pour des câbles électriques, entra un jour dans le bureau du directeur de la Technologie avec un gros globe de plastique brun au bout d'une tige en verre. Fox le posa, lui donna un coup de marteau, et le marteau se brisa. Il essaya de le couper avec un couteau, mais il n'y parvint pas. Le matériau fut montré à l'unité de développement de produits chimiques qui l'affina en une substance appelée Lexan polycarbonaté, créant ainsi l'activité de GE qui connaît actuellement la croissance la plus rapide.

Ce ne fut pas aussi simple que ça. Fox, le champion technologique, ne suffisait pas. Il fallut plusieurs autres interventions importantes pour que ce produit passe à travers les mailles de la bureaucratie et soit lancé sur le marché. Le jeune Jack Welch (maintenant président) était l'exemple classique du champion. Il ne cessait de grappiller, découvrait des applications dans lesquelles expérimenter avec des clients, et sortit du système pour recruter de jeunes ingénieurs chimistes qui pouvaient encore développer le Lexan. En outre, Welch lui-même était protégé par une poignée de « champions » de la direction solides et iconoclastes.

Si tant de gens pensent que les champions sont les pivots du processus d'innovation, comment se fait-il que les entreprises n'en engagent et n'en développent pas plus ? Cela tient en partie au style de travail du champion qui est à l'opposé des principes de gestion de la plupart des entreprises. Nous citerons à nouveau James Brian Quinn :

> La plupart des entreprises ne tolèrent pas le fanatique créatif qui a été la force motrice à l'origine de la plupart des innovations importantes. Les innovations qui ne sont pas dans la ligne majoritaire de l'entreprise apparaissent peu prometteuses dans les premières phases de leur développement. En outre, le champion est odieux, impatient, égotiste, et peut-être un peu irrationnel du point de vue de l'entreprise. Si bien qu'on ne l'engage pas. Et s'il est engagé, il ne reçoit ni promotions, ni récompenses. On le considère comme « un individu pas sérieux », « gênant », ou « perturbateur ».

Un autre facteur de blocage semble être la confusion qui existe entre créativité et innovation. Theodore Levitt de Harvard explique très bien la chose :

L'ennui avec la plupart des conseils que reçoit l'entreprise à l'heure actuelle sur la nécessité d'être plus créatrice, c'est que leurs défenseurs ne font pas la distinction entre créativité et innovation. La créativité, c'est imaginer de nouvelles choses. L'innovation, c'est faire de nouvelles choses. Une nouvelle idée force peut circuler sans être utilisée dans une entreprise pendant des années, non parce qu'on ne reconnaît pas ses mérites, mais parce que personne n'a assumé la responsabilité de passer de la théorie à la pratique. Les idées sont inutiles si elles ne sont pas utilisées. Seule leur mise en œuvre démontre leur valeur. Jusque-là, elles sont dans les limbes.

Si vous parlez aux gens qui travaillent pour vous, vous vous apercevrez que l'entreprise américaine ne manque pas de créativité ou de gens créatifs. Elle manque d'innovateurs. Bien trop souvent, les gens pensent que la créativité mène automatiquement à l'innovation. C'est faux. Les créatifs tendent à laisser aux autres la responsabilité d'aller au fond des choses. Ils constituent un goulot d'étranglement. Ils ne font aucun effort pour que leurs idées soient entendues et essayées.

Le fait que vous puissiez réunir une douzaine de personnes expérimentées dans une pièce et faire une séance de *brainstorming* qui donne de nouvelles idées passionnantes montre la faible importance relative de ces idées. Les gens à idées ne cessent de mitrailler tout le monde de propositions et de mémoires qui sont assez concis pour attirer l'attention, pour intriguer et soutenir l'intérêt — mais trop courts pour comporter des suggestions de mise en œuvre sérieuses. Ceux qui ont le savoir-faire, l'énergie, l'audace et la persévérance nécessaires pour mettre ces idées en pratique sont rares. Dans la mesure où l'entreprise est une institution « qui va de l'avant », la créativité non suivie d'effets est une forme de comportement stérile, qui frise l'irresponsabilité.

Un cadre supérieur d'une entreprise de biens de consommation prospère renforce les propos de Levitt en donnant un exemple très pratique :

Les produits gagnants sont toujours soutenus par un chef de produit champion qui est allé bien au-delà des procédures officielles. Il a travaillé personnellement et intensément avec le département de la Recherche et du Département, accaparant ainsi en partie l'attention et le temps de ce développement. S'écartant encore de son rôle officiel, il participe à la fabrication pilote. Surtout, sa ferveur le pousse à essayer davantage, à apprendre plus vite, à obtenir plus de temps et d'attention de la part des autres — et finalement à réussir. Il n'y a pas de miracle. Je peux réunir cinq types de la Recherche et du Développement n'importe quel après-midi et en ressortir avec soixante-quinze à cent idées plausibles de nouveaux produits. Mais l'important est de tester et d'avancer. (C'est plutôt une affaire d'obstination que de génie.)

Le champion n'est ni un rêveur, ni un grand intellectuel. Le champion peut même être un voleur d'idées. Mais avant tout, c'est un pragmatique qui s'empare de la théorie d'un autre s'il le faut, et s'entête à la mettre en pratique.

Les pépinières de champions

Dans le chapitre cinq, nous avons raconté l'histoire de Sam Neaman. Ce fut un vrai champion chez McCrory's, mais pas le seul. Et celui qui a monté sa première boutique de démonstration à Indianapolis ? Dans le cas de l'entrée de General Electric dans les plastiques à usage industriel, nous avons découvert plusieurs héros : l'inventeur, l'innovateur dans l'entreprise, et les cadres champions qui ont protégé les autres de la bureaucratie.

Comme le souligne un article récent dans *Research Management* : « Pour réussir, le champion a besoin d'un protecteur. Les actions en solitaire sont rarement efficaces. »

Nos observations nous ont permis d'identifier en fait trois rôles importants pour faire avancer l'innovation : le champion du produit, le champion de la direction et le parrain. (Nous avons intentionnellement laissé de côté l'innovateur technique ou inventeur, parce que nous ne considérons pas le travail technique initial, le travail sur l'idée comme une variable primordiale de l'innovation.)

Le *champion du produit* est l'individu zélé ou fanatique que nous avons décrit comme un être qui n'a rien de l'administratif type. Au contraire, c'est un solitaire, narcissique et excentrique. Mais il *croit* au produit qu'il a en tête.

Le *champion de la direction* a toujours été auparavant le champion d'un produit. Il est passé par là — il a connu le lent processus de maturation et il a vu ce que cela exige d'efforts pour protéger une nouvelle idée potentielle des pulsions négatives de l'entreprise.

Le *parrain* est généralement un vieux leader qui sert de modèle de référence. Chez 3M, Hewlett-Packard, IBM, Digital, Texas Instruments, McDonald's et General Electric, la mythologie joue un rôle primordial dans le long processus pratique de l'innovation de produit. Les figures mythiques de Lewis Lehr et Raymond Herzog (3M), Edison et Welch (General Electric), Hewlett (Hewlett-Packard), Olsen (Digital), Wang (Wang) et Learson (IBM) sont essentielles pour encourager les champions. Un jeune ingénieur ou lanceur de produit ne s'engage pas et ne prend pas de risques simplement parce qu'il a un bon « pressentiment ». Il s'engage et il prend des risques parce que l'histoire de l'entreprise justifie cette attitude, en dépit de la certitude de rencontrer des échecs répétés, comme une façon de réussir.

Jouer sur la loi des grands nombres. Les champions subissent des échecs la plupart du temps et ce n'est pas surprenant. Si nous affirmons que les champions et les systèmes générateurs de champions représentent, en dépit d'échecs répétés, la clé du succès soutenu de l'innovation dans les meilleures entreprises, c'est que celles-ci jouent sur la loi des grands nombres.

Supposons que l'on lance une nouvelle initiative et que ses chances de succès soient de dix pour cent seulement. Si dix initiatives de cette sorte sont lancées, les lois de la probabilité nous enseignent que les chances pour que l'une d'elles réussisse s'élèvent alors à soixante-cinq pour cent. Si vingt-cinq initiatives de ce genre sont lancées, les chances d'aboutir à au moins une réussite dépassent alors quatre-vingt-dix pour cent (et celles d'obtenir deux réussites au moins approchent les soixante-quinze pour cent). La probabilité de réussir est donc très élevée si l'on fait plusieurs tentatives. Selon James Brian Quinn, « la direction doit autoriser un nombre suffisant de projets à long terme pour que le ratio caractéristique d'une réussite sur deux se vérifie. Au début les directeurs à l'esprit d'entreprise pourront commencer par des projets moins risqués afin de donner confiance ».

La seule manière d'accroître la « marque » est d'augmenter le nombre d'« attaques ». Ainsi, Digital, Hewlett-Packard, 3M, Texas Instruments, Bloomingdale's, IBM, McDonald's, General Electric, Wang, Johnson & Johnson et d'autres, ont plus de champions potentiels que leurs concurrents. Digital traite pratiquement chaque client comme un centre d'essai de nouveaux produits.

Une récente analyse du succès de Bristol-Myers donne un bon exemple de réussite par le nombre. Richard Gelb a un excellent palmarès à la présidence de Bristol. *Forbes* déclare que Gelb accepte de bonne grâce d'arriver régulièrement en seconde position : « Dick Gelb dit : “Tant que nous pouvons produire deux innovations convenables en même temps, nous nous en sortirons mieux. Les challengers font plus de bénéfices." Et *Forbes* oberve que « Gelb attaque simultanément sur suffisamment de fronts pour que, si un produit ne se révèle pas rentable à la longue, il lui soit possible de réduire ses pertes très rapidement ». Les chiffres de Bristol confirment la validité de la stratégie adoptée par Gelb. Ces cinq dernières années, sur le marché grand public, trente-trois produits (de santé et beauté) ont été jugés comme des succès commerciaux (ventes annuelles de 5 millions de dollars ou plus dans les magasins d'alimentation). Selon *Forbes*, « Bristol-Myers en avait huit. Le meilleur de ses concurrents : trois ». Gelb commente : « Les produits de choc sont très bien, mais il existe d'autres façons d'avancer dans le secteur pharmaceutique. Nous ne mettons pas tous nos œufs dans le panier du médicament miracle du futur. Si je détiens 1 milliard des ventes de produits pharmaceutiques, je serai plus tranquille avec dix affaires de 100 millions chacune que deux à 500 millions. » *Forbes* conclut : « Bristol ne perd pas de temps, sort un grand nombre de produits, et fait des bénéfices tout de suite. Sa grande force, c'est précisément qu'il ne consacre pas 250 millions de dollars à la recherche et n'attend pas en priant qu'un jour quelqu'un découvre un remède contre le cancer. »

La loi des grands nombres est encore plus visible dans l'industrie pétrolière. Sous la présidence de John Swearingen, Amoco, par exemple, a un palmarès de réussite pour les forages sur le territoire américain qui le met au premier rang du secteur — dépassant même Exxon, Arco ou Shell. Simplement grâce au nombre. « Standard aime forer autant de puits que possible », note un journaliste de *Fortune*. « Cette passion pour l'exploration à tout prix distingue nettement Amoco des autres grands. Exxon, par exemple, fore rarement un puit à moins que ce ne soit très payant. Et George Galloway qui est chef de production chez Amoco fut ébahi d'apprendre, lors d'une récente réunion à Houston, que Mobil opérait avec seulement 200 000 hectares de concession dans une région où Amoco en avait vingt fois plus. » (Galloway ajoute : « Ils doivent être très sûrs d'eux-mêmes chez Mobil pour déterminer leur exploration aussi minutieusement. Je ne pense pas que nous soyons aussi futés que cela. »)

Cette histoire de nombre ne mériterait pas que l'on s'y arrête sans cette recherche du « nec plus ultra » qui est la marque de la plupart des entreprises, même dans le domaine pétrolier. Cette mentalité découle d'une foi abusive en la planification, d'une incompréhension du processus d'innovation désordonné, d'une confiance excessive dans les vertus d'une activité à grande échelle, et d'une incapacité d'appréhender la gestion du chaos organisé.

Soutenir les champions. Les champions sont des pionniers et les pionniers se font « tirer dessus ». Les entreprises qui obtiennent le maximum des champions sont celles qui possèdent de riches réseaux de soutien qui permettent à leurs pionniers de s'épanouir. L'importance de ce point est telle qu'on ne saurait trop insister. Pas de systèmes de soutien, pas de champions. Pas de champions, pas d'innovations.

Ce qui nous frappe le plus dans les meilleures entreprises, c'est l'universalité de leurs systèmes de soutien. En fait, les meilleures entreprises sont organisées pour créer des champions. En particulier, leurs systèmes offrent des « soupapes » permettant aux champions grappilleurs d'arriver à un résultat.

Elles le font souvent pas le biais des « charrettes ». Dans une entreprise au chiffre d'affaires de 5 milliards, par exemple, trois des cinq derniers lancements de nouveaux produits sont issus d'une charrette. C'est une équipe de huit à dix personnes qui se trouve au dernier étage d'un immeuble crasseux à six kilomètres du siège de la société. Le génie technique est un individu dont le diplôme le plus élevé est une équivalence de bac décrochée dans l'armée en Corée (alors que l'entreprise compte dans son personnel des milliers de docteurs en physique et d'ingénieurs).

Le premier produit du groupe, qui représente actuellement un chiffre d'affaires annuel de 300 millions de dollars, fut entièrement développé (jusqu'au prototype) en vingt-huit jours. L'année dernière, un important produit de l'entreprise fut un four. Un membre d'une charrette demanda et obtint la permission d'emporter deux échantillons chez lui et de les installer dans son sous-sol. Il se servit de l'un d'eux comme point de repère. Il bricola l'autre pendant trois semaines, et en corrigea pratiquement tous les défauts, triplant ainsi la performance d'origine. Le directeur général se rendit dans son sous-sol, et approuva toutes les modifications. Le dernier des succès du groupe fut conçu en concurrence (secrète) avec une « équipe » d'ingénieurs de presque 700 membres.

Le pragmatisme des charrettes est notoire comme le montre une autre anecdote à propos de ce groupe. Une partie d'une nouvelle machine surchauffait. D'énormes équipes d'ingénieurs se battirent avec le problème pendant des mois. Finalement, on décida de monter un conditionnement d'air d'une tonne sur la machine. Un des membres des équipes de charrettes passa par là. Il examina la question, puis se rendit à la pharmacie du coin et acheta un ventilateur à neuf dollars. Cela satisfit le besoin en diminuant suffisamment la température pour régler le problème.

Nous avons entendu parler de charrettes là où des structures plus élaborées pour soutenir ou encourager les champions étaient inexistantes. Dans les meilleures entreprises, nous avons davantage entendu parler de ce que notre collègue David Anderson a appelé « le poste à autonomie limitée » — un type de poste plus répandu qu'on ne pourrait le croire où s'exercent des qualités d'esprit d'entreprise dignes des champions, mais qui est en vérité très encadré.

Nous avons rencontré ce concept pour la première fois lors d'une analyse menée chez United Airlines, qui prospérait sous la direction d'Ed Carlson. Carlson parlait d'« esprit d'entreprise simulé ». Il donna à quelque 1 900 « chefs des opérations » de United un certain contrôle sur leur propre destinée. Pour la première fois, ils étaient notés et classés non pas en fonction de l'ensemble de leurs résultats, mais à partir des variables qu'ils contrôlaient un peu. Carlson déclare : « Nous essayons de lancer un défi réaliste à chaque chef des opérations pour qu'au bout de six mois, il puisse dire à son patron ou à sa femme : "J'ai fait un bénéfice." »

Nous avons ensuite rencontré ce phénomène chez Dana où le président Rene McPherson a inventé le concept de « directeur de boutique », dont nous avons déjà parlé et qui consistait à donner beaucoup d'autorité à ses quelque quatre-vingt-dix directeurs d'usine. Ils avaient un contrôle inhabituel de l'embauche et de la mise à pied, ils possédaient leurs propres systèmes de contrôle financier, ils procédaient à leurs propres achats — toutes tâches normalement centralisées. Pour McPherson ce sont ces hommes qui sont en première ligne et ils ont plus de chances, à long terme, de prendre de meilleures décisions que le personnel du siège.

Le même concept est désigné sous le nom de « chef de produit » chez Procter & Gamble et Frito-Lay. Le chef de produit est, en réalité, tout sauf un innovateur bravache. Pourtant, le processus de socialisation du système Procter & Gamble par exemple vise à le convaincre qu'il est un héros. Constamment, le système de contes et de mythes chante les louanges du valeureux chef de produit qui a, pendant toutes ces années, défié son supérieur et repositionné sa marque en se battant contre vents et marées (et en concurrence avec les autres chefs de produit).

Chez Schlumberger, dans le secteur du matériel pétrolier, les innovateurs simulés sont les 2 000 ingénieurs pétroliers envoyés sur des concessions isolées, celles dont D. Euan Baird, chef des opérations de carottage, a dit : « Pour moi, Schlumberger c'est le type qui se rend, un peu inquiet, sur le puits, donne de bonnes réponses au client, et repart en se prenant pour King Kong. » Le taux de rotation du personnel est élevé. Mais tous se conduisent en

Schlumberger, là où cela compte — dans les coins les plus reculés. Chacun est persuadé d'avoir tout pouvoir malgré la limitation stricte à certains égards de ses responsabilités.

Chez IBM, Digital et Raychem, la situation d'autonomie limitée est celle du vendeur qui résout les problèmes. Tom Watson lança ce concept chez IBM, vers 1920. Digital l'applique aujourd'hui et appelle le processus d'écoute du client le « marketing qui retrousse ses manches ». 3M est connu des profanes comme l'« entreprise des vendeurs ». Cela commença lorsque ses vendeurs évitèrent les responsables des achats et s'adressèrent directement aux opérateurs des machines dans l'atelier. Aujourd'hui, les forces de vente de 3M utilisent toujours cette méthode. Raychem recrute pratiquement tous ses vendeurs à Harvard Business School. Ils débutent comme vendeurs, et résolvent les problèmes.

De notre point de vue, il n'existe qu'un moyen pour faire marcher ces situations, mais il n'est pas des plus simples. Il s'agit de convaincre les cadres qu'ils sont des champions potentiels, et simultanément, de maintenir un certain contrôle où il le faut. La plupart des entreprises qui sont incapables de dépasser les platitudes du style « autorité et responsabilité doivent aller de pair » ne peuvent faire face à cette dualité. Nombre d'entreprises lancent des systèmes de chef de produit, on ne sait combien ont essayé de copier Procter & Gamble. Mais elles prennent rarement le temps de créer la mythologie, les modèles de référence, et ces héros qui confèrent l'essentiel (l'enthousiasme, la volonté de s'investir) aux chefs de produit. Ou si elles le font, elles ne jouent pas complètement le jeu — mettre en place ces systèmes de soutien solides et réguliers qui encouragent silencieusement le chef de produit de Procter & Gamble et l'aident à faire son travail. Le cas Procter & Gamble est le grand classique du genre. On apprend au chef de produit que, s'il se conduit en King Kong sur le marché, il pourrait bien finir président de l'entreprise un jour. Néanmoins, avec la discipline suscitée par la structure verticale dans laquelle il s'insère et le petit nombre de systèmes « profondément ancrés », son autonomie est, en vérité, très limitée. Cela tient du tour de passe-passe.

Les divisions « sous-optimales ». Une entreprise au chiffre d'affaires de 6 milliards de dollars que nous avions vue il y a quelques années avait transformé ses groupes techniques en « centres de compétence » — pour la physique, la chimie, etc. Ces centres étaient devenus les éléments fondamentaux de l'organisation. Les projets et les produits arrivaient loin derrière. Ce déséquilibre avait pour conséquence pratique que le temps de chacun était irrémédiablement fragmenté. Un individu pouvait travailler sur une demi-douzaine de projets liés à sa spécialité. Les projets pouvaient impliquer trois ou quatre divisions et deux ou trois groupes. L'organisation était catastrophique. Tout avait du retard — surtout, à notre avis, parce que la volonté de s'investir manquait, et que l'on se concentrait à tort sur les disciplines techniques plutôt que sur les produits, les projets et les clients. Lorsque l'entreprise revint, après une interruption de cinq ans, aux systèmes de projet (les compétences techniques étant reléguées au second plan), les activités de développement reprirent de façon perceptible — et presque du jour au lendemain.

Comparons ce cas à celui de Hewlett-Packard. Cette entreprise au chiffre d'affaires de 3,5 milliards de dollars est composée de cinquante petites divisions (moyenne de 70 millions de chiffre d'affaires). Chaque division se limite à 1 200 employés. L'un de nous a récemment visité une division qui atteignait les 2 000 employés. La solution : ils l'ont réorganisée en trois unités dotées chacune, comme d'habitude, de l'ensemble des capacités de développement des produits. Comme chez 3M, le « truc » n'est pas de développer de plus grandes divisions, mais d'en engendrer, d'en constituer de nouvelles. Un commentateur ajoute : « En accomplissant sa mission fondamentale, une division de Hewlett-Packard se conduit comme une entreprise indépendante. Comme telle, elle est responsable de sa propre comptabilité, de sa politique du personnel, du maintien de la qualité et du lancement de ses produits. »

Chaque division, comme chez 3M, a son propre groupe de développement des produits. Cela va plus loin même. Un cadre déclare : « Nous sommes censés centraliser le logiciel. Mais chacune de mes unités engrange ses propres trouvailles. Elles ne se sentent pas bien si elles ne le font pas. Et franchement, je ferme les yeux car je ne me sentirais pas bien non plus. Dans le même ordre d'idées, chacune fabrique ses propres puces. » (En grappillant ? lui avons-nous demandé.) « Oui, chacune part du silicium pur... les petites séries de production et le manque de mécanisation concomitant m'inquiètent. Mais je préfère avoir les nouveaux produits, même en double. Une grande partie de ce que nous fabriquons devrait venir des autres divisions. »

Le message était invariablement le même dans toutes les entreprises exemplaires. De petites équipes d'innovation indépendantes chez 3M (une centaine); de petites divisions chez Johnson & Johnson (plus de 150 dans une entreprise au chiffre d'affaires de 5 milliards de dollars); quatre-vingt-dix Centres Produit/Client chez Texas Instruments; les équipes de produits dirigées par un champion chez IBM; les équipes de « grappillage » chez General Electric; des petites sections en constante transformation chez Digital; et tous les mois, de nouvelles boutiques chez Bloomingdale's. Cela, en bref, est ce que nous entendons par morcellement. Plus on est petit, mieux on se porte.

La concurrence interne. Il existe fondamentalement deux façons de régler le fonctionnement de l'entreprise. La première est de « suivre le règlement », c'est-à-dire procéder par algorithme, ce que prônent les rationalistes. C'est dans la nature de la bureaucratie, qui est très respectueuse des règlements, d'agir de la sorte. C'est ainsi que nous trouvons dans une entreprise une structure de 223 commissions participant au lancement des nouveaux produits. La seconde consiste à introduire le « marché » au sein de l'entreprise. La société est menée par les marchés internes et la concurrence interne. Les marchés existent pour ceux qui cherchent à être nommés dans les équipes de projets comme chez 3M, Fluor, Texas Instruments et Bechtel. La concurrence directe en matière de projet est un fait réel comme chez IBM et ses « duels de performance ». Non seulement on ferme les yeux sur le grappillage, mais on le soutient en secret, comme chez General Electric ou IBM. Les marques sont en compétition chez Procter & Gamble. On a recours au chevauchement et à la duplication délibérés dans les divisions et pour les lignes de produits chez Procter & Gamble, Digital, Hewlett-Packard, 3M, Johnson & Johnson et Wang.

Il est étonnant de voir, dans les meilleures entreprises, à quel point les dispositifs rationnels et formels d'organisation sont contournés. Par exemple, chez 3M, les divisions et même les branches se font délibérément concurrence. A l'intérieur d'une branche, les missions des divisions se chevauchent. (« Nous préférons que le deuxième produit sur le marché soit issu de l'une de nos divisions. ») On récompense les cadres qui prennent en charge les activités de développement d'un nouveau produit ne relevant pas de leur propre division ou branche.

Cette idée n'est pas neuve. Chez General Motors, Alfred Sloan prit une mosaïque de petites entreprises de construction automobile et les intégra dans la structure divisionnaire de General Motors. Il mit intentionnellement le chevauchement en place entre les marques : Pontiac et Buick d'un côté, Pontiac et Chevrolet d'un autre, etc. Avec le temps, General Motors s'est éloigné des principes de Sloan et est devenu plus monolithique. Une des priorités de Roger Smith, qui vient d'être nommé président, est de rétablir le vieil esprit de compétition; il a l'intention de « laisser le champ libre à la conception d'images propres à chaque division ».

Les chefs de produit chez Procter & Gamble constituent l'exemple type de la concurrence interne. L'entreprise a lancé cette politique en 1931, invitant officiellement à une « compétition libre de toutes entraves entre marques ». La direction décida que la concurrence interne était « le seul moyen d'éviter les lourdeurs ». Aujourd'hui, les chefs de produit n'ont aucune information (autre que celle qui est rendue publique) sur ce qui se passe pour les autres marques de Procter & Gamble. On les encourage à se concurrencer. Il existe même un langage particulier pour décrire cette concurrence : le « contrepartisme », le « conflit créatif » et l'« abrasion des idées ». Procter & Gamble viole les règles rationnelles. L'un de nous fit observer à un ancien de chez Procter & Gamble que les chefs de produit préféreraient presque cannibaliser le produit d'un de leurs homologues à battre la concurrence. Il acquiesça et ajouta : « J'étais chef de contrôle de la qualité lorsque Crest reçut l'aval de l'American Dental Association il y a quelques années. La semaine suivante, je rencontre un chef de produit qui s'occupait d'un autre de nos dentifrices. Il me dit, plaisantant à moitié : “Vous ne pourriez pas glisser quelques microbes dans ce machin ?” » On peut attribuer une grande part des nouveaux produits P & G au vif désir qu'ont les chefs de produit d'être considérés comme des gagnants. Chaque année, il sort une « promotion » de chefs de produit, et la lutte entre les promotions est acharnée.

IBM est maître dans l'art d'entretenir la concurrence entre les idées de produits potentiels. L'entreprise encourage officiellement le grappillage et de multiples approches d'un même problème. Ensuite, elle organise des « duels de performance » entre les groupes en compétition — de véritables confrontations entre matériel et logiciel en état de marche (et pas la « compétition » typique entre plans sur le papier).

Hewlett-Packard a une habitude en matière de compétition : « Vendez-le à la force de vente. » La force de vente n'est pas obligée d'accepter un produit développé par une division si elle n'en veut pas. L'entreprise cite de nombreux cas où une division avait déjà dépensé plusieurs millions en développement quand la force de vente dit : « Non, merci. » Texas Instruments a une routine similaire. La force de vente de TI est en général dissociée des Centres Produit-Client qui sont axés sur le marketing. Texas Instruments fait naître la compétition en forçant les hommes de marketing et les ingénieurs de produit à aller chez le client avec une voiture et un matériel de démonstration pour présenter les nouveaux prototypes. C'est l'épreuve du feu.

La volonté de Digital d'autoriser ses directeurs de section et ses vendeurs à inscrire au catalogue des produits qui se chevauchent est une variation sur le même thème. Digital est très fortement orienté vers l'utilisateur, si bien qu'ils ont tendance à tailler les nouveaux produits sur mesure pour qu'ils conviennent aux besoins. Un analyste de *Fortune* note : « La stratégie de croissance de Digital présente quelques désavantages. Par exemple, beaucoup des 10 000 articles qui figurent sur le tarif font double emploi. Pour certaines applications, on peut utiliser deux systèmes Digital distincts pour obtenir à peu près le même résultat. » Ainsi Digital, comme Procter & Gamble, est prêt à payer le prix de la duplication, qui est mesurable, pour en empocher les bénéfices.

La compétition interne, au lieu du comportement formel, respectueux des règles et épris de commissions, est fort répandue dans les meilleures entreprises.

La communication intense. Un cadre supérieur de Hewlett-Packard a dit : « Nous ne savons pas exactement comment fonctionne le processus d'innovation. Mais nous sommes sûrs d'une chose : la facilité de communication et l'absence d'obstacles à la discussion sont essentielles. Quoi que nous fassions, quelle que soit la structure que nous adoptions, quels que soient les systèmes que nous essayions, c'est la clé de voûte. »

Dans les meilleures entreprises les systèmes de communication présentent cinq caractéristiques qui semblent encourager l'innovation.

1. *Les systèmes de communication sont informels.* Chez 3M, on se réunit continuellement de façon impromptue. Dans la plupart des cas, les gens — toutes disciplines confondues — se réunissent fortuitement pour parler des problèmes qu'ils rencontrent. Ce processus est renforcé par le côté « campus » des installations de Saint-Paul, ainsi que l'atmosphère « bras de chemise », et la nature inhérente de l'entreprise qui oblige tout le monde à se connaître un jour ou l'autre. Tout cela fait que les gens ont des contacts réguliers.

Chez McDonald's, l'équipe de direction vit de manière informelle, donnant ainsi le ton à l'entreprise. Chez Digital, le directeur Ken Olsen « se réunit régulièrement avec une commission composée d'ingénieurs de tous niveaux. Olsen décide de l'ordre du jour, et dissout et reconstitue périodiquement la commission afin que les idées se renouvellent constamment. Il se voit comme un “catalyseur” ou un “avocat du diable” ». Un chercheur, Ed Schon, explique l'importance de ce genre d'interaction en résumant une étude majeure du processus générateur de champions : « Ceux qui proposent des idées à succès travaillent essentiellement dans des structures informelles. » Un système générateur de champions entraîne *de facto* une culture informelle.

2. *L'intensité des communications est extraordinaire.* Deux entreprises connues pour leurs systèmes de communication sans entraves dans des secteurs qui passent pour peu communicatifs sont Exxon et Citibank. Nous avons eu l'occasion de voir les cadres supérieurs à l'œuvre dans ces deux entreprises. La différence entre leur comportement et celui de leurs concurrents est des plus étonnantes. Lorsqu'ils font un exposé, toutes les questions sont permises. Tout le monde participe. Personne n'hésite à couper la parole au président, au directeur général, ou à un membre du conseil d'administration.

Quel contraste avec le comportement de la plupart des entreprises que nous rencontrons ! Les cadres supérieurs, qui travaillent ensemble depuis quelquefois vingt ans ou plus, refusent d'assister aux réunions s'il n'y a pas d'ordre du jour établi. Ils semblent incapables de faire autre chose qu'écouter les exposés et ensuite faire des commentaires polis sur leur contenu. A l'extrême, des gens dont les bureaux se trouvent au même étage ne communiquent que par écrit. Ce genre de comportement est à l'opposé de la réunion quotidienne que tiennent chez Caterpillar les dix principaux dirigeants « sans ordre du jour et sans comptes rendus », des « pauses café » des dix ou quinze directeurs de Fluor et Delta, et de la réunion quotidienne et informelle du comité directeur chez McDonald's.

Les dirigeants d'Intel appellent ce processus « la prise de décision par des pairs »; c'est un style de gestion ouvert où l'accent est mis sur la confrontation, où l'on débat des problèmes carrément et sans prendre de détours. Les gens n'ont pas besoin de se cacher parce qu'ils discutent tout le temps. Une réunion n'a rien d'un événement rare et formel — et donc politique.

3. *La communication dispose de supports physiques.* Un ex-IBM qui occupe depuis peu un poste important de chargé de recherches dans une autre entreprise de haute technologie, entra, quelques semaines après son arrivée, dans le bureau d'un directeur, ferma la porte derrière lui et dit : « J'ai un problème. » Le directeur blêmit, le type critiquait ses plans. « Je ne comprends pas pourquoi vous n'avez pas de tableaux noirs ici, dit l'ex-employé d'IBM. Comment font les gens pour parler et échanger des idées sans des tableaux un peu partout ? » Il avait raison. Tom Watson Sr lança cette manie chez IBM en utilisant partout un chevalet et des feuilles de papier.

De tels instruments aident à développer la communication intense et informelle qui est à la base d'une innovation régulière.

Le directeur général d'une entreprise figurant sur notre liste nous a raconté une anecdote très révélatrice : « Je me suis débarrassé des petites tables rondes de quatre qui se trouvaient dans la salle à manger de l'entreprise, et je les ai remplacées par des tables de mess d'officiers — longues et rectangulaires. C'est important. A une petite table ronde, quatre personnes qui se connaissent déjà vont s'asseoir pour déjeuner ensemble tous les jours. Avec des tables de mess, ceux qui ne se connaissent pas vont entrer en contact. Un scientifique va parler avec un homme de marketing ou un homme de la fabrication d'une autre division. C'est le jeu de la probabilité. Cela augmente les chances d'échange d'idées. »

Les nouveaux bâtiments d'Intel à Silicon Valley ont été conçus pour qu'il y ait trop de petites salles de conférence. La direction veut que les gens y mangent, et y résolvent les problèmes. Ces pièces sont remplies de tableaux noirs. (Peut-être devrions-nous appeler cet ensemble de conclusions « l'effet tableau noir ».)

Thomas Allen du MIT étudie les configurations physiques depuis des années. Ses résultats, issus de bureaux de recherche et d'engineering, sont frappants. Si les gens sont séparés par plus de dix mètres, la probabilité de communiquer au moins une fois par semaine est de 8 ou 9 pour cent seulement (contre 25 pour cent à cinq mètres d'intervalle). Il existe une quantité disproportionnée de « campus » parmi les meilleures entreprises. Cela n'a rien d'une coïncidence, à notre avis, si un si petit nombre de nos entreprises exemplaires sont installées à New York, Chicago et Los Angeles. En revanche, on trouve le complexe de Deere à Moline, Caterpillar à Peoria, le campus de 3M à Saint-Paul, Procter & Gamble à Cincinnati, le Centre de Dana à Toledo, le siège de Dow à Midlands dans le Michigan, la ruche de Hewlett-Packard à Palo Alto, le complexe important de Texas Instruments à Dallas, ou le « Kodak Park » de Kodak à Rochester. Dans la plupart de ces entreprises, nombreuses sont les disciplines importantes rassemblées en un seul lieu non cosmopolite.

4. *Les dispositifs d'incitation.* Il existe encore un autre aspect des systèmes de communication qui favorise l'innovation : des programmes qui institutionnalisent virtuellement l'innovation. Le programme des « Associés » d'IBM en est l'exemple type. Les Associés d'IBM sont une émanation du désir de Watson Sr de faire naître des « canards sauvages » (Watson tira cette métaphore d'Ibsen). Dans une annonce récemment parue dans *Newsweek*, ils sont décrits comme environ quarante-cinq « rêveurs, hérétiques,

mouches du coche, marginaux et génies ». « Nous sommes moins nombreux que les directeurs généraux adjoints », dit l'un d'eux. On donne le champ libre à un Associé pendant une période de cinq ans. Son rôle est très simple : faire bouger le système.

Et ils s'y emploient. Nous en avons rencontré un sur un vol entre San José et New York. Il venait d'acheter pour plusieurs millions de dollars de microprocesseurs — sur catalogue essentiellement — à des entreprises de Silicon Valley. « Chez IBM, nous devons avoir six laboratoires différents qui travaillent sur les microprocesseurs. Mais personne ne s'est vraiment soucié de savoir ce qui a déjà été fait. J'ai envoyé mes gens là-bas pour en acheter quelques-uns afin que nous puissions faire des expériences et nous amuser. » C'est fou ce qu'un homme investi de lourdes responsabilités et un peu farfelu peut faire. Nous avons évalué certains des projets dont s'est occupé notre ami (et nous avons fait confirmer cette évaluation par quelqu'un d'autre) : il a joué un grand rôle dans une demi-douzaine d'innovations majeures d'IBM.

Et l'histoire ne s'arrête pas là. Cet Associé dispose de centaines de gens entre San José et Armonk. Ils ne sont pas directement sous ses ordres, mais sont disponibles pour travailler sur des projets lorsqu'il a besoin d'eux. Il a une formation de physicien nucléaire. Et son activité préférée, c'est de passer du temps avec ses clients.

IBM a encore un côté conservateur, même si personne n'y porte plus de costumes trois pièces. Et pourtant, cet Associé IBM porte une veste en cuir, des colliers et une chaîne en or, il possède deux exploitations vinicoles. IBM doit l'aimer — beaucoup.

Le programme des Collaborateurs individuels chez Texas Instruments et la division des Nouvelles Activités chez 3M sont aussi des dispositifs d'incitation. Nous avons également découvert d'autres exemples. Harris et United Technologies récompensent les transferts de technologie entre divisions. Bechtel insiste pour que chaque directeur de projet consacre vingt pour cent de son temps à expérimenter de nouvelles technologies. General Electric a ouvert une « boutique de jouets » (lieu où les gens de l'entreprise peuvent voir et louer des robots) pour accélérer leur entrée « dans l'usine du futur ». Data-Point a installé des « centres de technologie » dans le même dessein; ce sont des endroits où des gens de disciplines différentes se réunissent au nom de l'innovation. Toutes les dispositions dont nous venons de parler sont des moyens directs d'incitation pour faire entrer l'innovation dans l'entreprise.

5. *Le système de communication intense et informel joue le rôle d'un système de contrôle très serré,* même s'il favorise plus qu'il ne comprime l'innovation. 3M est un exemple type : « Bien sûr que

nous sommes contrôlés. Aucune équipe ne peut dépenser quelques centaines de dollars sans qu'un tas de gens gardent un œil sur ce qu'elle fait : ils ne les bousculent pas, mais sont réellement intéressés par ce qui se passe. » Nous pensons que les contrôles analogues pratiqués dans les meilleures entreprises sont les plus serrés. On ne peut guère passer de temps dans ces entreprises sans qu'une foule de gens viennent vérifier de manière informelle comment avencent les choses. Dans certaines autres entreprises que nous connaissons où les contrôles sont plus « formels et rigides », on peut dépenser 5 millions de dollars sans produire le moindre morceau de ferraille et personne n'en saura rien tant que l'on remplit les formulaires correctement et dans les délais prescrits.

Tolérer l'échec

La tolérance réelle de l'échec caractérise l'environnement positif et novateur orienté vers la réussite. James Burke, président de Johnson & Johnson, dit que l'acceptation de l'échec constitue l'un des principes de son entreprise. Il ajoute que General Johnson, fondateur de la société, lui a dit : « Si je n'avais pas commis d'erreurs, c'est que je n'aurais pas pris de décisions. » Charles Knight d'Emerson affirme : « L'aptitude à l'échec est nécessaire. Vous ne pouvez innover si vous être incapable d'accepter les erreurs. » La tolérance de l'échec est un élément très spécifique de la culture des meilleures entreprises — et l'exemple vient directement du haut. Les champions doivent faire un grand nombre de tentatives, et de ce fait, subir quelques échecs sinon l'entreprise n'avancera pas.

Une remarque importante à propos de l'échec : l'aspect punitif s'estompe avec un dialogue régulier. Les gros échecs qui marquent vraiment sont généralement ceux qui se produisent au cours d'un projet que l'on a autorisé à se poursuivre pendant des années sans directives précises. Cela n'arrive que très rarement dans l'environnement de communication sans entraves des meilleures entreprises. L'échange est franc et honnête. Vous ne pouvez cacher les mauvaises nouvelles, et vous n'en éprouvez ni l'envie, ni le besoin.

Les champions sont très soutenus. Les dispositifs spécifiques se comptent par centaines. Aucun n'est une panacée. Ce sont des exemples. L'ensemble même des soutiens qui s'entremêlent et évoluent constamment est ce qui compte.

Les champions n'émergent pas automatiquement. Ils émergent parce que l'histoire et les nombreux soutiens reçus les y encouragent, les aident dans les passes difficiles, consacrent leurs succès, et les consolent lorsqu'ils rencontrent des échecs. Avec ces soutiens, la population des champions potentiels se révèle énorme, elle ne se limite pas à une poignée de prodiges créatifs.

La meilleure illustration des points importants que nous avons soulevés dans ce chapitre — les champions, les pépinières de champions, les expérimentations nombreuses, les soutiens multiples qui s'entremêlent — se trouve à Saint-Paul dans le Minnesota. C'est là que 3M se distingue, non seulement par ses remarquables performances financières, mais surtout par son étonnante aptitude à assurer un flot constant de nouveaux produits. Ce n'était pas plus facile d'y parvenir. Cette entreprise ne bénéficie pas des retombées d'un secteur qui croît naturellement ou d'une technologie rare, elle est engagée dans autant de segments à croissance lente que de segments à croissance rapide.

3M

Notre étude portait au départ sur des géants — les énormes entreprises qui semblent rarement aussi novatrices qu'elles « devraient » l'être. 3M est un géant : cinquante et unième sur la liste des 500 de *Fortune*, un chiffre d'affaires de plus de 6 milliards de dollars en 1980. Mais 3M a *innové* : plus de 50 000 produits au total, plus de 100 nouveaux produits importants par an, plus de 40 divisions, avec de nouvelles créations chaque année. Et 3M a réussi. Cette entreprise fait un bénéfice net d'impôts de 678 millions de dollars sur un chiffre d'affaires de 6 milliards, ce qui la place au cinquième rang pour la rentabilité des ventes parmi les 100 de *Fortune* après Sohio, Kodak, IBM et American Home Products.

3M a de nombreuses activités. La plus importante qui représente environ 17 pour cent des ventes est celle des rubans adhésifs et de leurs dérivés, comme le ruban Scotch. Les autres comprennent les systèmes graphiques, les substances abrasives, les matériaux de construction, les produits chimiques, les produits de protection, les produits photographiques, les produits d'impression, le contrôle statique, le matériel d'enregistrement, les produits électriques, et les produits d'hygiène. Mais malgré la diversité, un thème prédomine chez 3M. L'entreprise est dominée par des chimistes qui font des prodiges dans les techniques de collage et de revêtement. Le fait de se concentrer sur cette discipline ne se traduit pas seulement par des extensions de lignes de produits. Parmi les nouveaux produits de ces deux dernières années, *Fortune* rapporte que l'on recense « une lotion solaire qui tient lorsqu'on se baigne, une agrafeuse qu'un chirurgien peut utiliser pour refermer rapidement les incisions avec des agrafes en métal, un film pour impression offset qui ne requiert pas l'emploi coûteux d'argent et un produit qui ralentit la croissance de l'herbe ».

Peter Drucker observe : « Chaque fois qu'il y a une réalisation, c'est le fait d'un monomaniaque investi d'une mission » et 3M entretient la notion que l'engagement est la condition *sine qua non* d'un développement satisfaisant des produits. *Fortune* commente l'une des dimensions de cet engagement : « Ce qui leur donne satisfaction chez 3M, c'est de savoir que celui qui invente un nouveau produit ou le défend lorsque les autres n'y croient plus, ou encore imagine un moyen de le fabriquer sur une grande échelle de façon économique, a une chance de s'occuper de ce produit comme s'il s'agissait de sa propre affaire, et avec un minimum d'interventions venant d'en haut. »

Un des supports décisifs du champion est l'existence d'un protecteur ou d'un « relais ». Chez 3M, le champion de la direction joue le rôle de protecteur. Dans cette entreprise, invariablement, et c'est dû à l'histoire de l'innovation, le champion de la direction est un ex-champion du produit qui s'est conduit de manière irrationnelle, s'est fait tirer dessus, s'est investi dans quelque chose, et s'est vraisemblablement accroché pendant dix ans ou plus à un projet bien à lui. Mais maintenant, en tant que champion de la direction, il est là pour protéger les jeunes des intrusions prématurées des fonctionnels de l'entreprise et pour les pousser hors du nid quand le moment est venu. Comme c'est souvent le cas, 3M dispose d'une ou deux expressions pour décrire le processus générateur de champions — par exemple : « Le capitaine se mord la langue jusqu'au sang. » C'est une expression qui vient de la marine, et elle fait référence au jeune officier qui amène le navire à quai pour la première fois. Chez 3M, cela fait allusion au processus angoissant qui consiste à déléguer aux jeunes la responsabilité de lancer de nouveaux produits. Le champion de la direction n'est pas un « patron » chez 3M, c'est un entraîneur, un mentor. Il est payé pour sa patience et son don de développer d'autres champions.

Chez 3M, l'unité fondamentale de soutien du champion est l'*équipe* d'innovation. C'est un groupe d'intervention aux caractéristiques très particulières : ses membres doivent venir de secteurs différents et être disponibles à plein temps pour une période déterminée, être volontaires, et avoir une persévérance à toute épreuve.

Une fois qu'une équipe d'innovation est formée, elle dispose rapidement de membres à plein temps qui sont issus des services techniques, de la fabrication, du département marketing, des ventes, et parfois du service financier. L'équipe est constituée de membres à plein temps, qu'elle en ait ou non besoin dès le départ. L'entreprise est consciente que ce rituel est un facteur possible de duplication, surtout au début, lorsque, par exemple, seulement le tiers du temps d'un spécialiste de la fabrication est nécessaire. Mais elle semble prête à payer le prix de la duplication pour que les gens s'investissent. Or, d'après le raisonnement sensé en vigueur chez 3M, seule une affectation à plein temps peut mener à un engagement zélé.

Un autre stimulant de l'engagement est le fait que tous les membres de l'équipe sont des volontaires. Un cadre de 3M déclare : « Les membres de l'équipe sont recrutés, pas désignés. Cela fait une grande différence. Si je suis un employé du département marketing désigné pour évaluer l'idée du technicien, avec les stimulants que l'on trouve dans la plupart des entreprises, je peux me tirer de ce mauvais pas en disant que l'idée ne vaut rien et en soulignant toutes ses faiblesses. Cela n'arrive jamais si je suis membre volontaire. »

Enfin, 3M soutient l'autonomie et la persévérance de l'équipe et insiste pour que l'équipe reste soudée de la phase initiale au lancement éventuel. « Ils disent, note Edward Roberts du MIT qui a étudié 3M pendant vingt ans, nous nous en remettons à vous en tant que groupe. Vous lancez le produit sur le marché et bénéficiez de son développement tant que vous respecterez nos critères et normes de performance. Si vous échouez, nous vous assurerons un emploi analogue à celui que vous avez laissé pour vous joindre à cette équipe. » (C'est un autre aspect du système de soutien : appuyer les bonnes tentatives même si elles échouent.)

Le système de récompense soutient l'équipe et l'individu. Tout le monde reçoit une promotion en tant que groupe à mesure que le projet franchit les obstacles. Le champion tire un bénéfice de la progression du groupe et vice versa. Nous citons une nouvelle fois Roberts à propos de la progression de carrière des membres d'une équipe d'innovation qui réussit :

> L'individu impliqué dans une équipe jouira immédiatement d'une amélioration de poste et de rémunération proportionnelle à la croissance des ventes de son produit. Il commencera, par exemple, comme ingénieur de première catégorie en haut ou en bas de l'échelle des salaires pour ce travail. Lorsque son produit sort sur le marché, il devient « ingénieur du produit ». Lorsque le volume des ventes annuelles atteint le million de dollars, cela

devient un produit à part entière, et son titre change. Lorsque le produit atteint les 5 millions de dollars, il passe le seuil suivant. Il est maintenant « responsable de ligne de produits ». Si le produit atteint les 20 millions de dollars, l'équipe devient un département indépendant pour le produit, et s'il est le technicien clé du projet, il devient « directeur du bureau d'études ou de la Recherche et du Développement » pour ce département.

Si l'on veut comprendre la culture qui encourage l'esprit d'entreprise chez 3M, il faut commencer par son *système de valeurs*, et en particulier, par son « onzième commandement » qui est : « Tu ne tueras point une idée de nouveau produit. » L'entreprise peut ralentir le processus, ou elle peut ne pas désigner une équipe d'innovation. Mais elle ne tire pas sur ses pionniers. Ainsi que l'observe un analyste de 3M, le onzième commandement va à contre-courant de ce qui se passe dans la plupart des grandes entreprises. En outre, ajoute-t-il : « Si vous voulez mettre un terme à un projet dont le but est le développement d'un nouveau produit, la charge de la preuve incombe à celui qui veut arrêter le projet, pas à celui qui le pousse. Dans un environnement marqué par le parrainage des gens entreprenants il vous faut changer bien des choses pour passer d'une volonté de démonstration positive à une volonté de démonstration négative. »

Au cours de notre enquête, nous avons parlé des anciens présidents et des cadres prestigieux de l'entreprise avec un cadre de 3M. Ils avaient tous, presque sans exception, obtenu un succès de champion. Ainsi l'ensemble de l'équipe de direction et nombre de celles qui l'ont précédée servent de modèles de référence aux jeunes générations de l'entreprise. Les champions potentiels tirent des encouragements de la collection de contes de héros : ne tuez pas les idées, grappillez, l'échec est permis, des années et des années peuvent passer avant qu'une idée neuve ne soit couronnée de succès par le marché, etc. Par exemple, les histoires du légendaire Richard Drew et son acolyte John Borden que raconte le président Lewis Lehr sont pleines d'enseignement pour les jeunes : « Les vendeurs qui se rendent dans les usines de construction automobile remarquèrent que les ouvriers qui peignaient les nouvelles voitures bicolores avaient du mal à empêcher les deux couleurs de se mélanger. Richard G. Drew, jeune technicien chercheur, trouva la réponse : l'adhésif protecteur, le premier adhésif de l'entreprise. En 1930, six ans après le lancement de la cellophane par Du Pont, Drew trouva un procédé pour la rendre adhésive, et ce fut la naissance du Scotch prévu initialement pour un usage industriel. Il n'a vraiment commencé à marcher que lorsqu'un autre héros imaginatif de 3M, John Borden, directeur des ventes, créa un distributeur avec lame incorporée. »

Cette anecdote est typique et très significative pour plusieurs raisons. Primo, elle souligne l'étroite interaction qui existe entre l'entreprise et le client. Secundo, elle montre que le technicien n'est pas nécessairement l'inventeur. Tertio, elle démontre que 3M n'impose pas de limites aux projets en fonction de la taille potentielle du marché, simplement parce que la première utilisation n'a souvent aucun rapport avec le potentiel réel du produit. Ceux qui étudient l'innovation ne cessent d'observer ce phénomène avec toutes sortes de nouveaux produits.

Lorsque les champions gagnent chez 3M, on les fête avec panache. Selon Lehr : « Quinze à vingt fois par an au moins, un nouveau projet prometteur atteint un million de dollars de bénéfices. Vous pourriez penser que cela ne retient guère l'attention, mais ce n'est pas le cas. Les spots s'allument, les cloches se mettent à sonner, et on sort les caméras vidéo pour reconnaître les mérites de l'équipe responsable de cet exploit. » C'est ainsi que l'entreprise encourage le jeune ingénieur plein d'idées brillantes à foncer et prendre des risques.

Le système de valeurs de 3M souligne aussi que pratiquement toutes les idées sont bonnes : « La diversité de 3M pousse à croire qu'un employé est capable d'utiliser n'importe quoi », dit un commentateur.

La fameuse histoire qui illustre ce point est celle de la matière pour ruban ratée qui devint un bonnet en plastique de soutien-gorge raté qui devint le masque de sécurité standard de l'ouvrier américain après la création de l'Occupational Safety and Health Administration. Et si l'entreprise s'en tient surtout à sa technologie fondamentale de collage et de revêtement, elle n'apporte pas de restrictions au genre de produits qu'elle est prête à accepter. Comme le note Roberts : « Si le produit remplit des critères de croissance et de rentabilité, 3M est content d'en disposer même s'il ne fait pas partie de son champ d'activité principal. » Un autre point du même genre fut soulevé par un cadre de 3M : « Nous n'aimons pas l'idée de la vache à lait. Ce sont les gens qui ont des traditions de succès dans des divisions qui réussissent qui réalisent le mieux le potentiel de l'innovation continue. » 3M comprend cette vérité très humaine : le succès engendre le succès.

Et on admet l'échec. Le président Lehr raconte :

> Peu après la Seconde Guerre mondiale, nous avions un programme pour le développement d'une gaze chirurgicale pour

l'usage des chirurgiens pendant les opérations. Deux fois, la direction y mit un terme. Mais la persévérance de la base permit la production d'une gaze réussie et ouvrit la voie à l'activité dans les produits d'hygiène qui représente 400 millions de chiffre d'affaires annuel aujourd'hui. Nous ne laissons pas tomber ces histoires dans l'oubli, nous les racontons souvent afin que l'employé qui a l'esprit d'entreprise et qui se sent découragé, frustré et inefficace dans une grande entreprise sache qu'il n'est pas le premier à rencontrer des obstacles considérables. La liberté de persévérer implique, cependant, la liberté de se tromper et d'échouer.

Ceux qui n'ont pas abandonné ont été récompensés. Un autre cadre déclare : « Nous ne tuons pas les idées, mais nous les détournons. Nous parions sur les gens. » Et il ajoute : « Vous devez invariablement massacrer un programme au moins une fois avant qu'il réussisse. C'est comme cela que vous dénichez les fanatiques, ceux qui sont vraiment déterminés à trouver un moyen — n'importe lequel — de le faire marcher. »

Entre autres choses, cela signifie manier le paradoxe : soutenir constamment une idée qui peut être bonne, mais ne pas faire de dépenses inconsidérées parce que 3M est, avant tout, une entreprise très pragmatique. Voici le processus type : le champion, lorsque son idée dépasse la phase conceptuelle et devient prototype, commence à réunir autour de lui une équipe de cinq ou six personnes. Puis, supposons (comme il est statistiquement probable) que le programme se heurte à un obstacle. 3M le réduira probablement rapidement, et retirera des gens de l'équipe. Mais ainsi que le suggère la mythologie, on encouragera le champion — s'il est déterminé — à persévérer, tout seul ou peut-être avec un autre, en ralentissant l'effort à trente pour cent. Dans la plupart des cas, 3M a observé que l'histoire d'un produit dure une décennie ou plus, avant que le marché ne soit vraiment prêt à le recevoir. (Toutes les études révèlent en effet que l'intervalle moyen entre l'idée et son développement commercial dans tous les domaines, que ce soit de la haute technologie ou non, est de dix à vingt ans.) Donc le champion survit malgré les hauts et les bas. Souvent, le marché finit par mûrir. Et son équipe se reconstitue.

« Nous pensons que nous avons la capacité de résoudre les problèmes pratiques », dit un cadre de 3M, et c'est bien ce qui caractérise une entreprise dont les membres résolvent les problèmes pratiques, que ce soient des vendeurs ou des champions techniques. C'est ainsi que tout commença. Un analyste observe : « L'obsession de l'invention remonte aux origines de l'entreprise. Plusieurs investisseurs locaux achetèrent une mine qui, à leur avis, contenait du corindon précieux, minéral très dur que l'on utilise dans les abrasifs. Il se révéla de très mauvaise qualité. Les investisseurs conclurent que la seule façon de survivre était de trouver des dérivés qui aient une forte valeur ajoutée. » Lehr dit : « Les vendeurs frappèrent à toutes les portes. Mais ils ne s'arrêtèrent pas au bureau de l'acheteur. Ils se rendirent dans les arrières boutiques voir quels étaient les objets nécessaires que personne ne fabriquait. » Les vendeurs devinrent des gens qui résolvaient les problèmes, et le vendeur, avec son acolyte le technicien, est encore aujourd'hui la pierre angulaire de la stratégie de 3M.

3M est le premier à considérer l'innovation comme *une affaire de nombre.* « Notre approche est d'en faire un peu, d'en vendre un peu, d'en faire un peu plus », dit Robert M. Adams, directeur de la Recherche et du Développement. Un de ses collègues parle de « grands résultats en partant de débuts modestes, de dépenser juste assez d'argent pour obtenir ce qui est nécessaire pour réduire un peu plus l'ignorance, de beaucoup de petits tests en peu de temps. » Il affirme que « le développement est une série de petites explorations, que les chances d'amener une idée à la commercialisation sont pratiquement nulles et qu'il n'y a pas de limite à l'imagination ». Si bien qu'il y a partout des champions qui font des expériences tout en dépensant peu. En général, ils échouent. Pourtant, quelques-uns surmontent obstacle après obstacle, et un petit nombre va jusqu'au bout.

3M finance les gens qui veulent former un groupe quel qu'en soit le but, cela va du tressage de paniers (littéralement) à la physique ou à la micro-électronique. En outre, le « campus » de Saint-Paul est une ruche de laboratoires pilotes. Leur capacité de matérialiser l'idée et de la transformer en prototype est remarquable. Les utilisateurs participent eux aussi de très près au processus de développement du produit du début jusqu'au lancement.

Lors de nos premiers entretiens chez 3M, on nous dit que les plans de nouveaux produits faisaient en moyenne cinq pages, et cette brièveté nous stupéfia. L'un de nous y fit allusion lors d'une conférence. Un vice-président de 3M se leva, et bien que généralement d'accord avec notre analyse de 3M, il déclara : « Là, vous faites erreur. » Nous attendîmes la chute de la phrase : 3M avait-il, comme la plupart des entreprises auxquelles nous avions eu affaire, des propositions de nouveaux produits longues de deux cents pages ? Il continua : « Nous estimons qu'une phrase cohérente est un premier jet acceptable pour un plan de nouveau produit. »

Tout marche — les champions, les équipes d'innovation, les communications informelles, le volontariat des membres des équipes, le soutien de l'échec, et le reste — parce qu'on fait tout pour limiter la bureaucratie. Ce même vice-président ajouta : « Nous ne nous encombrons pas de plans au début, alors que nous ne savons encore rien. Bien sûr que nous planifions. Nous établissons des plans de vente détaillés, mais une fois que nous savons quelque chose. Pourquoi passerions-nous du temps au départ à écrire un plan de 250 pages qui tente d'éclaircir les choses avant de nous être livrés à quelques tests simples chez le client ou dans un laboratoire pilote quelque part ? »

Dans la même veine, 3M refuse l'idée de la « taille minimale » pour un produit. « Notre expérience, déclare un cadre, nous apprend qu'avant d'entrer sur le marché, nous sommes incapables de faire une estimation convenable de la croissance des ventes d'un nouveau produit. En conséquence, nous avons tendance à faire des prévisions de marché une fois que nous y sommes, pas avant. » Et le directeur de la division des Nouvelles Activités affirme : « On ne justifie jamais un produit de notre division par l'analyse, cela doit seulement être une question de conviction. »

Sous un certain angle, la structure d'organisation n'a pas grande importance chez 3M. Roberts observe : « La structure de 3M, si vous la regardez sur le papier, n'a rien d'extraordinaire. » Un cadre dit plus crûment : « Pour nous, le structure est sans importance. »

Mais il n'en reste pas moins un certain nombre de caractéristiques, plus ou moins structurelles, qui sont essentielles. D'abord, en dépit de l'existence d'un ensemble de disciplines techniques qui conduirait d'autres à adopter une organisation en matrice ou fonctionnelle, 3M reste une entreprise radicalement décentralisée. Elle compte environ quarante divisions. En effet, créer de nouvelles divisions est la loi : elle n'en comprenait que vingt-cinq il y a tout juste dix ans. Subdiviser plutôt que rechercher un volume de ventes plus élevé dans une division est le chemin consacré (bien que non conventionnel) de la réussite.

Ce genre de souplesse va beaucoup plus loin, surtout en ce qui concerne le démarrage de nouvelles activités. Chez 3M, supposons que quelqu'un qui travaille dans le groupe de développement de produits d'une division ait une idée. Il suit le chemin normal : il va voir son patron pour obtenir des fonds. Supposons que son patron refuse. C'est alors que commence la magie 3M. Il se rend dans une autre division de son groupe. Si ce groupe ou un autre n'a pas de temps à lui consacrer, il a un dernier recours : la Direction des Nouvelles Activités.

Que fait 3M pour qu'une telle approche fonctionne ? C'est simple : les cadres ont droit à toutes sortes de stimulants. Celui qui dirige un groupe a un pourcentage sur le budget de l'initiative qu'il a financée en dehors de son groupe. La même règle joue pour les chefs de division. Des stimulants directs sont là pour vous inciter à chercher à vendre votre idée à tout prix, et si vous êtes acheteur, à chercher à en acheter une à tout prix. L'entreprise fait bouger son personnel. Lorsqu'un membre du groupe A vend une idée au chef de division du groupe B, il y va.

Il existe certaines règles. Par exemple, chaque division a une règle stricte qui veut qu'au moins 25 pour cent de ses ventes viennent de produits qui n'existaient pas cinq ans avant. Il est tout à fait remarquable que chacune des quarante divisions doive respecter cette règle (que ce soit dans un secteur à croissance lente ou rapide)*. Dans d'autres entreprises, on donne ce genre d'objectifs au niveau de l'entreprise ou au niveau du groupe, la volonté de s'investir manque là où on a le plus besoin d'elle, dans la division où on peut agir dans ce sens. Chez 3M, où l'objectif est toujours fixé au niveau de la division, quarante directeurs, et pas cinq ou dix, grappillent pour faire de nouveaux produits.

Mais la notion la plus importante, comme nous l'avons maintes fois répété, c'est que ce ne sont pas un ou deux facteurs qui font marcher tout cela. Bien sûr, le champion, le champion de la direction et l'équipe d'innovation sont au cœur du processus. Mais lorsqu'ils réussissent, c'est seulement parce que : les héros abondent, le système de valeurs encourage le grappillage, l'échec est accepté, il existe une orientation vers l'art de la niche et des rapports étroits avec le client, il y a un processus bien compris de tous qui prône le progrès par petits pas, les communications intenses et informelles sont la norme, la configuration des usines offre un grand nombre d'endroits pour l'expérimentation, la structure non seulement sert mais aussi appuie l'innovation, et l'absence de surplanification et de paperasserie est évidente, comme l'est la présence de la concurrence interne. Cela fait environ une douzaine de facteurs. Et c'est le fait qu'ils marchent tous de concert — depuis des décennies — qui produit une innovation réussie chez 3M.

* C'est aussi un truc que pratique Procter & Gamble. Un ancien chef de produit remarque : « La première chose qu'ils vous disent c'est : "Oubliez les cycles de vie du produit et les vaches à lait ! On a modifié la formule de l'un des savons quatre-vingts fois au moins, et il marche très bien." »

8

La productivité par la motivation du personnel

La marine, a déclaré l'ex-commandant des opérations navales Elmo (Bud) Zumwalt, part du principe que « tous ceux qui n'ont pas le grade de commandant sont immatures ». L'un de nos amis qui dirige plusieurs usines de la General Motors estime à l'inverse qu'il n'y a qu'un secret en matière de personnel : la confiance. Certains en abuseront. « Trois à huit pour cent, dit-il, souriant de la précision de son estimation. Ceux qui n'y croient pas vous donneront un nombre infini de raisons pour lesquelles on ne peut faire confiance au personnel. La plupart des entreprises suivent des règlements qui partent du principe que l'ouvrier ou l'employé *moyen* est un bon à rien, qui cherche seulement à tout bousiller. »

En l'espace de quelques années aux commandes, Zumwalt a révolutionné les pratiques de la marine. Tout vient de sa conviction que les gens réagiront bien si on les traite en adultes. Cette conviction date d'un de ses premiers postes :

> J'ai surtout essayé de faire en sorte que tous les officiers et les hommes à bord non seulement sachent de quoi il retournait et connaissent le but de chaque évolution tactique, mais aussi soient suffisamment au courant pour partager l'excitation et le sens du défi que nous ressentions au poste de commandement. Nos techniques n'avaient rien d'extraordinaire. Nous faisions des annonces par haut-parleur pour expliquer la manœuvre en cours. Au début et à la fin de chaque journée, je discutais avec les officiers de ce qui venait de se passer, de ce qui allait se passer, de la position des autres et de la façon dont nous devrions agir pour y faire face, et ceux-ci en parlaient, à leur tour, avec leurs hommes. Nous publiions des notes écrites dans le programme du jour qui donnaient à l'équipage un aperçu de nos activités. J'avais des conversations à bâtons rompus aux quartiers des premiers maîtres

où je m'arrêtais souvent pour prendre un café. Les efforts déployés pour communiquer de l'enthousiasme et du plaisir pour ce que nous faisions avaient beaucoup plus d'importance qu'aucun de ces petits détails.

Zumwalt ajoute qu'en l'espace de dix-huit mois seulement, de telles pratiques avaient permis à son bâtiment de passer de la dernière à la première place de l'escadre sur le plan de l'efficacité. « Mon expérience m'avait appris, dit-il, l'impact que pouvait avoir le fait de traiter les marins en adultes. » James Treybig, président de Tandem, reprend le même thème : « Nous partons du principe que les gens sont adultes. » Ken Ohmae, notre collègue de Tokyo, affirme : « Les patrons japonais ne cessent de répéter aux ouvriers que ceux qui sont en première ligne connaissent le mieux le métier, et qu'innovation et amélioration viennent du *genba* (le lieu de l'action). « Peter Smith, jeune diplômé de Wharton qui a renoncé à la carrière d'analyste pour devenir directeur d'usine de General Signal, partage ce point de vue : « Les gens vous noieront sous les idées si vous leur en laissez la possibilité. »

Une expérience sur le tas que rapporte un étudiant en gestion souligne ces points (y compris le triste dénouement) :

J'étais directeur de l'exploitation dans une grande entreprise de transports routiers à San Francisco. Cette antenne n'était en rien la première de la région sinon sur le plan de la non-rentabilité. Je fis part de mes préoccupations à certains des routiers. Ils me répondirent qu'ils aimaient leur travail et se sentaient compétents, mais qu'aucun surveillant ne leur avait *jamais* demandé de l'aider à résoudre les problèmes d'itinéraires ou leur avait fait sentir qu'ils avaient un rôle crucial dans le fonctionnement des opérations. Ma première démarche fut de garantir que, lorsque les chauffeurs arrivaient le matin, le plein était fait, les moteurs étaient chauds et leurs engins nettoyés, prêts à démarrer. J'espérais que cela donnerait de l'importance à leur travail. Ensuite, j'ai fourni des casquettes et des brochures de l'entreprise à chacun d'eux pour qu'ils les distribuent aux clients comme ils l'entendaient. (C'était strictement interdit, seuls les vendeurs en avaient le droit. J'ai dû voler les casquettes dans la voiture d'un vendeur un matin.)

Traditionnellement, les superviseurs établissaient tous les itinéraires (en général sans succès); je leur ai recommandé de laisser les itinéraires en blanc sur les feuilles de fret, en moyenne tous les trois ou quatre frets, afin que, lorsque le routier leur demanderait les instructions, ils puissent lui demander ses suggestions. J'ai caché la plupart de ces idées à mes patrons et au syndicat. A ma grande surprise, l'opération se révéla rentable. J'ai affiché les résultats financiers sur le tableau du syndicat (encore une chose strictement interdite par les règlements) et je n'ai jamais reçu de plainte. Cela en vint au point où les vendeurs s'aperçurent que les chauffeurs ramenaient plus de nouveaux clients qu'eux, si bien que plusieurs d'entre eux décidèrent d'accompagner les chauffeurs pour percer leurs « secrets ».

La rentabilité ne se démentit pas pendant plusieurs mois, jusqu'à ce que mon patron se rende compte de ce qui se passait et s'inquiète de la latitude dont jouissaient les routiers. A ce moment-là, l'entreprise institua un système de contrôle qui exigeait des routiers qu'ils rendent des comptes sur chaque quart d'heure de leur journée. La rentabilité disparut et les réclamations des clients augmentèrent. Je repartis à l'université.

Traitez les gens en adultes. Traitez-les en associés. Traitez-les avec dignité. Traitez-les avec respect. Considérez-les — eux, et pas les investissements et la mécanisation — comme la source primordiale de gains de productivité.

En d'autres termes, si vous voulez la productivité et les sanctions financières qui en découlent, vous devez considérer votre personnel comme votre atout le plus important. Dans *A Business and its beliefs*, Thomas J. Watson Jr le formule bien : « La philosophie d'IBM tient en trois croyances simples. Je commencerai par celle qui me semble la plus importante : *notre respect de l'individu*. C'est un concept simple, mais chez IBM cela occupe la plus grande partie de l'emploi du temps de la direction. C'est ce à quoi nous consacrons le plus d'efforts. Cette croyance était fortement ancrée chez mon père. »

On ne rencontre guère de thème plus dominant que ce *respect de l'individu* dans les meilleures entreprises. Cette croyance et ce postulat y sont omniprésents. Mais comme tout ce dont nous avons parlé, ce n'est pas un élément isolé — un postulat, une croyance, une déclaration, un but, une valeur, un système, ou un programme — qui donne vie à ce thème. Dans ces entreprises, ce qui lui donne vie, c'est une pléthore de dispositifs structurels, de systèmes, de styles et de valeurs qui se renforcent mutuellement si bien que ces entreprises ont une faculté hors du commun d'obtenir des résultats extraordinaires de gens ordinaires. Cela nous renvoie à notre chapitre consacré à l'homme et ses motivations. Ces entreprises permettent aux gens d'avoir un contrôle sur leur destinée, elles donnent un sens à leur vie. Elles transforment Paul et Jeanne en gagnants. Elles laissent — insistent même là-dessus — les gens se singulariser. Elles mettent l'accent sur l'aspect positif.

Il faut qu'un dernier point préliminaire soit bien clair. Nous ne parlons pas de paternalisme. Nous parlons d'un respect tenace de l'individu et de la volonté de le former, de lui fixer des objectifs clairs et raisonnables, et de lui laisser la possibilité de se mettre en avant et de contribuer directement à son travail.

L'authentique orientation vers les gens va à l'encontre des deux grands désastres que l'on constate trop souvent dans les entreprises : le désastre des beaux discours, et celui des gadgets.

Le désastre des grands discours non suivis d'effets est sans aucun doute le pire des deux. Pratiquement toutes les directions que nous avons vues affirment que les gens sont importants — vitaux même. Ayant dit cela, elles ne prêtent pourtant pas grande attention à leur personnel. En réalité, elles ne sont peut-être même pas conscientes de leurs omissions. « Les questions de personnel prennent tout mon temps » est la réplique classique. Ce qu'elles veulent souvent vraiment dire, c'est : « Cela marcherait si bien sans le personnel. »

Ce n'est qu'en regardant les meilleures entreprises que nous voyons la différence. Leur orientation vers les gens date souvent de dizaines d'années — le plein emploi en période de récession, de nombreux programmes de formation à l'époque où l'absence de formation était la norme, le fait que tout le monde s'appelait par son prénom en des temps plus formels qu'aujourd'hui. Les directeurs de ces organisations ont la sollicitude dans le sang. Les managers sont là pour le personnel qui le sait et le vit.

Cette orientation est ancrée dans le langage même. Chez Delta, on parle du « cercle de famille ». Chez Hewlett-Packard, c'est « le style HP », et le « management baladeur ». Chez Dana, c'est simplement l'usage constant du mot « personnel » — dans les rapports annuels, dans les discours des directeurs, dans les déclarations de politique. Rene McPherson, ex-président, défend passionnément ce principe. Lors d'une conversation, il évoque une nouvelle campagne de publicité choc de Ford. « Bon Dieu, dit-il, ils parlent d'ouvriers. Pourquoi pas de gens ? » Chez McDonald's, on appelle les employés des « membres de l'équipage » plutôt que du personnel, chez Disney Productions, on parle des « hôtes », et chez J. C. Penney, des « associés ».

Même si c'est galvaudé, cela manifeste un enthousiasme auquel les gens sont sensibles. La première fois que nous avons rencontré ce phénomène, nous pensions que ces réjouissances étaient limitées à des entreprises comme Tupperware chez qui on dit que le président et ses cadres supérieurs participent trente jours par an à des Jubilés organisés pour célébrer le succès de leurs 15 000 meilleurs vendeurs et cadres. Mais nous avons aussi découvert ces réjouissances dans les entreprises à haute technologie (par exemple, la chanson de Hewlett-Packard, « Grab a grizzly » pour commémorer les ordinateurs de la série 3 000). Et chez Caterpillar, on nous a raconté une manifestation organisée pour présenter un nouveau matériel où l'on avait déguisé d'énormes engins de terrassement.

Peut-être est-ce surprenant, mais l'orientation vers le personnel est aussi empreinte de dureté. Les meilleures entreprises ont recours à l'évaluation et se préoccupent de rentabilité, mais cette dureté est le fait de grandes attentes mutuelles et de comparaisons entre pairs plutôt que de patrons qui tapent sur la table et de systèmes de contrôle compliqués. Cette rigueur dépasse certainement celle des moins bonnes entreprises régies par des systèmes plus formels, car il n'est rien de plus stimulant que ce sentiment d'être nécessaire, magie qui crée ces attentes exigeantes. En outre, si ce sont vos pairs qui attendent beaucoup de vous, c'est un stimulant encore plus fort pour bien faire. Les gens aiment se comparer aux autres, comme nous le faisions remarquer au chapitre trois, et ils aiment aussi se mesurer à des normes — si celles-ci sont raisonnables et surtout s'ils ont pris part à leur établissement.

Les meilleures entreprises sont donc pleinement orientées vers le personnel. Dans les sociétés aux grands discours, quoi qu'elles en disent, tout ce que nous venons de décrire, ou presque, y est absent. Certes, les licenciements ne sont pas traités à la légère, mais rares sont les exemples qui égalent les efforts extraordinaires de Delta, IBM, Levi's, ou Hewlett-Packard pour éviter les aléas de l'emploi. Et leur langage est différent. Les histoires de guerre dans ces moins bonnes entreprises n'ont pas trait à la sollicitude, au traitement, et au soin apportés aux employés comme c'est le cas chez un Dana, un Digital, ou un IBM. Le terme de « manager » ne fait pas référence à un être qui retrousse ses manches pour faire le travail aux côtés de l'ouvrier, mais à quelqu'un qui engage des assistants pour le faire à sa place. Ces entreprises ne parlent jamais de comparaisons entre pairs. Elles sont cachottières et dissimulent délibérément l'information. Le message est sans ambiguïté : les employés sont jugés ne pas être assez adultes pour faire face à la vérité. Et quid des réjouissances, des célébrations et des prix, des récompenses et des stimulants en constante mutation ? Absents aussi. Bien sûr, de temps en temps, on essaye un nouveau programme comme la Direction par objectifs, ou les cercles de qualité, ou le plan Scanlon lorsque cela devient à la mode. Mais on les rejette ou on les bureaucratise rapidement. On attribue souvent l'échec aux « syndicats » ou « à la mauvaise volonté des employés ». On l'attribue rarement au manque de persévérance ou d'intérêt réel de la part de la direction.

Cela nous mène directement au second problème : le piège des gadgets. La dernière trouvaille est le cercle de qualité. Cette idée n'est pas mauvaise en soi, ainsi que les Japonais nous l'ont rappelé avec force. Mais ces cercles de qualité ne sont que le dernier outil en date qui peut être soit très utile, soit servir d'écran de fumée pendant que la direction continue à se soustraire à un engagement réel à l'égard du personnel. Il y a dix ans, l'enrichissement des tâches était à la mode. Et avant cela, c'était le mouvement, apparemment omniprésent, de développement de l'organisation, fait de formation d'équipes, de T-groupes, de résolutions de conflits et de grilles de gestion. Les choses n'ont guère changé. Les cabinets de conseil et autres spécialistes ont vendu leurs programmes aux échelons spécialisés tels que les directeurs de formation, et la direction a laissé faire, surtout pour éviter de se salir les mains. Mais ces prétendues panacées ne pouvaient être appliquées avec succès dans un système qui part exclusivement de la base, sans un intérêt profond de la part de la direction. Les changements implicites requis tiennent de la révolution. De tels programmes ne peuvent en aucun cas s'instaurer sans le soutien inconditionnel de l'ensemble de l'équipe de la direction.

De même que quelques programmes ne peuvent entraîner de changement fondamental, il n'existe pas plus de raisons d'espérer d'une technique qu'elle soit efficace longtemps. La plupart des meilleures entreprises ont des systèmes de Direction par objectifs et des cercles de qualité, et elles ont probablement essayé la formation d'équipes, et peut-être utilisent-elles encore tout cela. Mais elles recèlent beaucoup plus. Nous fûmes stupéfaits, au cours de cette enquête, par le seul nombre de programmes pour le personnel que nous avons rencontrés, et par la fréquence à laquelle on les complétait et on les modifiait. Et ces programmes n'étaient ni des beaux discours, ni des gadgets. Nous avons découvert de somptueux systèmes de stimulants financiers, mais nous nous y attendions. Nous avons aussi trouvé un nombre incroyable de stimulants non pécuniaires et une étonnante variété de programmes expérimentaux ou nouvellement lancés. Aucun dispositif — même dans les meilleures sociétés — ne peut être indéfiniment efficace. L'idée est de traiter le problème comme on s'attaque au défi que représente un nouveau produit. On doit constamment injecter des programmes neufs dans l'entreprise, la plupart se révéleront sans intérêt comme les idées de nouveaux produits. Si l'enrichissement des tâches n'a pas marché à l'usine de Milwaukee, essayez sept autres programmes qui fonctionnent dans d'autres usines, ou qui ont fonctionné dans d'autres entreprises.

De la réussite

Bien que la plupart des directions soutiennent que leurs sociétés ont le souci du personnel, le trait distinctif des meilleures entreprises est que, chez elles, cette préoccupation est extrême et omniprésente. La seule description adéquate passe par l'exemple.

RMI

RMI est un bon exemple pour commencer. Filiale de US Steel et National Distillers, c'est un producteur intégré de dérivés du titane. Pendant des années, ses résultats ont été médiocres : une productivité et des bénéfices faibles. Mais ces cinq dernières années, RMI a connu une réussite remarquable, grâce, essentiellement, à l'adoption d'un programme de productivité profondément orienté vers le personnel.

Ce programme débuta lorsque « Big Jim » Daniell, ex-professionnel de football, ex-capitaine des Cleveland Browns, fut nommé président-directeur général. Le programme qu'il lança était, selon les termes du *Wall Street Journal*, « un vrai ramassis de lieux communs — un mélange de slogans sirupeux, et un sourire à chaque tournant ». Ses usines sont parsemées de panneaux qui disent : « Si vous voyez un homme sans sourire, offrez-lui l'un des vôtres », ou « Il est rare que les gens réussissent dans quelque chose s'ils n'y prennent pas de plaisir. » Tous sont signés « Big Jim ».

L'histoire n'est pas plus compliquée que cela. Le logo de l'entreprise est un visage souriant qui figure sur le papier à lettres, sur le fronton de l'usine, sur des panneaux à l'intérieur de l'usine, et sur les casques des ouvriers. Le siège de la société se trouve à Niles dans l'Ohio que tout le monde appelle maintenant « Smiles, Ohio ». Big Jim passe une grande partie de son temps à sillonner l'usine à bord d'une voiture de golf, saluant et plaisantant avec ses ouvriers, les écoutant, et les appelant par leur prénom — 2 000 ouvriers. En outre, il consacre beaucoup de son temps au syndicat. Le président de la section locale lui a rendu cet hommage : « Il nous convie à ses réunions et nous tient au courant, ce qui n'arrive jamais dans les autres entreprises. »

Quel est le résultat de tout cela ? Eh bien, depuis trois ans, sans investir un sou pratiquement, il a réussi un gain de productivité qui avoisine les 80 pour cent. Et aux dernières nouvelles, le nombre moyen de dossiers en discussion avec les syndicats était passé de 300 à 20 environ. Big Jim, disent ses clients que nous avons rencontrés, respire le souci de sa clientèle et de son personnel.

HEWLETT-PACKARD

Dans une étude, dix-huit des vingt cadres de chez Hewlett-Packard interrogés déclarèrent spontanément que la réussite de leur entreprise était due à sa philosophie axée sur les gens. C'est ce que l'on appelle « le style HP ». Voici comment le décrit Bill Hewlett, le fondateur :

> En termes généraux, ce sont les politiques et les actions qui découlent de la croyance que les hommes et les femmes veulent faire du bon travail et un travail créatif et qu'ils y parviendront s'ils jouissent d'un environnement adéquat. C'est aussi la tradition de traiter chaque individu avec respect et considération, et le fait de reconnaître les succès personnels. Cela paraît presque banal, mais Dave (le cofondateur Packard) et moi croyons sincèrement à cette philosophie. La dignité et la valeur de l'individu sont une part importante du style HP. Partant de ce principe, il y a plusieurs années de cela, nous nous sommes débarrassés des horloges pointeuses, et plus récemment nous avons introduit les horaires souples. C'est une façon de montrer la confiance que l'on accorde aux gens, et de leur donner l'occasion de concilier leur emploi du temps et leur vie personnelle. Bon nombre de nouveaux employés et de visiteurs remarquent souvent une autre caractéristique du style HP : notre manque de formalisme et le fait que nous nous appelions par nos prénoms. Je pourrais citer d'autres exemples, mais aucun d'entre eux ne capte l'essence du style HP. On ne peut pas le décrire en ayant recours à des chiffres et à des statistiques. En dernière analyse, c'est un état d'esprit, une optique. C'est le sentiment que chacun fait partie d'une équipe, et cette équipe, c'est HP. Comme je l'ai dit en commençant, c'est une idée fondée sur l'individu. Cela existe parce que les gens ont vu que cela marche, et ils croient que c'est ce sentiment qui fait de Hewlett-Packard ce qu'il est.

L'orientation vers les gens de HP remonte loin. Dans les années quarante, Hewlett et Packard décidèrent de « ne pas être une entreprise qui embauche et débauche ». C'était une décision courageuse à cette époque, alors que le secteur de l'électronique était presque entièrement soutenu par le gouvernement. Le sentiment de solidarité de l'entreprise fut mis à l'épreuve lorsque les affaires subirent le contrecoup de la récession de 1970. Plutôt que de licencier, Hewlett, Packard et tous les membres du personnel de la société acceptèrent une réduction de salaire de 20 pour cent assortie d'une réduction d'horaire de 20 pour cent. Et Hewlett-Packard surmonta la récession sans avoir à sacrifier le plein emploi.

Non seulement l'orientation vers les gens de HP est ancienne, mais elle se renouvelle; les objectifs de l'entreprise ont été réécrits et réaménagés pour tous les employés, et la philosophie de la maison a fait l'objet d'une nouvelle rédaction. La première phrase est celle-ci : « Les réalisations d'une entreprise sont la résultante des efforts combinés de tous les individus. » Et plus loin, HP réaffirme son attachement aux innovateurs,. philosophie qui sous-tend le succès de l'entreprise. « Primo, il doit y avoir des innovateurs très compétents dans toute l'organisation... Secundo, l'entreprise doit avoir des objectifs et une direction qui suscitent l'enthousiasme à tous les échelons. Les cadres supérieurs devraient non seulement être enthousiastes, mais ils devraient être choisis pour leur capacité à faire naître l'enthousiasme chez leurs collaborateurs. » Cette introduction à la définition révisée des objectifs conclut : « Hewlett-Packard ne devrait pas être organisée de façon rigide et militaire, mais plutôt accorder aux gens la liberté de travailler à ces objectifs primordiaux de la façon qu'ils jugent convenir à leurs domaines de responsabilité. »

La foi que Hewlett-Packard a en son personnel se traduit par la politique de « portes ouvertes pour le magasin du laboratoire » que quelques-uns de nos étudiants ont eu l'occasion d'observer à la division de Santa Rosa. C'est là que l'on stocke les composants électriques et mécaniques. Cette politique veut dire que, non seulement les ingénieurs peuvent avoir libre accès à ce matériel, mais qu'on les encourage à le *rapporter chez eux pour leur usage personnel* ! Le but est de permettre aux ingénieurs de se familiariser davantage avec le matériel, même à travers des utilisations sans lien avec leur travail; cela renforce les aptitudes innovatrices de l'entreprise. On raconte qu'un samedi, Bill Hewlett se rendit dans une usine et trouva la porte du magasin fermée. Il alla immédiatement au service de maintenance, s'empara d'une cisaille, et se mit à sectionner le cadenas. Il laissa une note que l'on retrouva le lundi matin : « Ne verrouillez jamais plus cette porte. Merci. Bill. »

La même philosophie imprègne la conversation que nous avons eue avec un jeune ingénieur de vingt-quatre ans qui a passé tout juste un an dans l'entreprise. Parlant de certains problèmes que posait une nouvelle politique de personnel, il déclara : « Je ne suis pas sûr que Bill et Dave auraient procédé de cette façon. » Il est franchement remarquable de voir avec quelle rapidité les gens s'imprègnent des valeurs. Le jeune homme décrivit ensuite la tradition de « passer aux actes » chez HP, la nécessité d'être impliqué dans le lancement de nouveaux produits pour y réussir et d'accomplir des réalisations difficiles plutôt que de manier habilement la paperasse, la possibilité de parler à tout le monde, partout. Il parle du directeur de la division et des cadres supérieurs comme s'ils étaient des amis intimes et lui, leur unique employé. Il évoque le « management baladeur ». On passe ensuite à des dispositifs de communication comme la « pause-café » au cours de laquelle, chaque semaine, ont lieu des séances où tout le monde se réunit pour résoudre les problèmes de manière informelle.

En résumé, la caractéristique la plus extraordinaire de HP est la constance de l'engagement et la cohérence de la démarche et du comportement. Où que vous alliez dans l'empire HP, vous trouverez des gens qui parlent qualité du produit et qui sont fiers des réalisations de leur division en ce domaine. A tous les niveaux, les gens de HP font montre d'une énergie et d'un enthousiasme sans limites.

WAL-MART

Wal-Mart, avec ses 26 000 employés est, à l'heure actuelle, le quatrième distributeur de détail des États-Unis. Dans les années soixante-dix, sa croissance a permis à l'entreprise de passer d'un chiffre d'affaires de 45 millions de dollars à 1,6 milliard et de 18 magasins à 330. Sam Walton, ou « Monsieur Sam » comme on l'appelle dans la maison, est la force motrice de ce succès, et Walton prend, tout simplement, soin de ses employés. En fait, sur son insistance, presque tous ses cadres portent des badges qui disent : « Nous prenons soin de notre personnel. »

Walton a appris cette politique chez J. C. Penney. Comme chez Penney, on parle d'« associés » et non d'employés. Et il les écoute. « La clé est d'aller dans le magasin et d'écouter ce que les associés ont à dire, déclare-t-il, il est terriblement important que tout le monde participe. Nos meilleures idées viennent des employés de magasin et des magasiniers. » Les histoires de Walton se sont transformées en légendes. Selon le *Wall Street Journal* : « Voici quelques semaines, M. Walton ne pouvait trouver le sommeil. Il se leva et acheta quatre douzaines de beignets dans une boulangerie ouverte toute la nuit. A 2 h 30 du matin, il les emporta dans un centre de distribution et bavarda un moment avec les employés des entrepôts. C'est ainsi qu'il découvrit qu'il manquait deux douches. » Une fois de plus, le point étonnant n'est pas l'histoire en soi : n'importe quel employé de petite entreprise pourrait raconter une foule d'anecdotes similaires. Le côté surprenant, c'est qu'un directeur général montre encore un tel souci pour ses employés dans une entreprise de 2 milliards de dollars.

Le fait que tout le monde jusqu'au plus petit employé compte se reflète dans chaque activité. Les bureaux des cadres sont virtuellement vides. Le siège ressemble à un entrepôt. Les cadres de Walton passent en effet le plus clair de leur temps sur le terrain dans les onze États que couvre l'entreprise. Et que font-ils ? « Ils dirigent les majorettes lors des inaugurations de magasins, ils épient les magasins concurrents de K mart, et conduisent des réunions de réflexion en profondeur avec les employés. » Walton lui-même visite encore chacun des 330 magasins tous les ans comme il l'a toujours fait depuis 1962.

Tout le monde se sent un gagnant chez Wal-Mart. Les réunions de la direction commencent à 7 h 30 le samedi matin. Le vendeur du mois reçoit une médaille. Chaque semaine, des magasins figurent au tableau d'honneur. Et chaque semaine également, les équipes de choc chargées de redécorer les magasins témoignent des meilleures réalisations. M. Sam se lève et crie : « Qui est le numéro un ? » Et tout le monde, bien sûr, hurle « Wal-Mart ».

La fête bat son plein, et comme dans d'autres situations, les gens s'amusent. Comme le rapporte le *Wall Street Journal* : « M. Walton semble être celui qui s'amuse le plus. Il y a quelques semaines, il partit à Mt Pleasant au Texas à bord de son avion et demanda à son copilote de l'attendre à une centaine de kilomètres de là. Il héla un camion de Wal-Mart et fit le reste du chemin par la route pour "bavarder avec le chauffeur, c'était si amusant".

On rencontre souvent ce thème de l'amusement au cours de cette enquête sur les meilleures entreprises. Les leaders et les cadres aiment ce qu'ils font et ils débordent d'enthousiasme. Ou comme l'a dit récemment Howard Head dans un discours : « Il me semble que vous devez vous impliquer personnellement. J'adore la conception. Si cela ne m'amusait pas, je ne le ferais pas. »

DANA

L'une des plus impressionnantes histoires de réussite sur le plan du personnel et de la productivité est celle de Dana Corporation sous la direction de Rene McPherson. Dana est une entreprise au chiffre d'affaires de 3 milliards de dollars fabriquant des produits qui n'ont rien d'exotique comme des pales d'hélice et des boîtes de vitesse, principalement destinés au marché peu dynamique de seconde monte dans l'industrie automobile. Si vous aviez considéré Dana comme un exemple de gestion stratégique, vous l'auriez, sans aucun doute, classée dans la catégorie des perdants. Pourtant, dans les années soixante-dix, cette entreprise démodée du Midwest devint le numéro deux de la liste des 500 de *Fortune* pour la rentabilité des investissements. Au début des années soixante-dix, les ventes par employé égalaient la moyenne de l'industrie. A la fin de la décennie et sans gros investissements, les ventes par employé de Dana avaient triplé alors que la moyenne pour l'ensemble de l'industrie n'avait même pas doublé (et dans le segment de Dana, la productivité avait très faiblement augmenté), performance extraordinaire pour une grande entreprise dans un secteur peu intéressant. En outre, alors que Dana est fortement syndiqué avec la présence de United Auto Workers (syndicat des ouvriers de l'automobile) dans la plupart de ses usines, le taux des revendications est tombé, dans le même temps, à une part infime de la moyenne du syndicat.

La motivation du personnel est la principale explication de cette performance. Comme nous l'avons déjà indiqué, lorsque Rene McPherson prit les rênes en 1973, l'une de ses premières actions fut de détruire un bon mètre de règlements et de leur substituer une déclaration d'intentions d'une page. En voici l'essentiel :

- Rien ne pousse davantage les gens à s'investir, rien ne maintient mieux la crédibilité ou ne crée mieux l'enthousiasme que la communication en face à face. Il est fondamental de donner et de discuter de tous les résultats de l'entreprise avec tout notre personnel.
- Nous avons le devoir de proposer une formation et de donner des possibilités de se développer à notre personnel productif qui veut améliorer ses compétences, élargir ses perspectives de carrière ou simplement compléter sa culture générale.
- Il est essentiel de garantir la sécurité de l'emploi.

McPherson déclare : « La philosophie tient la première place. Tous les cadres ou presque conviennent que le personnel est notre principal atout. Pourtant presque aucun ne met en pratique ce credo. »

McPherson réduisit rapidement son état-major qui passa de 400 à 150 personnes, et le nombre des échelons de onze à cinq. Ses directeurs d'usine — environ quatre-vingt-dix — devinrent tous des « directeurs de magasin ». Comme chez Delta et Disney, ils furent chargés d'apprendre *toutes* les tâches des usines. Et on leur donna l'autonomie voulue pour assumer l'accomplissement de la mission finale de leur unité. Leur succès conduisit McPherson à faire une déclaration qui ferait mettre quelqu'un d'autre à la porte de la plupart des salles de conseil d'administration des États-Unis : « Je suis contre l'idée qu'une amélioration de notre productivité exige avant tout moins d'interventions gouvernementales, des stimulants à l'investissement, de nouvelles recherches de développement. Je suggère de laisser notre personnel faire le travail. »

Chez Dana, la philosophie est la clé de voûte; mais la diffusion volontaire des idées fait le reste. Chacun est responsable d'obtenir des gains de productivité, et McPherson considère à cet égard que « la productivité personnelle des cadres supérieurs est un symbole vital ». Mais on ne dit à personne comment y parvenir. S'il existe une recette, c'est la simple foi en la volonté inhérente d'efficacité qui anime tout employé de l'entreprise, jusqu'au dernier échelon. Comme McPherson le souligne :

> Tant que nous ne serons pas persuadés que l'expert, dans tout domaine, est la plupart du temps celui qui se charge du travail en question, nous limiterons toujours le potentiel de cette personne, non seulement sa contribution à l'entreprise, mais aussi son propre développement personnel. Prenez un atelier : dans cet espace, personne ne sait mieux faire fonctionner une machine, maximiser sa production et en améliorer la qualité, optimiser le circuit des matières que les opérateurs, les manutentionnaires et les gens de l'entretien qui en sont responsables. Personne.

Il ajoute :

> Nous n'avons pas perdu de temps avec des imbécillités. Nous n'avions pas de procédures, nous avions peu de fonctionnels. Nous avons laissé chacun faire son travail sur la base de ses besoins, de ses engagements et de ses résultats. Et nous lui avons accordé assez de temps pour le faire... Nous ferions mieux de commencer à admettre que les gens les plus importants d'une entreprise sont ceux qui fournissent un service, qui fabriquent ou ajoutent de la valeur aux produits, et pas ceux qui administrent les activités... Ce qui signifie que lorsque je me trouve dans votre atelier, je ferais mieux de vous écouter !

La préoccupation de McPherson ne varie pas. Lors de conversations ou dans ses discours, son attachement à la valeur humaine ne chancelle jamais. Comme nous le disait l'un de ses anciens adjoints chez Dana : « Je ne l'ai jamais entendu faire une déclaration qui ne fasse pas allusion aux gens. » McPherson déclare : « Regardez les photos dans les rapports annuels. Ne vous inquiétez pas pour le président, son nom figure toujours en dessous — et correctement orthographié aussi. Cherchez des photos d'employés et d'ouvriers. On donne le nom de combien d'entre eux ? »

Comme Hewlett-Packard, Dana s'est débarrassé des pointeuses. « Tout le monde s'est plaint, raconte McPherson, qu'allons-nous faire sans elles ? » Je leur ai répondu : « Comment vous occupez-vous de dix personnes ? Si vous les voyez arriver régulièrement en retard, vous leur parlez. Pourquoi avez-vous besoin de pointeuses pour savoir si les gens qui travaillent pour vous arrivent en retard ? » Il insiste aussi sur la nécessité de partir de postulats positifs à propos de la conduite des gens : « Mon équipe m'a dit : "Vous ne pouvez pas supprimer les pointeuses. Le gouvernement exige un rapport sur l'assiduité des gens et leur temps de travail." J'ai répondu : "D'accord. A partir de maintenant, tout le monde arrive à l'heure et part à l'heure. C'est ce que le rapport dira. Lorsqu'il y aura des exceptions individuelles majeures, vous vous en occuperez cas par cas." »

McPherson est un fanatique de la communication en face à face, et de la discussion de *tous* les résultats avec *tous* les employés. Il exigea qu'il y ait une réunion en face à face tous les mois entre le directeur de la division et chaque membre de la division pour discuter directement et précisément tous les résultats individuels. (C'est un élément que l'on rencontre constamment dans les meilleures entreprises. Elles sont obsédées par une information largement partagée et l'absence de secrets. Elles sont prêtes à risquer une fuite d'information à la concurrence en échange d'une motivation accrue !). McPherson insiste même sur le contact en face à face dans les annonces publicitaires de l'entreprise. Il en publia certaines qui, dit-il : « rendirent mes cadres très nerveux au début ». L'une disait : « Répondez au patron » et une autre : « Posez des questions bêtes. » McPherson déplore la réticence des cadres à écouter : « Je voulais une photo d'un ouvrier discutant avec son contremaître pour une conférence avec diapositives. Nous disposions de quatorze mille photos au fichier, mais aucune d'un contremaître en train d'*écouter* un ouvrier. »

McPherson passe de 40 à 50 pour cent de son temps en tournée, apportant directement la bonne parole au personnel. Il insiste sur ce qu'il appelle les « réunions générales » auxquelles tout le monde assiste. Il se souvient d'une expérience à Reading en Pennsylvanie :

« Je voulais parler à tout le monde. Le patron m'a dit qu'il n'y avait pas de local pour cela. Cela a duré trois ans. Finalement j'ai dit : "Videz-moi le service des expéditions." Six cents personnes se présentèrent. Dans toutes ces années de voyage, aucun employé ne m'a jamais posé une question de mauvais aloi. Néanmoins, le directeur d'usine et le directeur de division, lorsque j'insistais pour qu'ils viennent, refusaient toujours. "Regardez ces photos", ajoute-t-il, poussant la pile vers nous. "Ce sont des photos des réunions. Ce sont toujours les ouvriers jamais les cadres qui posent les questions. Et savez-vous pourquoi ? Les cadres ont peur de poser des questions." »

Une autre obsession de McPherson est la formation, l'effort continu pour se perfectionner. La fierté et la joie de McPherson, c'est Dana University. L'année dernière, plusieurs milliers d'employés de chez Dana y sont allés. Les cours sont pratiques, mais ils renforcent simultanément l'esprit maison. Beaucoup de cours sont donnés par des cadres supérieurs — des directeurs (on retrouve le même phénomène à l'université Disney et à la McDonald's Hamburger University). D'après McPherson, il n'y a rien de plus prestigieux pour un membre de la direction que d'être nommé au conseil d'administration de l'université. Le conseil est généralement composé de huit directeurs de division.

La pression principale chez Dana est celle exercée par les pairs et elle est très réelle, comme dans la plupart de nos meilleures entreprises. Les efforts de Dana dans ce sens sont couronnés par la Semaine d'Enfer. Deux fois par an, environ cent cadres se réunissent pendant cinq jours pour échanger les résultats et les histoires d'amélioration de productivité. McPherson encourage le procédé car, pour lui, la pression exercée par les pairs est ce qui fait avancer l'entreprise. Il déclare : « Vous pouvez toujours rouler le patron. Je l'ai fait. Mais vous ne pouvez rien cacher à vos pairs. Ils savent ce qui se passe vraiment. » Et bien sûr, pendant la Semaine d'Enfer, la communication est libre et ouverte, frisant parfois la bagarre. « Nous leur en faisons baver » est la publicité qui accompagne cette manifestation.

La philosophie de McPherson en ce qui concerne la sécurité de l'emploi a été mise à rude épreuve lors de la crise que vient de connaître l'industrie automobile américaine. En dépit de sa volonté d'éviter les licenciements, l'entreprise dut débaucher du personnel. En revanche, elle accompagna ces actions d'une très large information. Tout le monde fut mis au courant de ce qui se passait — au fur et à mesure. McPherson commenta ainsi les résultats pratiques : « Pour le plan de participation au capital en 1979, il y eut un volontariat de quatre-vingts pour cent. Puis il y eut neuf mille mises à pied, et le taux de participation s'est maintenu à quatre-vingts pour cent y compris le personnel licencié. » En outre, la remontée des résultats de Dana en 1981, complètement à contre-courant, est franchement exceptionnelle.

La philosophie de McPherson s'attache à la valeur de la contribution de chacun et pas seulement au maintien des cadences. « La seule façon de rester en éveil, souligne-t-il, c'est de ne jamais cesser de voyager, ne jamais cesser d'écouter. Ne jamais cesser de demander aux gens ce qu'ils pensent. » Cela contraste avec le commentaire d'un ouvrier de la General Motors qui vient d'être licencié après avoir passé seize ans dans la division Pontiac : « J'ai été mis à pied parce que je fabriquais des voitures de mauvaise qualité. Mais en seize ans, jamais on ne m'a demandé une suggestion sur la manière dont je pourrais améliorer mon travail. Jamais. »

DELTA AIRLINES

Delta Airlines est l'une des rares compagnies à traverser la déréglementation du transport aérien sans que le palmarès glorieux de ses résultats financiers soit terni. Chez Delta, la dernière grève remonte à 1942. La dernière consultation organisée par le syndicat eut lieu en 1955. Fracis O'Connell du syndicat des ouvriers du transport américain dit de Delta : « Ils entretiennent avec leurs employés des rapports qu'il est très difficile de rompre. »

Delta est une entreprise orientée vers les gens. Sa publicité vante l'« esprit de famille de Delta » et la société vit cette philosophie. Elle promeut son personnel, le paye mieux que la plupart des compagnies aériennes, et ne recule devant rien pour éviter les licenciements dans un secteur traditionnellement cyclique.

Comme le font beaucoup des meilleures entreprises pour s'assurer de la compatibilité de la personnalité des recrues avec sa culture, Delta fait subir à tous les postulants un long processus de tests. Le *Wall Street Journal* rapporte que : « Les hôtesses de l'air, par exemple, sont choisies parmi des milliers de candidates qui sont interviewées à deux reprises, et sont ensuite envoyées au psychologue de l'entreprise, le docteur Sidney Janus. "Je m'efforce de déterminer leur sens de la coopération ou du travail en équipe. Chez Delta, on n'adhère pas seulement à une entreprise, on adhère à un objectif." »

La réussite de Delta provient d'une série de petits détails. La politique de la porte ouverte donne le ton. L'ex-directeur général

William Beebe explique : « Ma moquette doit être nettoyée une fois par mois. Tous viennent me voir : mécaniciens, pilotes, personnel de bord. S'ils ont vraiment quelque chose à nous dire, nous leur en laissons le temps. Ils n'ont pas à passer par quelqu'un. Le président, le directeur général, le directeur adjoint — aucun de nous n'a un « assistant administratif » qui filtre les gens; nous n'avons pas d'intermédiaires. Bien sûr, le système fonctionne parce que quelque chose *se passe* lorsqu'on y a recours. Delta dépense beaucoup de temps et d'argent (chose inconcevable pour ceux qui n'ont pas de telles pratiques) pour connaître la version de l'employé. Très souvent, il en résulte un changement de politique important — en ce qui concerne notamment les questions de salaire. Cela vient de « la bonne volonté séculaire des employés d'utiliser la porte ouverte, et de la non moins séculaire bonne volonté de la direction de laisser la porte ouverte ».

Voici un exemple typique de la façon dont fonctionne cette politique, tel que le rapporte le *Wall Street Journal* :

> En février 1979, il manquait 38 dollars sur la feuille de paye de James Burnett. Delta Airlines ne lui avait pas assez payé d'heures supplémentaires pour le jour où il était venu à deux heures du matin pour réparer un moteur L-1011. Comme son contremaître refusait d'intervenir, ce mécanicien de 41 ans écrivit au directeur général de Delta, David C. Garrett Jr. Il se plaignait de la gravité du problème des salaires, cause de l'amertume de nombreux bons éléments de l'entreprise. Trois jours plus tard, M. Burnett reçut son argent et des excuses de la direction. Delta modifia même la politique des salaires, augmentant le tarif des heures supplémentaires pour les mécaniciens réquisitionnés en dehors des heures normales.

L'un des aspects les plus intéressants chez Delta, c'est le concept d'interchangeabilité des rouages de la direction. Le président insiste, par exemple, pour que ses cadres supérieurs reçoivent une formation qui leur permette d'accomplir toutes les tâches de l'entreprise (à l'exception du pilotage des avions, bien entendu). Même les directeurs les plus gradés sont censés connaître les domaines de leurs collègues afin de pouvoir éventuellement se remplacer les uns les autres. Et, par ailleurs, il est de tradition que les cadres supérieurs mettent la main à la pâte pour aider les bagagistes à décharger les avions à Noël.

Comme chez Dana, la direction de Delta consacre énormément de temps à discuter avec ses employés. Les cadres supérieurs rencontrent tous les employés au moins une fois par an lors d'un

« forum ouvert » où ont lieu des échanges directs entre tous les employés, tous niveaux confondus. L'investissement de temps que tout cela demande à la direction est stupéfiant et difficile à imaginer pour ceux qui ne travaillent pas dans ce genre d'environnement. Par exemple, les cadres supérieurs passent quatre jours par an en réunion simplement pour parler avec le personnel de bord basé à Atlanta. Les cadres supérieurs passent plus de cent jours par an en déplacements, et ce ne sont pas des journées faciles; cela veut dire se trouver sur le terrain à une ou deux heures du matin pour rencontrer l'équipe de nuit. Les échanges partent du haut de la hiérarchie. Tous les lundis matins, se tient une réunion où l'on passe en revue tous les programmes, les problèmes et les comptes de l'entreprise. Ensuite, les cadres supérieurs invitent leurs chefs de service à déjeuner pour les mettre au courant. Ainsi, les informations circulent vite et régulièrement à l'intérieur de la société.

L'écoute des employés est prise au sérieux. Par exemple, une commission du personnel de bord choisit les uniformes des 6 000 hôtesses et stewards de Delta. « C'est important, on le porte toute la journée », dit l'un d'eux. Les mécaniciens choisissent même leur contremaître.

McDONALD'S

Il semble pertinent que Fred Turner, actuel président de McDonald's, ait débuté comme vendeur de chaussures. C'est de cette manière que les dirigeants de beaucoup d'entreprises de main-d'œuvre ont appris les principes de base de leur métier — rencontrer les clients, procurer un service immédiat, être fier et se sentir responsable d'un travail banal. Mieux qu'aucune autre entreprise, McDonald's respecte les principes de base. Turner dit : « L'histoire montre que l'engagement des cadres chez les concurrents ne dure pas. Ils ne prêtent pas une assez grande attention aux détails. »

McDonald's pense que les cadres supérieurs doivent être sur le terrain, s'occuper des employés, de leur formation et de l'exécution du travail. Ray Kroc qui a fondé la société déclare : « Je pense qu'en matière de gestion d'entreprise, le minimum donne le maximum. Pour sa taille, McDonald's aujourd'hui est la société la moins structurée que je connaisse, et je ne crois pas que l'on puisse trouver ailleurs un groupe de cadres plus heureux, plus confiants et plus travailleurs. »

McDonald's parle constamment de la contribution individuelle.

Kroc prétend : « Un restaurant bien géré est comme une équipe de base-ball, il tire le maximum des compétences de chaque membre de l'équipage, et met à profit chaque seconde pour accélérer le service. » Kroc se concentre sur les petites choses : « J'insiste sur l'importance des détails. Il faut perfectionner toutes les activités de base de l'entreprise si l'on veut faire du bon travail. » Le respect des détails à la façon McDonald's exige une dose phénoménale d'apprentissage et d'application. Un ancien employé déclare : « Quand j'ai débuté, ils m'ont mis un petit chapeau blanc avec "apprenti" inscrit dessus. Ils me placèrent au poste le plus facile — la cuisson des frites. Puis, je me suis occupé des laits battus. Et ainsi de suite, jusqu'aux petits pains et à la cuisson des hamburgers. Nous n'avions qu'une toute petite pièce pour nous reposer. Il y avait un poste de télévision qui marchait tout le temps, montrant un aspect ou un autre de la manière McDonald's de faire les choses. Comment faire un meilleur hamburger, obtenir des frites croustillantes, tout. »

La « bible » de McDonald's explique tous les procédés en détail. Par exemple : « Les cuisiniers doivent retourner les hamburgers délicatement et non pas brusquement. » Ou encore : « S'ils n'ont pas été vendus dans les dix minutes qui suivent leur cuisson, les Big Mac doivent être jetés; pour les frites, comptez sept minutes. Les caissiers doivent rencontrer le regard de chaque client et lui sourire. »

En dépit de la rigidité des procédures, on encourage les directeurs de magasin à l'autonomie et au dynamisme. *Fortune* rapporte que « Debbie Thompson, qui commença comme caissière chez McDonald's voici huit ans et dirige maintenant, à vingt-quatre ans, le magasin d'Elk Grove Village, anime quelquefois l'heure de pointe du déjeuner en offrant des primes de 5 dollars aux caissiers qui font le plus de recettes et s'occupent du plus grand nombre de clients. Elle remet une médaille au membre de l'équipe du mois. » Un autre employé ajoute : « Nous recevions toujours un dollar lorsque nous battions un record de ventes en une heure. Si vous étiez de service au moment où les ventes montaient à trois cents dollars, vous obteniez un dollar. Tous ceux qui travaillaient à cette heure-là avaient un dollar. Les jours de pointe, vous receviez deux dollars. Nous nous démenions tous pour ces quelques dollars de plus. Cela voulait dire quelque chose. »

L'un des nerfs du système est Hamburger University. Le *New York Times* raconte :

> Le drapeau américain et celui de McDonald's flottent au-dessus de Hamburger University, dans une ville de la banlieue de

Chicago. A l'intérieur, les directeurs de magasin en franchise et les cadres de McDonald's apprennent l'art de renforcer ce que les voûtes dorées des 614 000 bâtiments de briques tous identiques dans les communes surtout rurales et suburbaines symbolisent maintenant : une atmosphère et un goût prévisibles, ou comme le dit le fondateur Ray Kroc : « L'évangile de la Qualité, du Service, de la Propreté, et du Prix. » M. Kroc, qui a abandonné le lycée, a fait des dons de millions de dollars à des œuvres de bienfaisance et pousse ses employés à être membres actifs dans ces organismes pour renforcer l'image de McDonald's, mais il refuse d'aider l'enseignement. Dans son livre (*Grinding it out*) il écrit : « Je refuse absolument de faire des dons à l'enseignement supérieur. Bon nombre des meilleures institutions du pays m'ont fait du charme, mais je leur dis qu'elles n'obtiendront pas un sou tant qu'elles n'ouvriront pas une école de commerce. » Deux mille étudiants sont sortis diplômés de Hamburger University l'année dernière. McDonald's fait remarquer que le ministère de l'Éducation (American Council on Education) admet de comptabiliser les cours à Hamburger University comme un crédit d'études de six heures par semestre pour les étudiants préparant leur diplôme de deux ou quatre ans. Il y a dix-huit programmes, allant de séminaires d'un jour ou deux à des sessions d'une semaine où l'on enseigne l'« évaluation de marché », l'« art de la gestion » et la « supervision du magasin ». La réussite de McDonald's étant fondée sur le fast food et un service aimable pour un prix raisonnable, les cours ont trait au style McDonald's et insistent sur la motivation.

IBM

De McDonald's nous passons à IBM qui est peut-être l'une des plus grandes et des plus anciennes entreprises à « se polariser » sur le personnel. La seule difficulté avec IBM, c'est de savoir par où commencer la description. Par la politique de la porte ouverte qui date de soixante-dix ans ? Le country club à un dollar annuel de cotisation, ouvert par Watson père dans les années vingt pour tous les employés ? La philosophie qui commence par le « respect de l'individu » ? L'emploi à vie ? L'encouragement à la promotion interne ? Les centres médicaux IBM, les hôtels IBM, et les courts de tennis IBM ? Les sondages d'opinion *mensuels* réalisés par le service du personnel ? Le taux de réussite très élevé chez les vendeurs ? L'intensité de la formation ? Toute l'histoire d'IBM tourne autour d'une forte orientation vers le personnel. Et comme chez McDonald's, cela se reflète dans les plus petits détails. La première chose qui vous accueille à la direction financière d'IBM à New York, c'est un énorme tableau qui va du sol au plafond avec des photos glacées de *tous* les employés de l'établissement sous une banderole : DIRECTION FINANCIÈRE DE NEW YORK... LES GENS FONT LA DIFFÉRENCE.

Watson a lancé très tôt sa politique de la porte ouverte qui est encore en vigueur aujourd'hui. Certains de ses cadres se plaignaient de ce qu'il favorisait régulièrement les employés. Un ancien collègue de M. Watson Sr dit, en fait, qu'il ne peut se souvenir d'un exemple où M. Watson ait pris le parti du cadre. C'est le genre de détails qui font fonctionner de telles politiques. Elles sont crédibles. Les cadres prennent la peine de tout vérifier, comme c'est le cas chez Levi Strauss, HP, Tandem et Delta Airlines. Cela marche. Il se passe quelque chose.

Thomas Watson Jr décrit les débuts de son père à la tête d'IBM et la façon dont il introduisit maintes politiques encore primordiales du groupe :

« T. Watson n'a pas révolutionné l'entreprise. Au lieu de cela, il se mit à tirer le meilleur des gens qui étaient là, et à faire une réussite de ce qu'il avait en main. En 1914, cette décision conduisit à la politique de la sécurité de l'emploi d'IBM qui a beaucoup compté pour nos employés. » Watson remarque que son père a même respecté cette politique au plus dur de la Grande Dépression. « IBM produisait des pièces pour les stocker. C'est de là que vient notre politique de construire de l'intérieur. Nous ne reculons devant rien pour développer notre personnel, lui donner un complément de formation lorsque les conditions requises pour un emploi se transforment, et nous lui donnons une autre chance si nous découvrons qu'il rencontre des difficultés dans le poste qu'il occupe. » Watson Sr développa ses idées éclairées sous la tutelle du fameux John Patterson qui fonda NCR. D'après Watson Jr, alors que les autres se battaient contre le syndicat, Patterson gagnait du terrain en « installant des douches dans l'entreprise, des salles à manger où l'on servait des repas chauds au prix coûtant, en offrant des distractions, en ouvrant des écoles, des clubs, des bibliothèques et des parcs. Les conceptions de Patterson choquèrent d'autres chefs d'entreprise. Mais il répliqua qu'il s'agissait d'investissements qui se révéleraient payants, et ce fut le cas ».

Watson suivit les traces de Patterson de bien d'autres façons. Selon ses propres termes : « On a tout essayé pour créer l'enthousiasme. Notre insistance sur les relations humaines n'était pas motivée par l'altruisme, mais par la simple conviction que, si nous respections nos employés et si nous les aidions à se respecter eux-mêmes, l'entreprise en tirerait le plus grand parti. »

Tout chez IBM renforce la thématique de l'attachement au personnel. Un article de *Fortune* paru en 1940 à propos d'IBM qui était alors une entreprise au chiffre d'affaires de 35 millions de dollars, parle d'usines immaculées, du country club à un dollar annuel pour tous les employés, etc.

De M. Watson Sr, *Fortune* dit qu'il était « un prédicateur né qui a commencé très tôt à fabriquer ses méthodes empiriques d'altruisme qui ont ensuite guidé sa vie et ses politiques. Il voyage la moitié du temps, travaille 16 heures par jour, passe presque toutes ses soirées aux fêtes de ses innombrables clubs d'employés. Il adore parler avec le personnel, pas en chef curieux, mais en vieil ami ».

On ne peut guère en dire plus à propos des anecdotes des débuts de Watson, sinon souligner comme un fait remarquable qu'IBM n'a pas changé. Les politiques de la porte ouverte, les clubs, la simplicité, les homélies, les réjouissances et la formation sont aussi intenses aujourd'hui qu'elles l'étaient il y a cinquante ou soixante ans. Un cadre d'IBM le résume très bien : « Vous pouvez pratiquement faire n'importe quel ratage et vous aurez une autre chance. Mais si vous ratez les choses dans le domaine du personnel, vous êtes fichu. C'est comme ça, que vous soyez ou non parmi les meilleurs. »

Enfin, pour compléter l'histoire du personnel chez IBM; comme dans d'autres entreprises, ces politiques ne marcheraient pas si tous les employés de la société n'étaient pas fiers de ce qu'elle fait. Buck Rodgers, le grand manitou du marketing d'IBM, dit : « Avant tout, nous cherchons à avoir la réputation de bien faire les petites choses. » Qu'il s'agisse de cet objectif d'IBM, de la qualité qu'offrent un Hewlett-Packard ou un McDonald's, ou de la productivité chez Dana — dans tous les cas, la simple fierté de ce que fait l'entreprise est la pierre angulaire d'une solide orientation vers le personnel.

Une thématique commune

Laissant de côté l'analyse des gens et de la productivité, nous découvrons un grand nombre de thèmes étrangement similaires dans les meilleures entreprises. D'abord, le langage. *Les entreprises qui sont tournées vers le personnel possèdent des langages qui se ressemblent.* Sous bien des aspects, la forme précède le fond. Nous avons observé ce phénomène chez certains de nos clients. Une fois qu'ils commencent à parler de la philosophie, ils tendent à la vivre, même si les mots n'ont pas de sens au départ. Par exemple, nous doutons fort que le « Style HP » ait dit grand-chose aux gens de chez Hewlett-Packard lorsque l'on a employé cette expression pour la première fois. Avec le temps, toutefois, il semble que ces mots aient pris un sens plus riche que personne n'avait imaginé — pas même Hewlett ou Packard.

En réalité, nous doutons qu'une véritable orientation vers les gens puisse exister sans le support d'un langage spécifique. Des mots et des expressions tels que l'esprit de famille, la porte ouverte, le rallye, le jubilé, le management baladeur, en scène, etc. — tous ces termes particuliers montrent au personnel que l'orientation vers les gens est bien ancrée dans l'entreprise. Les Esquimaux, au contraire des Britanniques et des Américains, ont beaucoup de mots pour désigner différentes sortes de neige; une description précise des conditions d'enneigement est vitale pour leur vie quotidienne, leur survie et leur culture. Si une entreprise est vraiment tournée vers les gens, elle a besoin de beaucoup de mots pour décrire la façon dont les gens doivent se traiter mutuellement.

Parmi toutes les caractéristiques de ce langage utilisé dans les meilleures entreprises, la plus impressionnante c'est la multiplicité des expressions valorisant le statut de l'employé comme individu. Une fois encore, nous savons que cela semble naïf, mais des mots comme associé (Wal-Mart), membre de l'équipage (McDonald's), et membre de la distribution (Disney) montrent l'importance spécifique des individus dans les entreprises exemplaires.

Beaucoup des meilleures entreprises se considèrent comme une grande famille. Nous avons découvert un usage répandu des termes spécifiques tels que « famille », « grande famille », ou « sentiment familial » chez Wal-Mart, Tandem, HP, Disney, Dana, Tupperware, McDonald's, Delta, IBM, Texas Instruments, Levi Strauss, Blue Bell, Kodak et Procter & Gamble. Le président de 3M, Lew Lehr, en donne une bonne explication :

> Si vous considérez l'esprit d'entreprise de l'industrie américaine, c'est fantastique. En revanche, si vous considérez le paternalisme et la discipline qui règnent dans les entreprises japonaises, c'est aussi fantastique. Certaines entreprises ont su concilier ces deux tendances, et 3M compte parmi celles-là. Les sociétés comme 3M ont pris valeur de communauté pour leurs employés, et ne sont pas restées un simple lieu de travail. Nous avons des clubs d'employés, des organisations sportives, des clubs de voyage et une chorale. Cela s'est produit parce que la communauté dans

laquelle vivent les gens est devenue si fragile qu'elle ne représente plus un refuge pour l'individu. Les écoles ne sont plus un centre social pour la famille. Les églises ont perdu leur pouvoir d'attraction comme centres socio-familiaux. Avec la disparition de ces structures traditionnelles, certaines entreprises ont comblé le vide. Elles sont devenues des sortes d'institutions mères tout en conservant l'esprit d'entreprise.

De plus, comme Lehr le suggère, cette notion de famille ne se limite pas aux employés de 3M et inclut les familles du personnel. Un de nos collègues, qui fut chef de produit chez Procter & Gamble pendant un été, rapporte que sa famille recevait toujours cinq ans après des dindes pour Thanksgiving.

L'apparente absence de respect rigide de la hiérarchie constitue une autre caractéristique frappante des meilleures entreprises. La hiérarchie existe certes pour ce qui est des grandes décisions, mais on n'y a guère recours pour les communications courantes. Pour l'échange d'informations, le formalisme est banni. Les gens se baladent vraiment dans les services, la direction a des contacts réguliers avec les employés du bas de l'échelle (et avec les clients), et tout le monde s'appelle par son prénom. A l'extrême, chez Activision, entreprise très prospère au chiffre d'affaires de 50 millions de dollars, qui fabrique des jeux vidéo et qui connaît une croissance annuelle de cent pour cent, l'annuaire est classé dans l'ordre alphabétique des prénoms !

Tentant d'expliquer ce phénomène, un cadre de General Motors prit l'exemple de deux usines géantes dont les résultats contrastaient étonnamment : « Je sais que cela a l'air d'une caricature, mais je n'invente rien. A l'usine aux résultats médiocres, le directeur déboulait dans l'atelier à peu près une fois par semaine, toujours en complet veston, et faisait des commentaires distants et superficiels. A South Gate, la meilleure usine, le directeur passait son temps dans l'atelier. Il portait une casquette de base-ball et une veste du syndicat des ouvriers de l'automobile (l'UAW). A votre avis, laquelle des deux était "nickel" et laquelle ressemblait à une décharge ? »

Se balader dans l'entreprise n'est pas le propre de tout le monde. Pour beaucoup de managers, cette activité ne leur vient pas naturellement. Si un rôle aussi informel les met mal à l'aise, leur déambulation peut paraître condescendante ou être considérée comme une forme de contrôle, et s'ils en profitent pour prendre des décisions sur place, ils court-circuitent la hiérarchie, au lieu de s'en tenir à l'échange d'information. La déambulation et la simplicité ne sont sans doute pas à la portée de tout le monde. Mais d'un autre côté, nous nous interrogeons sur le dynamisme d'une entreprise où ce genre de management déambulatoire est absent.

L'empreinte du manque de formalisme revêt de nombreuses autres formes. Par exemple, dans les meilleures entreprises, les installations ont un aspect différent. L'absence de formalisme est généralement synonyme d'installations dépouillées, de portes ouvertes, de moins de cloisons et de moins de bureaux. Il est difficile d'imaginer un échange fluide d'informations dans ces suites grandioses, formelles et somptueusement décorées qui sont la marque de tant d'états-majors ou même de divisions.

LE SENS DE LA KERMESSE

Lorsque Bud Zimwalt se trouvait à bord du destroyer sur lequel il a appris à donner la priorité à l'élément humain, il a passé un temps fou sur une question apparemment banale — la modification du nom de code du bateau. Il expliqua l'affaire dans une lettre à ses supérieurs :

> Assumant depuis peu le commandement de l'*Isbell*, ce commandant s'est inquiété de la connotation anémique du nom de code actuel. Lorsqu'on se trouve en compagnie de costauds du nom de « Bolide », « Vipère » et autres, il est quelque peu embarrassant et incompatible avec la qualité des hommes à bord de répondre au nom plutôt honteux de « Corniaud ».

Six mois plus tard, après avoir fait des pieds et des mains, un changement de nom fut enfin autorisé et les conséquences furent radicales. Zumwalt conclut : « Le nom de "Mégère" (Hellcat) se révéla très populaire. »

Kyocera a 2 000 employés à San Diego et dans les environs. C'est une filiale de Kyoto Ceramic qui a récemment été désignée comme la « plus remarquable entreprise du Japon ». Chaque jour, dans les six usines américaines, les 2 000 employés se rassemblent le matin pour écouter un discours de la direction sur la situation de l'entreprise. Ils font également quelques mouvements de gymnastique. La direction considère que « faire quelque chose ensemble tous les jours renforce l'unité de l'entreprise. C'est aussi divertissant et ça fouette le sang ». Les cadres supérieurs parlent à tour de rôle. Beaucoup de ces discours sont « très personnels et empreints d'émotion, ils ne sont ni approuvés au préalable ni censurés par quiconque ».

Lors de notre deuxième rencontre avec les gens de Hewlett-

Packard, alors que nous attendions dans le hall, la voix du patron Young sortit d'un haut-parleur et annonça les résultats du trimestre à tout le personnel de l'entreprise. Young parle sans emphase, mais s'il existe une façon de prodiguer des encouragements en douceur, c'est exactement ce qu'il était en train de faire.

Peter Vaill étudie les « systèmes à haute performance » — entreprises, orchestres et équipes de football. Selon lui, ces systèmes se comportent comme des mécaniques infaillibles — quelque chose marche pour des raisons perceptibles. Vaill remarque ensuite l'émergence inévitable « d'un langage et d'un ensemble de symboles particuliers », les gens se sentent bien parce que quelque chose a marché et, si on le leur permet, ils adoptent une nouvelle attitude. Ce faisant, d'autres événements heureux se produisent. « Les bonnes expériences incitent les gens à s'exalter, à déborder d'enthousiasme, et à communiquer leur joie et leur allégresse. Les gens ont l'activité dans la peau et acquièrent une motivation pour la gloire. »

Nous n'avons pas toutes les données en main et nous ne pouvons donc conclure que les meilleures entreprises consacrent plus de temps que les autres aux activités de formation. En revanche, les manifestations d'une formation intense sont assez nombreuses pour que l'on puisse penser que c'est le cas. La preuve la plus évidente en est l'existence des universités — Disney U, Dana U et Hamburger U, par exemple. Comme nous l'avons vu, IBM investit beaucoup dans la formation. Caterpillar fait également subir une formation complète à son personnel : ainsi, tous les responsables des ventes passent des mois sur les terrains d'essai pour apprendre le fonctionnement des engins. Hewlett-Packard, Procter & Gamble et Schlumberger pratiquent aussi à haute dose la formation initiale sur le tas.

La formation sur le tas chez Bechtel présente une particularité peu ordinaire. Cette entreprise, qui construit des villes de 5 milliards de dollars dans le désert d'Arabie, accepte volontairement des petits projets non rémunérateurs. « Le seul but est d'offrir aux jeunes débutants des occasions pratiques de se faire les dents sur un projet complet », dit un cadre supérieur. (C'est aussi la tradition que respecte Alfred Sloan chez General Motors. Il place presque toujours ses bons éléments dans les petites divisions afin qu'ils puissent avoir un aperçu de la situation et ne se sentent pas perdus dans les labyrinthes d'une société comme Chevrolet.)

Un autre aspect frappant des meilleures entreprises est leur manière de *socialiser les nouveaux cadres.* La première phase est bien sûr le recrutement. Le filtrage est intense. Bon nombre des entreprises que nous avons vues sont connues pour faire subir aux recrues potentielles sept ou huit interviews. Elles veulent être sûres des gens qu'elles engagent et elles disent à ceux-ci : « Apprenez à connaître notre entreprise. Décidez vous-même si vous correspondez à notre culture. »

Vient ensuite la prise de fonctions. C'est peut-être l'élément le plus important. Ces entreprises aiment bien placer leurs aspirants cadres dans des postes où ils doivent retrousser leurs manches. Chez Hewlett-Packard, selon le patron, Young : « Les jeunes diplômés en gestion et en sciences doivent acquérir une expérience immédiate en matière de lancement de nouveaux produits. C'est le premier poste type. Il renforce le concept de l'introduction des nouveaux produits sur le marché, ce qui nous paraît être d'un intérêt extrême pour toute activité. » *Business Week* note que de la même manière « Caterpillar a toujours fait débuter ses cadres potentiels au bas de l'échelle, en général à la chaîne de production. Ils ne se transforment pas en vedettes du jour au lendemain ».

Cette notion de l'initiation des cadres en les faisant débuter à des postes de moindre importance est très différente de ce que nous pouvons observer dans mainte autre grande entreprise. Là les diplômés de MBA ou autres aspirants cadres, parce qu'ils sont chers, commencent comme fonctionnels et passent des années à ces postes sans avoir jamais l'occasion de se frotter à la réalité de l'entreprise.

Le résultat de cette initiation est le réalisme. Ceux qui débutent aux postes fondamentaux, à la fabrication ou à la vente, ont peu de chances de se laisser berner ensuite par les abstractions de la planification, de l'étude de marché, ou des systèmes de gestion, au fur et à mesure de leur avancement. En outre, leur instinct pour les affaires se développe. Ils apprennent à gérer non seulement par les pourcentages, mais aussi, et c'est peut-être le plus important, par la fibre de l'entreprise. Ils y sont passés. Leurs instincts sont bons. La devise de Bechtel « Sentir ce qui est faisable » le traduit bien.

L'étape suivante du processus d'initiation à la société est l'apprentissage par le biais des symboles — les héros et les mythes. La nouvelle recrue apprend la manière de faire le travail à l'aide d'anecdotes. Chez IBM, celles-ci tournent autour du service à la clientèle. Chez 3M, elles parlent quelquefois des échecs, mais surtout de persévérance dans la volonté d'innover. Chez Procter & Gamble, elles parlent de qualité. Hewlett-Packard, sans détour, emplit sa « bible », *le Style HP*, d'histoires à propos de ceux qui ont commencé au bas de l'échelle et qui ont fait leur chemin vers le sommet. HP rassemble systématiquement les « histoires HP » par l'intermédiaire de la boîte à idées pour compléter et renouveler le stock.

LA DISPONIBILITÉ DE L'INFORMATION ET LA CONFRONTATION

Nous sommes frappés par l'importance des informations qui servent de base aux comparaisons entre pairs. Il est surprenant de voir qu'il s'agit du mécanisme de contrôle fondamental dans les meilleures entreprises. Cela n'a rien du modèle militaire. Il n'y a pas de hiérarchie dans laquelle rien ne se passe jusqu'à ce que le patron dise à quelqu'un de faire quelque chose. Les objectifs et les valeurs générales sont connus, et l'information est si largement partagée que les gens savent rapidement si le travail est fait ou non — et qui le fait bien ou mal.

Certaines sociétés croient sincèrement à la diffusion de l'information. Crompton Corduroy en fournit un exemple frappant. *Fortune* raconte que dans une vieille usine, en manipulant quelques boutons sur une console, les opérateurs des machines peuvent contrôler leur production et la comparer à celle de leurs homologues. Ils se contrôlent eux-mêmes, sans y être forcés, et il leur arrive souvent d'écourter la pause du déjeuner pour s'arrêter au terminal. *Fortune* rapporte aussi la récente décision prise par General Motors de procéder à une large diffusion de l'information :

> Faire descendre l'information financière dans l'atelier de production contribue à combler le fossé qui sépare la direction et les ouvriers, *plus* que toute *autre chose, cela précise les objectifs et la nature de l'association.* A Gear (vieille usine énorme de Chevrolet), les cadres mettent les ouvriers au courant des coûts de main-d'œuvre directs, des coûts des rebuts et des profits (ou des pertes) — et de leur position par rapport aux objectifs. Autrefois, même les contremaîtres n'en auraient pas eu connaissance chez General Motors.

Lorsque Ed Carlson était directeur général de United Airlines, il déclara : « Rien n'est pire pour le moral qu'une absence d'informations dans les rangs. J'appelle cela le syndrome du "Personne Ne Me Dit Jamais Rien" — et j'ai tout fait pour minimiser ce problème. » L'analyste Richard Pascale observe que Carlson « partageait quotidiennement avec les hommes de terrain des statistiques confidentielles d'exploitation qui étaient jusque-là considérées comme trop délicates à utiliser pour eux ».

Blue Bell est tout aussi généreux en ce qui concerne ses informations comparatives sur la productivité. Les résultats des individus, des équipes et des unités sont à la disposition de chacun. (Nous avons déjà vu la richesse des informations disponibles dans des entreprises comme Dana.)

L'absence d'évaluation nous paraît primordiale dans ce processus informatif, et une recherche psychologique approfondie l'a démontré. Nous donnons un sens précis à cette absence d'évaluation. La direction n'intimide pas les gens avec des chiffres. « Les supérieurs » ne disent pas ce qu'ils doivent faire aux « subordonnés ». En revanche, cette information offre un caractère d'évaluation dans la mesure où elle crée une pression très puissante, celle des pairs. Par exemple, nous avons vu que Dana ne submerge pas le directeur de division, elle se contente de lui faire suivre, dix jours par an, deux Semaines d'Enfer afin qu'il participe à l'échange des résultats sur l'amélioration de productivité. Intel révèle que ses cadres échangent leurs résultats de Direction par objectifs, toutes les semaines.

Il y a longtemps, le théoricien de l'entreprise Mason Haire prétendait que « Il n'y a que ce qui est mesuré qui a des chances de se réaliser. » La mesure attire l'attention des cadres sur le domaine concerné. L'information est disponible et les gens y sont sensibles. Notre histoire préférée de systèmes simples, de pression des pairs et d'évaluation facile touche un problème d'absentéisme persistant et pernicieux qu'a connu l'une des usines de la Western Electric de AT & T. La direction avait tout essayé et le taux d'absentéisme ne bougeait pas. Finalement, elle installa un énorme panneau très visible portant les noms de tous les employés, et plaça une étoile dorée à côté de chaque nom lorsque les gens venaient travailler. Le taux d'absentéisme dégringola de manière radicale, pratiquement du jour au lendemain. Un autre ami raconte l'histoire d'un contremaître qui se mit à écrire à la craie sur le sol les résultats de production après chaque changement d'équipes. La concurrence entre équipes se manifesta et s'intensifia rapidement. La productivité s'accrut d'un coup.

Nous sommes tous comme les opérateurs de machine de Crompton Corduroy. Nous allons furtivement jeter un coup d'œil au tableau des résultats pour voir comment nous nous débrouillons. Ce qui surprend les non-initiés, c'est que nous réagissons mieux et davantage si l'information n'a rien de l'évaluation criante, ne nous matraque pas. L'information sans fanfare nous incite, semble-t-il, à faire plus d'efforts. Hélas, la politique de la disponibilité de l'information qu'appliquent les meilleures entreprises s'oppose totalement aux pratiques de gestion classiques dans lesquelles tant de gens craignent qu'« ils » abusent de cette information et que seuls les concurrents en bénéficient. Voilà ce que cela coûte de ne pas traiter les gens en adultes ou du moins en gagnants.

« Un homme ne vous vendrait pas sa vie, mais il vous la donnera pour un bout de ruban de couleur », affirme William Manchester, décrivant son expérience de soldat pendant la Seconde Guerre mondiale.

Dans notre recherche, la richesse des stimulants non pécuniaires qu'utilisent les meilleures entreprises nous frappa. Rien n'a plus d'impact que les signes de reconnaissance positifs. Tout le monde y a recours. Mais les sociétés les plus prospères, et elles sont presque les seules, en font un grand usage. Le nombre d'occasions organisées pour combler les gens de badges, médailles et autres gadgets du genre chez McDonald's, Tupperware, IBM et bien d'autres est étourdissant. Elles cherchent toutes les excuses possibles pour distribuer des récompenses.

Chez Mars Inc., le très florissant producteur de sucreries, tous les employés, y compris le directeur général reçoivent 10 pour cent de prime par semaine s'ils arrivent tous les jours à l'heure au travail. C'est un bel exemple de la création d'un environnement dans lequel pratiquement tout le monde gagne régulièrement. Comme nous l'avons vu dans les chapitres précédents, les gens aiment se considérer comme des gagnants. Bien qu'IBM ait un « cercle d'or » pour les meilleurs dix pour cent de ses vendeurs, à notre avis, il est plus important qu'ils organisent des réjouissances autour du club Cent Pour Cent qui couvre deux tiers de leur force de vente. Lorsque le nombre des récompenses est élevé, la possibilité de gagner apparaît également élevée. Et l'individu moyen se donnera du mal pour réussir. Beaucoup d'entreprises croient en ces récompenses, mais les utilisent exclusivement pour honorer les meilleurs (qui sont déjà si motivés qu'ils auraient réussi de toutes façon). Plus importants sont les rubans qui viennent récompenser les résultats de l'homme moyen. Comme McPherson le dit, la clé du succès est d'aider les soixante pour cent du milieu à gravir les échelons.

Dans *Chief Executive*, notre collègue Ken Ohmae décrit l'absence de formalisme des structures des entreprises japonaises : « La plupart des entreprises japonaises n'ont même pas l'ombre d'un organigramme. Les directeurs généraux exerçant une grande influence sur l'exploitation apparaissent rarement sur l'organigramme. Nombre d'adjoints qui ont des responsabilités opérationnelles n'y figurent pas non plus. Honda, par exemple, n'est pas très net au sujet de son organisation, le seul élément qui soit clair, c'est qu'ils ont fréquemment recours aux équipes de projet. » Ohmae souligne aussi qu'au Japon, il est peu courant de parler d'« organisation » dans le sens structurel, ou en la distinguant de l'ensemble.

Nous avons rencontré *moins de structurations évidentes et moins d'échelons hiérarchiques* dans la plupart des meilleures entreprises. Souvenez-vous de Dana, Delta et Disney où l'interchangeabilité des gens et des tâches est de règle. Et Rene McPherson lance un défi à un amphi de la Stanford Business School lorsqu'il déclare : « Combien d'échelons hiérarchiques sont nécessaires, à votre avis, pour faire marcher l'Église catholique ? » Les étudiants réfléchissent et arrivent à un maximum de cinq — les laïques, le prêtre, l'évêque, le cardinal, et le pape. Dans une énorme organisation comme l'Église, peu d'échelons sont nécessaires pour qu'elle fonctionne. Le problème fondamental des bureaucraties lentes et rigides tient peut-être au nombre exagéré des niveaux hiérarchiques. Il semble quelquefois que c'est dans l'intention de faire place à un plus grand nombre de cadres dans l'organisation. Mais l'exemple des meilleures entreprises remet en question la nécessité de tous ces niveaux hiérarchiques. Si ces niveaux existent, un genre de loi de Parkinson atteint la structure de direction : les niveaux de management en excédent donnent simplement à d'autres l'occasion de justifier leur propre existence. Tout le monde semble très occupé, mais en réalité chacun se protège.

Outre ce minimum de structures et de niveaux hiérarchiques, les meilleures entreprises présentent une caractéristique structurelle que nous avons déjà mentionnée en passant dont l'importance mérite que nous y revenions ici : petit est synonyme de productif.

LA TAILLE SALVATRICE

Il y a une dizaine d'années, eut lieu à l'université de Chicago une conférence importante sur « l'organisation créatrice ». Le dialogue suivant survint au milieu des travaux :

Peter Peterson (alors directeur général de Bell & Howell) : Dans l'entreprise, nous avons tendance à développer une sorte de manager professionnel stérile qui ne ressent rien pour le produit, qui ne l'aime pas. Il ne crée rien, mais il gère quelque chose d'une manière assez artificielle. J'ai entendu Ted Bensinger parler du bowling et de ce qu'il a fait pour le bowling — il y tient comme Ogilvy tient à la publicité. Je me demandais seulement si nous avons assez insisté sur notre engagement émotionnel pour la grande cuisine, ou la grande publicité, ou un grand quelque chose.

David Ogilvy (fondateur de Ogilvy et Mather) : C'est le contraire de l'indifférence.

Gary Steiner (université de Chicago et président des débats) : L'idée que le « chef » le plus talentueux serait le leader le plus efficace dans une cuisine tient debout, mais un tel concept n'est-il pas limité aux entreprises ou organisations qui ont une compétence bien définie ? Que diriez-vous de General Motors ou de l'université de Chicago qui n'ont pas une spécialité précise ou une dimension unique ?

Ogilvy : C'est une mauvaise institution parce qu'elle est trop diversifiée.

Steiner : Comment rendre cette institution créative, mis à part le fait de dire : « Divisons-la » ?

Ogilvy : Divisons-la.

Peterson : Éclatez les entreprises.

Le secteur bancaire subit actuellement une révolution provoquée par la déréglementation. Une des conséquences de ce phénomène est la nécessité d'offrir à la clientèle des services sur mesure comme la gestion de trésorerie. Ces opérations ont jusqu'ici été administrées de manière indifférenciée par les services de traitement de l'« arrière-boutique ». Barry Sullivan, président de la First Chicago, lors d'un récent discours prononcé devant l'American Banking Assocation, a proposé une solution : « Il faut morceler l'arrière-boutique en unités séparées. » Tom Vanderslice qui vient de quitter General Electric pour devenir président de GTE, décrit l'un de ses principaux objectifs dans sa nouvelle entreprise : « Je suis un grand partisan d'un morcellement maximal de cette société en une série d'entreprises maniables. » Un commentateur a récemment dit de l'une des constantes du succès de 3M : « Lorsque les divisions atteignent une certaine taille, elles se fractionnent, comme les amibes, en divisions plus petites et plus faciles à gérer. » Et un autre cadre de 3M dit encore : « Il n'existe qu'un principe : morceler. Au diable la dynamique de la compétitivité et l'efficience. La seule possibilité de survie est de rester petit. »

L'importance de la petite dimension, c'est que cela entraîne la maniabilité et surtout l'engagement. Un manager peut vraiment comprendre ce qui est petit et ce qui a une discipline centrale dominante. De surcroît, même dans les entreprises qui emploient des centaines de milliers de gens, si les divisions sont assez petites, ou s'il existe d'autres manières de stimuler l'autonomie, l'individu compte encore et peut se distinguer. Nous avons affirmé plus haut que le besoin de se distinguer, de compter comme individu est primordial. Nous ne connaissons qu'une formule qui permette à l'individu de se distinguer, il faut que la taille des unités — divisions, usines et équipes — soit à dimension humaine. La petite dimension fonctionne. Plus on est petit, mieux on se porte. Les économistes peuvent ne pas être d'accord, mais les preuves qu'offrent les meilleures entreprises sont très claires.

Emerson Electric et Dana sont des entreprises axées sur les coûts, et leurs stratégies fonctionnent. Mais, dans le même temps, ils maintiennent la taille de leurs divisions à un chiffre d'affaires très inférieur aux 100 millions de dollars. Hewlett-Packard et 3M, comme nous l'avons déjà dit, limitent strictement la taille de leurs divisions, même si cela entraîne des chevauchements et des duplications. Texas Instruments a quatre-vingt-dix Centres Produits/Clients qui font en moyenne 40 à 50 millions de chiffres d'affaires.

Johnson & Johnson a recours aux mêmes procédés, même dans le domaine des biens de consommation où la plupart considèrent que la grande échelle est essentielle. Avec un revenu de 5 milliards de dollars, J & J possède environ 150 divisions qui font de 30 à 40 millions de dollars de moyenne. Digital emploie la même stratégie. « Nous agissons essentiellement comme un groupe de petites entreprises », dit Ted Johnson, directeur des ventes et du service. Chez Digital, cela signifie une réorganisation constante, une prolifération et un chevauchement des lignes de produits, des vendeurs qui créent « niche après niche ». Les gens de Digital, comme dans bien d'autres entreprises exemplaires, déplorent les cycles de production courts, la confusion des stocks, et quelquefois le fait que deux personnes s'occupent du même client. Ils se lamentent peut-être, mais continuent à s'enrichir.

Le processus de la petite dimension peut commencer très tôt. ROLM, producteur très florissant de matériel pour les télécommunications au chiffre d'affaires de 200 millions de dollars, se débrouille très bien en face de géants comme Western Electric. La raison principale en est qu'il adapte sa capacité de résolution des problèmes à des segments de clients d'une taille modeste. Selon les termes d'un de ses fondateurs, la clé de la réussite c'est que « nous fractionnons continuellement et nous construisons même de nouveaux bâtiments pour les nouvelles unités » — et l'entreprise ne cesse de croître.

Une loi empirique commence à émerger. Nous constatons que la majorité des entreprises très performantes ont des divisions dont le chiffre d'affaires ne dépasse pas délibérément les 50 à 100 millions de dollars et qui emploient un maximum de 1 000 employés chacune. En outre, elles accordent une extraordinaire indépendance à leurs divisions — auxquelles elles donnent les responsabilités et les ressources voulues pour les exploiter.

Les histoires de taille d'usine n'ont cessé de nous étonner. Nous avons maintes fois découvert que les meilleures entreprises trouvent que leurs petites usines, et non les grosses, sont plus efficaces. Emerson en est le meilleur exemple. Lorsque cette entreprise a été désignée dans *Dun's Review* comme l'une des « entreprises les mieux gérées », on a souligné un simple facteur de succès : « Emerson évite les usines géantes que des concurrents comme General Electric affectionnent. Peu d'usines d'Emerson emploient plus de 600 ouvriers, cette taille permettant, selon le président Charles Knight, à la direction de maintenir le contact avec chaque employé. « Nous n'avons pas besoin d'une usine de 5 000 personnes pour réduire nos coûts, dit-il, et cela nous donne une grande souplesse. Emerson met l'accent sur ses contacts personnels avec les employés. »

Blue Bell est le numéro deux derrière Levi Strauss dans l'industrie vestimentaire. Ce géant au chiffre d'affaires de 1,5 milliard a réussi à rester compétitif et lucratif en se fondant surtout sur une meilleure compétence et une production à faible prix de revient. Chez eux, la petite dimension joue un rôle primordial. Son président, Kimsey Mann, maintient ses unités à 300 employés et obtient en retour : « Une direction qui réagit vite aux problèmes..., des fonctionnels qui sont au service des ouvriers. » Il ajoute : « Nous avons davantage de contacts en face à face. Nos contremaîtres en sont venus à connaître les familles et les préoccupations de chacun. » Il est convaincu que la petite dimension est source de créativité et de variété. « Qui connaît mieux le travail que ceux qui en sont proches ? demande-t-il en ajoutant. Dans les grandes unités, avant que quelque chose ne soit approuvé, la personne qui a soumis cette idée ne s'en souvient plus ou ne la reconnaît plus comme sienne. » En résumé, Mann dit : « Nous voulons une série d'usines où chacun pense que "sa femme et sa fille pourraient travailler." Nous voulons que chaque individu se sente responsable de l'image de l'entreprise. » Pour Mann, ces caractéristiques n'existent que dans une usine dont on limite la taille.

Chez Motorola, l'histoire est analogue. Le directeur général John Mitchell déclare simplement : « Lorsqu'une usine se rapproche des 1 500 employés, les choses commencent à se dérégler. » Dana, avec son extraordinaire record de productivité, essaye de façon délibérée de ne pas dépasser des effectifs de 500 employés dans ses usines. Westinghouse entreprend en ce moment un programme destiné à privilégier la productivité qui comprend notamment une série de trente à quarante petites usines. Une partie des nouveaux efforts de productivité de General Motors consiste aussi à ne pas dépasser des effectifs de 1 000 personnes.

L'argument négatif est tout aussi persuasif. Un ancien directeur général de Consolidated Edison a déclaré : « Au cours des dix dernières années, l'industrie (production électrique) a été acculée à acheter des centrales dont la taille dépasse ce que peut maîtriser la technologie actuelle sur le plan à la fois de la fabrication et du fonctionnement. » Le patron de Georgia Power se fit l'écho de cette opinion lors de l'une de nos réunions. « Les grandes usines, c'est fantastique, dit-il, *quand elles marchent.* » Tout le monde éclata de rire. Il souligna ensuite que ses grandes usines fermaient trop souvent, et de ce fait n'atteignaient pas leur potentiel théorique.

Wick Skinner de Harvard, doyen des chercheurs universitaires en matière de processus de production, rapporte une histoire typique, citée par *Fortune*, qui révèle ce qui se passe lorsque la petite dimension est payante :

> Skinner cite un épisode qui se déroula chez Honeywell où il travailla dix ans avant d'entrer à Harvard. Une usine d'Honeywell fabriquait des gyroscopes à usage hautement scientifique et technique et des jauges d'essence pour avions. Les deux chaînes de production se trouvaient dans le même atelier, et finalement il y eut des problèmes. « Les gyroscopes étaient dix fois plus difficiles à fabriquer, raconte Skinner, mais les gens de Honeywell avaient des problèmes avec la compétitivité des jauges. Ils essayèrent tout pour découvrir pourquoi ils ne parvenaient pas à réduire les coûts. Ils se livrèrent à des analyses comptables et engagèrent un technocrate (MBA). Rien n'y fit et ils décidèrent d'abandonner la production. Puis un des cadres glissa une suggestion au directeur de l'usine qui demanda alors 20 000 dollars à la direction générale. Ils achetèrent du contre-plaqué et des planches et isolèrent les ouvriers travaillant sur les jauges dans un coin de l'usine. En l'espace de six mois, le problème était résolu.

Le chercheur anglais John Child qui a analysé des centaines d'études portant sur les économies d'échelle résume le point de vue du théoricien : « On a considérablement exagéré la rentabilité des entreprises de grande taille, surtout pendant la fièvre des fusions et des rationalisations qui s'est emparée de l'Europe dans les années soixante. La conclusion que l'on peut tirer de ces études dans le domaine industriel, c'est que, s'il existe des seuils d'économie importants pour la petite entreprise qui veut acquérir une taille moyenne, cela ne joue guère pour les plus grandes entreprises. » Il énumère ensuite quelques raisons. « Il existe une grande corrélation entre la taille des usines et le taux d'agitation ouvrière, les taux de rotation de main-d'œuvre, et autres manifestations d'insatisfaction coûteuses. »

Nous sommes tentés de conclure qu'en règle générale et quel que soit le secteur concerné, il semble que la présence de plus de 500 personnes sous le même toit engendre des problèmes sérieux et imprévus. De plus, les avantages de la petite taille s'appliquent même à des entreprises qui se battent sur les coûts, car ils se traduisent aussi bien en termes de productivité que d'innovation.

La preuve la plus éloquente de ce que plus on est petit, mieux on se porte nous est donnée à un niveau plus modeste encore — celui de l'équipe, de la section ou du cercle de qualité. Dans la plupart des entreprises absentes de notre liste, on considère que l'unité stratégique ou tout autre rassemblement relativement important d'individus est la pierre angulaire de l'organisation. Parmi nos vedettes, l'équipe est l'élément essentiel, quel que soit l'objectif poursuivi — service, innovation ou productivité.

Nous avons déjà remarqué qu'une quantité disproportionnée d'innovations semble être issue de groupes minuscules qui parviennent à faire mieux que des laboratoires beaucoup plus importants compta souvent des centaines de personnes. Nous avons maintenant des dizaines d'exemples de ces « charrettes » efficaces. Chez Bloomingdale's, 3M, Hewlett-Packard, Digital, l'entreprise est conçue comme un ensemble de « charrettes » de dix personnes. L'équipe est la clé de voûte de l'amélioration de la productivité. Texas Instruments insiste pour que chacun de ses employés fasse partie d'un Programme de Participation à la Productivité au moins une fois par an. Une équipe de productivité est un style de vie et, sans aucun doute, le style de vie de Texas Instruments.

L'équipe type de Texas Instruments est généralement limitée à huit ou dix membres du personnel de l'usine ainsi qu'à un ou deux ingénieurs extérieurs à qui l'équipe fait appel et qui sont volontaires. Elle se fixe un nombre limité d'objectifs : le but est d'arriver à quelque chose de concret qui peut se révéler payant dans un futur proche. La durée n'excède pas trois à six mois. Surtout, les objectifs sont toujours définis par l'équipe. Mark Shepherd, président de Texas Instruments, déclare : « Les équipes fixent leurs propres objectifs et évaluent elles-mêmes les progrès qu'elles font. Les membres des équipes fixent des objectifs qui sont un défi tout en restant réalistes, et une fois que le programme est en route, ils découvrent que non seulement ils les atteignent mais aussi qu'ils les dépassent. C'est une chose qui se produit rarement lorsque les objectifs sont fixés pour l'équipe, et non pas par l'équipe. Quand nous parlons "d'améliorer l'efficacité des gens", nous voulons dire par là donner à ces gens ce genre d'occasions d'exploiter leurs propres ressources de créativité. Enfin, on ne rate pas une occasion de fêter les réussites de l'équipe. Les comparaisons à tous les niveaux sont fréquentes, et il y a même deux groupes qui vont régulièrement raconter ce qu'ils font au conseil d'administration. »

Chez Texas Instruments, chacune des 9 000 équipes fixe ses propres objectifs. Chez 3M, chacune des équipes de développement de nouveaux produits est composée de volontaires, à plein temps et dirigée par un « champion ». C'est la même histoire pour le « directeur de boutique » de chez Dana ou le « chef des opérations ». d'United Airlines. La petite dimension est le principal ressort de l'engagement. Le modèle analytique n'a rien à voir avec ce genre de raisonnement, mais les preuves empiriques sont claires. Selon les termes de E.F. Schumacher, « Les gens ne peuvent être eux-mêmes qu'au sein de groupes petits et cohérents. »

LE POUVOIR DE LA PHILOSOPHIE

Les meilleures entreprises ont une philosophie fortement ancrée qui prône de « respecter l'individu », « transformer les gens en gagnants », « les laisser se singulariser », « traiter les gens en adultes. »

Comme l'observe Anthony Jay, cette leçon (traiter les gens en adultes) relève de l'histoire ancienne :

> L'une des raisons pour lesquelles l'Empire romain s'est tant étendu et a survécu si longtemps — prodigieuse prouesse de gestion — c'est qu'il n'y avait ni trains, ni voitures, ni avions, ni radio, ni papier, ni téléphone. Et surtout, pas de téléphone. Ainsi, vous ne pouviez garder l'illusion d'un contrôle sur un gouverneur général ou provincial, vous ne pouviez penser que vous pouviez l'appeler, ou qu'il pouvait vous appeler s'il ne parvenait pas à faire face à une situation, et vous ne pouviez pas penser non plus que vous attraperiez un avion pour régler les problèmes. Vous le nommiez, vous regardiez son char s'éloigner dans un nuage de poussière et cela s'arrêtait là. Il n'était donc pas question de nommer un homme qui n'avait pas la formation ou les compétences nécessaires, vous saviez que tout dépendait du fait qu'il était vraiment l'homme de l'emploi. Si bien que vous le choisissiez avec grand soin, et plus encore, vous vous assuriez

qu'il connaissait tout de Rome, du gouvernement romain et de l'armée romaine avant son départ.

Une entreprise comme Schlumberger ne peut espérer fonctionner que si elle respecte le principe d'Anthony Jay. La seule façon de marcher pour cette entreprise, c'est de faire confiance à ses 2 000 jeunes ingénieurs parfaitement formés et initiés à la société qui sont envoyés pour des mois à l'autre bout de la terre — comme le général romain — et livrés à eux-mêmes avec pour seul guide la philosophie et la formation complète de Schlumberger. Dee Hock de Visa résuma le problème lorsqu'il déclara : « Substituer des règlements au jugement déclenche un processus dont les effets sont contraires à ceux recherchés dans la mesure où le jugement ne peut se développer que si on l'utilise. »

9

La loi des valeurs partagées

Si l'on nous demandait un conseil d'ordre général en matière de management, inspiré de notre enquête sur les meilleures entreprises, nous serions tentés de répondre : « Définissez votre propre système de valeurs. Déterminez *ce que défend* votre entreprise et ce qui donne le plus de fierté à chacun. Projetez-vous dix ou vingt ans en avant : quel serait retrospectivement l'objet de votre satisfaction la plus grande ? »

Nous appelons le cinquième attribut des meilleures entreprises : « Le sens des valeurs partagées ». Nous sommes frappés par l'attention qu'elles portent explicitement aux valeurs, et par la façon dont leurs leaders ont créé des environnements passionnants grâce à leur intérêt personnel, leurs persévérance et leur intervention directe — à tous les échelons de la hiérarchie.

Dans *Morale*, John Gardner écrit : « La plupart des écrivains contemporains répugnent ou éprouvent de l'embarras à parler clairement de valeurs. » La majorité des chefs d'entreprise nous paraissent détester écrire, parler ou même prendre au sérieux les systèmes de valeurs. Et lorsqu'ils les prennent en considération, ils les regardent seulement comme de vagues abstractions. Nos collègues Julian Phillips et Allan Kennedy observent : « Les chefs d'entreprise avertis et les conseillers prêtent rarement attention au système de valeurs d'une entreprise. Les valeurs ne font pas partie de "l'ossature" comme les structures d'organisation, les politiques et les procédures, les stratégies ou les budgets. » En règle générale, Phillips et Kennedy ont raison mais, heureusement, comme ils sont les premiers à le reconnaître, ils se trompent en ce qui concerne les meilleures entreprises.

Thomas Watson fils a écrit un livre entièrement consacré aux valeurs. Revenant sur ses expériences chez IBM, il dit dans *A business and its beliefs* :

On peut spéculer indéfiniment sur la cause du déclin et de la chute d'une entreprise. La technologie, les changements de goûts, de mode, tout cela joue. Personne ne songerait à le nier. Mais je me demande si ces éléments sont par eux-mêmes décisifs. Je pense qu'en réalité, la façon dont une entreprise tire parti des énergies et des compétences de son personnel détermine souvent son succès ou son échec. Que fait-elle pour aider le personnel à trouver une cause commune ? Et comment peut-elle soutenir cette cause et cette direction communes à travers les nombreuses évolutions qui s'opèrent d'une génération à l'autre ? Prenez n'importe quelle grande entreprise — une de celles qui ont duré — je crois que vous découvrirez qu'elle doit sa résistance non pas à son organisation ou à ses compétences administratives, mais à la puissance de ce que nous appelons les *croyances*, et à l'attrait que celles-ci exercent sur le personnel. Voici ma profonde conviction : afin de survivre et de réussir, une entreprise, quelle qu'elle soit, doit d'abord posséder un ensemble de valeurs saines sur lequel elle fonde toutes ses politiques et ses actions. Ensuite, elle doit veiller au respect fidèle de ces croyances. Et enfin, je crois que si une entreprise veut faire face au défi que représente la constante évolution du monde, elle doit être préparée à tout modifier en elle, tout sauf ses croyances. En d'autres termes, la philosophie fondamentale, l'esprit et le dynamisme d'une entreprise jouent un rôle beaucoup plus important que les ressources technologiques ou économiques, la structure d'organisation, l'innovation, et le calendrier de ses actions. Tous ces éléments ont une grande part dans la réussite. Mais ils sont, à mon avis, dépassés par la force de l'adhésion du personnel aux principes de base de l'entreprise et par la fidélité avec laquelle chacun les applique.

Chaque entreprise exemplaire que nous avons étudiée définit clairement ce qu'elle défend et prend le processus d'élaboration des valeurs très au sérieux. En réalité, nous nous demandons s'il est possible d'être une entreprise exemplaire sans des valeurs claires et de la bonne espèce.

A l'occasion d'analyses antérieures et de notre enquête, nous avons pu vérifier que pratiquement toutes les meilleures entreprises possèdent un ensemble de croyances-guides clairement définies. Les moins bonnes entreprises, en revanche, soit ne disposent pas d'un ensemble de croyances cohérent, soit ont des objectifs distinctifs et largement discutés, mais ne sont alors mobilisées que par ceux qu'elles peuvent chiffrer — les objectifs financiers tels que le rendement par action et les mesures de croissance. Ironie des faits, nous avons observé que les entreprises qui semblent se concentrer le plus sur l'aspect financier — celles dont les missions sont les plus quantifiées et les objectifs financiers les plus précis — ont de moins bons résultats financiers que celles dont les intentions sont plus larges, moins précises et plus qualitatives. (Les entreprises dépourvues de valeurs se comportent aussi moins bien.)

Ainsi, il apparaît que non seulement l'articulation, mais aussi la teneur de ces valeurs (et probablement la façon dont elles sont énoncées) font toute la différence. Il est fort probable que les entreprises où les objectifs financiers priment, réussissent parfaitement à motiver les quinze ou même cinquante personnes au sommet de la hiérarchie. Mais ce genre d'objectifs donne rarement de l'enthousiasme au gros de la troupe, aux dizaines de milliers (ou plus) qui fabriquent, vendent le produit, et le suivent.

D'une manière surprenante, mais cela va dans le sens de l'observation de Gardner, seuls quelques courageux journalistes économiques ont osé sauter le pas et aborder le sujet des valeurs. Et nul n'est plus clair que Philip Selznick que nous avons présenté au chapitre quatre. Dans *Leadership and administration*, il parle des valeurs et décrit le rôle du chef d'entreprise dans leur transmission :

> La formation d'une société est marquée par l'élaboration des valeurs à respecter, c'est-à-dire, les choix qui guident ceux qui définissent les politiques de l'entreprise. Ces choix, souvent, ne sont pas énoncés, ils ne sont peut-être même pas conscients. Le chef d'entreprise est, avant tout, un maître en matière de promotion et de protection des valeurs. Un leadership axé sur la simple survie est voué à l'échec. La survie passe par le maintien de valeurs et d'une identité propres.

Henry Kissinger a souligné le même thème : « Le leader doit prendre les gens là où ils sont pour les emmener là où ils ne sont jamais allés. Il doit invoquer une grande vision. Celui qui ne s'y emploie pas est finalement considéré comme ayant échoué, même s'il est populaire sur le moment. »

En fait, la théorie va plus loin. Les valeurs ne sont en général pas transmises, comme le suggère Selznick, par le biais de procédures écrites et formelles. Elles sont plus souvent diffusées par des moyens plus souples : les histoires, les mythes, les légendes et les métaphores dont nous avons déjà parlé. Selznick est une fois de plus très instructif au sujet de l'importance du mythe comme mode de transmission du système de valeurs :

> Pour créer une organisation, on s'en remet à maintes techniques visant à doter le comportement quotidien d'un sens et d'un but à long terme. Parmi celles-ci, l'une des plus importantes est l'élaboration de mythes propres à favoriser l'intégration dans la société. De tels mythes tentent d'énoncer dans un langage élevé et inspiré ce que les objectifs et les méthodes de l'entreprise ont de particulier. Les mythes qui ont du succès ne sont jamais purement cyniques ou manipulateurs... Ils contribuent à développer un sens unifié de la mission collective et ainsi l'harmonie de l'ensemble. En définitive, quelle qu'en soit la source, les mythes sont les pierres angulaires de l'entreprise. L'art du leadership créatif est l'art de bâtir l'entreprise, de retravailler les matériaux humains et technologiques pour façonner un organisme qui incarne des valeurs nouvelles et durables.

Ainsi, il apparaît que les meilleures entreprises collectionnent et racontent des histoires, des légendes et des mythes pour illustrer leurs croyances fondamentales. Frito-Lay raconte des histoires de service, Johnson & Johnson, des histoires de qualité, et 3M, des histoires d'innovation.

Un autre de nos collègues, John Stewart, aime à répéter : « Si vous voulez connaître les valeurs partagées d'une entreprise, consultez son rapport annuel. » C'est vrai, les rapports annuels et autres publications des meilleures entreprises montrent clairement ce dont elles sont fières et ce qui a de la valeur à leurs yeux.

Delta Airlines : « Il existe une qualité de rapports rare entre Delta et son personnel, engendrant un esprit d'équipe qui se manifeste dans l'attitude coopérative de l'individu envers les autres, sa vision enthousiaste de la vie et sa fierté du travail bien fait. »

Dana : « Le style de gestion de Dana fait que tout le monde s'implique et s'efforce de simplifier les choses. Il n'existe pas de règlements ou de manuels de procédures, de niveaux hiérarchiques, de piles de rapports de contrôle, ou d'ordinateurs qui bloquent l'information ou la communication. Le style Dana n'est ni compliqué, ni fantaisiste. Il met en avant le respect des gens. Il fait participer tous les employés de Dana à la vie de l'entreprise. »

Caterpillar : « La disponibilité des pièces détachées chez les distributeurs et dans les magasins de Caterpillar a battu tous les records en 1981. » Et, « Les clients citent constamment les concessionnaires Caterpillar comme une bonne raison d'acheter les produits Caterpillar. Beaucoup de ces concessionnaires sont associés à l'entreprise depuis deux ou trois générations. »

Digital : « Digital pense que c'est dans le domaine du service et du soutien au client que l'on doit trouver le plus haut degré d'échange. »

Johnson & Johnson : « En 1890, Johnson & Johnson lancèrent la première trousse d'urgence en réponse à la demande des cheminots qui avaient besoin d'être soignés sur place alors qu'ils posaient des rails à travers les États-Unis. Quatre-vingt-dix ans plus tard, le nom de Johnson & Johnson est toujours synonyme de soins à domicile. »

En considérant ces exemples, on peut comprendre pourquoi des analystes déclarent parfois : « Vos généralisations sont bien jolies, mais chaque entreprise s'y prend de manière un peu différente. » L'environnement industriel, pour ne citer que lui, exige que Dana insiste sur des thèmes différents de ceux de Johnson & Johnson par exemple. En outre, le système de croyances de pratiquement toutes les meilleures entreprises a été inculqué par un individu unique. Chacune est de ce fait particulière : c'est pourquoi la plupart d'entre elles ont bien voulu nous communiquer leurs informations. Personne, pensent-elles, ne peut les copier.

Par ailleurs, nos entreprises exemplaires possèdent quelques caractéristiques communes qui les rapprochent en dépit de la disparité de leurs valeurs. Tout d'abord, ces valeurs sont presque toutes énoncées en termes qualitatifs plutôt que quantitatifs. Lorsque des objectifs financiers sont mentionnés, ils sont presque toujours ambitieux, mais jamais précis. En outre, les objectifs stratégiques et financiers ne sont jamais définis de manière isolée. Ils s'insèrent toujours parmi les autres éléments que l'entreprise entend réussir. L'idée que le profit est un dérivé naturel d'une chose bien faite, et non une fin en soi, est également presque universelle.

La volonté d'inspirer les gens du bas de l'échelle hiérarchique constitue un second attribut des systèmes de valeurs efficaces. A supposer que les objectifs financiers soient significatifs pour 1 000 personnes ou même 5 000, un tel impact est infime dans la grande entreprise d'aujourd'hui. IBM a plus de 340 000 employés et Digital plus de 60 000. La philosophie d'une entreprise, selon les termes de Kazuo Inamori, président de Kyoto Ceramic, vise à « tirer le meilleur de l'individu qui n'exerce que la moitié de ses capacités. »

Les meilleures entreprises qui ont un parti pris de service le comprennent très bien, et c'est ce qui leur permet d'exceller dans ce domaine. Même si les bonnes entreprises qui sont orientées vers les coûts semblent le comprendre. Blue Bell qui est particulièrement axée sur les coûts, se refuse à sacrifier la qualité surtout en ce qui concerne son produit porteur, le jeans Wrangler. La déclaration de son président Kimsey Mann est sans ambiguïté : « Personne ici n'essayera d'économiser un centime en supprimant une boucle à la ceinture du jeans Wrangler. » Son argument est que l'économie d'un centime est un but important aux yeux d'un petit nombre de directeurs de division et d'usine. Mais la qualité et l'image de qualité touchent tout le monde — doivent toucher tout le monde — de la couturière récemment engagée de la petite usine de Caroline du Nord à Mann lui-même.

L'histoire de Blue Bell nous mène à un troisième point à propos de la teneur des croyances. Comme l'a dit James McGregor Burns, « La responsabilité fondamentale du leader est d'identifier la contradiction dominante à chaque stade de l'histoire de l'entreprise. » Toute société est *toujours* un amalgame de contradictions importantes — coûts contre service, exploitation contre innovation, formalisme contre spontanéité, etc. Il est remarquable que les systèmes de valeurs des meilleures entreprises penchent nettement d'un côté. Taxer de « clichés » les systèmes de croyances n'est en rien justifié.

Le contenu spécifique des croyances dominantes des meilleures entreprises est limité et ne comprend pas que quelques valeurs fondamentales. Chacune d'elles en effet :

1. A la conviction d'être la « meilleure ».
2. Croit en l'importance des détails de l'exécution.
3. Croit en l'importance des êtres en tant que personnalités individuelles.
4. Croit aux vertus d'une qualité et d'un service supérieurs.
5. Reconnaît à la majorité des membres de l'entreprise la possibilité d'innover, et accepte en conséquence de soutenir l'échec.
6. Croit aux vertus de la spontanéité dans le développement de la communication.
7. Croit explicitement en l'importance de la croissance économique et des profits et la reconnaît concrètement.

James Brian Quinn pense que les desseins primordiaux d'une entreprise « doivent être d'ordre général, mais doivent aussi souligner la différence entre "nous" et "eux" ». Dans cette optique, rien n'est plus efficace que « être les meilleurs » dans quelque chose. David Ogilvy note : « Je veux que tous nos employés pensent qu'ils travaillent dans la meilleure agence du monde. Le sentiment de fierté marche à merveille. » Charles Knight d'Emerson ajoute : « Fixez et exigez des normes d'excellence. Quiconque accepte la médiocrité — à l'école, dans son travail, dans la vie — est un type qui fait des compromis. Et lorsque le leader fait des compromis, toute l'entreprise en fait. » En parlant de son objectif de service pour IBM, Thomas Watson fils est très clair et ambitieux : « Nous voulons fournir au client le meilleur service du monde. »

Si les croyances les plus durables ont d'une manière ou d'une autre une certaine élévation, beaucoup se contentent de souligner les détails d'exécution, mais le font avec ferveur. Par exemple : « Nous croyons qu'une entreprise devrait s'atteler à toutes les tâches en pensant qu'elles peuvent être accomplies de façon supérieure », dit encore Watson de IBM. « IBM exige et attend une performance supérieure de ses employés dans tous les domaines. Je suppose qu'une telle conviction évoque la manie de la perfection et toutes les horreurs psychologiques qui l'accompagnent. Il est vrai qu'un perfectionniste est rarement une personnalité commode. Un environnement qui exige perfection a des chances de ne pas être facile non plus. Mais poursuivre ce but stimule toujours le progrès. »

Andrall Pearson, président de PepsiCo, croit lui aussi à l'amélioration de l'exécution à tous les niveaux : « L'expérience nous a appris que les meilleures idées de produits nouveaux et les stratégies compétitives sont peine perdue si on ne les exécute pas de manière efficace. En fait, dans notre secteur, la très bonne exécution est souvent plus productive — et pratique — que la création de nouvelles idées. Une exécution superbe est la clé de beaucoup de nos plus grands succès, comme Frito-Lay dans les snacks et Pepsi-Cola dans les magasins d'alimentation. »

Un thème qui revient avec une surprenante régularité est ce que David Packard appelle « des innovateurs à tous les niveaux de l'entreprise. » Les meilleures entreprises reconnaissent que trouver l'opportunité est un processus imprévisible qui doit beaucoup au hasard, et certainement pas un élément qui se prête à la précision de la planification. Si elles veulent croître par le biais de l'innovation, elles dépendent de très nombreuses personnes, et non pas des quelques éléments du département de la Recherche et du Développement.

Considérer que chacun est un innovateur a un corollaire : accepter explicitement l'échec. Charles Knight d'Emerson, James Burke de Johnson & Johnson et Lewis Lehr de 3M parlent du besoin de faire des erreurs. Steven Jobs qui fut à l'origine de l'ordinateur Apple au succès prodigieux déclare : « Je commets toujours des erreurs, beaucoup d'erreurs. Lors d'un déjeuner récent avec quelques employés du service commercial, j'ai commencé à évoquer toutes les choses qui allaient mal de telle façon qu'aucun d'entre eux ne pouvait proposer de solution. Je m'étais mis une quinzaine de personnes à dos. Une semaine plus tard, je leur écrivis donc une lettre dans laquelle je leur disais que lorsque les gens me demandaient "Quel est le secret d'Apple ?", je répondais, "Eh bien, nous engageons des gens très qualifiés, et nous créons un environnement dans lequel ils peuvent commettre des erreurs et se développer." »

Le dernier thème commun, l'absence de formalisme comme source de communication, est au cœur du style Hewlett-Packard, pour ne citer qu'un exemple, et l'entreprise souligne son emploi des prénoms, son management baladeur, et son sentiment de grande famille. La direction de l'entreprise montre ainsi son désir de voir éviter la hiérarchie afin que la communication passe, et d'encourager une fluidité et une flexibilité maximales.

Pour des dirigeants comme Thomas Watson père, il est évident que les valeurs sont souveraines. Mais comment les établit-on ? Là encore, nous avons trouvé des corrélations frappantes. Les meilleures entreprises étant mues par des systèmes de valeurs cohérents, elles portent toutes la marque de la personnalité du leader qui a mis cet ensemble de valeurs en place : Hewlett et Packard chez HP, Olsen chez Digital, Watson chez IBM, Kroc chez McDonald's, Disney chez Disney Productions, Treybig chez Tandem, Walton chez Wall-Mart, Woolman chez Delta, Strauss chez Levi Strauss, Penney chez J.C. Penney, Johnson chez Johnson & Johnson, Marriott chez Marriott, Wang chez Wang, McPherson chez Dana, etc.

Un leader efficace doit maîtriser les deux extrémités du spectre : les idées au plus haut niveau d'abstraction et les actions au niveau du détail le plus terre à terre. Le leader qui façonne les valeurs s'occupe, d'un côté, des visions élevées et ambitieuses qui donneront de l'enthousiasme et de l'ardeur à des dizaines ou des centaines de milliers d'individus. C'est là que le rôle de pionnier revêt une importance capitale. D'un autre côté, c'est par le biais de dizaines d'événements quotidiens qu'il est possible de faire naître l'enthousiasme, et le manager façonneur de valeurs devient de ce fait l'exécutant par excellence. Dans ce rôle, le leader est un fanatique du détail et inculque directement les valeurs par ses actions et non par ses paroles : toutes les occasions sont bonnes. Ainsi c'est à la fois une attention aux idées et aux détails.

L'intérêt porté aux idées, les visions créatrices et ambitieuses, suggéreraient presque des hommes imposants et rares écrivant sur des tablettes de pierre. Mais nos collègues Phillips et Kennedy qui ont étudié la manière dont les leaders façonnent les valeurs, estiment que ce n'est pas le cas : « Réussir à faire passer des valeurs ne relève guère, semble-t-il, d'une personnalité charismatique. Cela vient plutôt d'un engagement évident, authentique et soutenu vis-à-vis des valeurs que les leaders cherchent à implanter, doublé d'une persévérance extraordinaire pour les renforcer. Aucun des hommes que nous avons étudiés ne jouait sur le magnétisme personnel. Tous se sont transformés en leaders efficaces. »

La persévérance est capitale. Nous soupçonnons qu'elle explique en partie la longévité des fondateurs aux rênes de leurs entreprises : les Watson, Hewlett et Packard, Olsen et les autres.

Les leaders mettent leurs visions en œuvre et se conduisent toujours simplement tout en restant très visibles. La plupart des leaders des meilleures entreprises ont une expérience opérationnelle. Ils sont passés par la conception, la fabrication ou la vente du produit, et sont donc à l'aise en ce qui concerne les rouages de l'entreprise. Le fait de circuler dans l'entreprise leur est facile parce qu'ils sont à l'aise sur le terrain. Comme les évangélistes, ces leaders croient qu'il est important de constamment prêcher la « vérité », non pas de leurs bureaux, mais sur le terrain. Ils voyagent davantage et passent plus de temps avec les gens de la base, surtout les jeunes.

Cette caractéristique est explicitement reconnue. Harry Gray de United Technologies fait sa propre publicité, dit *Business Week*. Gray a reçu une formation de vendeur. Commentant son succès (pour sa division Pratt & Whitney Aircraft) par rapport à la division des moteurs d'avion de General Electric, il explique « Je vais dans des endroits où je ne rencontre jamais la direction de General Electric. » Le président de Lanier, Gene Milner, et son directeur général, Wes Cantrell, font de même. Cantrell déclare : « Gene et moi étions les seuls présidents ou directeurs généraux à la conférence sur le traitement de textes de l'année dernière. » Ou comme on a entendu un de ses collègues dire de T. Wilson, le directeur général de Boeing : « Il est encore à l'atelier » et, lorsque l'occasion se présente, « il prend encore des décisions importantes sur le plan de la conception. »

Le contact constant avec le terrain est la pierre angulaire de certaines politiques. John Doyle, directeur de la recherche et du développement, décrit ainsi le « management baladeur » chez Hewlett-Packard :

> Une fois qu'une division ou un département a développé son propre plan — un ensemble d'objectifs opérationnels — l'encadrement doit veiller à ce qu'il se déroule normalement. C'est là que l'observation, l'évaluation, le feed back et le pilotage entrent

en jeu. C'est notre « management baladeur ». C'est ainsi que vous vous rendez compte si vous êtes sur la bonne voie, et si vous êtes dans les temps. Si vous ne suivez pas constamment comment opèrent les gens, non seulement ils tendront à s'éloigner de la voie tracée, mais ils commenceront à penser que vous n'avez jamais pris le plan au sérieux. Le management baladeur consiste donc à rester en contact permanent avec le terrain. Il offre l'avantage supplémentaire de vous faire sortir de votre bureau et de vous faire circuler dans votre sphère. Par management baladeur, j'entends vraiment le management qui se promène et qui parle aux gens. Cela se fait d'une façon très informelle et spontanée, mais il est essentiel d'aller partout. Il importe d'être accessible et abordable, mais surtout il importe de comprendre que vous êtes là pour écouter. Il est également capital de tenir les gens informés de ce qui se passe dans l'entreprise, surtout dans les domaines qui les intéressent. Enfin, une bonne raison de se balader est que c'est un véritable plaisir.

David Ogilvy dit la même chose : « Ne convoquez pas les gens dans votre bureau — cela les effraie. Au lieu de cela, allez les voir dans *leurs* bureaux. Ainsi, vous êtes présent dans toute l'agence. Un président qui ne se promène jamais dans son agence se transforme en ermite, isolé de son personnel. »

Ed Carlson de United Airlines était un maître dans l'art du management de contact. Il décrit son approche lorsqu'il prit la tête de United avec pour seul bagage une expérience dans l'hôtellerie. United perdait 50 millions de dollars par an à ce moment-là et Carlson relança l'entreprise au moins pour un temps :

Je faisais au moins 300 000 kilomètres par an pour montrer mon intérêt pour ce que j'appelle le « management visible ». Je disais souvent à mon épouse lorsque je rentrais passer le week-end à la maison que j'avais l'impression de me présenter à une élection. Je descendais d'un avion, je serrais la main à tous les employés de United que je pouvais trouver. Je voulais qu'ils sachent qui j'étais et soient suffisamment à l'aise pour faire des suggestions ou même discutent avec moi s'ils en avaient envie. La répugnance des directeurs généraux à sortir de leur bureau et à se déplacer pour écouter les critiques constitue l'un des problèmes des entreprises américaines. Le dirigeant américain tend à s'isoler et à s'entourer de personnes qui ne le remettent pas en question. Il n'entend que ce qu'il veut bien entendre dans l'entreprise. Dans ce cas, vous couvez ce que j'appelle un cancer de direction. Soyons précis. Robb Mangold est le directeur adjoint de l'Eastern Division de

United Airlines. S'il n'appréciait pas mes visites à Boston, LaGuardia ou Newark, mon management d'extériorisation ne marcherait pas. Tous dans l'entreprise savaient que je n'étais pas là pour soigner mon image personnelle. Je n'essayais pas de les saper. Je tentais seulement de créer le sentiment que le directeur de l'entreprise est un type accessible, quelqu'un à qui l'on pouvait parler... Si vous maintenez de bonnes relations de travail avec la hiérarchie vous ne devriez pas avoir de problèmes.

Nous avons parlé du leader comme manager de contact, transmetteur de valeurs, modèle de référence et héros. Mais apparemment un seul individu ne suffit pas. C'est toute l'équipe de direction qui doit donner le ton. Pour inculquer les valeurs fondamentales, les cadres supérieurs n'ont pas d'autre alternative que de parler d'une seule voix, comme le dit Philip Selznick : « La création d'une équipe homogène est fondamentale. Des visions générales et partagées permettent l'élaboration de politiques également homogènes et leur mise en œuvre effective. » Carlson prenait ce principe au sérieux. Lorsqu'il commença à faire ses 300 000 kilomètres par an, il insista pour que les quinze personnes de la direction en fassent autant. Pendant les dix-huit mois du règne de Carlson, ces quinze cadres passèrent sur le terrain soixante-cinq pour cent de leur temps, ou plus.

Une manière pratique de renforcer l'homogénéité de la direction est de faire des réunions régulières. Chez Delta Airlines et chez Fluor, toute l'équipe de direction se réunit une fois par jour autour d'un café. Chez Caterpillar, elle se réunit presque quotidiennement sans ordre du jour pour discuter des objectifs et se mettre d'accord sur ce qui se passe. Des rituels analogues existent chez Johnson & Johnson et McDonald's.

A l'évidence, l'excès d'homogénéité peut mener au syndrome de l'acceptation inconditionnelle. Mais rappelez-vous la recommandation de Dean Acheson à Richard Neustadt : les directeurs généraux ont besoin de confiance, pas d'avertissements. L'acceptation inconditionnelle et les signes de reconnaissance semblent vraiment essentiels pour ce qui est des valeurs clés de l'entreprise.

Enfin, la façon dont les leaders des meilleures entreprises suscitent l'enthousiasme est caractéristique. Souvenez-vous que les managers de chez Hewlett-Packard sont choisis en fonction de leur capacité à faire naître l'enthousiasme. Chez PepsiCo, le président Andy Pearson, déclare : « Le défi le plus délicat qui nous attend dans les années quatre-vingts est d'assurer que notre entreprise reste un endroit où il est passionnant de travailler. » Dans la même veine,

Charles Knight d'Emerson affirme : « Il est impossible de faire quelque chose sans plaisir. » Et David Ogilvy déclarait dans son entreprise : « Faites en sorte que l'on ait du plaisir à travailler chez Ogilvy et Mather. Lorsque les gens s'ennuient, il est rare qu'ils fassent de la bonne publicité. Riez pour tuer la morosité. Maintenez un climat informel. Encouragez l'exubérance. Débarrassez-vous des tristes sires qui diffusent la mélancolie. »

Clarifier le système de valeurs et lui donner vie est le plus grand apport possible de la part du leader. C'est aussi la principale préoccupation des dirigeants des meilleures entreprises. Créer et inculquer un système de valeurs n'est pas facile. D'une part, seul un petit nombre de systèmes de valeurs est adapté à une entreprise donnée. D'autre part, mettre ce système en place est un travail de longue haleine. Cela exige persévérance, de longues heures de travail et de déplacement, mais sans un management de contact et de transmission, il semble que peu de choses se produisent.

10

S'en tenir à ce que l'on sait faire

Actuellement, Texas Instruments fait un chiffre d'affaires d'un milliard de dollars dans le domaine de l'électronique, mais a été incapable en dix ans d'en tirer un bénéfice. En outre, cette même entreprise a abandonné le marché de la montre. L'un de ses principaux concurrents était Casio. Un spécialiste de ce secteur note : « C'est en fait tout simple. Aucun électronicien formé à l'université du Texas ne peut imaginer qu'une calculatrice réveille-matin à 18,95 dollars devrait jouer du Schubert pour vous tirer du lit. Rien n'est plus improbable. »

Un article de *Forbes*, décrivant l'échec initial de la prise de contrôle de Colonel Sanders par Heublein, publie le commentaire d'un cadre d'Heublein : « Dans le commerce du vin et de l'alcool, l'aspect de la boutique n'a aucune importance. On ne s'en prend pas à la Vodka Smirnoff si le sol est sale. Et vous pouvez contrôler votre produit à l'usine. Nous avons simplement acheté une chaîne de cinq mille petites usines dans le monde entier sans avoir l'expérience nécessaire pour s'occuper de ce genre d'affaires. »

On pourrait écrire un roman à ce sujet, mais nous ne ferons qu'effleurer la question ici. La plupart des acquisitions ratent. Non seulement les synergies à propos desquelles les cadres font tant de beaux discours se réalisent rarement, mais le plus souvent le résultat est catastrophique. Fréquemment, les cadres des entreprises rachetées partent. A leur place, restent seulement une carcasse dépouillée et des moyens de production dévalués. Plus grave encore, les acquisitions, même les petites, absorbent la plus grande partie du temps de la direction générale, temps dont sont privées les activités principales de l'entreprise. Bien que Conoco ait une activité relativement proche, les cadres supérieurs de Du Pont vont probablement consacrer une grande part des prochaines années à essayer d'apprendre à connaître l'industrie pétrolière en tentant de maîtriser leur nouvelle acquisition. Et cela — défense type ici encore — bien que Conoco et Du Pont doivent être « gérés séparément ».

Tout d'abord, la valeur qualitative motrice (combinant la plupart du temps un parti pris de qualité et de service, une orientation vers le personnel et l'innovation) et l'approche axée sur le contact avec le terrain sont en conflit avec les stratégies de diversification. La stratégie de diversification classique édulcore le thème moteur — en partie parce que l'entreprise acquise possède sans aucun doute des valeurs différentes, mais aussi parce que la thématique, même d'ordre général, telle que la qualité, tend à perdre de sa signification lorsque la société se disperse. Le management perd sa « sensibilité ». Un cadre électronicien qui parle de qualité dans une entreprise de biens de consommation n'a rien de crédible. Le leadership près du terrain, et promoteur de valeurs, ne réussit que dans la mesure où il est totalement crédible aux yeux de tous les employés. La crédibilité se développe presque entièrement « parce que j'y étais ». Sans engagement émotionnel, et sans une compréhension du produit, l'incrédulité ne disparaîtra pas.

Notre principale conclusion est claire et simple. Les entreprises qui se diversifient (soit par le biais d'acquisitions, soit de manière interne), mais s'en tiennent à ce qu'elles savent faire, réussissent mieux que les autres. Les plus prospères sont celles qui diversifient autour d'une compétence unique — la technologie du revêtement et du collage chez 3M, par exemple.

Le second groupe, en ordre de prospérité décroissant, comprend ces entreprises qui se diversifient dans des domaines connexes — passer du turbogénérateur aux turboréacteurs (chez General Electric, par exemple).

Celles qui réussissent moins sont, en général, les entreprises qui se diversifient dans des domaines variés. Dans ce groupe, les acquisitions en particulier tendent à pourrir sur pied.

Ainsi, il apparaît qu'une certaine diversification est une base de stabilité par le biais de l'adaptation, mais qu'une diversification forcenée n'est pas nécessairement payante.

La comparaison des meilleures entreprises avec celles qui ne figurent pas sur notre liste le confirme. En outre — et de façon surprenante à la lumière des nombreuses fusions dont nous sommes témoins — pratiquement *toutes* les études universitaires ont conclu qu'une diversification non canalisée est une mauvaise affaire. Par exemple, la première étude systématique de la diversification dans l'entreprise américaine a été publiée en 1962 par Michael Gort du National Bureau of Economic Research. Les données de Gort montraient une corrélation légèrement positive entre le nombre de produits que les entreprises avaient ajoutés à leur catalogue de 1939 à 1954, et l'accroissement de leurs ventes pendant la même période. Mais la diversification n'avait en aucune manière une corrélation positive avec la rentabilité.

L'étude la plus complète sur les entreprises diversifiées a été menée par Richard Rumelt de l'UCLA pour sa thèse de doctorat à Harvard Business School et fut publiée en 1974 sous le titre *Strategy, Structure, and Economic Performance.* Utilisant un large échantillon des grandes entreprises américaines, Rumelt découvrit que ces entreprises aux stratégies de diversification « limitées à l'activité dominante » et « limitées aux activités connexes » (deux des huit catégories) étaient « incontestablement les plus performantes ». Ces deux stratégies sont fondées sur le principe de la diversité contrôlée. Selon les propres termes de Rumelt : « Ces entreprises ont pour stratégie de pénétrer des secteurs qui exploitent des points forts, et élargissent une compétence ou une ressource centrale. Si ces firmes développent fréquemment de nouveaux produits et pénètrent de nouveaux marchés, elles répugnent à investir dans des domaines que leurs directions connaissent mal. »

L'analyse de Rumelt était fondée sur un échantillon valable tiré des 500 entreprises de *Fortune* sur une période de vingt ans.

Rumelt appliqua dix analyses financières à son échantillon, dont « taux annuel de croissance du chiffre d'affaires », « taux de capitalisation des bénéfices » et « rentabilité après impôts des capitaux employés ».

Pour prendre un exemple, dans les années cinquante et soixante, les deux catégories les plus performantes avaient une moyenne de 14,6 pour cent de rendement des fonds propres, 12,4 pour cent en rentabilité des capitaux employés et avaient un taux de capitalisation de 17,5. Les deux plus mauvaises catégories d'entreprises (y compris celles qui se laissent embarquer dans des acquisitions sans aucun rapport avec leur savoir-faire essentiel) avaient 10,2 pour cent en rendement de fonds propres (31 pour cent de moins), 8,6 pour cent en rentabilité des capitaux employés (30 pour cent de moins) et un taux de capitalisation de 14,7 (16 pour cent de moins). Toutes les conclusions étaient significatives sur le plan statistique. Notre propre extension des conclusions de Rumelt, conduite par David Anderson, montre que ce fossé s'est en fait creusé de façon prononcée dans les années soixante-dix.

La principale conclusion de Rumelt est claire. Les entreprises qui étendent quelque peu leurs activités, tout en restant très proches de leur compétence centrale, réussissent mieux que toutes les autres.

Ses analyses ne suggèrent cependant pas que « ce qui est simple est mieux ». Une entreprise trop simple — qui dépend d'une activité unique verticalement intégrée — a, en fait, invariablement de médiocres résultats. Nous remarquons, plutôt, que les entreprises qui se livrent à une certaine diversification — conçue comme une base de stabilité par le biais de l'adaptation — tout en se tenant à ce qu'elles savent faire, ont tendance à être très performantes. Le modèle de Rumelt peut concilier la nécessité de s'adapter (les entreprises à activités connexes réussissent mieux que celles qui ont une activité unique intégrée verticalement) et l'intérêt d'une adaptation autour d'une compétence de base.

Des études plus récentes ont confirmé et renforcé les conclusions de Gort et Rumelt. Dans une étude publiée dans le *Journal of Finance* en 1975, Robert Haugen et Terence Langetieg bousculèrent la notion populaire qui soutient que les fusions créent des synergies stratégiques et opérationnelles qui sont inexistantes lorsque les entreprises ont des propriétaires séparés. Leur critère en l'occurrence était le rendement des actions ordinaires. Après avoir évalué les effets sur la valeur de l'action de cinquante-neuf fusions autres que des conglomérats qui eurent lieu entre 1951 et 1968, Haugen et Langetieg conclurent : « Nous découvrons peu de preuves de synergie dans notre échantillon. N'importe quel actionnaire aurait obtenu les mêmes résultats tout seul en constituant un portefeuille équilibré des actions des deux entreprises fusionnées. »

En réalité, le seul effet net que Haugen et Langetieg furent à même de confirmer était une plus grande volatilité des rendements des actions après fusion. En d'autres termes, le fait d'investir dans les deux entreprises qui ont choisi de faire fusionner leurs actifs en une structure financière unique présenterait plus de risques que d'investir dans deux entreprises qui ont choisi de rester indépendantes. Cette conclusion, confirmée par d'autres chercheurs, jette un doute sur l'un des principaux arguments en faveur des fusions — diversifier le risque.

Fin 1981, le *Financial Times* a parlé d'une dernière étude dont le titre suggère une conclusion de même nature : « Les pionniers — des adversaires de la fusion. » L'article écrit par l'éminent économiste Christopher Lorenz conclut que « les entreprises européennes innovatrices mettent plus l'accent sur la spécialisation que sur la diversification, et préfèrent l'expansion interne aux fusions et aux prises de contrôle. » L'étude se fondait sur de nombreuses entreprises réputées comme Airbus, le Club Méditerranée, Daimler-Benz et Nixdorf.

Nous regrettons quelque peu de soumettre le lecteur à cet assaut d'analyses souvent ésotériques. Mais dans la mesure où la vogue de la fusion fait rage, il semble utile d'illustrer de manière relativement approfondie l'absence presque totale d'une justification rigoureuse dans les combinaisons d'affaires très diversifiées.

Une foule de cas montre la difficulté d'absorber l'inhabituel. ITT est le cas classique. Cette entreprise a été la favorite de la bourse pendant de nombreuses années, sa croissance était enviable. Harold Geneen était capable, grâce à son intelligence et à son travail, de ne pas perdre son vaste empire de vue. Mais sous bien des aspects, celui-ci avait commencé à se désagréger avant son départ. L'entreprise que Geneen avait héritée du colonel Sosthenes Behn, le fondateur d'ITT, était surtout une entreprise internationale de téléphone. En tant que telle, sa mentalité, qui persista sous l'égide de Geneen, ne s'accordait guère à beaucoup des nouvelles acquisitions. Un commentateur note : « Les outils qui sont nécessaires pour gérer une entreprise de téléphone au Chili, ne sont pas d'un grand intérêt pour la gestion de Continental Baking ou des Hôtels Sheraton. » En définitive, même l'entreprise de téléphone fut menacée lorsque le marché passa du boom de la technologie américaine et européenne dans les pays du Tiers Monde (le miracle initial d'ITT) à l'exotisme de la commutation électronique et des communications par satellite. En d'autres termes, la vague d'innovation dans le domaine des télécommunications commença au début des années soixante-dix, et les systèmes ITT, même dans les entreprises de téléphone, n'étaient pas prêts à l'affronter.

Nous pourrions continuer, mais le genre de difficultés rencontrées par ITT sont presque des caricatures des problèmes que l'on trouve dans les entreprises dont les activités ne sont pas connexes. Par exemple, le conglomérat Transamerica, dont la réussite est honorable, a accumulé des pertes importantes dans son opération cinématographique avec United Artists. L'entreprise, dont la spécialité est la gestion d'institutions financières (par exemple : les compagnies d'assurances) a semblé incapable de maîtriser l'instabilité inhérente à la gestion de l'industrie cinématographique.

Le problème ne se limite certainement pas aux conglomérats déclarés. Nous avons vu, ces dernières années, les entreprises pétrolières trébucher sur toutes sortes de diversifications. Mobil tenta sa première grande diversification en se rendant acquéreur de Marcor (l'ancien Montgomery Ward, et quelques restes). Les responsables pétroliers ne comprenaient rien au commerce de détail. Ce fut un désastre. Exxon, selon maints commentateurs bien informés de la fin des années soixante-dix, fut complètement dépassé dans sa quête de mégalodiversification. Exxon Enterprises était donné en exemple. *Business Week* consacra même un grand reportage sur le rôle présumé d'Exxon comme le futur concurrent géant de AT & T et IBM dans le domaine des communications. Mais Exxon connut des temps difficiles, et c'est un euphémisme.

L'expérience Exxon marcha bien tant qu'elle fut minuscule. Les chefs d'entreprise et leurs petites affaires que Exxon acheta furent autorisés à poursuivre leurs propres activités. Ils rencontrèrent quelques succès singuliers — à tel point, hélas, que la direction générale d'Exxon les remarqua. Si bien qu'Exxon, face aux risques d'échecs, décida de leur « donner un coup de main ». Ils rationalisèrent rapidement les entreprises, regroupant les éléments novateurs de façon « logique » afin d'acquérir une « synergie de marché », bien sûr. Ils fournirent également une « assistance » financière. Un cadre supérieur du siège alla aider les petites entreprises à s'occuper de leur comptabilité. Mais la rationalisation était très prématurée pour une entreprise novatrice. Les « entrepreneurs » de la première heure abandonnèrent le navire. Restait une infrastructure lente à se mouvoir dans un marché à évolution rapide.

Même les incursions de moindre importance montrent la difficulté d'absorber l'inhabituel. Par exemple, General Electric connut un succès foudroyant en pénétrant sur le marché des moteurs d'avion, et Westinghouse fut victime d'un échec de taille. L'échec de Westinghouse vient de la conviction qu'« une turbine reste une turbine. » Ils tentèrent de gérer les moteurs d'avion dans le cadre du secteur des turbogénérateurs. Or, les tolérances et autres caractéristiques techniques dans les turbines d'avion diffèrent radicalement de celles des turbines employées pour la production d'électricité. Gerhard Neumann et Jack Parker chez General Electric avaient su le reconnaître. Ils séparèrent le secteur naissant des moteurs d'avion de l'ancienne activité des génératrices d'électricité. Ils l'installèrent dans une usine différente à Lynn dans le Massachusetts. Ils engagèrent des spécialistes qui comprenaient les contraintes de la conception et de la production des turboréacteurs. Ils réussirent au-delà des espoirs les plus fous de General Electric; Westinghouse échoua.

On peut observer aujourd'hui dans le passage de l'électromécanique à l'électronique un phénomène analogue à celui de General Electric et Westinghouse. Le processus de pensée qui anime les activités liées à l'électromécanique n'a que peu de ressemblance, apparemment, avec celui qui sévit dans l'électronique. Ainsi nous découvrons qu'aucun des grands producteurs de tubes à vide en 1965 (les dix premiers) ne figuraient parmi les grands producteurs de semi-conducteurs en 1975, dix ans plus tard seulement. Les géants qui ont disparu, incapables de franchir le pas intellectuellement, comprenaient des parangons de gestion d'une époque précédente, tels que General Electric, RCA et Sylvania. Deux de ces trois vedettes de l'électromécanique, General Electric et RCA, connurent des échecs similaires lorsqu'ils tentèrent de se lancer sur le marché des ordinateurs. En théorie, le fossé n'était pas grand. Après tout un électron est un électron. *Mais en pratique, un petit fossé représente un pas de géant pour une grande entreprise.*

Si la fable du turboréacteur contre le turbogénérateur de General Electric et Westinghouse ressemble à une histoire de compétences intellectuelles très proches, que penser de la fusion National/Pan Am ? Exactement la même activité. Seulement cela ne s'est pas passé comme cela. Pan Am, ce géant du transport aérien international, semble n'avoir pas compris la structure des lignes intérieures de National et sa complémentarité potentielle pour le réseau de Pan Am. Pan Am, apparemment, acheta une série de DC 10 de National, qui se révélèrent très mal adaptés au réseau commun des deux compagnies. Il se pourrait bien que Pan Am se soit mis sur les bras un problème d'une gravité qu'il ne soupçonnait pas.

La question capitale est donc : comment les meilleures entreprises ont-elle évité ces pièges ? La réponse est simple. Les meilleures entreprises ne sautent pas à pieds joints dans de nouvelles activités. Lorsqu'elles ont mis un doigt dans une nouvelle activité, et que cela s'est révélé un échec, elles ont rapidement mis fin à l'expérience. En règle générale, les entreprises exemplaires ont eu surtout recours à la diversification engendrée de l'intérieur, par petites étapes.

Nous avons découvert que les meilleures entreprises se conduisent comme si elles croyaient au discours des universitaires sur la diversification. Comme nous l'avons mentionné, Robert Wood Johnson, fondateur de Johnson & Johnson, déclara à son successeur en guise de conseil : « Ne faites jamais l'acquisition d'une entreprise que vous ne savez pas diriger. » Ou comme l'a dit Ed Harness, ancien directeur de Procter & Gamble : « Cette entreprise n'a jamais quitté son terrain d'origine. Nous cherchons à être tout sauf un conglomérat. »

Néanmoins, les meilleures entreprises sont loin d'être simples. 3M a plus de 50 000 produits, et en lance plus d'une centaine de nouveaux chaque année. Seulement la technologie fondamentale de collage et de revêtement sert de fil conducteur à l'entreprise. Les caractéristiques qui assurent la cohésion de 3M surpassent de maintes façons celles des autres entreprises, tout en étant très classiques. La direction est composée essentiellement de chimistes qui ont presque tous fait partie du service des ventes et qui travaillent sur des applications pratiques. Le principal savoir-faire de l'entreprise — résoudre les problèmes des clients pour des niches industrielles fondées sur la technologie de 3M — est ainsi enchâssé dans la structure directoriale.

On trouve cette même volonté de spécialisation dans la plupart des autres entreprises exemplaires. Il faut presque être ingénieur en électricité pour réussir chez Hewlett-Packard, ou ingénieur en mécanique pour y arriver chez Fluor et Bechtel, ingénieur en aéronautique pour monter en grade chez Boeing, un ancien chef de produit chez Procter & Gamble, ou un ancien vendeur chez IBM. Ce sont les seuls candidats aux meilleurs postes. Si bien que les compétences dans la technologie de base ou dans la fonction clé sont largement « sur-représentées » dans la direction de ce genre d'entreprises.

Les histoires continuent :

- *Boeing* : « Des observateurs, note le *Wall Street Journal*, disent que la force de Boeing vient de sa dévotion presque totale au marché des compagnies aériennes dont il tire presque 90 % de ses revenus. "Les autres sont trop occupés à courir après les dollars militaires, dit un cadre de l'entreprise. Chez Boeing, le transport aérien passe en premier." »
- *Fluor* : Le président Bob Fluor déclare : « Nous ne pouvons pas tout donner à tout le monde. »
- *Wal-Mart* : L'extraordinaire record de croissance de Wal-Mart vient d'une stratégie de niches toute-puissante. Ils sont restés dans une douzaine d'États. S'en tenant à ce qu'ils savent le mieux faire, ils surpassent des entreprises aux ressources financières plus importantes et plus expérimentées comme K-Mart dans son secteur.
- *Deere* : Le directeur général de Deere, Robert Hansen, déclare : « Nous nous en tenons à la clientèle que nous connaissons. » *Forbes* ajoute : « Pendant des années, Deere a dépassé son premier rival, International Harvester. Harvester se consacrait aux transports routiers et au matériel agricole. Deere, au contraire, savait ce qu'était son activité, ses clients et ce qu'ils voulaient.
- *Amoco* : Le *Wall Street Journal* compare la stratégie réussie d'Amoco à celle de ses concurrents : « Ce qui guide les acquisitions géantes de cette année, c'est qu'il revient moins cher d'acheter les réserves de quelqu'un d'autre que de les développer

soi-même. Mais chez Standard Oil Co (Indiana), nous ne le pensons pas, dit le président John Swearingen. »

La croissance des meilleures entreprises est issue de l'intérieur. Les quelques acquisitions ont suivi une règle simple. C'étaient de petites entreprises faciles à assimiler sans qu'il soit nécessaire de modifier le caractère de l'entreprise acheteuse. Et des entreprises assez petites pour qu'en cas d'échec, la société puisse renoncer ou se retirer sans encourir de pertes financières graves.

Quelques entreprises doivent leur croissance aux acquisitions, mais en appliquant une stratégie « plus on est petit mieux on se porte » — notamment Emerson et Beatrice Foods. Ces géants, aux chiffres d'affaires respectifs de 4 à 10 milliards de dollars, se sont surtout développés en ajoutant des entreprises au chiffre d'affaires situé entre 20 et 50 millions de dollars. Elles ne croient pas apparemment à ce que l'on répète souvent : « Une acquisition au chiffre d'affaires de 500 millions n'est pas plus difficile à assimiler qu'une dont le chiffre d'affaires est de 50 millions de dollars, alors signez un seul contrat au lieu de dix. » Emerson et Beatrice sont toujours à l'affût, et acquièrent par petits morceaux. Dans les cas où les petites acquisitions apportent de nouvelles compétences aux activités centrales, cela se passe selon un processus naturel de diffusion et d'échanges informels. On autorise les nouvelles énergies à s'infiltrer dans l'entreprise.

De manière similaire, 3M et Hewlett-Packard se livrent à des acquisitions minuscules, en général des entreprises au chiffre d'affaires de 1 à 10 millions de dollars. Cela dénote souvent une volonté évidente de s'ouvrir à une nouvelle compétence, mais à une dimension qui permet de procéder à une intégration précoce et sans dommages. Cela peut se solder par l'achat de quelques contrats de travail. Ainsi, les petites acquisitions ou même de nouvelles poussées stratégiques majeures basées sur de nombreuses petites acquisitions peuvent marcher.

Voici, brièvement, l'histoire des meilleures entreprises. Elles achètent, mais elles achètent et diversifient de manière expérimentale. Elles acquièrent une petite entreprise ou en lancent une nouvelle. Elles le font par étapes, et maîtrisent nettement les risques : elles sont prêtes à se retirer si cela ne marche pas.

Ainsi, nous nous attendrions à trouver — et c'est le cas — de nombreuses histoires de petits échecs dans les entreprises exemplaires. Et même des échecs qui n'ont rien de modeste ! Ils démontrent que, même parmi les meilleures, les incursions dans des domaines hors de portée, peuvent fréquemment être source de problèmes.

En fait, les meilleures entreprises peuvent rencontrer des difficultés particulières en s'étendant. Car les cultures qui leur permettent d'accéder aux plus hauts niveaux, le peuvent parce qu'elles mettent l'accent sur des compétences de dimension raisonnable. 3M est le meilleur exemple en ce qui concerne la définition et la pénétration de niches industrielles de dimension modeste (chiffre d'affaires de 100 millions de dollars environ). Pourtant, il existe apparemment certaines choses que 3M ne peut pas faire.

Voici quelques exemples d'incursions malheureuses parmi les meilleures entreprises :

3M : 3M n'a pas été capable d'exploiter régulièrement son atout technique dans le domaine des biens de consommation. Des analystes ont suggéré que l'atomisation de 3M (et sa technique de la vente industrielle personnalisée) inhibe les vastes efforts promotionnels et les paris sur un petit nombre de produits qui sont la marque des efforts commerciaux en matière de biens de consommation. Ainsi, si 3M a connu quelques réussites, en gros ses activités dans le domaine des biens de consommation ne sont pas aussi rentables que le reste de son portefeuille. A l'autre extrémité, 3M a récemment rencontré des difficultés pour se placer dans l'arène du « bureau de l'avenir ». Le problème ressemble à celui des biens de consommation. Les produits les plus sophistiqués du bureau de l'avenir sont des « produits de systèmes ». Une fois de plus, l'extraordinaire autonomie des divisions de 3M ne convient pas aux liens étroits entre divisions imposés par la complexité du développement de produits de systèmes et des efforts de vente.

Hewlett-Packard : Nous avons souligné plus haut que HP avait rencontré des difficultés pour le marketing des calculatrices de poche. L'histoire de HP ressemble fort à celle de 3M. Dans le domaine des instruments et de l'électronique, HP sait comment servir le client professionnel, la niche de dimension modeste. La calculatrice grand public à 9,95 dollars est hors de sa compétence. De la même manière, HP a subi un désastre avec une montre électronique. L'erreur est compréhensible. HP pensait que l'élément électronique était si rare que le consommateur moyen le considérerait comme quelque chose de très spécial. Ils se sont trompés, et les montres de Texas Instruments à 8,95 dollars les firent plonger. (Toutes les entreprises, les unes après les autres, ont eu des difficultés à faire la transition vers l'arène de l'électronique grand public. National Semiconductor, un producteur de puces, a échoué lorsqu'il s'est rapproché du client — avec des montres une fois de plus. La même chose est arrivée à Fairfield Semiconductor.)

Texas Instruments : Nous avons dit plus haut que Texas Instruments avait des difficultés à imaginer des calculatrices réveille-matin qui jouent du Schubert — chose qui n'est pas un handicap pour l'électronicien japonais conscient du client. En conséquence, TI a en général rencontré des problèmes avec l'électronique grand public. Certaines parties de ce qui subsiste de cette activité sont rentables, notamment des machines comme Speak'N Spell. Mais on soupçonne qu'elles sont rentables parce que la technologie est « encore assez exotique » pour affronter la concurrence. Lorsque ce genre de circuits deviendront monnaie courante comme le sont les puces qui font marcher les montres et les calculatrices de poche, il est possible qu'une fois de plus TI perde du terrain devant les Japonais.

Procter & Gamble : Un commentateur note que P & G connaît des problèmes face aux revirements constants dus à la mode et à ses aléas dans le domaine des biens de consommation. P & G a toujours défendu la qualité avant tout. Ils n'introduisent pas un nouveau produit ou la nouvelle formule d'un ancien produit à moins d'être sûrs qu'ils sortent du commun. Ainsi, un observateur de longue date souligne que P & G a eu du mal, dans le domaine des pâtes dentifrices, à ajouter des petites rayures vertes qui se sont si bien vendues ces dernières années. En outre, ils ont dépensé des centaines de millions de dollars a essayer de lancer des chips Pringles, malgré les échecs constants. Une fois de plus, cette histoire montre l'attachement de l'entreprise à la qualité par opposition aux gadgets. La chip Pringles est une idée classique de P & G, écrit un commentateur : des chips uniformes dans un joli emballage. Cela s'accorde au sens de la qualité de P & G, bien que du point de vue du consommateur, ce soit un fiasco total.

Sears : Pendant des années, Sears, Roebuck ont prospéré sous le drapeau de « La qualité à un prix décent ». Ils ont ressenti le besoin de s'étendre — et ils ont complètement échoué. Le journaliste économique Gordon Weil conclut : « Imaginez que McDonald's lance un rumsteack, augmente le prix du Big Mac, et retire son hamburger ordinaire de la vente. C'était la stratégie de croissance de Sears. En résumé, Sears essayait de faire deux choses à la fois. »

Tous ces exemples jettent un doute, à notre avis, sur la viabilité des conglomérats qui ont connu une telle vogue dans les années soixante. Et à l'heure actuelle, nous pensons que nous apercevons les signes d'une contre-révolution. Par exemple, le *Wall Street Journal* titra ainsi un de ses articles à la fin de 1981 : « Colgate travaille dur pour devenir l'entreprise qu'elle était il y a dix ans. Elle se débarrasse de beaucoup d'acquisitions et cherche à renforcer ses produits traditionnels. »

Le prédécesseur de Keith Crane (directeur), David Foster avait essayé, sans succès, de faire sortir Colgate de l'ombre du géant du secteur, Procter & Gamble, en ajoutant des entreprises d'articles de sport, d'alimentation, et de vêtements. En se livrant à cette frénésie d'achats, Colgate se rendit acquéreur d'une masse de problèmes. Elle devint une entreprise qui sapait les bénéfices de ses lignes traditionnelles pour acquérir de nouvelles entreprises qui étaient déjà sur le déclin. M. Crane imposa une sévère réduction des dépenses. Il se débarrassa d'une grande partie des 935 millions de dollars d'acquisitions de M. Foster — en enregistrant une moins-value sur les actifs d'au moins 96,5 millions de dollars. Il réorganisa aussi la direction, révisa les budgets de publicité et s'employa à renforcer les lignes de produits de base en mettant l'accent sur la production et la rentabilité.

M. Foster avait dit : « L'un des aspects les plus passionnants et productifs de la nouvelle orientation de notre entreprise, c'est l'accent que nous mettons sur le développement de nouvelles catégories de produits différentes de notre ligne de produits traditionnelle, pour laquelle la croissance du marché est généralement limitée à l'accroissement de la population. »

« Ce n'étaient que des acquisitions d'orgueil », dit un cadre de la publicité. « En dehors de Kendall (entreprise de fournitures médicales) et Riviana (producteur de riz) le reste fut de la pure camelote. » En outre, les efforts de Colgate pour lancer de nouveaux produits s'écroulèrent sous le régime Foster. Fréquemment, l'entreprise prit un raccourci pour introduire de nouveaux produits, elle se transforma en distributeur au lieu de développer ses propres produits. « Ce sont des erreurs que P & G ne commettraient jamais », dit un ancien conseiller de Colgate. « Vous apprenez sur ce marché à fabriquer des produits simples et fonctionnels. Colgate se lança dans les additifs. »

Cette histoire, à part peut-être les cas de conclusion heureuse d'un repli, est monnaie courante. L'entreprise décide qu'elle se trouve dans un secteur stagnant. Elle se résout à s'étendre. Elle ne sait pas ce qu'elle achète. Elle achète des entreprises qui sont sur le déclin ou presque. En outre, elle n'y comprend rien (acquisitions d'orgueil). Enfin, et c'est là le pire, les efforts et l'attention voués à la gestion de ces nouvelles acquisitions sapent la vitalité de l'activité principale déjà chancelante. Les nouveaux produits (extensions de lignes ou reformulation des anciens produits) sont examinés superficiellement ou hâtivement comme dans le cas de Colgate. Et c'est le début du déclin.

Mais l'heureuse conclusion où l'on se débarrasse des acquisitions devient plus courante. En une seule journée, fin 1980, le *New York Times* parlait de désinvestissements opérés par Litton, Textron, et GAF. On a souvent l'occasion de voir de telles nouvelles aujourd'hui. Par exemple, un article de *Business Week* paru en 1981 notait que ITT s'était débarrassé de trente-trois entreprises depuis 1979; un reportage publié par *Fortune* en 1981 disait que Consolidated Foods avait revendu cinquante entreprises dans les cinq dernières années; un article du *New York Times* parlait du groupe britannique GEC qui est sur le point de sortir d'une fusion (on cite le président qui aurait déclaré : « On peut dire que les turbines sont liées à l'appareillage électrique qui est lié aux transformateurs qui sont liés à la transmission de contrôle, qui est liée aux lampes. Mais les lampes n'ont pas de liens directs avec les turbines »). *Forbes* nota, en 1981 encore, que, depuis 1972, le directeur de Monsanto, John Hanley, s'était débarrassé de plus de 800 millions de chiffre d'affaires pour « revenir à la base »; et le même magazine observait que la revente de Litton avait lieu afin que l'entreprise puisse « revenir au fil directeur de la technologie ».

Ce mouvement n'a rien d'une lame de fond surtout en un temps où la Federal Trade Commission de Reagan dit clairement que toutes les sortes de fusions ou presque sont bénéfiques. Mais tout « retour à la base », d'après les études que nous avons examinées et les enseignements tirés de l'expérience des meilleures entreprises, est une très bonne chose.

11

Une structure simple et légère

Taille et complexité vont de pair, hélas. Et la plupart des grandes entreprises répondent à la complexité par la complexité, en adoptant des systèmes et des structures compliqués. Elles engagent ensuite plus de personnel pour faire face à cette complexité, et c'est là que commence l'erreur. Le paradoxe est clair. D'un côté, la taille engendre une complexité légitime, et répondre par des systèmes et des structures complexes est parfaitement fondé. D'un autre côté, le bon fonctionnement d'une entreprise implique de faire en sorte que les choses restent compréhensibles pour les dizaines ou centaines de milliers d'individus qui la font avancer. Et cela signifie rester simple.

La structure en matrice est bien entendu notre exemple préféré pour illustrer l'erreur à ne pas faire pour répondre à la complexité. L'idée est très séduisante. Dès qu'une entreprise multiplie ses activités et qu'elle doit s'éloigner de la plus simple de toutes les formes, la structure fonctionnelle — département financier, ventes, et fabrication — elle peut se décentraliser de maintes façons. Elle peut s'organiser autour des groupes de produits, des segments de marché, des zones géographiques où se trouvent ses usines ou ses points de vente. Et, bien entendu, les fonctions financière, commerciale et productive ne bougent pas. Mais si l'on tente d'englober le tout dans une structure d'organisation formelle, on obtient une matrice à quatre dimensions au moins, ce qui génère un fatras logistique.

Le dilemme vient de ce que le monde est tout aussi complexe. Les conditions matricielles sont donc réunies dans toute grande organisation. Le dilemme s'aggrave lorsqu'on commence à ajouter d'autres formes d'organisation sensées — par exemple, des dispositifs temporaires comme les centres de projet. Que doit alors faire un manager ?

Certaines entreprises ont décidé qu'à défaut de pouvoir adopter la matrice dans sa totalité, elles pouvaient au moins en utiliser certaines dimensions et parvenir à une structure formelle qui accorde aux directeurs de produits et aux directeurs fonctionnels un pouvoir équivalent sur les départements ou les divisions. Mais même cette solution partielle nous paraît confuse. Les gens ne savent pas très bien devant qui ils sont responsables et de quoi. Le plus grave, semble-t-il, c'est qu'au nom de « l'équilibre », tout se tient d'une manière ou d'une autre. L'entreprise est paralysée parce que la structure ne met pas les priorités en évidence, *elle les dilue automatiquement*. En fait, on dit au personnel : « Tout est important, tenez compte de tout. » Ce mot d'ordre est paralysant.

Pratiquement aucune des meilleures entreprises n'a, d'après elle, une structure en matrice, sauf parmi les entreprises d'ingénierie comme Boeing, mais là, on entend autre chose par matrice. Les gens opèrent de manière binaire : soit ils font partie d'une équipe de projet et ont la responsabilité d'accomplir une tâche pour cette équipe (le plus souvent), soit ils appartiennent à une discipline technique où ils passent du temps à s'assurer que leur département reste à la pointe du progrès. Lorsqu'ils se trouvent affectés à un projet, ils ne se demandent pas constamment s'ils sont responsables vis-à-vis du projet ou non. Ils le sont.

Pour être clair, la forme d'organisation qu'un petit nombre d'utilisateurs de la première heure — comme Boeing ou la NASA — ont appelé « matrice » ne nous préoccupe pas outre mesure. La clé du fonctionnement de ces systèmes est la même que celle qui fait marcher les structures dans les autres entreprises exemplaires : *une dimension* — le produit *ou* la géographie *ou* la fonction — *prime nettement*. Ce qui nous préoccupe, c'est la façon dont ce concept a été abâtardi, si bien qu'il est pratiquement impossible de déterminer qui est responsable de quoi, ni quand, ni incidemment, « de savoir à quel patron dois-je rendre compte pour ceci ou me faut-il informer tout le monde ? » Cela engendre des fonctionnels qui acquièrent et conservent un pouvoir important en veillant à ce que tout reste complexe et confus (ainsi, le fonctionnel devient l'arbitre aux interfaces de la matrice où, par exemple, produit et fonction s'opposent).

Les meilleures entreprises ont évité cet écueil de manières très diverses, la simplicité étant toujours la caractéristique de base. Chez la plupart d'entre elles, on trouve une forme assez stable qui ne change jamais — l'articulation des divisions autour des produits, par exemple — qui constitue la pierre angulaire que tout le monde comprend et qui permet de faire face aux complexités de la vie courante. Stabilité et simplicité reposent aussi très largement sur la diffusion de valeurs claires.

Au-delà de la simplicité, on découvre que les meilleures entreprises font preuve d'une grande souplesse pour réagir aux conditions très changeantes de l'environnement (et pour régler les problèmes que soulève l'ubiquité des conditions matricielles). Parce qu'elles ont un axe d'organisation unificateur, elles peuvent faire un meilleur usage des petites divisions ou autres petites unités. Elles peuvent se réorganiser de façon plus souple, plus fréquente et plus fluide. Et elles peuvent faire un meilleur usage des formes temporaires comme les groupes d'intervention et les centres de projet. Elles modifient les accessoires, mais rarement le fond. (Bien sûr, d'autres caractéristiques permettent de conserver une fluidité à l'entreprise : par exemple, les politiques de personnel qui garantissent la sécurité et rendent les gens moins dépendants de l'unité d'organisation à laquelle ils appartiennent).

La forme simple la plus courante est la division par produit. Plusieurs entreprises, cependant, ont évité la matrice en conservant une structure qui se rapproche de la vieille forme fonctionnelle. Des entreprises comme Frito-Lay et Kodak en sont proches. Enfin, les autres, y compris McDonald's, sont simplement organisées autour de leurs restaurants, de leurs magasins, de leurs boutiques, ou de leurs usines.

Johnson & Johnson est un merveilleux exemple de simplicité en dépit de sa taille. Cette entreprise représente un extrême dans la façon de garder une structure simple, autonome et découpée en divisions. Comme nous l'avons vu, J & J est une entreprise au chiffre d'affaires de 5 milliards de dollars fractionnée en 150 divisions indépendantes dont le chiffre d'affaires moyen est d'environ de 30 millions de dollars. Les divisions ont le nom d'« entreprises », et chacune est dirigée par un « président ». Les entreprises sont rassemblées en huit branches comprenant vingt divisions chacune, et les entreprises de chaque branche ont une similarité géographique ou de produit. Bien qu'aucune ne soit vraiment indépendante dans la mesure où elles n'ont pas leur propre capital, le « conseil d'administration » est actif et protège les divisions des interférences non désirées (et généralement inutiles) des directions centrales. Un commentateur du *Wharton Magazine* ajoute : « L'état-major de Johnson & Johnson est léger, ils n'ont pas de spécialistes qui vont constamment d'une filiale à l'autre comme chez General Electric. »

Son secteur des biens de consommation, qui représente environ 40 pour cent des ventes et des bénéfices de J & J, a une organisation très simple : il existe plus de cinquante-cinq divisions de produits, et chacune est responsable de son propre marketing, de sa distribution et de sa recherche. Cela est contraire à la conception classique pour laquelle la prépondérance du marché des biens de consommation impose une activité à grande échelle. Le directeur général James Burke explique dans une diatribe, qui ressemble fort à celle avancée par beaucoup d'autres entreprises exemplaires ayant aussi recours aux divisions, pourquoi ils préfèrent la solution J & J :

> Nous nous sommes périodiquement penchés sur l'intérêt des regroupements. Prenons notre secteur des biens de consommation et regroupons le réseau de distribution. Sur le papier, il pourrait y avoir certain intérêt à le faire. Mais nous nous disons qu'il devrait être énorme pour que nous y attachions de l'importance. Nous sommes en effet convaincus que si le chef d'une entreprise peut contrôler tous les aspects de cette entreprise, celle-ci sera beaucoup mieux gérée. De plus, à notre avis, le bénéfice en matière d'efficience que l'on est censé tirer des économies d'échelle n'a rien de réel. Il est intangible. Une fois que votre gros monstre fonctionne, vous créez des dysfonctionnements dont vous ignorez l'existence. Et si la direction les voit, elle ne fera pas d'efforts pour les supprimer parce qu'elle ne les contrôle en rien.

La simplicité de forme qui est le fruit d'une telle philosophie se rapproche d'autres exemples fascinants de notre enquête. Parmi les éléments qui font fonctionner ces structures articulées autour des produits, on trouve :

1. Une extraordinaire intégrité de la division. Toutes les divisions possèdent les fonctions principales, développement des produits, département financier, et service du personnel.

2. Une décentralisation constante en nouvelles divisions qui est encouragée. Les 150 divisions de J & J n'étaient que 80 il y a dix ans. (Ce point est fascinant à nos yeux, face à tous ces constructeurs d'empire qui édifient d'énormes monolithes à plusieurs strates.)

3. Un ensemble de lignes directrices qui dictent le stade auquel un nouveau produit ou une nouvelle ligne de produits devient une division indépendante (par exemple, à un niveau de chiffre d'affaires d'environ 20 millions de dollars chez 3M).

4. Des mouvements de personnel et même de produits ou de lignes de produits entre les divisions, et ce régulièrement et sans l'amertume que cela provoquerait dans la plupart des entreprises.

Il est intéressant de noter que la forme simple n'est pas limitée aux entreprises qui se font une spécialité de pénétrer ou de créer des niches de taille modeste, comme Johnson & Johnson, Hewlett-Packard, Emerson, Digital, Dana et 3M, bien que la simplicité de la petite division de produit soit évidente en l'occurrence. Quels que soient le secteur d'activité ou les besoins apparents en matière d'économie, pratiquement toutes les entreprises que nous avons interrogées ont à cœur de décentraliser au maximum le pouvoir, et de préserver et de développer l'autonomie pratique d'un grand nombre de personnes. Cela ne peut pas être accompli en l'absence d'une forme structurelle de base, et ne saurait l'être dans une structure en matrice.

La simplicité de la structure de base facilite réellement la souplesse en matière d'organisation. Les meilleures entreprises, comme nous l'avons vu, font un meilleur usage des groupes d'intervention, des centres de projet, et autres dispositifs ad hoc qui font avancer les choses. Elles *semblent* aussi être en constante réorganisation. Elles le sont, mais la plus grande part de cette réorganisation est marginale. La forme fondamentale change rarement autant. Boeing est un cas intéressant. On considère souvent, et à juste titre, que la structure de projet est à l'origine de la matrice formelle ou en est le principal exemple. Mais en réalité, chaque directeur de projet de Boeing jouit d'une extraordinaire autonomie. Et Boeing s'enorgueillit de sa capacité de tirer les gens à différents niveaux de la structure technique pour leur confier la responsabilité de projets importants, avec souvent des cadres plus haut placés et mieux payés sous leurs ordres.

Il nous semble qu'il y a un corollaire primordial de la forme structurelle simple : une équipe dirigeante réduite. Comme nous l'avons déjà montré, ces deux caractéristiques semblent très étroitement liées. Avec une forme d'organisation simple, on a besoin d'une équipe dirigeante moins nombreuse pour faire fonctionner les choses.

Il apparaît que la plupart de nos entreprises exemplaires comptent relativement moins de membres dans leurs équipes dirigeantes, et que ceux-ci tendent à se trouver sur le terrain pour résoudre les problèmes plutôt que dans des bureaux pour contrôler les choses. A la base, il y a moins d'administrateurs, et plus d'exécutants. De ce fait, nous avons inventé notre « règle des cent » : à de rares exceptions près, il semble que l'on ait rarement besoin de plus de cent personnes dans les états-majors centraux.

- Emerson Electric a 54 000 employés et tourne avec un état-major de moins de 100 personnes.

• Dana emploie 35 000 personnes, et a ramené son état-major à 100 personnes alors que l'entreprise en comptait 500 en 1970.
• Schlumberger, au chiffre d'affaires de 6 milliards de dollars, fait tourner son empire mondial avec une équipe dirigeante composée de 90 personnes.

Chez McDonald's aussi, les chiffres sont bas, suivant en cela l'ancienne maxime de Ray Kroc que nous avons mentionnée : « Je pense qu'"un minimum donne un maximum" en ce qui concerne l'équipe dirigeante. » Chez Intel, au chiffre d'affaires d'un milliard de dollars, il n'y a pratiquement pas d'équipe dirigeante. Tous les postes de direction sont temporaires et confiés à des opérationnels. Chez Wal-Mart, au chiffre d'affaires de deux milliards de dollars, le fondateur Sam Walton dit qu'il croit à la règle du siège social vide : « La clé est d'aller dans les magasins pour écouter. » Chez la prospère filiale de Heinz, Ore-Ida au chiffre d'affaires d'un milliard de dollars, l'un des plans stratégiques les plus réfléchis que nous ayons vus, a été conçu par le président avec la seule aide de sa secrétaire et à temps partiel de son directeur de l'exploitation. Il n'y a pas d'état-major et encore moins de planificateurs.

On trouve la même règle dans certaines entreprises plus petites et très performantes. ROLM, par exemple, fait tourner une entreprise au chiffre d'affaires de 200 millions de dollars avec une équipe dirigeante de quinze personnes. Lorsque Charles Ames a pris la tête d'Acme Cleveland au chiffre d'affaires de 400 millions de dollars, le nombre des dirigeants le consterna. En l'espace de quelques mois, il l'avait réduit de 120 à 50.

Les nombres absolus sont certes impressionnants, mais le genre de gens qui font partie des équipes dirigeantes est tout aussi important. Tout d'abord, pratiquement aucune fonction ne relève de l'équipe dirigeante dans bon nombre des meilleures entreprises. Le développement des produits, qui est en général une activité du ressort du groupe ou du siège, est complètement décentralisé dans les divisions chez Johnson & Johnson, 3M, Hewlett-Packard, et d'autres. Dana se targue de décentraliser au niveau de l'usine même des fonctions telles que les achats, le service financier et celui du personnel. Les stratèges ont une fonction de direction. Néanmoins, Fluor conduit ses opérations qui représentent 6 milliards de dollars avec l'aide de trois planificateurs au niveau du groupe. 3M, Hewlett-Packard et Johnson & Johnson n'ont pas de planificateurs pour l'ensemble du groupe. Pratiquement toutes les fonctions sont décentralisées dans les meilleures entreprises, au moins au niveau de la division.

Bechtel possède une fonction de recherche active, et insiste pourtant pour que pratiquement tous ceux qui participent à la recherche spécialisée passent à une activité opérationnelle. Nombre des membres de ses services de recherche sont d'anciens opérationnels qui redeviennent ensuite opérationnels. Chez IBM, la direction applique strictement la règle d'une rotation tous les trois ans. Peu de postes d'état-major sont occupés par des « fonctionnels de carrière »; ils sont occupés par des opérationnels. En outre, ceux qui entrent dans l'état-major central savent qu'au bout de trois ans, ils redeviendront opérationnels. Cela permet de contrôler étroitement l'instauration de systèmes complexes. Si vous savez que vous allez devenir utilisateur dans les trente-six mois qui viennent, vous n'allez vraisemblablement pas inventer une bureaucratie autoritaire lors de votre bref séjour de l'autre côté de la barrière. Digital et 3M suivent pratiquement les mêmes règles. Les membres de l'état-major de Digital et de 3M, à part quelques éléments des services juridique et financier, sont presque toujours des opérationnels — qui le redeviendront pas la suite.

Il y a des dizaines d'années de cela, les Américains se passionnèrent pour la notion de champ de contrôle optimal. Nous avons tendance à penser aux États-Unis que normalement personne ne peut contrôler plus de cinq à sept personnes. Les Japonais pensent que c'est absurde. Dans une banque, par exemple, plusieurs centaines de directeurs d'agence dépendent d'une seule et même personne. L'organisation à plat est donc possible. L'un des plus grands contrastes entre les entreprises japonaises et américaines, en réalité, tient au nombre des échelons intermédiaires. Comme nous l'avons vu, lorsqu'on trouve cinq échelons entre le président et le premier relais hiérarchique chez Toyota, on en trouve quinze ou plus chez Ford.

Considérons maintenant la théorie d'Ed Carlson, ancien président de UAL. Les cadres moyens n'ont, dans la plupart des entreprises, qu'un rôle restreint au-delà des activités de « relais », consistant par exemple à saisir les idées qui remontent du bas vers le haut et inversement. Les cadres moyens, dit Ed Carlson, sont des éponges. Un leadership de contact fonctionne mieux lorsqu'il y a moins d'intermédiaires.

Dans beaucoup d'entreprises, ces évolutions quantitatives sont stupéfiantes. Pendant les vingt-quatre mois qui viennent de s'écouler, Ford, afin de devenir plus compétitif que les Japonais, a réduit le nombre de ses cadres moyens de plus de 26 pour cent : et le directeur général Donald Petersen pense que ce n'est qu'un début. Des réductions qui avoisinent 50 pour cent ou même 75 pour cent, tant en ce qui concerne le nombre des niveaux hiérarchiques que les effectifs, sont des objectifs courants lorsque les hommes d'affaires évoquent ce dont ils pourraient vraiment se passer.

Une structure pour l'avenir

Quelle est précisément la marque de l'organisation qui semble le mieux marcher ? Chacune des nombreuses formes d'organisation a des forces et des faiblesses importantes. Reprenons-les :

- L'organisation fonctionnelle, typique des entreprises de biens de consommation, est efficace et gère bien les éléments de base; elle n'est ni particulièrement créative, ni entreprenante, ne s'adapte pas rapidement, et est surtout sujette à passer à côté des changements importants requis.
- L'organisation divisionnelle, dont la General Motors de Sloan est le prototype, prend bien en charge les principes de base, et s'adapte généralement mieux que l'organisation fonctionnelle. Mais les divisions deviennent toujours trop grandes, et les grandes divisions souffrent de tous les problèmes que connaissent les structures fonctionnelles trop développées. En outre, les organisations divisionnelles dérivent souvent vers une confusion d'activités centralisées et décentralisées.
- La matrice qui répond aux multiples pressions sur de nombreux fronts — mais surtout à la sur-complexité des structures divisionnelles — correspond aux réalités actuelles. Cependant, elle cesse presque toujours d'être innovatrice, et ce, souvent, très vite. Elle a du mal à prendre en charge les principes de base (la structure d'autorité est particulièrement faible). Elle dégénère aussi régulièrement dans l'anarchie et devient rapidement bureaucratique et non créative. L'orientation à long terme de l'organisation en matrice manque en général de netteté.
- L'adhocratie répond à de multiples pressions sans entraîner de nouvelle bureaucratie permanente. Mais elle peut, elle aussi, devenir anarchique si tout le monde se bat contre les problèmes temporaires, tandis que les principes de base sont ignorés.
- La « configuration missionnaire » comme l'appelle Henry Mintzberg, du type de celle de McDonald's, est facteur de stabilité par des moyens non structurels. Si elle est accompagnée, comme elle devrait l'être en théorie, d'une expérimentation régulière dans le cadre du système de valeurs en vigueur (et si ces valeurs sont appropriées) tout peut marcher. Mais, comme il en va de toutes

« structures » fondées sur un dogme, elle peut devenir très étroite d'esprit et rigide — encore plus que la forme fonctionnelle.

Face à ce constat, nous sommes enclins à proposer une alternative hybride à toutes ces formes, et à décrire les propriétés souhaitables d'une « structure potentielle des années quatre-vingts », une structure qui répondra aux trois besoins principaux : (1) un besoin d'efficacité en ce qui concerne les principes de base; (2) un besoin d'innovation régulière; et (3) un besoin d'éviter la sclérose en garantissant un minimum de capacité de réaction aux menaces externes majeures. Nous pensons donc à une forme structurelle fondée sur « trois piliers », chacun répondant à l'un de ces trois besoins fondamentaux : le pilier de la stabilité pour répondre au premier, le pilier de l'esprit d'entreprise pour répondre au deuxième et le pilier « briseur d'habitudes » pour répondre au dernier.

Le *pilier de la stabilité* se fonde sur le maintien d'une forme structurelle sous-jacente, simple et constante, et sur le développement et le respect de valeurs fondamentales, solides, mais souples. Nous pensons que cette forme sous-jacente simple devrait être en général la division fondée sur le produit, et que la vieille et simple structure divisionnelle est probablement la meilleure forme qui existe — à présent et pour l'avenir. Cela trahit notre penchant évident pour le produit, et contre la matrice. Tout ce dont nous avons parlé — l'esprit d'entreprise vis-à-vis du produit et du service, l'amour du produit, la qualité, la concentration sur l'action et la productivité par la motivation du personnel — nous mène à une orientation vers le produit ou le marché. C'est simple, plus clair, plus direct et plus tangible.

Le système de valeurs sous-jacent, seconde caractéristique du pilier de la stabilité, comprend la « forme missionnaire ». Cela peut sembler étrange de parler de valeurs sous le titre de structure d'orientation, mais, souvenez-vous, au sens le plus large, la structure est un réseau de communications. Lorsque nous pensons aux formes stables chez IBM, Hewlett-Packard et Dana, par exemple, nous apprécions instantanément le besoin et l'avantage d'un système de valeurs stable.

Le *pilier de l'esprit d'entreprise* a pour fondement « plus on est petit, mieux on se porte ». Et la seule façon de rester petit est de créer de nouvelles divisions pour accueillir des activités nouvelles ou en développement. De ce point de vue, la petite dimension est une condition *sine que non* d'une faculté d'adaptation constante. C'est quelquefois au prix d'une certaine efficacité, mais comme nous n'avons cessé de le répéter, l'avantage de l'efficacité est en général très surestimé.

Les systèmes d'évaluation et l'utilisation de fonctionnels centraux constituent les deux autres caractéristiques du pilier d'entreprise. Lorsque la forme structurelle est simple et ne dépend pas de vastes systèmes intégrés, on peut survivre avec des systèmes plus simples et des états-majors plus petits pour gérer l'entreprise. Les divisions disposeraient de toutes les fonctions nécessaires — par exemple : achats, transport, personnel et finances.

Enfin, le *pilier briseur d'habitudes* englobe en particulier une volonté de procéder à des réorganisations régulières et de se réorganiser sur une base « temporaire » pour s'attaquer à des tâches spécifiques (le Centre de projets de General Motors dont l'objectif était le développement des modèles compacts). Par réorganisation régulière, nous entendons : (1) une volonté de créer de nouvelles divisions lorsque les anciennes deviennent trop grandes et bureaucratiques; (2) une volonté de faire bouger les produits ou les lignes de produits entre les divisions afin de tirer parti de compétences de gestion spécifiques, ou de répondre à des évolutions de marché (3M est un maître en la matière, et le passage d'un produit d'une division à une autre entraîne rarement des bagarres); (3) une volonté de prendre les meilleurs et de les réunir dans des équipes de projet dont l'objectif est de résoudre des problèmes spécifiques essentiels ou d'accomplir une mission importante — d'organisation, en gardant à l'esprit que ce genre d'arrangement est temporaire; et (4) une volonté de réorganiser et de redistribuer l'organigramme (tout en maintenant l'intégrité de la forme centrale de base) lorsque le besoin s'en fait sentir.

Des techniques structurelles « qui brisent les habitudes » sont les antidotes aux problèmes qui ont entraîné les organisations en matrice. Une réorganisation régulière est un moyen de faire face aux pressions changeantes sans y substituer des dispositifs de commissions permanentes qui, théoriquement, prennent en charge tous les problèmes, toutes leurs dimensions. La création, la multiplication, et l'échange des produits ou des lignes de produits sont aussi des moyens de faire face aux pressions changeantes tout en maintenant l'intégrité de la forme sous-jacente.

Ces trois piliers représentent une réponse « théorique » aux problèmes qui ont mené d'abord à la matrice puis aux lésions qui émergèrent dans la structure en matrice à mesure qu'elle répondait à ces conditions. Ensemble aussi, ils correspondent étroitement aux systèmes de gestion de beaucoup des meilleures entreprises.

12

Souplesse dans la rigueur

Concilier rigueur et souplesse, le dernier de nos huit principes de base des pratiques de gestion exemplaires, est largement une synthèse des autres principes. C'est par définition la coexistence d'une ligne directrice centrale ferme et d'une autonomie individuelle maximale — ce que nous avons appelé « jouer sur les deux tableaux ». Les entreprises qui respectent ce principe exercent un contrôle serré tout en accordant au personnel une autonomie très large et en favorisant l'initiative et l'innovation. Elles s'y emploient par le biais de la « confiance », de systèmes de valeurs. Elles consacrent également une attention scrupuleuse aux détails.

Concilier rigueur et souplesse ? Les regards de la plupart des managers se glacent lorsqu'on aborde des sujets tels que les systèmes de valeurs, ou la culture. Pourtant, nous nous souvenons de l'ancien président de Caterpillar, Bill Blackie, nous parlant de l'attachement de son entreprise « à une livraison de pièces détachées en quarante-huit heures dans le monde entier. » Cela nous ramène à une rude journée d'hiver à Minneapolis-St.Paul où Tait Elder de 3 M nous entretint des « champions irrationnels » qui pullulaient chez 3M. Et nous voyons encore Rene McPherson s'adressant avec fougue à un amphithéâtre à Stanford. Les étudiants lui demandent les remèdes magiques qui lui ont permis de maîtriser les problèmes de productivité chez Dana, et il répond : « Vous allez de l'avant, tout simplement. J'ai fait toutes les erreurs possibles, mais je continue d'aller de l'avant. » Il faut le prendre au sérieux : là est vraiment *tout* son secret.

On pense à Tom Watson père, rentrant faire un rapport à son siège à Painted Post dans l'État de New York, après une dure journée pendant laquelle il avait vendu des pianos à des fermiers. Et on pense à ce qu'il est devenu ensuite et pourquoi. On imagine J. Willard Marriott père dans sa première échoppe d'alimentation à

Washington DC, et on le voit maintenant, à quatre-vingt-deux ans, s'inquiétant toujours de la propreté d'un hall, bien que son échoppe soit devenue une entreprise au chiffre d'affaires de deux milliards de dollars. On se représente Eddie Carlson travaillant comme petit groom dans un hôtel Western International, le Benjamin Franklin de 1929, et on s'émerveille de la légende qu'il est devenu.

Carlson ne rougit pas lorsqu'il parle de valeurs. Watson non plus, qui affirmait que les valeurs sont tout. Ces hommes vivaient de leurs valeurs — Marriott, Ray Kroc, Bill Hewlett et Dave Packard, Levi Strauss, James Cash Penney, Robert Wood Johnson. Et ils les appliquaient méticuleusement dans leurs entreprises. Ils *croyaient* au client. Ils *croyaient* à l'autonomie et à la liberté d'agir. Ils *croyaient* aux contacts directs avec les gens, à la qualité. Mais ils étaient tous de fermes partisans de la discipline. Ils lâchaient la bride, mais ils acceptaient le risque de voir certains de leur favoris s'y prendre. Ce principe de rigueur et de souplesse relève, en définitive, de la culture.

Le président de Texas Instruments affirme que le bon fonctionnement de son système de planification par Objectifs, Stratégies et Tactiques est dû à « la culture innovatrice » de Texas Instruments (moelle). Lew Lehr, président de 3M, raconte des histoires de gens qui ont connu des échecs fracassants — mais qui ont fini par devenir, après des décennies de tentatives, directeurs adjoints de l'entreprise. Il décrit là les caractéristiques de souplesse dans la rigueur de 3M.

Nous avons beaucoup parlé des structures d'organisation souples aux apparences de clubs et de campus (constitutions nouvelles divisions, dispositifs temporaires brisant les habitudes, les réorganisations régulières), de volontaires, de champions fanatiques, d'autonomie maximale pour les individus, d'équipes et de divisions, d'expérimentation régulière et vaste, de feedback mettant l'accent sur le positif, et de réseaux sociaux solides. Toutes ces caractéristiques se concentrent sur l'aspect positif, l'enthousiasme pour des tentatives désordonnées.

Mais en même temps, les meilleures entreprises sont caractérisées par un ensemble de propriétés de rigueur extrême inspirées de la culture. La plupart possèdent des valeurs partagées inflexibles. Le parti pris de l'action, y compris l'expérimentation, implique avant tout une communication extrêmement régulière et un feedback très rapide. Les rapports concis (les mémos d'une page de Procter & Gamble) et la volonté de réalisme sont encore d'autres façons de faire preuve de rigueur. Si vous n'agissez qu'en fonction de trois chiffres, vous pouvez être sûr qu'on les vérifie. La prédominance d'une ou deux disciplines est en soi une autre manifestation essentielle de rigueur. Le fait que la grande majorité de la direction soit composée de chimistes chez 3M ou d'ingénieurs en mécanique chez Fluor, est une autre garantie essentielle de réalisme, une autre forme de rigueur.

Curieusement, la concentration sur l'extérieur, la perspective externe, l'attention portée aux clients, sont l'une des marques de rigueur la plus grande. Dans les meilleures entreprises, c'est peut-être la voie la plus rigoureuse de l'autodiscipline. Si l'on prête vraiment attention à ce que dit le client, si l'on est poussé par les exigences du client, on peut être sûr que l'entreprise est solidement tenue. Vient ensuite la pression exercée par les pairs : les rallyes hebdomadaires chez Tupperware, les Semaines d'Enfer biannuelles chez Dana. Bien que ce ne soit pas un contrôle par le biais de formulaires et de valeurs multiples, c'est le contrôle le plus serré de tous. Comme le dit McPherson, il est facile de rouler le patron, mais on ne peut pas rouler ses pairs. Toutes ces contradictions apparentes n'ont en réalité rien de contradictions.

Optez par exemple pour la qualité par opposition aux coûts, ou pour une petite taille par opposition à la grande (c'est-à-dire pour l'efficacité par opposition à l'efficience). Il ne s'agit nullement de compromis dans les meilleures entreprises. A cet égard, l'histoire d'un directeur de fonderie de General Motors qui réussit un remarquable redressement est significative. Cet homme peignit l'intérieur encrassé de sa fonderie en blanc, en insistant sur le fait qu'il s'attacherait à la qualité (et à l'entretien et à la sécurité) et que les coûts s'ajusteraient favorablement. Comme il le souligna : « D'abord, si vous obtenez une bonne qualité, vous n'avec pas à recommencer le travail. » Rien ne vaut la qualité. C'est le mot le plus important que l'on utilise dans ces entreprises. Le souci de la qualité stimule la volonté novatrice, créatrice — faire le mieux possible pour chaque client sur chaque produit; cela stimule aussi la productivité, l'enthousiasme permanent, une optique axée sur l'extérieur. La volonté de fabriquer ce qu'il y a de « mieux » influe sur pratiquement toutes les fonctions de l'entreprise.

De la même façon, la contradiction efficacité/efficience se dissipe. Des produits de qualité sont fabriqués par des artisans et requièrent en général des entreprises de petite taille, dit-on. Les activités qui sont rentables, par contre, sont, dit-on, encore plus faciles à accomplir dans des entreprises de grande taille, grâce aux économies d'échelle. Seulement, ce n'est pas ainsi que cela marche dans les meilleures entreprises. Chez elles, *dans tous les cas de figure ou presque*, la philosophie du « plus on est petit, mieux on se porte » se révèle payante. L'usine de petite taille se révèle bien plus efficiente et son ouvrier motivé et très productif, qui communique (et rivalise) avec ses pairs, obtient toujours de meilleurs résultats que l'ouvrier des grands complexes. Cela est valable pour les usines, les équipes de projet, les divisions — pour l'entreprise dans sa totalité. Nous découvrons ainsi que dans ce périmètre essentiel, il n'y a en réalité pas de conflit. Petitesse, qualité, enthousiasme, autonomie — et efficacité — sont des mots qui vont ensemble. Les coûts et l'efficience, à la longue, *découlent* de l'importance attachée à la qualité, au service, à la faculté d'innover, au partage des résultats, à la participation, à l'enthousiasme et à la volonté d'apporter aux problèmes des solutions adaptées aux moindres besoins des utilisateurs. Les bénéfices sont primordiaux. Mais une fois le coup d'envoi donné, le contrôle des coûts et l'efficacité de l'innovation deviennent des objectifs parallèles et accessibles.

Il est surprenant de voir que la contradiction exécution/autonomie devient aussi un paradoxe. Ce paradoxe sévit presque partout. A l'école, par exemple, les classes où la discipline est solide passent pour être plus efficaces : on attend des étudiants qu'ils arrivent à l'heure et rendent régulièrement leurs travaux. Pourtant, ces mêmes classes mettent simultanément l'accent sur un feedback positif, l'affichage des bons devoirs, les louanges et l'aide du professeur. De même, lorsque nous considérons McDonald's ou pratiquement chacune des meilleures entreprises, nous constatons que *l'autonomie est un produit de la discipline. La discipline (quelques valeurs partagées) fournit le cadre. Elle donne confiance aux gens (pour expérimenter, par exemple), et cette confiance provient d'espoirs stables à propos de ce qui compte vraiment.*

Ainsi, un ensemble de valeurs partagées et de règles concernant la discipline, les détails et l'exécution peut fournir un cadre à l'intérieur duquel l'autonomie pratique prend place de manière routinière. L'expérimentation régulière existe chez 3M en grande partie grâce aux dispositifs rigoureux qui l'entourent — une communication extraordinairement régulière (rien ne passe inaperçu), des valeurs partagées (qui résultent du dénominateur commun de la direction — le diplôme de chimie), le consensus sur la résolution des problèmes du client qui émane d'une direction dont tous les membres ont commencé comme vendeurs tout en bas de l'échelle.

Parmi les entreprises que nous connaissons, 3M est celle où la discipline est la plus forte, plus encore, à notre avis, qu'à ITT sous le règne de Geneen. Chez ITT, il y avait un nombre incalculable de règlements et de variables à évaluer et à enregistrer. Mais la thématique dominante restait l'art des tours de passe-passe — vaincre le système, faire feu de tout bois, s'unir à d'autres opérationnels pour éviter les « brigades mobiles » mal famées des fonctionnels. Une discipline dictatoriale tue l'autonomie. Mais la discipline rigoureuse fondée sur un petit nombre de valeurs partagées, qui est la marque d'un 3M, d'un Hewlett-Packard, d'un Johnson & Johnson, ou d'un McDonald's, entraîne, en fait, l'autonomie et l'expérimentation dans toute l'entreprise et au-delà.

La nature des règlements revêt une importance essentielle. Les « règlements » des meilleures entreprises ont une couleur positive. Ils traitent de qualité, de service, d'innovation, et d'expérimentation. Ils se concentrent sur la construction, l'expansion, le contraire de la restriction, alors que la plupart des autres entreprises mettent l'accent sur le contrôle, la limite et la contrainte. On ignore trop souvent que les règlements peuvent renforcer les caractéristiques positives et décourager les négatives, et que dans ce cas, ils sont beaucoup plus efficaces.

Même la contradiction externe/interne est résolue dans les meilleures entreprises. Ces entreprises sont tout simplement tournées à la fois vers l'intérieur et vers l'extérieur : vers l'extérieur, dans la mesure où elles ont une réelle volonté d'apporter à leurs clients, service, qualité et solutions innovatrices; vers l'intérieur, dans la mesure où le contrôle de qualité, par exemple, incombe à l'individu, et n'est pas du ressort d'un département spécialisé. De la même manière, les normes de service sont en grande partie déterminées par chacun. L'entreprise se développe grâce à la concurrence interne, à une communication intense, au sentiment de famille, à la politique de la porte ouverte, à l'absence de formalisme, à la fluidité et à la souplesse, aux transferts non politiques de ressources. Tout ceci constitue l'orientation interne essentielle : l'orientation vers les gens.

L'art avec lequel les meilleures entreprises développent leur personnel est de maîtriser le conflit inexorable dont nous avons parlé dans le chapitre trois : notre double besoin de sécurité et de singularisation « cette tension essentielle » que décrivait le psychanalyste Ernest Becker. Une fois de plus, le paradoxe, tel qu'il est vécu dans les meilleures entreprises, résiste. En offrant un sens à leur vie ainsi qu'une compensation financière, elles donnent à leurs employés non seulement une mission, mais le sentiment de valoir quelque chose. Chacun devient un pionnier, un expérimentateur, un leader. La société apporte une croyance qui a valeur de guide, et crée l'enthousiasme, l'impression de faire partie des meilleurs, de fabriquer quelque chose de qualité qui est généralement apprécié.

Et de cette manière, elle tire le meilleur de chacun. Dans ces entreprises exemplaires, on attend de l'ouvrier *moyen* qu'il apporte sa propre contribution, ajoute des idées, innove dans le service à la clientèle et dans la fabrication de produits de qualité. En résumé, on attend de chaque individu — comme les 9 000 leaders des équipes de Texas Instruments — qu'il se singularise, contribue et se distingue. En même temps, il fait partie de quelque chose de grand; Caterpillar, IBM, 3M, Disney Productions.

Enfin, le dernier de nos paradoxes est le compromis du court-terme contre le long-terme. Une fois de plus, nous avons découvert qu'il n'y avait pas de conflit, car les meilleures entreprises ne sont pas vraiment des « penseurs à long-terme ». Elles ne possèdent pas de meilleurs plans quinquennaux. Les plans formels sont chez elles peu détaillés ou même parfois inexistants, beaucoup d'entre elles n'ont pas de planificateurs centraux.

Mais il existe un ensemble de valeurs — qui s'adapte à tout. (Souvenez-vous du contenu : qualité, faculté d'innover, absence de formalisme, service à la clientèle, personnel.) Cependant, la mise en œuvre de ces valeurs se traduit par une extrême attention aux petits détails banals. Chaque minute, chaque heure, chaque jour est une occasion d'agir dans le sens des thèmes dominants.

Nous conclurons sur une contradiction apparemment étrange. Nous l'appelons la règle de l'idiot intelligent. Beaucoup des managers actuels — formation MBA ou équivalente — sont peut-être un peu trop intelligents. Ce sont ceux qui changent de direction tout le temps, ceux qui jonglent avec des modèles à cent variables, ceux qui conçoivent des systèmes stimulants compliqués, ceux qui concoctent des matrices. Ceux qui ont des plans stratégiques de 200 pages et des documents de 500 pages pour décrire les besoins du marché qui ne représentent qu'une étape dans les exercices de développement du produit.

Nos amis « plus idiots » sont différents. Ils n'arrivent pas à comprendre pourquoi tous les produits ne peuvent pas être de la meilleure qualité. Ils n'arrivent pas à comprendre pourquoi chaque client ne peut obtenir un service personnalisé, même dans le domaine des chips. Ils prennent une bouteille défectueuse comme un affront personnel (rappelez-vous l'histoire de Heineken). Ils n'arrivent pas à comprendre pourquoi il est impossible d'obtenir un flot continu de nouveaux produits, ou pourquoi un ouvrier ne peut faire une suggestion tous les quinze jours. Des simples d'esprit, vraiment : simplistes même. Oui, simpliste peut avoir une connotation négative, mais les gens qui dirigent les meilleures entreprises *sont* un peu simplistes. Ce qu'ils croient l'ouvrier capable de faire, semble injustifié. Qu'ils croient que chaque produit peut être de la meilleure qualité semble injustifié. De même lorsqu'ils croient que l'on peut maintenir un haut niveau de service pour chaque client, que ce soit à Missoula, Montana ou Manhattan. Qu'ils croient que pratiquement chaque ouvrier peut faire des suggestions régulières semble tout aussi injustifié. Pourtant c'est peut-être la clé pour obtenir des contributions étonnantes de dizaines de milliers de gens.

Bien sûr, l'objet d'un tel simplisme est essentiel. C'est une concentration sur l'extérieur, le service, la qualité, les gens, le non-formalisme, ces valeurs que nous avons soulignées. Et ce sont peut-être des choses — les seules choses — au sujet desquelles cela vaut la peine d'être simpliste. Rappelez-vous le cadre interrogé par James Brian Quinn déclarant qu'il était important pour son personnel de vouloir être le « meilleur » dans un domaine. Il se moquait de savoir lequel.

Mais ils sont si nombreux à être incapables de le comprendre. Il existe toujours des raisons pratiques, inévitables, sensées et raisonnables de faire des compromis à propos de l'une de ces variables. Seuls les gens simplistes comme Watson, Hewlett, Packard, Kroc, Mars, Olsen, McPherson, Marriott, Procter, Gamble, Johnson restent simplistes. Et leurs entreprises restent très prospères.

Remerciements

Si cet ouvrage est lisible, c'est grâce à John Cox et Jennifer Futernick. John a hérité de notre premier jet trop long et truffé de répétitions et nous a aidés à transformer cette première esquisse en quelque chose qui ressemble à un livre. John nous a été aussi d'un grand secours pour mettre la touche finale à notre manuscrit. L'autre contribution importante est celle de Jennifer Futernick. Nous l'avions engagée au départ comme documentaliste pour mettre de l'ordre dans les données. Il s'avéra, cependant, que Jennifer a le don de repérer ce qui passe et ne passe pas dans la chose écrite. Non seulement elle nous fut d'une grande aide pour revoir et corriger notre manuscrit, mais elle ne cessa d'attirer notre attention sur des problèmes de structure, les assertions que nous ne pouvions étayer d'exemples et les redondances. Jennifer s'est dépensée sans compter pour ce livre.

McKinsey nous a apporté un soutien bienveillant lors de notre recherche. Certains de nos collègues méritent des remerciements particuliers. Warren Cannon et Ron Daniel ont cru à cette enquête dès ses premiers balbutiements — ils furent même les seuls au début. John Katzenbach n'a cessé de nous prodiguer ses encouragements. Allen Kennedy nous a autorisé à tester certaines de nos idées encore floues dans le feu de l'action.

Julian Phillips, Don Gogel, Jim Bennett, Jim Balloun, Rajat Gupta, Bill Price, Ron Bancroft, David Meen et Bill Matassoni nous ont apporté leur précieux concours. Nous avons une dette particulière à l'égard de quatre brillants théoriciens de l'efficacité en matière d'entreprise. Karl Weick de Cornell, Gene Webb et Hal Leavitt de Stanford, et Herb Simon de Carnegie-Mellon font la nique à la pensée conventionnelle depuis des dizaines d'années. Les trois premiers furent des sources d'inspiration constante.

A l'évidence, les collaborateurs les plus importants de cette étude sont nos amis des entreprises concernées. Rene McPherson de Dana (et maintenant à Stanford) est une source d'inspiration sans pareille. Sa performance à la tête de Dana porte à croire que les hommes peuvent soulever des montagnes. John Young de Hewlett-Packard nous a offert son temps et ses encouragements au moment où nous en avions le plus besoin, au début. Tait Elder de 3M (maintenant à Allied Corporation) nous a beaucoup appris à propos de l'innovation.

Stan Little de Boeing, Stan Abramson de Westinghouse, Allan Gilbert de Emerson, Jim Shapiro et Ken Stahl de Xerox, Larry Small et Jack Heilshorn de Citibank, Jack Welch de GE et Buck Rodgers de IBM ont joué un rôle important. Leur conviction que nous avions quelque chose à dire fut capitale, plus que les faits qu'ils nous ont apportés.

Non moins importants sont les centaines de participants anonymes des quelque deux cents groupes que nous avons entretenus de nos conclusions. Ils sont si nombreux à nous avoir rapporté une nouvelle anecdote concernant Digital ou IBM, confirmant ou infirmant ainsi nos arguments.

Parmi ces sans-nom figurent beaucoup de nos étudiants de Stanford Business School. Dans ce livre, nous ne ménageons pas les écoles de gestion, mais nous en voulons au corps professoral et non aux étudiants. Ceux-ci s'intéressent de très près au management américain.

Gary Bello nous inspira notre approche de la productivité par le personnel.

Un tel livre est le résultat d'une vie. Tom doit des remerciements à sa mère, Evelyn Peters, pour lui avoir inculqué l'intarissable curiosité qui a donné naissance à cette étude et à ses premiers mentors, en particulier Dick Anderson, Blake van Lerr et Walter Minnick. Bob doit des remerciements à sa mère, Virginia Waterman, qui a formé son sens de l'excellence et à son père, Robert Waterman, qui lui a enseigné la valeur de l'initiative et de l'intégrité par son exemple personnel.

Notre reconnaissance à l'égard de ceux à qui nous dédions ce livre est immense — Gene, Lew et Judy. Gene Webb de Stanford soutient Paul depuis près de quinze ans. Lew Young, de *Business* Week, s'attache personnellement aux idées (et ce livre est d'abord consacré à l'engagement). Judy Waterman fut la première à enseigner à Bob l'importance de l'enthousiasme et des approches « non-rationnelles » de la vie.

Ceux qui ont consacré de longues heures à défricher nos premiers jets, à chercher des informations et à taper nos innombrables esquisses et les conférences qui ont donné naissance à ce manuscrit, nous ont fait une contribution capitale. Cela inclut Janet Collier, Nancy Kaible, Nancy Rynd, Patty Bulena et Sylvia Osterman. Nous n'oublierons pas Kay Dann qui, non contente de taper notre manuscrit, fit aussi fonction d'assistante administrative.

Nous voulons aussi remercier Robbin Reynolds de Harper & Row qui a toujours cru en nous.

David G. Anderson mérite des remerciements particuliers pour avoir beaucoup contribué à l'élaboration de cette étude. David qui était chez McKinsey à cette époque et qui termine maintenant son doctorat à Stanford, participa au projet dès le début. Il a mis au point et mené personnellement bon nombre des entretiens sur le terrain et se chargea de l'étude financière de l'échantillon des meilleures entreprises. David nous a surtout aidés à donner forme aux idées de fond qui se sont dégagées au cours de l'enquête. David a, par exemple, souligné le rôle central des champions et ce que nous appelons les postes d'autonomie limitée.

Enfin, David est à la base du dixième chapitre de ce livre « S'en tenir à ce que l'on sait faire ».

Notes et références

INTRODUCTION

Page

19 "La société" : Ernest Becker, *Escape from Evil* (New York : Free Press, 1975), pp. 3-6, 51; and *The Denial of Death* (New York : Free Press, 1973), pp. 3-4.

19 Un test psychologique : Herbert M. Lefcourt, *Locus of Control : Current Trends in Theory and Research* (Hillsdale, N.J. : Lawrence Erlbaum Associates, 1976), pp. 3-6.

CHAPITRE 1 : DE LA RÉUSSITE DE CERTAINES ENTREPRISES

26 En 1962 : Alfred D. Chandler, *Stratégies et structures*, Paris, les Éditions d'organisation.

27 Dans les ateliers : F. J. Roethlisberger and William J. Dickson, *Management and the Worker* (Cambridge, Mass. : Harvard University Press, 1939).

28 Pour lui, les bons managers : Chester I. Barnard, *The Functions of the Executive* (Cambridge, Mass. : Harvard University Press, 1968), chap. 5.

29 March va encore plus loin : James G. March and Johan P. Olsen, *Ambiguity and Choice in Organizations* (Bergen, Norway : Universitetsforlaget, 1976), p. 26.

29 "Il sera assis ici" : Richard E. Neustadt, *Presidential Power : The Politics of Leadership* (New York : Wiley, 1960), p. 9.

29 Henry Mintzberg : Henry Mintzberg, *The Nature of Managerial Work* (New York : Harper & Row, 1973), pp. 31-35.

29 Andrew Pettigrew : Andrew M. Pettigrew, *The Politics of Organizational Decision Making* (London : Tavistock, 1973).

31 "Je pense qu'un organigramme rigide" : William F. Dowling and

Fletcher Byrom, "Conversation with Fletcher Byrom", *Organization Dynamics*, été 1978, p. 44.

32 *The Art of Japanese Management* : Richard Tanner Pascale and Anthony G. Athos, *The Art of Japanese Management* (New York : Simon & Schuster, 1981).

33 Note : Le "Leavitt's Diamond" : Harold J. Leavitt, *Managerial Psychology*, 4th ed. (Chicago : University of Chicago Press, 1978), pp. 282ff.

35 "C'est une honte" : Robert L. Shook, *Ten Greatest Salespersons : What They Say About Selling* (New York : Harper & Row, 1980), p. 68.

36 "Qu'ils mettent tellement l'accent" : Lee Smith. "The Lures and Limits of Innovation : 3M", *Fortune*, 20 oct. 1980, p. 84.

36 "Assurez-vous" : Dowling and Byrom, p. 43.

36 "La philosophie d'IBM" : Thomas J. Watson, Jr., *A Business and Its Beliefs : The Ideas That Helped Build IBM* (New York : McGraw-Hill, 1963), p. 13.

36 "Est considéré comme" : Mark Shepherd, Jr., and J. Fred Bucy, "Innovation at Texas Instruments", *Computer*, septembre 1979, p. 84.

36 "La philosophie fondamentale" : Watson, p. 5.

36 "N'achetez jamais une affaire" : "The Ten Best-Managed Companies", *Dun's Review*, décembre 1970, p. 30.

36 "Nous n'avons jamais" : "P & G's New New-Product Onslaught", *Business Week*, 1 oct. 1979, p. 79.

37 "Les membres d'une secte" : C. Barron, "British 3M's Multiple Management", *Management Today*, mars 1977, p. 56.

CHAPITRE 2 : LE MODÈLE RATIONNEL

51 "Les exécutants des plans" : Mariann Jelinek, *Institutionalizing Innovation : A Study of Organizational Learning Systems* (New York : Praeger), p. 124.

51 Mais, comme le souligne le chercheur John Child : John Child, *Organization : A Guide to Problems and Practices* (New York : Harper & Row, 1977), pp. 222-23.

52 Un chercheur a récemment conclu : Stuart S. Blume, "A Managerial View of Research" (review of *Scientific Productivity*, ed. Frank M. Andrews), *Science*, 4 janvier 1980, pp. 48-49.

53 "La mythologie séculaire" : George Gilder, *Richesse et pauvreté*, Paris, Albin-Michel, 1981.

53 "Ces envahisseurs américains" : Steve Lohr, "Overhauling America's

Business Management", *New York Times Magazine*, 4 janvier 1981, p. 15.

54 "Les Américains n'ont pas" : Lester C. Thurow, *The Zero-Sum Society : Distribution and the Possibilities for Economic Change* (New York : Basic Books, 1980), pp. 7-8.

54 "Comme les choses changent" : Lohr, p. 15.

54 "La quantité d'argent" : Louis Kraar, "Japan's Automakers Shift Strategies", *Fortune*, 11 août 1980, p. 109.

55 Ce n'est que quelques semaines : Robert Ball, "Europe Outgrows Management American Style", *Fortune*, 20 octobre 1980, pp. 147-48.

55 "Nous avons créé un monstre" : "Don't Blame the System, Blame the Managers", *Dun's Review*, septembre 1980, p. 88.

55 "Le MBA considéré comme" : Lohr, p. 58.

55 "Elles ne font aucune part aux sciences humaines" : Michael M. Thomas, "Businessmen's Shortcomings", *New York Times*, 21 août 1980, p. D2.

55 "Les diplômés de Harvard" : Bro Uttal, "The Animals of Silicon Valley", *Fortune*, 12 janvier 1981, p. 94.

56 "Le système produit une foule" : *Dun's Review*, septembre 1980, p. 82.

57 "N'ont pas la gestalt" : "Revitalizing the U.S. Economy", *Business Week*, 30 juin 1980, p. 78.

57 "La carrière type" : Robert H. Hayes and William J. Abernathy, "Managing Our Way to Economic Decline", *Harvard Business Review*, juillet-août 1980, p. 74.

57 "On ne rencontre plus guère" : Lohr, p. 43.

57 "Les chefs d'entreprise" : Charles R. Day, Jr., and Perry Pascarella, "Righting the Productivity Balance", *Industry Week*, 29 sept. 1980, p. 55.

57 "Les Japonais méritent" : Charles G. Burck, "A Comeback Decade for the American Car", *Fortune*, 2 juin 1980, p. 63.

58 "Tout en travaillant" : Robert Pirsig, *Traité du Zen de l'entretien des motocyclettes*, Seuil, 1978.

58 "Les Japonais semblent jouir" : Norman Gall, "It's Later Than We Think" (interview with William J. Abernathy), *Forbes*, 2 fév. 1981, p. 65.

58 "Les managers américains" : Lohr, p. 23.

59 "Les dirigeants japonais" : Kenichi Ohmae, "Myths and Realities of Japanese Corporations" (draft), p. 11. Published as "The Myth and Reality of the Japanese Corporation", *Chief Executive*, été 1981.

60 "Beaucoup d'entreprises en rajoutent" : *Dun's Review*, septembre 1980, p. 84.

60 "En tant que régime" : Dowling and Byrom, p. 40.

60 "Il est significatif" : *Business Week*, 30 juin 1980, p. 93.

60 "La majorité des hommes d'affaires" : David Ogilvy, "The Creative Chef", in *The Creative Organization*, ed. Gary A. Steiner (Chicago : University of Chicago Press, 1965), p. 206.

60 "Les planificateurs fabriquent" : Theodore Levitt, "A Heretical View of Management Science", *Fortune*, 18 déc. 1978, p. 50.

61 "Ces types étaient brillants" : "When a New Product Strategy Wasn't Enough", *Business Week*, 18. fév. 1980, p. 143.

62 *The Structure of Scientific Revolutions* : Thomas Kuhn, *The Structure of Scientific Revolutions*, 2d ed. (Chicago : University of Chicago Press, 1970).

64 "A l'heure actuelle" : John D. Steinbruner, *The Cybernetic Theory of Decision : New Dimensions of Political Analysis* (Princeton, N.J. : Princeton University Press, 1974), p. 328.

65 "Avec sa vision très abstraite" : Thomas O'Hanlon, "A Rejuvenated Litton Is Once Again Off to the Races", *Fortune*, 8 oct. 1979, p. 160.

66 "Les mages parlent" : Lewis H. Lapham, "Gifts of the Magi", *Harper's*, février 1981, p. 11.

66 "Le Mexican sierra" : John Steinbeck, *La mer de Cortez*, Paris, Éditions Maritimes et d'outre-mer, 1979.

66 "Le manager professionnel" : Peter F. Drucker, *The Age of Discontinuity : Guidelines to Our Changing Society* (New York : Harper & Row, 1969), pp. 56-57.

67 "Il est naturellement" : Steinbruner, p. 333.

67 "Vous pensez qu'on devrait" : *ibid.*, p. 332.

67 "Les financiers de l'entreprise" : Mobil's Successful Exploration", *Business Week*, 13 oct. 1980, p. 114.

67 "Nous pensons que" : Hayes and Abernathy, pp. 70-71.

67 "La pensée créative" : Gilder, p. 262.

67 "Quand on les a construites" : *ibid.*, p. 252.

68 "Il existe une différence" : Robert K. Merton, *Social Theory and Social Structure*, enlarged ed. (New York : Free Press, 1968), p. 4.

68 "Ce n'est pas la peine" : Horace F. Judson, *Search for Solutions* (New York : Holt, Rinehart and Winston, 1980), p. 3.

68 "Le chemin le plus court" : Alexander Cockburn, James Ridgeway and Andrew Cockburn, "The Pentagon Spends Its Way to Impotence", *Village Voice*, 18 fév. 1981, p. 11.

69 "Pourquoi ces nouvelles structures" : Chris Argyris, "Today's Problems with Tomorrow's Organizations", *Journal of Management Studies*, février 1967, pp. 34-40.

70 "La chose la plus agaçante" : Fletcher Byrom, speech delivered to Carnegie-Mellon GSIA, 1976.

70 "Il est nécessaire d'éviter" : "Lessons of Leadership : David Packard", *Nation's Business*, janvier 1974, p. 42.

70 "La plupart des entreprises" : Ohmae, pp. 5, 20.

70 Le principe du "travail" : Jelinek, p. 54.

CHAPITRE 3 : LA QUÊTE DE MOTIVATION

76 Dans une étude psychologique récente : David G. Myers, *The Inflated Self.* Mentioned in "How Do I Love Me ? Let Me Count the Ways", *Psychology Today*, mai 1980, p. 16.

78 La "théorie de l'attribution" : Lee Ross, "The Intuitive Psychologist and His Shortcomings", in *Advances in Experimental Social Psychology*, vol. 10, ed. Leonard Berkowitz (New York : Academic Press, 1977), pp. 173-220.

78 Lors d'une expérience : Russell A. Jones, *Self-Fulfilling Prophecies : Social, Psychological and Physiological Effects of Expectancies* (Hillsdale, N.J. : Lawrence Erlbaum Associates, 1977), p. 167.

78 "Une étude portant sur les professeurs" : Warren Bennis, *The Unconscious Conspiracy : Why Leaders Can't Lead* (New York : AMACOM, 1976), p. 174.

79 "Notre comportement est encore régi" : Arthur Koestler, *Le cheval dans la locomotive; Le paradoxe humain*, Paris, Calmann-Lévy, 1968.

79 "L'importance accordée par" : Ernest Becker, *The Denial of Death* (New York : Free Press, 1973), p. 94.

79 "Un fait revient constamment" : Henry Mintzberg, "Planning on the Left Side and Managing on the Right", *Harvard Business Review*, juillet-août 1976, p. 53.

80 "C'est tellement beau" : "How to Get a Bright Idea", *The Economist*, 27 déc. 1980, p. 61.

80 "Quand vous avez quelque chose de simple" : Horace F. Judson, *Search for Solutions* (New York : Holt, Rinehart and Winston, 1980), p. 22.

81 Deux psychologues : Amos Tversky and Daniel Kahneman, "Judgment Under Uncertainty : Heuristics and Biases", *Science*, 27 sept. 1974, p. 1124.

81 "Un homme voulait" : Gregory Bateson, *Mind and Nature : A Necessary Unity* (New York : Bantam Books, 1980), p. 14.

85 Cet autre chose : H. A. Simon, "Information Processing Models of Cognition", *Annual Review of Psychology*, vol. 30 (Palo Alto, Calif. : Annual Reviews, 1979), p. 363.

86 "Technologie du comportement" : B.F. Skinner, *Par delà la liberté et la dignité*, Paris, Robert Laffont, 1972.

87 "La personne qui a été punie" : *ibid.*

89 Comme Skinner le souligne : *ibid.*

89 Chez Foxboro, au début : Allan A. Kennedy, personal communication.

90 La "théorie de comparaison sociale" : Leon Festinger, "A Theory of Social Comparison Processes", *Human Relations* 7 (1954) : 117-40.

91 Edward Deci : Edward L. Deci, "The Effects of Contingent and Non-Contingent Rewards and Controls on Intrinsic Motivations", *Organizational Behavior and Human Performance* 8 (1972) : 217-29.

92 "Il est plus probable" : Jerome S. Bruner, *On Knowing : Essays for the Left Hand* (New York : Atheneum, 1973), p. 24.

92 "Lapiere" : Jonathan L. Freedman, David O. Sears, and J. Merrill Carlsmith, *Social Psychology*, 3d ed. (Englewood Cliffs, N.J. : Prentice-Hall, 1978), p. 299.

92 "C'est le premier pas" : Jonathan L. Freedman and Scott C. Fraser, "Compliance Without Pressure : The Foot-in-the-Door Technique", *Journal of Personality and Social Psychology* 4 (1966) : 195-202.

93 Il dresse une longue liste : James Brian Quinn, "Formulating Strategy One Step at a Time", *Journal of Business Strategy*, hiver 1981, pp. 57-59.

93 "Le monde est une illusion" : Robert L. Forward, "Spinning New Realities", *Science 80*, décembre 1980, p. 40.

93 "Si nous espérons" : Bruno Bettelheim, *Psychanalyse des contes de fées*, Laffont, 1976.

94 "Ils parlent de choses" : Oscar Shisgall, *Eyes on Tomorrow : The Evolution of Procter & Gamble* (Chicago : J. G. Ferguson, 1981), p. xi.

95 "Celui qui possède un *pourquoi*" : Viktor E. Frankl, *Man's Search for Meaning* (New York : Pocket Books, 1963), p. 164.

95 "L'homme est obstinément" : John W. Gardner, *Morale* (New York : Norton, 1978), p. 15.

96 La série d'expériences que Stanley Milgram : Stanley Milgram, *Soumission à l'autorité*, Calmann-Lévy, 1979.

97 Une expérience sur la prison : Philip Zimbardo and Greg White, "The Stanford Prison Experiment : A Simulation of the Study of the Psychology of Imprisonment Conducted August 1971 at Stanford University" (script for slide show), n.d.

98 "L'homme vit la tension" : Becker, *Denial of death*, pp. 153-54.

98 L'expérience type : Jones, p. 133.

99 Un sujet que l'on autorise : Gerald R. Salancik, "Commitment and the Control of Organizational Behavior and Belief", in *New Directions in Organizational Behavior*, ed. Barry M. Staw and Gerald R. Salancik (Chicago : St. Clair Press, 1977), pp. 20ff.

100 Mais Burns a proposé : James MacGregor Burns, *Leadership* (New York : Harper & Row, 1978).

101 "Cette valeur primordiale" : *ibid.*, pp. 13, 18-19.

101 "Le leadership transformationnel intervient" : *ibid.*, p. 20.

101 "Le processus fondamental" : *ibid.*, p. 40.

101 "Son véritable génie" : *ibid.*, p. 254.

101 "Les managers préfèrent travailler" : Abraham Zaleznick, "Managers and Leaders : Are They Different ?" *Harvard Business Review*, mai-juin 1977, p. 72.

101 "Nous entreprîmes" : David C. McClelland, *Power : The Inner Experience* (New York : Irvington, 1975), pp. 259-60.

102 "Croire à l'impossible" : Ray Kennedy, "Howard Head Says, 'I' m Giving Up the Thing World'", *Sports Illustrated*, 29 sept. 1980, p. 72.

102 "Nous avons lentement découvert" : James B. Quinn, "Strategic Goals : Process and Politics", *Sloan Management Review*, automne 1977, p. 26.

102 Le leader est un "architecte social" : Bennis, p. 165.

102 "L'élaboration du dessein" : Philip Selznick, *Leadership in Administration : A Sociological Interpretation* (New York : Harper & Row, 1957), pp. 17, 28, 149-50, 152-53.

103 "Être fidèle à notre propre esthétique" : Jill Gerston, "Tiffany's Unabashed Guardian of Good Taste Relinquishes Helm", *San Francisco Examiner*, 5 janv. 1981, p. C2.

103 "Trouve une certaine beauté" : Ray Kroc, *Grinding It Out : The Making of McDonald's* (New York : Berkley, 1977), p. 98.

CHAPITRE 4 : GÉRER L'AMBIGUÏTÉ ET LE PARADOXE

108 William Manchester, in *Good-bye, Darkness :* William Manchester, *Good-bye, Darkness : A Memoir of the Pacific War* (Boston : Little, Brown, 1980), pp. 233-37.

109 Richard Scott de Stanford : W. Richard Scott, "Theoretical Perspectives", in *Environments and Organizations*, by Marshall W. Meyer and Associates (San Francisco : Jossey-Bass, 1978).

111 "Ce livre tente" : McGregor, *La Dimension humaine de l'entreprise*, Paris, Gauthier-Villars, 1974.

111 "S'il existe une seule hypothèse" : *ibid.*,

112 "L'hypothèse de la médiocrité" : *ibid.*,

112 1) l'individu moyen : *ibid.*,

112 "mais que c'est en fait" : *ibid.*

112 1) L'effort physique et mental : *ibid.*

113 La théorie Y : *ibid.*

113 "Le projet de Barnard" : Kenneth R. Andrews, "Introduction to the Anniversary Edition", in *The Functions of the Executive*, by Chester I. Barnard (Cambridge, Mass. : Harvard University Press, 1968), p. VII.

114 "Ses fonctions essentielles" : Chester I. Barnard, *The Functions of the Executive* (Cambridge, Mass. : Harvard University Press, 1968), p. 217.

114 "Il a déjà été démontré" : *ibid.*, p. 231.

114 La nécessité de diriger l'ensemble : *ibid.* p. 238-39.

114 "Organisation" est un terme : Selznick, pp. 5ff, 40, 135-136.

116 Paul Lawrence : Paul Lawrence et Jay Lorsch, *Adapter les structures de l'entreprise*, Paris, les Editions d'Organisation, 1973.

117 "Les entreprises ont des fonctionnels" : Karl E. Weick, *The Social Psychology of Organizing*, 2d ed. (Reading, Mass. : Addison-Wesley, 1979), p. 49.

117 "Cela les oblige à se cantonner" : *ibid.*, p. 50.

117 Les nouvelles métaphores : *ibid.*, p. 46.

117 "Chaque métaphore" : *ibid.*

117 *Les organisations* : Simon March et Herbert Simon, Paris, Dunod, 1969.

118 "Cet ouvrage traite" : Weick, p. 1.

119 "L'atout de Delta" : The Five Best-Managed Companies", *Dun's Review*, décembre 1977, p. 60.

119 "Celui-ci serait stérile" : Mark Shepherd, Jr., and J. Fred Bucy, "Innovation at Texas Instruments", *Computer*, septembre 1979, p. 89.

119 "La fiabilité des machines à laver" : Edmund Faltermayer, "The Man Who Keeps Those Maytag Repairmen Lonely", *Fortune*, novembre 1977, p. 192.

119 "Les entreprises installées à Rochester" : Stanley M. Davis, "Establishing a New Context for Strategy, Organization and Executive Pay,

in *Executive Compensation in the 1980s*, ed. David J. McLaughlin (San Francisco : Pentacle Press, 1980), p. 29.

119 "L'idée dominante de l'entreprise" : Richard Normann, *Management and Statesmanship* (Stockholm : Scandinavian Institutes for Administrative Research, 1976), p. 275.

120 "La configuration missionnaire" : Henry Mintzberg, *The Structuring of Organizations : A Synthesis of the Research* (Englewood Cliffs, N.J. : Prentice-Hall, 1979), p. 480.

120 "Le chef d'entreprise ne crée pas" : Andrew M. Pettigrew, "The Creation of Organisational Cultures" (paper presented to the Joint EIASM-Dansk Management Center Research Seminar, Copenhagen, 18 mai 1976), p. 11.

120 "Des systèmes composés d'idées" : Joanne Martin, "Stories and Scripts in Organizational Sellings", Research Report no. 543 (rev.) (Graduate School of Business, Stanford University, juillet 1980), p. 3.

120 "Ce n'est pas tellement" : Bennis, p. 93.

121 C'est *Business Week* : "Corporate Culture : The Hard-to-Change Values That Spell Success or Failure", *Business Week*, 27 octobre 1980, pp. 148-60.

121 *L'homme de l'organisation* : William Foote Whyte, Paris, Plon, 1959.

121 "L'entreprise me laisse" : Steven Rothman, "More than Money", *D & B Reports*, mars-avril p. 12.

122 "Nous avons besoin de" : James G. March, "The Technology of Foolishness", in *Readings in Managerial Psychology*, 3d ed., ed. Harold J. Leavitt, Louis R. Pondy, and David M. Boje (Chicago : University of Chicago Press, 1980), p. 576.

122 "Plutôt qu'un analyste" : James G. March, "Footnotes to Organizational Change" (unpublished manuscript, n.d.), p. 20.

122 "Une telle vision" : *ibid.*, p. 35.

123 "Le management ressemble plus" : *ibid.*, p. 22.

123 "Systèmes de corrélation souple" : Karl E. Weick, "Educational Organizations as Loosely Coupled Systems", *Administrative Science Quarterly* 21 (1976) : 1-19.

123 "Plus on creuse" : Weick, p. 120.

123 "Une variation injustifiée" : *ibid.*, p. 193.

123 "donner un sens rétrospectivement" : *ibid.*, p. 202.

123 "un environnement appauvri" : *ibid.*, p. 193.

123 "Personne n'est tenu de faire" : *ibid.*

123 "Si vous placez six abeilles" : Karl E. Weick, "The Management of Organizational Change Among Loosely Coupled Elements" (unpublished manuscript, décembre 1981), pp. 3-4.

124 "Cet épisode parle" : *ibid.*, p. 4.

125 En 1960 : Theodore Levitt, "Marketing Myopia", *Harvard Business Review,* juillet-août 1960.

125 "Dans une industrie" : Burton H. Klein, *Dynamic Economics* (Cambridge, Mass. : Harvard University Press, 1977), p. 17.

125 "Le processus" : Gilder, p. 79.

125 Un analyste remarqua que : Robert Sobel, *IBM : Colossus in Transition* (New York : Times Books, 1981), p. 346.

126 "Les chefs d'entreprise" : Drucker, p. 54.

126 "C'est surtout parce qu'elles sont" : Norman Macrae, "The Coming Entrepreneurial Revolution : A Survey", *The Economist*, 25 décembre 1976, pp. 41, 43.

126 "Nous pouvons prédire" : H. Igor Ansoff, "Corporate Structure Present and Future", Vanderbilt University Working Paper 74-4, février 1974, p. 17.

127 "Il y a de cela dix ans" : "It Seemed Like a Good Idea at the Time", *Science 82*, janvier-février 1982, p. 86.

128 *Markets and Hierarchies* : Oliver E. Williamson, *Markets and Hierarchies : Analysis and Antitrust Implications* (New York : Free Press, 1980), p. 51.

130 Le biologiste évolutionniste : Stephen Jay Gould, *The Panda's Thumb : More Reflections in Natural History* (New York : Norton, 1980), p. 51.

130 Un observateur de longue date : James Brian Quinn, "Technological Innovation, Entrepreneurship, and Strategy", *Sloan Management Review*, printemps 1979, p. 25.

131 Les ordinateurs ne pouvaient : James M. Utterback, "Patterns of Industrial Innovation", In *Technology, Innovation, and Corporate Strategy : A Special Executive Seminar Presented by the Massachusetts Institute of Technology, 17 novembre 1978* (Cambridge, Mass. : Industrial Liaison Program, MIT, 1978).

131 *The External Control of Organizations* : Jeffrey Pfeffer and Gerald R. Salancik, *The External Control of Organizations : A Resource Dependence Perspective* (New York : Harper & Row, 1978).

131 "La thèse centrale de ce livre" : *ibid.*, p. XI.

132 "Cela implique des relations" : Utterbach, pp. 37-38.

CHAPITRE 5 : LE PARTI PRIS DE L'ACTION

136 Warren Bennis dans : Warren Bennis, "The Temporary Society", in *The Temporary Society* by Warren G. Bennis and Philip E. Slater (New York : Harper & Row, 1968).

136 et Alvin Toffler : *Le choc du futur*, Paris, Denoël, 1980.

137 "Le management visible" : Richard T. Pascale, "The Role of the Chief Executive in the Implementation of Corporate Policy : A Conceptual Framework", Research Paper n° 357 (Graduate School of Business, Stanford University, février 1977), pp. 37, 39.

137 Hewlett-Packard : William R. Hewlett and David Packard, *The HP Way* (Palo Alto, Calif. : Hewlett-Packard, 1980), p. 10.

137 Corning Glass fit mettre : Edward Meadows, "How Three Companies Increased Their Productivity", *Fortune*, 10 mars 1980, p. 95.

138 "La voix du directeur de la Chase Bank" : Alena Wels, "How Citicorp Restructured for the Eighties", *Euromoney*, avril 1980, p. 13.

139 "Il faut constamment lancer" : Susan Benner, "He Gave Key People a Reason to Stay with the Company", *Inc.*, septembre 1980, p. 46.

139 La raison première de la réussite : Robert J. Flaherty, "Harris Corp.'s Remarkable Metamorphosis", *Forbes*, 26 mai 1980, p. 46.

141 "La pierre angulaire" : Ezra F. Vogel, *Japon, médaille d'or*, Paris, Gallimard, 1983.

141 "un environnement fluide" : Shepherd and Bucy, "Innovation at Texas Instruments", p. 88.

145 Frederick Brooks d'IBM : Frederick P. Brooks, Jr., *The Mythical Man-Month : Essays on Software Engineering* (Reading, Mass. : Addison-Wesley, 1978).

145 "chacun avait le pouvoir" : *ibid.* p. 67.

146 grâce au "centre de projets" : Charles G. Burck, "How GM Turned Itself Around", *Fortune*, 16 janvier 1978.

149 "Plutôt que de tester" : R. Jeffrey Smith, "Shuttle Problems Compromise Space Program", *Science*, novembre 1979, pp. 910-11.

150 "Ils se sont surpris" : Mariann Jelinek, *Institutionalizing Innovations : A Study of Organizational Learning Systems* (New York : Praeger, 1979), p. 78.

151 "Faire peu" : Smith, "3M", p. 94.

151 "culte de l'essai" : *Business Week*, 1 oct. 1979, p. 80.

151 "Bloomingdale's est le seul" : Mark Stevens, "*Like No Other Store in the World*" : *The Inside Story of Bloomingdale's* (New York : Crowell, 1979), p. 138.

151 "Je suis plutôt quelqu'un" : William Shockley, "A Case : Observations on the Development of the Transistor", in *The Creative Organization*, ed. Gary A. Steiner (Chicago : University of Chicago Press, 1965), pp. 139-40.

151 "Le mot le plus important" : David Ogilvy, *Les confessions d'un publicitaire*, Dunod, 1977.

152 "Vous avez entendu parler des zooms ?" : Peter G. Peterson, "Some Approaches to Innovations in Industry-Discussion", in *The Creative Organization*, pp. 191-92.

153 Dans son livre : S.I. Hayakawa, *Language in Thought and Action* (London : Allen & Unwin, 1974).

155 "Nous n'avions pas prévu" : Donald D. Holt, "How Amoco Finds All That Oil", *Fortune*, 8 septembre 1980, p. 51.

156 "j'ai observé que" : Harold Guetzkow, "The Creative Person in Organizations", in *The Creative Organization*, p. 49.

156 "Une unité de disque" : Bro Uttal, "Storage Technology Goes for the Gold, *Fortune*, 6 avril 1981, p. 58.

159 "Je n'avais aucun pouvoir" : Isadore Barmash, *For the Good of the Company : Work and Interplay in a Major American Corporation* (New York : Grossey & Dunlap, 1976), pp. 43-44, 52-54.

162 "L'idée essentielle" : Robert H. Schaffer, "Make Success the Building Block", *Management Review*, août 1981, pp. 47, 49-51. "Select *one* branch" : *ibid.*, p. 51.

163 "Deupree détestait profondemment" : Oscar Schisgall, *Eyes on Tomorrow : The Evolution of Procter & Gamble* (Chicago : J. G. Ferguson, 1981), p. 120.

164 "Un rapport bref" : Thomas J. Peters, "The 1-Page Memo (and Other Draconian Measures)" (unpublished manuscript, avril 1980), p. 1.

164 "Ils sont si consciencieux" : "P&G's New New-Product Onslaught", *Business Week*, 1 oct. 1979, p. 80.

164 "C'est une entreprise" : Lee Smith, "A Superpower Enters the Soft-Drink Wars", *Fortune*, 30 juin 1980, p. 77.

165 Jorge Diaz Serrano : Alan Riding, "Mexico's Oil Man Proved His Point", *New York Times*, 16 juillet 1978, p. 15.

165 "je suis connu" : "Paper Work Is Avoidable (If You Call the Shots)", *Wall Street Journal*, 17 juin 1977, p. 24.

165 "Les directeurs de division" : Thomas J. Peters, "Management Systems : The Language of Organizational Character and Competence", *Organizational Dynamics*, été 1980, p. 15.

166 "Bien que la direction" : Geoffrey Foster, "Dana's Strange Disciplines", *Management Today*, septembre 1976, p. 61.

166 "Trois à cinq objectifs" : John W. Hanley, "Monsanto : The Management Style" (internal communication, septembre 1974), p. 10.

CHAPITRE 6 : À L'ÉCOUTE DU CLIENT

169 "Le principe de gestion" : Lewis H. Young, "Views on Management" (speech to Ward Howell International, Links Club, New York, 2 déc. 1980), p. 5.

170 "Bien qu'il ne s'agisse pas d'une entreprise" : "Joe Girard", in Shook, *Ten Greatest Salespersons*, pp. 7-24.

171 "Les clients de Joe" : *ibid.* p. 24.

172 "Avec le temps, un bon service" : Watson, *A Business and Its Beliefs*, pp. 29, 32.

173 "Obtenir la commande" : Shook; p. 55-73.

174 "Vous devez vous rappeler" : "No. I's Awesome Strategy", *Business Week*, 8 juin 1981, p. 86.

174 "Cela oblige celui qui a des rapports" : *ibid.*, p. 88.

177 La meilleure analyse : Dinah Nemeroff, *Service Delivery Practices and Issues in Leading Consumer Service Businesses : A Report to Participating Companies* (New York : Citibank, avril 1980).

179 L'un des meilleurs exemples de service : N. W. Pope, "Mickey Mouse Marketing", *American Banker*, July 25, 1979, and Pope, "More Mickey Mouse Marketing", *American Banker* 12 septembre 1979.

180 "Tradition I" : Pope, "Mickey Mouse Marketing", p. 14.

181 "Pratiquement tous les pilotes" : Victor F. Zonana, "Boeing's Sale to Delta Gives It Big Advantage Over U.S. Competitors", *Wall Street Journal*, 13 novembre 1980, pp. 1, 20.

181 "Nous avons essayé" : Harold Mansfield, *Vision : The Story of Boeing* (New York : Duell, Sloan & Pearce, 1966), pp. 361-62.

183 Caterpillar offre à ses clients : "Caterpillar : Sticking to Basics to Stay Competitive", *Business Week*, 4 mai 1981, p. 74.

183 "Les principes d'exploitation" : Gilbert Cross, "The Gentle Bulldozers of Peoria", *Fortune*, juillet 1963, p. 167.

183 "La qualité du produit" : "Caterpillar", *Business Week*, 4 mai 1981, p. 74.

184 "L'entreprise organise même" : *ibid.*, p. 77.

184 "Nous avons adopté une politique ferme" : William L. Naumann, "The Story of Caterpillar Tractor Co." (speech to Newcomen Society of North America, Chicago, 17 mars 1977), p. 16.

184 "Les utilisateurs peuvent compter" : *ibid.*

184 "Un engin fabriqué" : *ibid.*

184 "Si l'on m'avait donné" : Kroc, *Grinding it out*, p. 91.

185 "La qualité est le premier mot" : McDonald's Corporation 1980 Annual Report (Oak Brook, III., 1980), p. 4.

185 "Le problème est la constance" : "Burger King Looks for Consistency", *Sun*, juillet 1980.

186 "La croissance n'est pas" : *Digital Equipment Corporation 1979 Annual Report* (Maynard, Mass. : Digital Equipment Corporation, 1979), p. 3.

186 "Dix ans de fonctionnement" : Edmund Faltermayer, "The Man Who Keeps Those Maytag Repairmen Lonely", *Fortune*, novembre 1977, p. 193.

186 "Maytag a établi sa réputation" : Lawrence Ingrassia, "Staid Maytag Puts Its Money on Stoves but May Need to Invest Expertise, Too", *Wall Street Journal*, 23 juillet 1980, p. 25.

186 "Les cosmétiques ne font pas" : Bill Abrams, "P&G May Give Crest a New Look After Failing to Brush Off Rivals", *Wall Street Journal*, 8 janvier 1981, p. 21.

187 La division des systèmes informatiques : Bill Hooper, Susan Konn, Robin Rakusin, Mike Sanders, and Tom Shannon, "The Management of Quality in the Computer Services Division of Hewlett-Packard Company" (unpublished manuscript, Graduate School of Business, Stanford University, 25 février 1982).

189 "L'entreprise est rarement la première" : Kathleen K. Wiegner, "The One to Watch", *Forbes*, 2 mars 1981, p. 60.

189 "S'il arrive qu'un concurrent" : *Dun's Review*, décembre 1978, p. 40.

190 "Ils furent rarement les premiers" : Catherine Harris, "What Ails IBM ?" *Financial World*, 15 mai 1981, p. 17.

190 "Caterpillar est rarement le premier" : *Business Week*, 4 mai 1981, p. 77.

190 "Deere ne dit pas" : Harlan S. Byrne, "Deere & Co. Farm-Machinery Leadership Helps Firm Weather the Industry's Slump", *Wall Street Journal* 20 février 1981, p. 48.

191 "Je dois tout le temps" : David B. Tinnin, "The Heady Success of Holland's Heineken", *Fortune*, 16 décembre 1981, p. 169.

191 "La cliente qui cherche" : Treadwell Davison, personal communication (Graduate School of Business, Stanford University, février 1982).

191 "Il y a, apparemment" : Alistair Mant, *The Rise and Fall of the British Manager*, rev. ed. (London : Pan Books Ltd.), pp. 108-9.

193 "Chaque rayon" : Walter McQuade, "Making a Drama Out of Shopping", *Fortune*, 24 mars 1980, p. 107.

194 "Cette catégorie était en sommeil" : Howard Rudnitsky and Jay Gisen, "Winning Big by Thinking Small", *Forbes*, 28 septembre 1981, p. 106.

194 "Notre entreprise ne croit pas" : Lewis W. Lehr, "How 3M Develops Entrepreneurial Spirit Throughout the Organization", *Management Review*, octobre 1980, p. 31.

195 "La nouvelle technologie entre" : James M. Utterback, "Patterns of Industrial Innovations", in *Technology Innovation and Corporate Strategy : A Special Executive Seminar Presented by the Massachusetts Institute of Technology, 17 novembre 1978* (Cambridge, Mass. : Industrial Liaison Program, MIT, 1978), p. 3.

196 "Tant que vous investirez" : Howard Rudnitsky, "Will It Play in Toledo ?" 10 novembre 1980, p. 198.

197 "En utilisant mieux nos données" : Herbert Meyer, "How Fingerhut Beat the Recession", *Fortune*, 17 novembre 1980, p. 103.

198 Un article de couverture de *Fortune* : Bro Uttal, "The Gentleman and the Upstarts Meet in a Great Battle", *Fortune*, 23 avril 1979, pp. 98-108. "A month before your son" : Meyer, pp. 103-4.

202 Lorsque Newman-Marcus ouvrit : Stanley Marcus, *Minding the Store* (New York : New American Library, 1975), p. 3.

204 Dans leur rapport annuel de 1979 : *The Procter & Gamble Company Annual Report* (Cincinnati : Procter & Gamble, 1979), p. 13.

204 Récemment, von Hippel : Eric A. von Hippel, "Users as Innovators", *Technology Review,* janvier 1978, pp. 31-39.

205 Ses conclusions : *ibid.*, pp. 32.33.

205 "En 1873, pour la somme de 68 dollars" : Ed Cray, *Levi's* (Boston : Houghton Mifflin, 1978), pp. 21-22.

205 "Ils comptent sur les clients" : Uttal, p. 100.

206 "Ils seront plus influencés" : "Wang Labs Challenges the Goliaths", *Business Week*, 4 juin 1979, p. 100.

207 Les analyses SAPPHO : *Success and Failure in Industrial Innovation : Report on Project SAPPHO* (Science Policy Research Unit, University of Sussex, London : Centre for the Study of Industrial Innovation, février 1972), and Roy Rothwell, "SAPPHO Updated — Project SAPPHO, phase II", unpublished manuscript (Science Policy Research Unit, University of Sussex, juillet 1973).

CHAPITRE 7 : AUTONOMIE ET ESPRIT D'ENTREPRISE

210 "Les petites entreprises" : Lucien Rhodes and Cathryn Jakobson, "Small Companies : America's Hope for the 80s", *Inc.*, avril 1981, p. 44.

210 En se penchant : Burton H. Klein, *Dynamic Economics* (Cambridge, Mass. : Harvard University Press, 1977).

210 Les conclusions de Veronica Stolte-Heiskanen : Blume, "A Managerial View of Research", *Science*, 4 janvier 1980, p. 48.

211 "En 1946, Head se rendit à" : Kennedy, "Howard Head Says, 'I'm Giving Up the Thing World'," pp. 68-70.

213 "Les champions motivés" : Quinn, "Technological Innovation", p. 25.

214 "A l'instar de la plupart des entreprises, GE" : Niles Howard and Susan Antilla, "Putting Innovation to Work", *Dun's Review*, p. 78.

216 "L'ennui avec la plupart des conseils" : Theodore Levitt, "Ideas Are Useless Unless Used", *Inc.*, février 1981, p. 96.

217 "Pour réussir, le champion" : William E. Souder, "Encouraging Entrepreneurship in the Large Corporation", *Research Management*, mai 1981, p. 19.

218 "Dick Gelb dit" : Thomas Jaffe, "When Opportunity Knocks", *Forbes*, 13 octobre 1980, pp. 96-100.

219 "Standard aime forer" : Donald D. Holt, "How Amoco Finds All that Oil", *Fortune*, 8 septembre 1980, p. 51.

221 "Nous essayons de lancer" : William Dowling and Edward Carlson, "Conversation with Edward Carlson", *Organization Dynamics*, 1979, p. 58.

221 "Pour moi, Schlumberger" : "Schlumberger : The Star of the Oil Fields Tackles Semiconductors", *Business Week*, 16 février 1981, p. 60.

222 "L'entreprise des vendeurs" : C. Barron, "British 3M's Multiple Management", *Management Today*, mars 1977, p. 57.

224 "Une des priorités de Roger Smith" : Amanda Bennett, "GM's Smith Wants Leaner Firm, More Rivalry Among Its Divisions", *Wall Street Journal*, 21 mai 1981, p. 43.

228 La direction décida que : Oscar Schisgall, *Eyes on Tomorrow : The Evolution of Procter & Gamble* (Chicago : J. C. Ferguson, 1981), p. 162.

226 "La stratégie de croissance" : Bro Uttal, "The Gentleman and the Upstarts", p. 101.

226 Le directeur Kinolsen : Maidique, p. 67.

227 "Ceux qui proposent des idées" : *ibid.*, p. 60.

228 Thomas Allen du MIT : Thomas J. Allen, "Communications in the Research and Development Laboratory", *Technology Review*, octobre-novembre 1967.

228 "Rêveurs, hérétiques, mouches du coche" : Advertisement in *Newsweek*, 11 août 1980, p. 6.

229 General Electric a ouvert : Gene Bylinsky, "Those Smart Young Robots on the Production Line", *Fortune*, 17 décembre 1979, p. 93.

229 James Burke : Lee Smith, "J&J Comes a Long Way from Baby", *Fortune*, 1 juin 1981, p. 66.

230 "L'aptitude à l'échec" : Marshall Loeb, "A Guide to Taking Charge", *Times* 25 février 1980, p. 82.

231 Parmi les nouveaux produits : Lee Smith, "The Lures and Limits of Innovation : 3M", *Fortune*, 20 octobre 1980, p. 84.

232 "Chaque fois qu'il y a une réalisation" : Peter F. Drucker, *Adventures of a Bystander* (New York : Harper & Row, 1979), p. 255.

232 "Ce qui leur donne satisfaction", Smith, *Fortune*, 20 octobre 1980, p. 86.

233 "Les membres de l'équipe sont recrutés" : Edward B. Roberts, "Managing New Technical Ventures", in *Technology, Innovation, and Corporate Strategy : A Special Executive Seminar* (Cambridge, Mass. : Industrial Liaison Program, MIT, 1978), pp. 121-22.

233 "Ils disent, note Edward Roberts du MIT" : *ibid.*, p. 122.

223 "L'individu impliqué" : *ibid.*, pp. 125-26.

234 "Si vous voulez mettre un terme" : *ibid.*, p. 120.

234 "Les vendeurs qui se rendent" : Smith, *Fortune*, 20 octobre 1980, p. 90.

235 "Quinze à vingt fois par an" : Lehr, p. 38.

235 "La diversité de 3M" : Roberts, p. 123.

235 "Si le produit remplit des critères" : *ibid.*

235 "Peu après la Seconde Guerre mondiale" : Lehr, p. 31.

237 "L'obsession de l'invention" : Smith, *Fortune*, 20 octobre 1980, p. 90.

237 "Les vendeurs" : *ibid.*

238 "Notre expérience" : Roberts, p. 123.

CHAPITRE 8 : LA PRODUCTIVITÉ PAR LA MOTIVATION DU PERSONNEL

240 La marine, a déclaré l'ex-commandant : Elmo R. Zumwalt, Jr., *On Watch : A Memoir* (New York : Times Books, 1976), p. 183.

240 "J'ai surtout essayé" : Zumwalt, p. 186.

241 "Mon expérience m'avait appris" : *ibid.*, p. 185.

241 "Les patrons japonais" : Kenichi Ohmae, "The Myth and Reality of the Japanese Corporation", p. 29.

241 "Les gens vous noieront" : Robert Lubar, "Rediscovering the Factory", *Fortune*, 13 juillet 1981, p. 60.

241 "J'étais directeur de l'exploitation" : Sam T. Harper, personal communication (Graduate School of Business, Stanford University, janvier 1982).

242 "La philosophie tient" : Watson, *A Business and Its Beliefs*, p. 13.

246 RMI : Cindy Ris, "Big Jim Is Watching at RMI Co., and Its Workers Like It Just Fine", *Wall Street Journal*, 4 août 1980, p. 15.

247 "En termes généraux" : Hewlett and Packard, *The HP Way*, p. 3.

249 Wal-Mart : Lynda Schuster, "Wal-Mart Chief's Enthusiastic Approach Infects Employees, Keeps Retailer Growing", *Wall Street Journal*, 20 avril 1982, p. 21.

252 "Tant que nous ne serons pas" : Rene C. McPherson, "The People Principle", *Leaders*, janvier-mars 1980, p. 52.

252 "Nous n'avons pas perdu" : "Rene McPherson : GSB Deanship Is His Way to Reinvest in the System", *Stanford GSB*, automne 1980-81, p. 15.

255 "La seule façon de rester en éveil" : *ibid.*

255 "J'ai été mis à pied" : George H. Labovitz, Speech to the Opening Assembly, Western Hospital Association, Anaheim, Calif. 27 avril 1981.

255 Delta Airlines : Margaret R. Keefe Umanzio, "Delta Is Ready", unpublished manuscript (San Francisco : McKinsey & Co., juillet 1981).

255 "Les hôtesses de l'air" : Janet Guyon, " 'Family Feeling' at Delta Creates Loyal Workers, Enmity of Unions", *Wall Street Journal*, 7 juillet 1980, p. 13.

256 "Ma moquette doit être nettoyée" : "W. T. Beebe : The Gold Winner", *Financial World*, 15 mars 1978, p. 21.

256 "En février 1979" : Guyon, p. 13.

257 "C'est important" : *ibid.*

257 "L'histoire montre" : "The Five Best-Managed Companies", *Dun's Review*, décembre 1977, p. 50.

257 "Je pense qu'en matière de gestion" : Kroc, *Grinding It Out*, p. 143.

258 "Un restaurant bien géré" : *ibid.*, p. 99.

258 "J'insiste sur l'importance" : *ibid.*, p. 101.

258 La "bible" de McDonald's" : Jeremy Main, "Toward Service Without a Snarl", *Fortune* 23 mars 1981, p. 66.

258 "Debbie Thompson" : *ibid.*

258 "Le drapeau américain" : Susan Saiter Anderson, "Hamburger U. Offers a Break", *Survey of Continuing Education (New York Times)*, 30 août 1981, pp. 27-28.

260 "Pénétrez au siège" : Allan J. Mayer and Michael Ruby, "One Firm's Family", *Newsweek*, 21 novembre 1977, p. 84.

260 "T. Watson n'a pas révolutionné" : Watson, *A Business and Its Beliefs*, p. 15.

260 "IBM produisait des pièces" : *ibid.*, pp. 15-16.

260 "Installant des douches" : *ibid.*, p. 17.

260 "On a tout essayé" : *ibid.*, p. 18.

261 "Un prédicateur né" : Gil Burck, "International Business Machines", *Fortune*, janvier 1940, p. 41.

261 "Avant tout, nous cherchons" : Shook, *Ten Greatest Salespersons*, p. 73.

262 "Si vous considérez" : Thomas L. Friedman, "Talking Business", *New York Times*, 9 juin 1981, p. D2.

264 "Assumant depuis peu" : Zumwalt, p. 187.

264 "Le nom de 'Mégère' " : *ibid.*, p. 189.

264 Kyocera a 2 000 employés" : Lad Kuzela, "Putting Japanese-Style Management to Work", *Industry Week*, 1 septembre 1980, p. 61.

265 Peter Vaill étudie" : Peter B. Vaill, "Toward a Behavioral Description of High-Performing Systems", in *Leadership : Where Else Can We Go ?*, ed. Morgan W. McCall, Jr., and Michael M. Lombardo (Durham, N.C. : Duke University Press, 1978), pp. 109-11.

266 "Caterpillar a toujours fait débuter" : "Caterpillar : Sticking to Basics to Stay Competitive", *Business Week*, 4 mai 1981, p. 76.

267 *Fortune* rapporte aussi la récente décision : Edward Meadows, "How Three Companies Increased Their Productivity", *Fortune*, 10 mars 1980, p. 97.

267 "Faire descendre l'information financière" : Charles G. Burck, "What Happens When Workers Manage Themselves", *Fortune*, 27 juillet 1981, p. 68.

267 "Rien n'est pire pour le moral" : Richard T. Pascale, "The Role of the Chief Executive in the Implementation of Corporate Policy : A Conceptual Framework", Research Paper no. 357 (Graduate School of Business, Stanford University, février 1977), p. 39.

269 "Un homme ne vous vendrait pas sa vie" : Manchester, *Good-bye, Darkness*, p. 200.

269 Chez Mars, Inc : Robert Levy, "Legends of Business", *Dun's Review*, juin 1980, p. 92.

269 "La plupart des entreprises japonaises" : Ohmae, p. 27.

270 *Peter Peterson* : Ogilvy, "The Creative Chef", p. 209.

271 "Il faut morceller" : Barry F. Sullivan, "International Service Products : The Opportunity of the 80s" (speech to the American Bankers Association, International Banking Symposium, Washington, D.C., 29 mars 1981), p. 13.

271 "Je suis un grand partisan" : John S. McClenahen, "Moving GTE Off Hold", *Industry Week*, 12 janvier 1981, p. 67.

271 "Lorsque les divisions" : Barron, "British 3M's Multiple Management", p. 54.

272 "Nous agissons essentiellement" : Bro Uttal, "The Gentleman and the Upstarts", p. 100.

273 "Nous n'avons pas besoin" : *Dun's Review*, décembre 1977, pp. 54-55.

274 "Au cours des dix dernières années" : Roger L. Cason, "The Right Size : An Organizational Dilemma", *Management Review*, avril 1978, p. 27.

274 "Skinner cite un épisode" : Lubar, p. 55.

274 Le chercheur anglais John Child : John Child, *Organization : A Guide to Problems and Practice* (New York : Harper & Row, 1977), pp. 222-23.

275 "Les équipes fixent leurs propres objectifs" : Shepherd, "Innovation at Texas Instruments", p. 84.

276 "Les gens ne peuvent être eux-mêmes" : E.F. Schumacher, *Small is beautiful. Une société à la mesure de l'homme*, Seuil, 1978.

276 "L'une des raisons pour lesquelles" : Anthony Jay, *Management and Machiavelli : An Inquiry into the Politics of Corporate Life* (New York : Holt, Rinehart and Winston, 1967), pp. 63-64.

277 "Substituer des règlements" : "The Iconoclast Who Made Visa No. 1". *Business Week*, 22 décembre 1980, p. 44.

CHAPITRE 9 : LA LOI DES VALEURS PARTAGÉES

278 "La plupart des écrivains contemporains" : John W. Gardner, *Morale* (New York : Norton, 1978), p. 28.

278 "Les chefs d'entreprise avertis" : Julien R. Phillips and Allan A. Kennedy, "Shaping and Managing Shared Values", *McKinsey Staff Paper*, décembre 1980, p. 1.

279 "On peut spéculer" : Watson, *A Business and Its Beliefs*, pp. 4-6.

280 "Le leader doit" : Hugh Sidey, "Majesty, Poetry and Power", *Time*, 20 octobre 1980, p. 39.

281 "Pour créer une organisation" : Selznick, pp. 151-53.

281 "Il existe une qualité de rapports" : *This Is Delta* (Atlanta : Delta Air Lines, 1981), p. 8.

281 "Le style de gestion de Dana" : *Breaking with Tradition : Dana 1981 Annual Report* (Toledo, Ohio : Dana Corporation, 1981), p. 6.

281 "La disponibilité des pièces détachées" : *Caterpillar Annual Report 1981* (Peoria, Ill. : Caterpillar Tractor Co., 1981), p. 14.

281 "Digital pense" : *Digital Equipment Corporation Annual Report 1981* (Maynard, Mass. : Digital Equipment Corporation, 1981), p. 12.

282 "En 1890" : *Serving Customers Worldwide : Johnson & Johnson 1980 Annual Report* (New Brunswick, N.J. : Johnson & Johnson, 1980), p. 20.

282 "Tirer le meilleur de l'individu" : Kathleen K. Wiegner, "Corporate Samurai", *Forbes*, 13 octobre 1980, p. 172.

283 "La responsabilité fondamentale" : James MacGregor Burns, *Leadership* (New York : Harper & Row, 1978), p. 237.

283 "James Brian Quinn pense" : James Brian Quinn, "Strategic Goals : Process and Politics", *Sloan Management Review*, automne 1977, p. 26.

283 "Je veux que tous nos employés" : David Ogilvy, *Principles of Management* (New York : Ogilvy & Mather, 1968), p. 2.

283 "Fixer et exiger des normes" : Marshall Loeb, "A Guide to taking charge", *Time*, 25 février 1980, p. 82.

284 "Nous voulons fournir" : Watson, p. 29.

284 "Nous croyons qu'une entreprise" : *ibid.*, p. 34.

284 "L'expérience nous a appris" : A.E. Pearson, *A Look at PepsiCo's Future* (Purchase, N.Y. : PepsiCo, décembre 1980), p. 10.

286 "Réussir à faire passer" : Phillips and Kennedy, p. 8.

286 Harry Gray de United Technologies : "What Makes Harry Gray Run ?" *Business Week*, 10 décembre 1979, p. 77.

286 "Je vais dans des endroits" : *ibid.*, p. 80.

286 "Une fois qu'une division" : Hewlett and Packard, *The HP Way*, p. 10.

287 "Je faisais au moins 300 000 kilomètres" : Dowling "Conversation with Fletcher Byrom", pp. 52-54.

288 "La création d'une équipe" : Selznick, p. 110.

288 Lorsqu'il commença à faire : Pascale, "The Role of the Chief Executive", pp. 37ff.

288 "Le défi le plus délicat" : Pearson, p. 3.

289 "Il est impossible de faire quelque chose" : Loeb, *82*.

289 "Faites en sorte" : Ogilvy, *Principles*, p. 2.

CHAPITRE 10 : S'EN TENIR À CE QUE L'ON SAIT FAIRE

290 "Dans le commerce du vin et de l'alcool" : Thomas J. Peters, "Structure as a Reorganizing Device : Shifting Attention and Altering the Flow of Biases", unpublished manuscript (septembre 1979), p. 34.

291 Par exemple, la première étude : Michael Gort, *Diversification and Integration in American Industry : A Study by the National Bureau of Economic Research* (Princeton, N.J. : Princeton University Press, 1962).

292 L'étude la plus complète : Richard P. Rumelt, *Strategy, Structure and Economic Performance* (Graduate School of Business Administration, Harvard University, 1974).

292 "Ces entreprises ont pour stragégie" : *ibid.*, p. 123.

292 Pour prendre un exemple : *ibid.*, pp. 88-122.

293 Dans une étude publiée dans le *Journal* of *Finance* : Robert Haugen and Terence Langetieg, "An Empirical Test for Synergism in Merger", *Journal of Finance*, septembre 1975, pp. 1003-14.

293 Fin 1981, le *Financial Times* : Christopher Lorenz, "Pioneers : The Anti-Merger Specialists", *Financial Times*, 30 octobre 1981, p. 16.

296 "Ne faites jamais l'acquisition" : "The Ten Best-Managed Companies", p. 30.

296 "Cette entreprise n'a jamais" : "P&G's New New-Product Onslaught", *Business Week*, 1 octobre 1979, p. 79.

297 "Des observateurs" : Victor F. Zonana, "Boeing's Sale to Delta Gives It Big Advantage over U.S. Competitors", *Wall Street Journal*, 13 novembre 1980, p. 1.

297 "Pendant des années" : Bob Tamarkin, "The Country Slicker", *Forbes*, 21 janvier 1980, p. 40.

297 "Ce qui guide" : Thomas Petzinger, Jr., "Indiana Standard Continues Its Strategy for Growth, Bucking the Takeover Trend", *Wall Street Journal*, 14 décembre 1981, *p. 12*.

300 "Imaginez que McDonald's" : Gordon Weil, *Sears, Roebuck, U.S.A. : The Great American Store and How It Grew* (New York : Stein and Day, 1977), p. 255.

301 Le prédécesseur de Keith Crane : Gail Bronson, "Colgate Works Hard to Become the Firm It Was a Decade Ago", *Wall Street Journal*, 23 novembre 1981, pp. 1, 8.

302 "On peut dire que les turbines" : Sandra Salmans, "Demerging Britain's G.E.," *New York Times*, 6 juillet 1980, p. F7.

302 *Forbes* nota : Thomas Jaffe, "Is This It ?" *Forbes*, 2 février 1981, p. 48.

302 Le même magazine observait : Nick Galluccio, "The Housecleaning Is Over", *Forbes*, 24 novembre 1980, p. 74.

CHAPITRE 11 : UNE STRUCTURE SIMPLE ET LÉGÈRE

305 Johnson & Johnson : Nancy Kaible, "Johnson & Johnson", unpublished manuscript (San Francisco, Calif. : McKinsey & Co., novembre 1981).

305 "L'état-major de Johnson & Johnson" : Ross A. Webber, "Staying Organized", *Wharton Magazine*, printemps 1979, p. 22.

306 "Nous nous sommes périodiquement" : "The 88 Ventures of Johnson & Johnson", *Forbes*, 1 juin 1972, p. 24.

308 "La clé est d'aller" : Lynda Schuster, "Wal-Mart Chief's Enthusiastic Approach Infects Employees, Keeps Retailer Growing", *Wall Street Journal*, 20 avril 1981, p. 21.

309 Pendant ses vingt-quatre mois : "A New Target : Reducing Staff and Levels", *Business Week*, 21 décembre 1981, p. 69.

Index

044425 - (II) - (1) - OSB 80° - RET

Achevé d'imprimer sur les presses de la
SNEL S.A.
Rue Saint-Vincent 12 – B-4020 Liège
tél. 32(0)4 344 65 60 - fax 32(0)4 343 77 50
septembre 1999 - 14081

Dépôt légal : octobre 1999
Dépôt légal de la 1re édition : 1er trimestre 1983